大学赤本シリーズ

487

関西大学
日本史・世界史・文系数学

3日程 × **3**カ年

JN071736

教学社

は　し　が　き

　おかげさまで，大学入試の「赤本」は，今年で創刊 70 周年を迎えました。

　これまで，入試問題や資料をご提供いただいた大学関係者各位，掲載許可をいただいた著作権者の皆様，各科目の解答や対策の執筆にあたられた先生方，そして，赤本を使用してくださったすべての読者の皆様に，厚く御礼を申し上げます。

　以下に，創刊初期の「赤本」のはしがきを引用します。これからも引き続き，受験生の目標の達成や，夢の実現を応援してまいります。

　本書を活用して，入試本番では持てる力を存分に発揮されることを心より願っています。

編者しるす

＊　　　＊　　　＊

　学問の塔にあこがれのまなざしをもって，それぞれの志望する大学の門をたたかんとしている受験生諸君！　人間として生まれてきた私たちは，自己の欲するままに，美しく，強く，そして何よりも人間らしく生きることをねがっている。しかし，一朝一夕にして，この純粋なのぞみが達せられることはない。私たちの行く手には，絶えずさまざまな試練がまちかまえている。この試練を克服していくところに，私たちのねがう真に人間的な世界がはじめて開かれてくるのである。

　人生最初の最大の試練として，諸君の眼前に大学入試がある。この大学入試は，精神的にも身体的にも，大きな苦痛を感ぜしめるであろう。あるスポーツに熟達するには，たゆみなき，はげしい練習を積み重ねることが必要であるように，私たちは，計画的・持続的な努力を払うことによって，この試練を克服し，次の一歩を踏みだすことができる。厳しい試練を経たのちに，はじめて満足すべき成果を獲得できるのである。

　本書は最近の入学試験の問題に，それぞれ解答を付し，さらに問題をふかく分析することによって，その大学独特の傾向や対策をさぐろうとした。本書を一般の参考書とあわせて使用し，まとはずれのない，効果的な受験勉強をされるよう期待したい。

（昭和 35 年版「赤本」はしがきより）

目　次

2022年度
問題と解答

掲載内容についてのお断り

- 本書には，一般入試のうちの3日程分の「日本史」「世界史」「文系数学」を掲載しています。
- 関西大学の赤本には，ほかに下記があります。
『関西大学（文系）』
『関西大学（理系）』
『関西大学（英語〈3日程×3カ年〉）』
『関西大学（国語〈3日程×3カ年〉）』
『関西大の英語』（難関校過去問シリーズ）

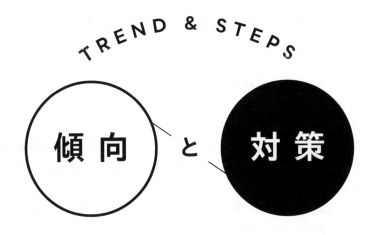

TREND & STEPS

傾向 と 対策

科目ごとに問題の「傾向」を分析し，具体的にどのような「対策」をすればよいか紹介しています。まずは出題内容をまとめた分析表を見て，試験の概要を把握しましょう。

=== 注　意 ===

「傾向と対策」で示している，出題科目・出題範囲・試験時間等については，2024 年度までに実施された入試の内容に基づいています。2025 年度入試の選抜方法については，各大学が発表する学生募集要項を必ずご確認ください。

試験日が異なっても出題傾向に大きな差はないから
過去問をたくさん解いて傾向を知ることが合格への近道

　関西大学は，複数の日程から自由に受験日を選ぶことができる全学日程での実施となっています（ただし，総合情報学部は全学日程に加えて学部独自日程を実施）。

　大学から公式にアナウンスされているように，**全学日程は試験日が異なっても出題傾向に大きな差はありません**ので，受験する日程以外の過去問も対策に使うことができます。

　多くの過去問にあたり，苦手科目を克服し，得意科目を大きく伸ばすことが，関西大学の合格への近道と言えます。

関西大学の赤本ラインナップ

総合版　まずはこれで全体を把握！（本書との重複なし）

- ✓ 『関西大学（文系）』
- ✓ 『関西大学（理系）』

科目別版　苦手科目を集中的に対策！

- ✓ 『関西大学（英語〈3日程×3カ年〉）』
- ✓ 『関西大学（国語〈3日程×3カ年〉）』
- ✓ 『関西大学（日本史・世界史・文系数学〈3日程×3カ年〉）』

難関校過去問シリーズ
最重要科目「英語」を出題形式別にとことん対策！

- ✓ 『関西大の英語〔第10版〕』

日 本 史

年　度	番号	内　　容	形　　式	
2024 ●	2月3日 〔1〕	弥生文化と飛鳥文化	選	択
	〔2〕	大戦景気・神武景気・バブル経済	選	択
	〔3〕	「七支刀の碑文」「加墾禁止令」「法成寺造営」―古代の史料問題　☑史料	選	択
	〔4〕	古代～近世の地図問題　☑地図	選	択
	2月5日 〔1〕	古代・中世の日中関係史	選	択
	〔2〕	女性参政権と戦後沖縄史	選	択
	〔3〕	「蒙古襲来時の非御家人動員権」「室町幕府の守護の規定」「嘉吉の変」「豊臣秀吉による明征服構想」―中世・近世の史料問題　☑史料	選	択
	〔4〕	近世・近代の年表による総合問題　☑年表	選	択
	2月7日 〔1〕	近現代の日中・日朝関係史	選	択
	〔2〕	中世・近世の建築史	選	択
	〔3〕	「憲法十七条」「国分寺建立の詔」「望月の歌」―古代の史料問題　☑史料	選	択
	〔4〕	古代～現代の総合問題　☑視覚資料	選	択
2023 ●	2月3日 〔1〕	鎌倉時代の仏教と江戸時代の儒学	選	択
	〔2〕	大正時代以降の戦争による日本経済への影響	選	択
	〔3〕	「大化の改新」「運脚夫への対応」「弘仁格式序」「空也」―古代の史料問題　☑史料	選	択
	〔4〕	近世・近代の総合問題　☑地図	選	択
	2月5日 〔1〕	天平文化と鎌倉文化	選	択
	〔2〕	近代における日本の海外進出と選挙制度の変遷	選	択
	〔3〕	「院政」「承久の乱」「御文」「延暦寺の焼打ち」―中世・近世の史料問題　☑史料	選	択
	〔4〕	近世・近代の総合問題　☑年表	選	択
	2月7日 〔1〕	近現代の農業と貿易	選	択
	〔2〕	中世・近世の建築史	選	択
	〔3〕	「『令義解』戸令」「徳政相論」「頼朝の挙兵」「寿永二年十月宣旨」―古代・中世の史料問題　☑史料	選	択
	〔4〕	中世～近代の絵画に関する問題　☑年表・視覚資料	選	択

2022 ●	2月3日	〔1〕	近世・近代の交通と産業	選	択
		〔2〕	古代〜近世の茶の歴史	選	択
		〔3〕	「『魏志』倭人伝」「法隆寺造営」「大仏造立の詔」「事実上の関白」—古代の史料問題 ✅史料	選	択
		〔4〕	古代〜近世の文化財の問題 ✅視覚資料	選	択
	2月5日	〔1〕	平安時代中期〜鎌倉時代の仏教美術	選	択
		〔2〕	近代・現代の外交史	選	択
		〔3〕	「新補率法」「庭訓往来」「観応の擾乱」「千利休」—中世・近世の史料問題 ✅史料	選	択
		〔4〕	古代・中世の年表による総合問題 ✅年表	選	択
	2月7日	〔1〕	近現代の貨幣と銀行の歴史	選	択
		〔2〕	中世・近世の建築史	選	択
		〔3〕	「三世一身法」「藤原基経の関白就任」「白河院政」—古代・中世の史料問題 ✅史料	選	択
		〔4〕	近現代の年表による総合問題 ✅年表	選	択

（注）　●印は全問，◐印は一部マークセンス法採用であることを表す。

傾　向　史料問題は必出
政治史，次いで文化史に要注意

01　出題形式は？

　例年，大問 4 題，解答個数 50 個，試験時間は 60 分。全問マークセンス法による選択式である。文章中の空所補充問題が中心で，3 択式で答えるものと，語群から選ばせるものが出題されている。例年，史料問題が出題されているほか，年表・地図・視覚資料を用いた問題も出題されている。

　なお，2025 年度は出題科目が「歴史総合（主に日本史分野），日本史探究」となる予定である（本書編集時点）。

02　出題内容はどうか？

　出題範囲は「日本史 B」である。

　時代別：全日程を通してみれば古代から現代までほぼ満遍なく出題されている。戦後史も毎年のように出題されており，軽視はできない。

　分野別：政治史分野を中心に，外交・経済・文化から満遍なく出題され

ている。また，例年，文化史がよく出題されており，大問で出題されている日程もある。本書に掲載している日程では，2024年度2月3日実施分〔1〕で「弥生文化と飛鳥文化」，2月7日実施分〔2〕で「中世・近世の建築史」，2023年度2月3日実施分〔1〕で「鎌倉時代の仏教と江戸時代の儒学」，2月5日実施分〔1〕で「天平文化と鎌倉文化」，2月7日実施分〔2〕で「中世・近世の建築史」，2022年度2月3日実施分〔2〕で「古代〜近世の茶の歴史」，〔4〕で「古代〜近代の文化財の問題」，2月5日実施分〔1〕で「平安時代中期〜鎌倉時代の仏教美術」，2月7日実施分〔2〕で「中世・近世の建築史」が出題されている。

　史料問題：例年，史料問題が大問として出題されている。掲載史料はおおむね教科書レベルであるが，一部初見であろう史料も含まれる。問われている内容は，1つの史料を掘り下げるというよりも，多彩な史料を取り上げて史料の空所補充を求めたり関連項目を答えさせたりする形式である。史料内容の丁寧な読解など，対策を怠らないようにしておきたい。

03　難易度は？

　一部に難問もみられるが，全体的に教科書レベルの標準問題であり，多くの問題は語群や選択肢を丹念に吟味することで正解を導き出せる。史料問題でなじみの薄いものが出題されることもあるが，設問文を丁寧に読むことにより正解にたどりつける。なお，地理的知識を問う問題は特色の1つであり，地図上の位置に加え，県名・旧国名などが問われている。学習の際に地理的な観点をなおざりにし，県名・旧国名や歴史地図の確認をおろそかにしてしまった受験生は苦戦するだろう。基本的な問題に手早く解答し，史料問題などに十分な時間を割けるよう，時間配分を意識したい。

対 策

01　教科書学習の徹底を

　一部に難問もみられるが，多くが教科書レベルの標準的な問題である。

それだけに高得点での合否争いが予想され，ケアレスミスによる取りこぼしをしないようにしたい。したがって，標準的な問題を確実に正解することが合格につながる。そのためには，まず教科書の精読が最も有効な学習方法である。その際，図版や脚注もおろそかにせず，人名や歴史用語などは『日本史用語集』（山川出版社），『日本史一問一答【完全版】』『日本史史料一問一答【完全版】』（ともにナガセ）などを併用して，歴史の流れの中で体系的に理解することを心がけよう。

02　文化史対策

政治史分野に次いで文化史分野からの出題頻度が高い。また，難問が出題される場合も，多くは文化史分野である。特に宗教・教育・学問・思想の項目が頻出である。用語集や図表などを用いてより深い学習をしておくこと。

03　地図対策・年表対策

例年，下線部の地名の場所を地図上から選ばせる問題か，下線部の出来事がいつのことかを年表から選ばせる問題のいずれかが出題されている。日頃の学習時に日本史の図説で地図を見る習慣をつけ，また，出来事が生じた西暦年や世紀を意識しておくと得点力が上がるだろう。

04　過去問研究

全問マークセンス法であり，出題形式もほぼ共通しているので，できるだけ多くの日程の過去問にあたっておくこと。過去問の類題が出題されることもあるので，本シリーズを活用して出題内容や傾向をつかんでおきたい。ただし，ごく一部にみられる難問を気にしすぎないこと。難問は誰にもできないと割り切ることも必要である。

世 界 史

年　度	番号	内　容	形　式
2024 ●	2月3日 〔1〕	北方アジア・東南アジア中世史	選　択
	〔2〕	アメリカ・イギリス・フランスの革命　　　✅史料	選　択
	〔3〕	朝鮮史　　　　　　　　　　　　　　　　✅地図	選択・配列
	〔4〕	古代オリエント史	選　択
	2月5日 〔1〕	チャンドラ=ボースとインド独立運動	選　択
	〔2〕	第一次世界大戦後の西アジア	選　択
	〔3〕	中国と周辺諸国	選　択
	〔4〕	古代ローマ帝国とゲルマン人の大移動	選択・正誤
	2月7日 〔1〕	明代史　　　　　　　　　　　　　　　　✅地図	選　択
	〔2〕	南北戦争とイタリア・ドイツの統一	選択・正誤
	〔3〕	第二次世界大戦期の東南アジア	選　択
	〔4〕	壁画美術の歴史	選　択
2023 ●	2月3日 〔1〕	ケルンを中心とするドイツ史	選　択
	〔2〕	清末の改革，ベトナムの独立運動	選　択
	〔3〕	19世紀のポーランド，古代地中海世界	選択・正誤
	〔4〕	イスラーム世界の成立と拡大	選　択
	2月5日 〔1〕	中世のドイツ・フランス	選択・正誤
	〔2〕	近現代南アジア史　　　　　　　　　　　✅地図	選　択
	〔3〕	中国を中心とする近現代史	選　択
	〔4〕	13世紀までの中央アジア史　　　　　　　✅地図	選　択
	2月7日 〔1〕	歴史家の歩み	選　択
	〔2〕	インドの民族運動	選　択
	〔3〕	ウォード，ゴードンと19世紀の世界	選択・正誤
	〔4〕	李白と中国　　　　　　　　　　　　　✅視覚資料	選　択

2022 ●	2月3日	〔1〕	叙任権闘争，中世西欧文化		選　択
		〔2〕	アンコール゠ワットの歴史		選　択
		〔3〕	ポーランド近現代史		選　択
		〔4〕	モンゴル帝国，チベット仏教		選　択
	2月5日	〔1〕	19〜20世紀初頭の英露関係		選　択
		〔2〕	16〜20世紀の中南米諸国		選択・正誤
		〔3〕	朝鮮王朝の歴史		選　択
		〔4〕	岩倉使節団に関する歴史		選　択
	2月7日	〔1〕	第二次世界大戦後のヨーロッパの地域統合		選　択
		〔2〕	孔子廟と東アジア	☑地図	選　択
		〔3〕	17〜19世紀のヨーロッパ美術		選　択
		〔4〕	15世紀の世界		選　択

（注）　●印は全問，◗印は一部マークセンス法採用であることを表す。

史料・地図に要注意
アジア史に重点

01 出題形式は？

　例年，大問4題，解答個数50個，試験時間は60分。全問マークセンス法となっている。空所補充問題を中心に，下線部に関する正誤判定問題や地図を使用した問題が出題されている。

　なお，2025年度は出題科目が「歴史総合（主に世界史分野），世界史探究」となる予定である（本書編集時点）。

02 出題内容はどうか？

　出題範囲は「世界史B」である。

　地域別では，アジア地域2題，欧米地域2題を基本とするが，2024年度2月5日実施分は，大問4題のうち3題がアジア地域を中心とする問題であった。アジア地域では中国史が頻出であるが，中国史を1題で出題する場合もあれば，中国を朝鮮・東南アジア・西アジア・内陸アジアなどとセットにして1題で出題する場合もある。中国以外では，朝鮮半島史や東南アジア史，西アジア史，インド史などが出題されている。一方，欧米地

域では，西ヨーロッパとアメリカ合衆国中心となっている。

　時代別では，古代から近現代まで幅広く出題されており，日程によっては第二次世界大戦前後の出題も多い。2022 年度 2 月 7 日実施分では，15 世紀の世界をテーマにした同時代史が出題された。

　分野別では，王朝の変遷や建国，民族などに関する政治史中心の出題で，年代や世紀をヒントとしている出題が目立つため，重要な年代や世紀については注意しておく必要がある。加えて地理的知識を問う問題や地図問題がしばしばみられる。文化史は要注意の分野となっており，2024 年度 2 月 7 日実施分の「壁画美術の歴史」のように，大問として出題されることも多い。アジア地域，欧米地域ともに文化史には十分な注意が必要である。

03　難易度は？

　ほとんどは教科書中心の学習で十分対応できる標準的な問題であるが，2024 年度 2 月 7 日実施分の「シケイロス」，2022 年度 2 月 3 日実施分の「フフホト」のように，一部で難度の高い用語を問う場合もある。それでも大部分は教科書の範囲内であるため，文化史も含めた教科書の徹底理解で高得点も可能である。大問ごとに設問数が異なるため，一通り問題の内容や出題数を確認したうえで，時間配分を考えたい。失点を抑え，できるかぎり得点を伸ばせるように，文化史も含めて十分な対策が望まれる。

対　策

01　教科書中心の学習を

　難度の高い問題が出題されることもあるが，大部分が教科書レベルの設問で，分厚い参考書などを通読するような必要はないので，あくまでも教科書中心に学習を進めたい。ただ，時代・地域とも満遍なく学習していないと大きく失点する可能性もある。第二次世界大戦後のアジア・アフリカ史のほか，オセアニア・太平洋地域，カリブ海地域を含む中南米という学習が手薄になりそうな範囲にも目を通しておくこと。さらに交流史など，

教科書でもテーマ史的に扱われる部分にも気を配る必要がある。問題集としては,『体系世界史』(教学社) をすすめたい。地域ごとの「歴史の流れ」が合理的に理解できる構成になっており,各単元の理解度を確認するのに最適である。

02　地図学習も怠りなく

　地理的な知識を問う問題や地図問題も出題されているので,教科書本文中の地理的な説明に注意しつつ,さらに教科書掲載の地図は必ず見ておく必要がある。できれば自分で白地図を作り,重要な地名が出てきた場合は地図に書き込んで覚えるなど,地理的な感覚を身につけておきたい。

03　中国史は万全を期そう

　中国史は各王朝と時代を通しての政治(国家体制や戦争・内乱・クーデタなど)・制度(法制・土地制度・税制・兵制など)・経済・社会・文化などを整理しておくこと。周辺民族の侵入や他国との交渉,台湾史を含む幅広い学習が必要である。また,辛亥革命以後の現代史は整理が難しい部分なので,教科書を繰り返し読み,用語集なども併用して理解を深めておこう。資料集にはよくまとめられた図表があるので,それらをぜひ活用したい。

04　文化史対策は万全に

　文化史が頻出しており,政治史より踏み込んで問われることもある。美術については,建築様式と建築物,画風と画家・作品のセット理解で対応できるが,できれば教科書や図説の写真とその説明文にも目を通すこと。文学作品についても,作品の内容を知っていれば解答できることが多い。用語集に載っている程度の簡単な説明でよいので,内容を押さえておくこと。また,文化史だけを単独で学習するのではなく,政治や経済などの背景と結びつけてその時代の文化全体の特徴を理解するとよい。

05 過去問研究が有効

　出題の形式や傾向は全日程でほぼ共通しているので，日程にかかわらず過去問に取り組むことで，教科書の復習と実戦演習を兼ねることができる。また，数年分の問題を解くことで，問われやすい内容やどのようなレベルで出題されているのかを自ら実感することができるだろう。

数　学

年　度		番号	項　目	内　容
2024	2月3日 A	〔1〕	数　　　列	対数と 2 項間漸化式，不等式を満たす最小の自然数
		〔2〕	確　　　率	カードを選んでできる数が不等式を満たす確率
		〔3〕	図形と方程式	直線に関する対称点，線分の長さの和の最小値
	2月3日 B	〔1〕	積　分　法	3 次関数と 2 次関数が囲む部分の面積
		〔2〕	確　　　率	将棋のトーナメントにおける確率　　　　⊘証明
		〔3〕	図形と方程式	円が切り取る線分の中点の軌跡
		〔4〕	数　　　列	2 次方程式の解の累乗の和と 3 項間漸化式
	2月5日	〔1〕	指数・対数関数，微　分　法	対数不等式，指数関数の最小値
		〔2〕	図形と方程式	単位円の接線で作られる三角形の面積，線分の長さ
		〔3〕	確　　　率	正六角形，正五角形の頂点を移動する 3 点で三角形ができる確率
	2月7日	〔1〕	三角関数，図形と方程式	正弦のとり得る値の範囲，領域の図示，領域と直線が共有点をもたない条件　　　　⊘図示
		〔2〕	微　分　法，三角関数	4 次関数の値，三角関数の方程式の解の個数
		〔3〕	微・積分法	絶対値を含む定積分の値，関数の最小値
2023	2月3日 A	〔1〕	数　　　列	2 項間漸化式
		〔2〕	図形と方程式	2 つの放物線の 2 交点を通る直線の傾きの最大値，相加平均と相乗平均の大小関係
		〔3〕	指数・対数関数	指数関数と多項式，方程式・不等式と常用対数
	2月3日 B	〔1〕	ベクトル	三角形の外心と垂心，平面ベクトルの内積・大きさ　　　　⊘証明
		〔2〕	確　　　率	ロボットの移動と確率，条件付き確率
		〔3〕	数　　　列	多項式の余り，連立漸化式
		〔4〕	小問 2 問	正 n 角形の周の長さと面積，円と直交する 2 つの弦と等式
	2月5日	〔1〕	微・積分法	2 次関数と 3 次関数のグラフで囲まれた図形の面積
		〔2〕	ベクトル	四面体と位置ベクトル
		〔3〕	図形の性質	長方形に内接する 2 円の面積の和，2 次関数の最小値

	2月1日	〔1〕	図形と方程式	直線と放物線の位置関係，点と直線の距離の最小値，接線の傾き
		〔2〕	複 素 数，積 分 法	複素数に関する方程式の解の個数，図形の面積
		〔3〕	ベクトル	平行四辺形とベクトル，垂直条件，垂線の長さ
2022	2月3日	〔1〕	高次方程式	1の5乗根，高次方程式，複素数
		〔2〕	確　　率	1つのさいころを投げたときの動点の移動する確率
		〔3〕	三 角 関 数	正接の加法定理，複2次の方程式
	2月5日	〔1〕	2 次 関 数	2次方程式の解の配置，領域の図示　　　 ⊘図示
		〔2〕	微 分 法	線分の長さ，複3次の方程式の実数解の個数
		〔3〕	ベクトル	内分点の位置ベクトル，相加平均と相乗平均の大小関係
	2月7日	〔1〕	ベクトル	三角形と平面ベクトル，ベクトルの大きさの最小値
		〔2〕	数　　列	2項間漸化式，数列の積
		〔3〕	図形と方程式	三角関数を含む連立方程式，不等式と領域　　 ⊘図示

(注)　2024・2023 年度：A＝総合情報学部（2教科型英数方式）を除く
　　　　　　　　　　　B＝総合情報学部（2教科型英数方式）

出題範囲の変更

　2025 年度入試より，数学は新教育課程での実施となります。詳細については，大学から発表される募集要項等で必ずご確認ください（以下は本書編集時点の情報）。

2024 年度（旧教育課程）	2025 年度（新教育課程）
数学 I・II・A・B（数列，ベクトル）	数学 I・II・A・B（数列）・C（ベクトル）

旧教育課程履修者への経過措置

　2025 年度は，旧教育課程履修者に不利にならないように配慮した出題を行う。

数学Ⅱを中心に幅広く出題

01 出題形式は？

　2023・2024 年度の総合情報学部（2 教科型英数方式）以外は，出題数 3 題で，うち 2 題が空所補充形式，1 題が記述式である。試験時間は 60 分。2023・2024 年度の総合情報学部（2 教科型英数方式）は，出題数 4 題で，うち 2 題が空所補充形式，2 題が記述式であった。試験時間は 90 分。それほど複雑な計算を要するものはないので，じっくり取り組むことができる。

02 出題内容はどうか？

　出題範囲から幅広く出題されているが，微・積分法，図形と方程式，三角関数，数列，ベクトル，場合の数と確率などの分野から出題されることが多い。

03 難易度は？

　例年，基本から標準レベルの良問ぞろいであり，計算ミスなどをしなければ，すべて正答することも不可能ではない。基本事項を身につけていれば，手がつけられないようなことはないだろう。教科書の章末問題や参考書の頻出例題レベルのものを自力で確実に解けるようにしておけばよい。受験生の力をみるのにふさわしい難易度であるといえる。空所補充形式の問題を手際よく済ませ，記述式の問題と見直しに十分時間をとれるようにしたい。

対 策

01　基本事項の徹底学習

　特に難問といえるものは出題されていないので，基本事項をしっかりと身につけることが何よりも大切である。公式や定理は単なる丸暗記ではなく，背景なども含めて正しく理解しておきたい。

02　答案作成の練習

　記述式の問題が出題されているので，論理的に筋道の通った答案が書けるようにしておく必要がある。平素から教科書や参考書の模範解答を参考に，実際に手を動かして答案作成の練習をすることが大切である。特に，図示問題や証明問題が出題されているので，正確な図を描くこと，論理を追って説明することに留意したい。

03　過去問の研究

　文系学部の各日程で似通ったレベル・内容の問題が出題されているので，日程にかかわらず過去問に目を通しておけば大いに参考になる。出題形式も似ているので，試験時間を計りながら，どの問題から手をつければよいかといった実戦練習をすれば効果的である。

問題と解答

2月3日実施分　　問題 日本史

（60分）

〔Ｉ〕　次の(A)・(B)各文の（　1　）～（　10　）に入れるのに最も適当な語句を下記の語
　　　群から選び，その記号をマークしなさい。

(A)　モンスーンアジアの主要な農耕形態である稲作は，東アジアでは中国大陸の
　　長江（揚子江）中・下流域で始まり，朝鮮半島や日本列島に伝来したと考えられ
　　ている。日本列島では朝鮮半島に近い九州北部の福岡県（　1　）遺跡や佐賀県
　　菜畑遺跡などで，縄文時代晩期の水田が発見されている。

　　　やがて，西日本に水稲農耕を基盤とする弥生文化が成立したが，この文化は
　　銅と錫との合金である青銅や鉄を用いた金属器，大陸系の磨製石器，機織り技
　　術などをともなう新しい文化で，その発達により人びとの生活も大きく変化し
　　た。田植を基調とする水稲農耕に用いる農具として，土中に刃先を突き込んで
　　深耕を可能にした木製品である（　2　）がつくられたが，やがてその先端に鉄
　　製の刃先が装着されるものが用いられた。

　　　建物では，縄文時代から継続する竪穴住居に加えて平地式建物や高床建物な
　　どがつくられ，環濠集落としてその規模を拡大するものも出現した。また，弥
　　生時代中期から後期には，瀬戸内海や大阪湾周辺を中心として，眺望が開けた
　　山頂や斜面，丘陵上に高地性集落が営まれた。代表的な高地性集落には，瀬戸
　　内海を望む山頂部につくられ，大量の大型石鏃や石槍などが出土した香川県
　　（　3　）遺跡や，大阪府古曽部・芝谷遺跡などがある。特に弥生時代後期の高
　　地性集落は，『魏書』や『後漢書』に記される2世紀後半の倭国大乱による軍事的
　　な緊張を反映したものと推定する説が有力である。

　　　青銅製祭器では銅矛や銅剣，銅鐸などがつくられ，時代の変遷にあわせて形
　　や大きさが変化するが，その分布にも時代的・地域的な特徴が認められる。島
　　根県（　4　）遺跡では昭和59年（1984），北に向かって開けた小谷最奥部の南

斜面に埋納された，4列に並べられた 358 本の銅剣が発見された。翌年にも，約 7 m 離れた地点で 6 個の銅鐸と 16 本の銅矛の埋納が確認された。また，弥生人の埋葬形態には，全時期・地域にわたって分布する土壙墓のほか，地域的な特徴を示すものもつくられた。例えば，弥生時代前期末から中期の北部九州では，朝鮮半島や中国大陸との関係を示す青銅器や装飾品を副葬したものも多い（　5　）墓が多数つくられた。また，山陰・北陸地域では 2 世紀末ごろ，特徴的な形態を示す大型の四隅突出型墳丘墓がみられる。

(B)　奈良県斑鳩町にある南都七大寺の一つである法隆寺は，別名斑鳩寺や法隆学問寺などとも称される。法隆寺創建に関する史料には，金堂に安置する像高約 63 cm の金銅製薬師如来坐像の光背に，5 行 90 文字で陰刻された銘文がある。この銘文には，（　6　）天皇がみずからの病気平癒を願って寺院の建立と造像を発願したが果たせず没し，推古天皇 15 年(607)に天皇と聖徳太子が完成させたとある。この縁起には異説もあるが，『日本書紀』推古天皇 14 年是歳条に播磨国の水田を「斑鳩寺」に施入するとみえることから，法隆寺は 7 世紀初頭に建立されたとする説が有力である。

　　聖徳太子は推古天皇 30 年(622)に斑鳩宮で没したが，太子を偲んで釈迦三尊像や天寿国繍帳がつくられた。現在，（　7　）寺に所蔵されるこの刺繍作品の断片は，鎌倉時代に貼り集められたものであるが，この繍帳に縫い込まれていた銘文が『上宮聖徳法王帝説』に記録されている。これによると，聖徳太子妃である（　8　）が，天寿国に生まれ変わった太子の有様を見たいと推古天皇に訴えてつくられたという。

　　天平 11 年(739)ごろには，僧行信が斑鳩宮の跡地に八角仏殿を創建し，太子等身像と伝えるクスノキの一木造の（　9　）像を安置した。現在，この仏殿は夢殿と称されるが，夢殿は斑鳩宮内の聖徳太子が瞑想にこもった伝説的建物の名称で，所伝では平安時代初期にはこの堂を指して呼ぶようになったという。

　　なお，『日本書紀』天智天皇 9 年(670) 4 月壬申(30 日)条にみえる「夜半之後に法隆寺に災けり。一屋も余ること無し。大雨ふり雷震る」の記事をめぐって，明治 30 年代から学界を二分する勢いで論争が交わされてきた。この法隆寺再建・非再建論は昭和 14 年(1939)，（　10　）伽藍跡発掘の結果，四天王寺式伽

藍配置の塔・金堂が焼失した後，金堂と塔を東西とする法隆寺式伽藍配置で再
建されたことがわかり，論争はほぼ決着した。

〔語群〕

(ア) 刀自古郎女	(イ) 紫雲出山	(ウ) 半跏思惟
(エ) えぶり	(オ) 吉野ヶ里	(カ) 加茂岩倉
(キ) 横穴	(ク) 用明	(ケ) 板付
(コ) 舒明	(サ) 東院	(シ) 救世観音
(ス) 鋤	(セ) 欽明	(ソ) 貝殻山
(タ) 橘大郎女	(チ) 聖観音	(ツ) 法興
(テ) 堅塩媛	(ト) 会下山	(ナ) 若草
(ニ) 甕棺	(ヌ) 広隆	(ネ) 鎌
(ノ) 唐古・鍵	(ハ) 中宮	(ヒ) 西院
(フ) 砂沢	(ヘ) 箱式石棺	(ホ) 荒神谷

〔Ⅱ〕　次の(A)～(C)各文の（　1　）～（　10　）に入れるのに最も適当な語句を下記の語
群から選び，その記号をマークしなさい。

(A)　第一次世界大戦が起こると，日本経済は好景気を迎えた。工業生産額が農業
生産額を上まわり，工業国としての基礎が築かれた。労働者の数も大幅に増加
した。しかし大戦景気は物価を急激に上昇させ，賃金引き上げを求める労働運
動は大きく高揚し，労働争議の件数も急激に増加した。

　　1912年，労使の協調による労働者の地位の向上を目指して，（　1　）によっ
て友愛会が組織された。友愛会は1921年に（　2　）へと発展し，しだいに階
級闘争主義に方向を転換した。また，民本主義を唱えた（　3　）は，1918年
に黎明会を組織して啓蒙運動につとめた。（　3　）の影響を受けた東京帝国大
学の学生は新人会を結成して労働・農民運動に参加し，やがて共産主義的な傾
向をもつようになった。

(B)　1956年度の『経済白書』が「もはや戦後ではない」と記したように，日本は1950年代半ばには30カ月余にわたり，（　4　）と呼ばれる大型景気を迎えた。1960年に成立した（　5　）内閣は，所得倍増計画を発表した。この高度成長は，直接的な生産過程ばかりでなく，品質管理や労務管理，さらには流通・販売の分野にいたるまで，産業界が先進技術を導入したことでもたらされた。終身雇用制・年功序列型賃金などを特色とする，日本的経営もこの頃確立した。労働者の賃金は大幅に増加した。

　　経済の高度成長の過程で，産業構造の高度化も進んでいった。（　6　）の生産が工業部門の3分の2以上をしめるようになり，農村から都会への人口の流出も進んだ。さらに石炭から石油へのエネルギー転換が急速に進み，石炭産業は斜陽産業と呼ばれるようになった。1960年には大量解雇に反対する（　7　）争議が起こったが，労働者側の敗北に終わった。

(C)　1980年代に入ると日本は省エネルギー化に成功し，低率ながら安定成長を続けた。輸出が拡大し，日本の貿易黒字が大幅に拡大したことで，欧米諸国との間に貿易摩擦が生じた。円高の影響もあって，日本の一人あたり国民所得はアメリカを追い抜いた。アメリカは日本に，（　8　）などの輸出自主規制や農産物の輸入自由化を強く求めてきた。

　　1985年に5カ国蔵相・中央銀行総裁会議（G5）が開かれ，ドル高是正のための（　9　）が結ばれると一気に円高が加速し，日本は内需主導型の経済への転換を強いられた。1986年末頃から，国内で地価や株価が上昇して好景気が続き，バブル経済と呼ばれる事態になった。一方，極端な長時間労働が慢性化し，過労死が深刻な社会問題となった。

　　1990年代にバブル経済が崩壊すると地価や株価は軒並み下落し，景気は後退した。銀行は貸付金を回収できず，不良債権の処理もままならない状態が続き，1997年には（　10　）が倒産した。長引く不況の影響で新卒者の就職難やリストラが相次ぎ，雇用不安が広がった。また，それまで企業で行われていた終身雇用制や年功序列型賃金といった，日本的経営も見直されるようになった。

〔語群〕

(ア) 賀川豊彦	(イ) コメ	(ウ) 田中角栄
(エ) 精密機械工業	(オ) 日本労働総同盟	(カ) 吉野作造
(キ) 岩戸景気	(ク) 石橋湛山	(ケ) 横浜正金銀行
(コ) 日本社会主義同盟	(サ) プラザ合意	(シ) 三井三池炭鉱
(ス) 日本勧業銀行	(セ) 河合栄治郎	(ソ) 山川均
(タ) 鐘淵紡績	(チ) 重化学工業	(ツ) いざなぎ景気
(テ) 野呂栄太郎	(ト) 池田勇人	(ナ) 三菱・川崎造船所
(ニ) スミソニアン協定	(ヌ) 鈴木文治	(ネ) 軽工業
(ノ) 生糸	(ハ) 神武景気	(ヒ) 自動車
(フ) 北海道拓殖銀行	(ヘ) ＧＡＴＴ	(ホ) 日本労働組合評議会

〔III〕　次の(A)～(C)の各史料に関する問1～問15について，(ア)～(ウ)の中から最も適当
な語句を選び，その記号をマークしなさい。

(A)　[表] 泰和四年□月十六日，丙午正陽，百練鉄七支刀を造る。□百兵を辟く。
　　　①　　　　　　　　　　　　　　　　　　　　　　　　　　　　さ
　　　供供たる侯王を宜くす。□□□□作。
　　　　　　　よろし

　　　[裏] 先世以来，未だ此の刀有らず。百済国世子，奇生聖音，故に倭王旨の
　　　　　　　　　いま
　　　為めに造り，□世に伝□せんとす。
　　　た

問1　この文章を刻んだ鉄剣を所蔵する神社はどこか。
　　　(ア) 伊勢神宮　　(イ) 石上神宮　　(ウ) 熱田神宮

問2　下線部①の「泰和四年」は西暦何年にあたると考えられているか。
　　　(ア) 369年　　(イ) 391年　　(ウ) 421年

問3　この鉄剣が作られた時期に朝鮮半島に存在していた国名はどれか。
　　　(ア) 高句麗　　(イ) 渤海　　(ウ) 契丹

問4　この史料が述べていることをまとめた文として，正しいものはどれか。

　　(ア)　この鉄剣は倭王から百済王の世子(太子)に贈られたものである。

　　(イ)　この鉄剣は百済王の世子(太子)から倭王に贈られたものである。

　　(ウ)　この鉄剣は倭王と百済王の世子(太子)が相互に交換しあったもので
　　　　ある。

問5　この鉄剣が作られた「泰和四年」に最も近い時期に造営された古墳はどれ
　　か。

　　(ア)　石舞台古墳　　　(イ)　岩戸山古墳　　　(ウ)　誉田御廟山古墳

(B)　(天平神護元年三月)丙申，勅すらく，「今聞く，墾田は天平十五年の格に縁
るに，今より以後は，任に私財と為し，三世一身を論ずること無く，咸悉く
に永年取る莫れ，と。是に由りて，天下の諸人競ひて墾田を為し，勢力の家は
百姓を駈役し，貧窮の百姓は自存するに暇無し。今より以後は，一切禁断し
て加墾せしむること勿れ。但し寺は，先来の定地開墾の次は禁ずる限に在ら
ず。又，当土の百姓，一，二町は亦た宜しくこれを許すべし。(中略)」と。

問6　この史料の出典は何か。

　　(ア)　『日本書紀』　　　(イ)　『続日本紀』　　　(ウ)　『日本後紀』

問7　下線部②の「天平十五年の格」とは何をさすか。

　　(ア)　蓄銭叙位令　　　(イ)　三世一身法　　　(ウ)　墾田永年私財令

問8　この史料が出されたときの天皇と，そのときに政権の中心にいた人物の
　　組合せとして正しいものはどれか。

　　(ア)　聖武天皇・橘諸兄　　　(イ)　淳仁天皇・藤原仲麻呂

　　(ウ)　称徳天皇・道鏡

問9　この史料が出された時期より，あとに起きた出来事はどれか。

　　(ア)　弘仁格式の施行　　　(イ)　養老律令の施行　　　(ウ)　大宝律令の施行

問10　この史料が述べていることをまとめた文として，誤っているのはどれか。

　　　㋐　勢力をもつ家が墾田開発を進め，貧しい百姓の生活を圧迫している。

　　　㋑　寺院は布教に専念するため，墾田開発を進めることを禁止する。

　　　㋒　地元の百姓が1町や2町の墾田を開発することは許可する。

(C)　この御悩（なやみ）は，寛仁三年（1019）三月十七日より悩ませ給（たま）て，同廿一日に出家せさせ給（なが）へれば，日長におぼさるゝまゝに，さるべき僧達・殿ばらなどゝ御物語せさせ給て，御心地こよなくおはします。今はたゞ「いつしかこの東に御堂（みどう）建てゝ，さゝしう住むわざせん。となん造るべき，かうなん建つべき」といふ御心企（こころだくみ）いみじ。（中略）かくて世を背かせ給へれども，御急ぎは「浦吹く風」にや，御心地今は例（れい）ざまになり果てさせ給ぬれば，御堂の事おぼし急がせ給④。摂政殿⑤国々までさるべき公事（おおやけごと）をばさるものにて，先づこの御堂の事を先に仕ふまつるべき仰言（おおせごと）給ひ⑥，（中略）日々に多くの人々参りまかで立ち込む。さるべき殿ばらを始め奉（たてまつ）りて，宮々の御封（みぶ）・御庄（みしょう）どもより，一日に五六百人，千人の夫（ぶ）どもを奉るにも，人の数多かる事をばかしこき事に思ひおぼしたり。国々の守（かみ）ども，地子（じし）・官物（かんもつ）は遅なはれども，たゞ今はこの御堂の夫役（ぶやく），材木・檜皮（ひわだ）・瓦多く参らする業（わざ）を，我も我もと競ひ仕まつる。大方（おおかた）近きも遠きも参り込みて，品々方々辺り辺りに仕うまつる。（中略）すべて色々様々言ひ尽すべき方（かた）なし。かの須達長者（しゅだつ）の祇園精舎（ぎおんしょうじゃ）造りけんもかくやありけんと見ゆるを，冬の室（むろ），夏の風各（おのおの）事ごとなり。

問11　この史料の出典はどれか。

　　　㋐　『大鏡』　　㋑　『栄花(華)物語』　　㋒　『小右記』

問12　下線部③の「出家せさせ給へれば」について，「御悩」により出家した人物は誰か。

　　　㋐　藤原兼家　　㋑　藤原兼通　　㋒　藤原道長

問13　下線部④と⑥の「御堂」とは何をさすか。

　　　㋐　法成寺　　㋑　平等院　　㋒　法勝寺

問14　下線部⑤の「摂政殿」は誰のことか。

　　(ア)　藤原道隆　　　(イ)　藤原道長　　　(ウ)　藤原頼通

問15　この史料中にも年号のみえる寛仁3年(1019)には，九州方面が関わるあ
　　　る出来事があった。その出来事とは何か。

　　(ア)　女真人が対馬・壱岐を襲撃し，博多湾に侵入した。

　　(イ)　密告により，左大臣の源高明が大宰権帥に左遷された。

　　(ウ)　呉越国の商人が大宰府に来航し，中国江南の文化を伝えた。

〔Ⅳ〕　次の(A)〜(E)各文の（　1　）〜（　10　）について，下記の語群の中から最も適当
　　　な語句を選び，その記号をマークしなさい。あわせて，各文の下線部「この地」の
　　　位置を，地図のa〜oから選び，その記号もマークしなさい。なお，地図の一部
　　　は省略してある。

(A)　9世紀後半になると，地方では武装して国司を襲撃する事件も起こり，治安
　　が悪化した。関東のこの地を本拠とした平将門は，承平5年(935)から一族間
　　の争いが激化し，天慶2年(939)にはついに乱を起こして常陸・下野・上野の
　　国府を攻め落とし，新皇と称して朝廷からの独立を宣言した。しかし，将門の
　　乱は一族の（　1　）と，下野の押領使であった藤原秀郷によって鎮圧された。
　　同じ頃，西国では藤原純友が乱を起こし，伊予・讃岐の国府や大宰府を攻撃し
　　た。この乱は，（　2　）・小野好古らによって平定された。

(B)　平清盛は，日宋貿易を盛んにして財力を蓄えた。平氏政権は，瀬戸内海交通
　　の整備に努め，大輪田泊の修築を行った。海上交通の往来は盛んとなり，平氏
　　ゆかりのこの地の神社には華麗な装飾経が寄進され「平家納経」として知られて
　　いる。日宋の交流が盛んになると人の往来も増加し，栄西や道元が南宋で学ん
　　だ。栄西は帰国後，京都の建仁寺，鎌倉の（　3　）を拠点とした。道元は，只
　　管打坐の教えを提唱して，後に（　4　）国に永平寺を開いた。

(C) 鎌倉時代には，古典に対する関心が深まり注釈書が書かれた。僧仙覚の『（ 5 ）註釈』は，多くの文献にあたって注釈を加えている。また，卜部兼方は『釈日本紀』をまとめている。武家社会では政治の参考とするため中国の古典を書写し，書物を収集する動きがあり，金沢実時がこの地に造った文庫は多数の貴重な書物を後世まで伝えた。モンゴル襲来後は神国思想が盛んになり，（ 6 ）は『類聚神祇本源』を著わして，天照大神のもとに仏教を統合した伊勢神道を広げた。

(D) 永禄3年(1560)，織田信長は駿河の今川義元を倒し，さらに同10年(1567)には斎藤氏を滅ぼして，この地を城下町として整備した。翌年，信長は足利義昭を奉じて入京したが，次第に義昭との不和が生じた。義昭は越前の朝倉義景，近江の浅井長政，甲斐の武田信玄，大坂本願寺の（ 7 ）らに呼びかけ，信長に対する包囲網を形成しようとした。しかし，信長は元亀元年(1570)，姉川の戦いで朝倉・浅井の連合軍を破り，翌年には寺社勢力として知られる（ 8 ）を攻撃し，天正元年(1573)には義昭を京都から追放した。

(E) 18世紀になると民間の私塾も開設されるようになり，広範な人々が学問にはげんだ。摂津国平野郷では有力者たちが（ 9 ）を設立し，大坂町人は懐徳堂を開いた。地方では，広瀬淡窓がこの地に設けた咸宜園が広く門戸を開いたことで知られた。懐徳堂は，朱子学を中心としつつも自由な学風で知られ，富永仲基は『（ 10 ）』を著わして仏教経典の成立を論じ，当時の仏教に対する批判を展開した。

〔語群〕

(ア) 源経基	(イ) 越中	(ウ) 古今和歌集
(エ) 度会家行	(オ) 平貞盛	(カ) 教如
(キ) 延暦寺	(ク) 芝蘭堂	(ケ) 寿福寺
(コ) 吉田兼倶	(サ) 古義堂	(シ) 蓮如
(ス) 興福寺	(セ) 源頼信	(ソ) 新古今和歌集
(タ) 根来寺	(チ) 浄智寺	(ツ) 中朝事実

㈠	越前	㈭	都鄙問答	㈯	源義家
㈡	梶原性全	㈮	平国香	㈰	出定後語
㈢	越後	㈱	顕如	㈲	浄妙寺
㈣	含翠堂	㈴	万葉集	㈵	平忠盛

《地図》

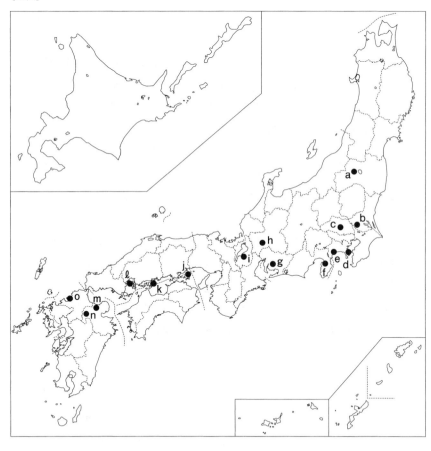

解答 日本史

Ⅰ　解答　1—(ケ)　2—(ス)　3—(イ)　4—(ホ)　5—(ニ)　6—(ク)
7—(ハ)　8—(タ)　9—(シ)　10—(ナ)

━━━━━━━ 解説 ━━━━━━━

《弥生文化と飛鳥文化》

(A)　1．縄文時代晩期，あるいは弥生時代初期と考えられる水田跡がある遺跡は福岡県の板付遺跡や，佐賀県の菜畑遺跡など，九州北部に限定される。

2．弥生時代における土を耕す木製品に，鋤や鍬がある。弥生時代後期には，これらに鉄製の刃先がつけられた。

3．香川県の紫雲出山遺跡が，高地性集落の代表である。武器が出土することから，環濠集落とともに軍事目的の集落であったとみられている。

4．島根県の荒神谷遺跡では，358本の中細形銅剣や16本の銅矛，6個の銅鐸が一度に発見された。近くの加茂岩倉遺跡においても，39個の銅鐸が一度に出土した。

5．弥生時代の九州北部では，大型の土器に死者を埋葬する甕棺墓や地上に大石を配置した支石墓などが作られた。

(B)　6．やや難。法隆寺は聖徳太子（厩戸王）の父である用明天皇が自身の病気平癒を願って発願した寺院であったが，用明天皇が寺院建立を果たせなかったため，推古天皇と聖徳太子が完成させた。

7・8．中宮寺天寿国繡帳は，聖徳太子の妃の 橘 大郎女 が，聖徳太子の死後，往生した天寿国での様子を刺繡にしたものである。

9．法隆寺夢殿救世観音像は，飛鳥文化期に作成されたものと考えられている。のちの奈良時代に法隆寺夢殿が建立され，この像が安置された。

Ⅱ 解答 1—(ヌ) 2—(オ) 3—(カ) 4—(ハ) 5—(ト) 6—(チ)
7—(シ) 8—(ヒ) 9—(サ) 10—(フ)

===== 解 説 =====

《大戦景気・神武景気・バブル経済》

(A) **1・2.** 大逆事件後の「冬の時代」であった1912年に鈴木文治によって友愛会が組織された。はじめは労使協調主義をとったが、1919年に大日本労働総同盟友愛会と改称し、戦闘的になった。1921年には日本労働総同盟と再改称し、階級闘争主義に転換した。

3. 吉野作造は、主権の所在を問わずにデモクラシーを実現するために民本主義を唱え、黎明会を組織した。目標は、政党内閣制と普通選挙制の実現であった。

(B) **4.** 神武景気は1950年代半ばに生じた大型景気であった。初代の神武天皇以来、例がない好景気という意味で名づけられた。

5. 神武景気後の岩戸景気の最中に成立した池田勇人内閣は、「(国民)所得倍増計画」を打ち出し、これは1967年に達成された。

6. 1930年代から日本は重化学工業の生産額が大きな割合を占めるようになり、高度経済成長期にはこの割合は工業部門全体の3分の2以上となった。

7. 高度経済成長期に、石炭から安価な石油を輸入するエネルギー転換が起きると、1960年に三井三池炭鉱で大量解雇に反対する争議が起きた。しかし争議が長期化すると、労働者側は中央労働委員会が提示する斡旋案を受け入れて敗北した。

(C) **8.** 1970年代から日本車の対米輸出が激増し、アメリカの自動車産業が経営不振となった。そのためアメリカ政府は日本に自動車の輸出自主規制を求めた。またアメリカでは、日本製自動車を叩き壊して抗議するジャパン＝バッシングが行われた。

9. アメリカは財政赤字と貿易赤字の「双子の赤字」を抱えていた。このためアメリカの輸出を伸ばして経済を回復させようと1985年にプラザホテルで5カ国蔵相（財務相）・中央銀行総裁会議（G5）が開催され、ドル高是正の合意がなされた。これをプラザ合意という。

10. 難問。1991年にバブル経済が崩壊すると、金融機関は多額の不良債権に苦しんだ。この結果1997年には北海道拓殖銀行と山一證券が、1998

年には日本長期信用銀行と日本債券信用銀行が経営破綻した。

Ⅲ **解答** 問1. (イ) 問2. (ア) 問3. (ア) 問4. (イ) 問5. (ウ) 問6. (イ) 問7. (ウ) 問8. (ウ) 問9. (ア) 問10. (イ)
問11. (イ) 問12. (ウ) 問13. (ア) 問14. (ウ) 問15. (ア)

━━━━━━ 解説 ━━━━━━

《古代の史料問題》

(A) **問1・問4.**「泰和四年」と刻まれた石上神宮所蔵の七支刀は，[裏]に「倭王旨の為めに造り」とあるように，百済王が倭王に贈ったものと考えられている。

問2.「泰和四年」は369年とする説が有力である。

問3. 高句麗は，紀元前から存在していたと考えられている。たびたび南下して百済や新羅を圧迫したが，668年に唐・新羅の連合軍に敗北して滅亡した。

問5. 応神天皇陵と考えられている，全国2位の規模を持つ誉田御廟山古墳は，5世紀初頭の築造と考えられている。(ア)の石舞台古墳や(イ)の岩戸山古墳は古墳文化後期に分類されている。石舞台古墳は蘇我馬子の墓と考えられ，7世紀初頭の築造と推定されている。岩戸山古墳は筑紫国造磐井の墓で，6世紀前半の築造と考えられている。

(B) 道鏡政権による加墾禁止令の史料である。

問6.『続日本紀』は文武天皇から桓武天皇までを記述し，奈良時代の基本史料となっている。

問7. 天平十五年は西暦743年である。この年に墾田永年私財法や大仏造立の詔が出された。

問9. 弘仁格式の施行は嵯峨天皇の治世で9世紀の出来事である。養老律令の施行は757年，大宝律令の施行は律が702年，令が701年であった。

問10. 史料の5行目に「寺は（中略）禁ずる限に在らず」とあり，寺院による墾田開発を禁止していない。

(C) 藤原道長による法成寺造営の場面である。

問11. 難問。藤原道長を賛美する記述がみられるのは『栄花（華）物語』。(ア)の『大鏡』は藤原道長に対し批判的な文章がみられることを特徴とする。

問12・問13. 藤原道長は晩年病に苦しみ，1019（寛仁3）年に出家して

法成寺を創建した。

問14. 史料にある 1019 年に摂政であった人物は藤原頼通である。彼は 1017 年から 1067 年にかけて，後一条・後朱雀・後冷泉天皇の摂政・関白を歴任した。

問15. 1019 年に刀伊とよばれた女真族が博多湾に来襲した刀伊の入寇が起きた。眼病治療のため大宰権帥として九州に赴いていた藤原隆家が在地の武士を率いて女真族を撃退した。

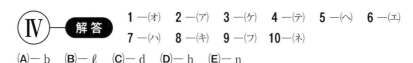

Ⅳ　解 答　　1 ―(オ)　2 ―(ア)　3 ―(ケ)　4 ―(テ)　5 ―(ヘ)　6 ―(エ)
　　　　　　 7 ―(ハ)　8 ―(キ)　9 ―(フ)　10―(ネ)

(A)― b　(B)― ℓ　(C)― d　(D)― h　(E)― n

════════════════ 解 説 ════════════════

《古代～近世の地図問題》

(A)　平将門は下総の猿島を拠点とした。現在の茨城県坂東市にあたる。

1． 平将門は所領争いから叔父の平国香を殺害した。その後反乱を起こしたが，平国香の子の平貞盛や藤原秀郷によって滅ぼされた。

2． 藤原純友は大宰府を襲撃するなど反乱を起こしたが，清和源氏の祖である源経基や小野好古によって滅ぼされた。

(B)　平清盛によって崇敬され，平家納経が納められた神社は広島県にある厳島神社である。

3． 栄西はのちに京都五山 3 位となる建仁寺や鎌倉五山 3 位となる寿福寺を開山し，これらの寺を拠点とした。

4． 道元は，波多野義重に招かれて越前国に赴き，永平寺を開山した。

(C)　金沢実時による金沢文庫は武蔵国称名寺の中に作られた。称名寺があるのは現在の横浜市。

6．『類聚神祇本源』の著者度会家行は，蒙古襲来以降の神国思想を背景に神本仏迹説を唱え，伊勢神道を大成した。

(D)　織田信長は美濃の斎藤氏を滅ぼした後，稲葉山城を岐阜城と改名した。

7． のちに大坂城が築城された場所にあった石山本願寺で一向一揆を指揮し織田信長に対抗した人物は顕如であった。

8． 織田信長は 1570 年の姉川の戦いにおいて延暦寺が朝倉・浅井勢を支援していたことを知り，1571 年に延暦寺を焼打ちした。

⒠　広瀬淡窓は豊後（大分県）日田に咸宜園を設立した。

9. 庶民にも開かれた郷学は，岡山藩の閑谷学校と，摂津平野に設けられた含翠堂が有名である。

10. 富永仲基は『出定後語』を著して，仏教の経典は釈迦が説いたものの他に，のちに加わった思想が付加されて成立しているとした。

2月5日実施分 **問題** 日本史

（60分）

〔 I 〕 次の(A)～(C)各文の（ 1 ）～（ 10 ）に入れるのに最も適当な語句を下記の語
群から選び，その記号をマークしなさい。

(A) 奈良時代には，唐を介した海外からの積極的な文化の受容が図られた。すで
に630年から遣唐使が派遣されており，多くの文物を日本に持ち帰ったが，なか
には近年中国で墓誌が発見された（ 1 ）のように，現地で没した人物もいた。
一方で，この頃から「国家」の意識が高まり，朝廷により公式の歴史書が編纂さ
れるようになった。それらは『日本書紀』を始まりに，清和～光孝天皇の治世の出
来事を記録した『（ 2 ）』まで続き，六国史と呼ばれている。美術においても，
薬師寺蔵の「（ 3 ）」など唐の影響を色濃く感じさせるものだけでなく，のちに
日本の絵画形式として定着する絵巻物の原点というべき「（ 4 ）」も制作された。

(B) 唐の衰退により，（ 5 ）年に菅原道真の建議で遣唐使が停止されると，そ
れまで吸収した中国の文化を独自に発展させた国風文化が生まれた。国風文化
の担い手は基本的には貴族であったが，院政期に入ると，新たに台頭してきた
武士や庶民の文化が取り入れられるようになった。（ 6 ）は，庶民の歌謡で
ある今様を熱烈に愛好しただけでなく，自ら歌謡集『梁塵秘抄』を編纂した。ま
た，この頃成立したインド・中国・日本の説話を集めた『（ 7 ）』では，庶民
を主人公にした話がしばしば登場する。絵画においても，「鳥獣戯画」などの庶
民的な感覚に通じるユーモラスな作品が生まれた。

(C) 平安時代末期から，中国との交流は再び活発化する。鎌倉時代には南宋で新
たな仏教を学んだ僧たちが，禅宗を伝えた。禅宗は，公家・武家の庇護を受け，
日本の社会に浸透していった。室町時代になると，幕府は京都・鎌倉の有力寺

院を五山に定め，五山からは（　8　）など漢詩文にすぐれた禅僧が輩出された。禅の世界を視覚的に表現することも盛んになり，（　9　）は「四季山水図巻」などを描いて，自然を墨の濃淡だけで表現する水墨山水画を完成させた。また空間造形として，岩や砂を山や川に見立てる枯山水の庭園も造られた。京都の（　10　）の庭園は，その代表である。

〔語群〕

(ア)	894	(イ)	日本後紀	(ウ)	過去現在絵因果経
(エ)	如拙	(オ)	今昔物語集	(カ)	義堂周信
(キ)	866	(ク)	一休宗純	(ケ)	大徳寺大仙院
(コ)	鳥羽上皇	(サ)	雪舟	(シ)	桂離宮
(ス)	玉虫厨子須弥座絵	(セ)	続日本紀	(ソ)	平等院
(タ)	吉祥天像	(チ)	後鳥羽上皇	(ツ)	日本霊異記
(テ)	蘭渓道隆	(ト)	周文	(ナ)	犬上御田鍬
(ニ)	日本三代実録	(ヌ)	842	(ネ)	古今著聞集
(ノ)	鳥毛立女屏風	(ハ)	金光明最勝王経	(ヒ)	吉備真備
(フ)	扇面古写経	(ヘ)	井真成	(ホ)	後白河上皇

〔Ⅱ〕 次の(A)・(B)各文の（　1　）〜（　10　）に入れるのに最も適当な語句を下記の語
　　　群から選び，その記号をマークしなさい。

(A)　1889 年公布の衆議院議員選挙法によって，選挙人は直接国税 15 円以上を納
　　入する満 25 歳以上の男性に限られた。その後，選挙法の納税資格制限が段階
　　的に緩和され，男性の選挙権が拡大するなか，1920 年に平塚らいてうと市川
　　房枝らは新婦人協会を設立し，女性の参政権を要求するなどの運動を展開した。
　　その結果として，1922 年に女性の政治運動参加を禁じた（　1　）第 5 条が改
　　正されて，女性も政治演説会に参加できるようになった。

　　　1924 年には，新婦人協会を母体として，婦人参政権獲得期成同盟会が結成
　　された。他方で，平塚らは社会的に差別されていた女性の解放を目指して，
　　1911 年に文学者団体の青鞜社を結成した。その機関誌『青鞜』の創刊号で，平
　　塚は「元始，女性は実に（　2　）であった」と訴えた。また，山川菊栄と伊藤野
　　枝らも 1921 年に社会主義的な婦人団体である（　3　）を結成した。1923 年に
　　関東大震災が発生し，その混乱が長引くなかで，伊藤野枝は憲兵によって夫の
　　大杉栄と大杉の甥とともに殺害された。

　　　1925 年，加藤高明内閣のもとで，いわゆる普通選挙法が成立した。これによ
　　り納税資格制限が撤廃され，満 25 歳以上の男性が衆議院議員の選挙権をもつ
　　ことになった。女性参政権が認められたのは，太平洋戦争敗戦後のことである。
　　1945 年 12 月，衆議院議員選挙法の大幅な改正により，満 20 歳以上の男女に選
　　挙権が与えられたことで，有権者数は従来の 3 倍近くに拡大した。1946 年 4 月
　　に戦後初の衆議院議員総選挙が行われ，（　4　）が第一党となるとともに，
　　39 名の女性議員が誕生した。

　　　日本国憲法のもとでは衆議院と参議院の二院制が採用され，市川房枝も
　　1953 年から参議院議員として活動した。また，1947 年に（　5　）省が発足す
　　ると，山川菊栄は同省の初代婦人少年局長に就任した。

(B)　1945 年 4 月，アメリカ軍が沖縄本島に上陸すると，日米両軍のあいだで島
　　民を巻き込んだ激しい地上戦が展開された。6 月 23 日，組織的な戦闘は終了
　　し，アメリカ軍は沖縄を占領した。この日は現在，沖縄県条例で「慰霊の日」と

２０２４年度　２月５日　日本史

定められており，毎年，（　6　）市摩文仁の沖縄県営平和祈念公園で，沖縄全戦没者追悼式が開催されている。

　第二次世界大戦後，沖縄は日本本土から切り離され，アメリカ軍の軍政下に置かれた。1952年4月，サンフランシスコ平和条約が発効して，日本が独立を回復した後も，沖縄は引き続きアメリカの施政権下に置かれた。1954年の第五福龍丸事件を契機として原水爆禁止運動が高まり，翌1955年8月6日に（　7　）で第1回原水爆禁止世界大会が開かれた一方で，沖縄のアメリカ軍基地では核兵器の配備が進んだとされる。

　1965年からアメリカが（　8　）戦争への介入を本格的に始めると，沖縄や日本本土はアメリカ軍の前線基地となった。沖縄では基地用地の接収やアメリカ兵による犯罪の増加もあり，祖国復帰運動が高揚した。1969年11月に佐藤栄作首相はアメリカを訪問し，（　9　）大統領との日米首脳会談で「核抜き・本土並み」の沖縄返還に合意した。1971年の沖縄返還協定の調印，翌年の協定発効によって沖縄の本土復帰は実現した。しかし，復帰後もアメリカ軍専用施設のほとんどが返還されなかった。

　沖縄県の資料によれば，2021年3月31日現在，沖縄県のアメリカ軍専用施設面積は同県総面積の約8％，全国のアメリカ軍専用施設面積の約（　10　）％にも達する。

〔語群〕

(ア) 宜野湾	(イ) ベトナム	(ウ) 治安維持法
(エ) 月	(オ) 朝鮮	(カ) 赤瀾会
(キ) 日本社会党	(ク) 30	(ケ) 彗星
(コ) ジョンソン	(サ) 集会条例	(シ) 糸満
(ス) 内務	(セ) 広島	(ソ) 50
(タ) 治安警察法	(チ) ニクソン	(ツ) 日本進歩党
(テ) 春陽会	(ト) 70	(ナ) 労働
(ニ) 東京	(ヌ) 太陽	(ネ) 那覇
(ノ) ケネディ	(ハ) 文部	(ヒ) ニューヨーク
(フ) 日本自由党	(ヘ) 友愛会	(ホ) イラン＝イラク

〔Ⅲ〕 次の(A)～(D)の各史料に関する問1～問15について，(ア)～(ウ)の中から最も適当
な語句を選び，その記号をマークしなさい。

(A) 蒙古人，対馬・(②)に襲来し，合戦を致すの間，軍兵を差し遣はさるる
① 所なり。且，九国住人等，其の身は縦ひ御家人にあらずと雖も，軍功を致
すの輩有らば，抽賞せらるべきの由，普く告げ知らしむべきの状，仰せに依
て執達件の如し。

　　　　　1274
　　　文永十一年十一月一日　　武蔵守在判

　　　　　　　　　　　　　相模守同
　　　　　　　　　　　　　③
　　　大友兵庫頭入道殿

　　　　　　　　　　　　　　　　　　　　（『大友家文書』）

問1　下線部①「蒙古」は元のことを指すが，この王朝の都はどこに置かれたか。
　　　(ア) 開封　　(イ) 大都　　(ウ) 南京

問2　(②)に入る地名はどれか。
　　　(ア) 壱岐　　(イ) 博多　　(ウ) 松浦

問3　下線部③「相模守」は，この時期幕府の実権を掌握していた人物である。
　　これは誰か。
　　　(ア) 北条時宗　　(イ) 北条時頼　　(ウ) 北条泰時

問4　この史料の命令は当時の社会でどのような意義を持ったのか，正しい説
　　明はどれか。
　　　(ア) 鎌倉幕府は，九州において御家人以外の武士も軍事動員できるよう
　　　　になった。
　　　(イ) 鎌倉幕府は，九州へ関東の御家人を総動員できるようになった。
　　　(ウ) 鎌倉幕府は，九州の御家人に恩賞を与えることができるようになっ
　　　　た。

(B) 同じく守護人非法の条々 同日

一（1） 大犯三箇条 付けたり。苅田狼藉・（ ④ ）の外，所務以下に相綺ひ，地頭御家人の煩（わずら）ひを成す事。

一（2） 公役対捍（くやくたいかん）と号し，凶徒与同と称して，左右無く同所領を管領せしめ，恥辱を与へ牢籠（ろうろう）に及ぶ事。

一（5） 縁者の契約を成し，無理の方人（かたうど）を致す事。

一（6） 請所と号し，名字を他人に仮り，本所寺社領を知行せしむる事。

一（7） 国司領家の年貢の譴納（けんのう）と称し，仏神用の催促と号して，使者を所々に放ち入れ，民屋（みんおく）を追捕する事。

一（8） （ ⑤ ）借用と号し，土民の財産を責め取る事。

一（9） 他人の借書を誘（こしら）へ取り，負人（ふにん）を呵責（かしゃく）せしむる事。

一（10） 自身の所課を以て，一国の地頭御家人に分配せしむる事。

一（12） 新関を構へ，（ ⑥ ）と号して，山手・河手を取り，旅人の煩ひを成す事。

　　以前の条々，非法張行の由，近年普く風聞す。一事たりと雖（いえど）も違犯の儀有らば，忽ち守護職を改易すべし。若し正員存知せず，代官の結構たるの条，蹤跡分明ならば，則ち彼の所領を召し上ぐべし。所帯無くば，遠流の刑に処すべし。

（『建武以来追加』）

　（ ）内の数字は元史料の条数を示す。

問5 （ ④ ）には，守護の職務である室町幕府の判決の執行を示す用語が入る。これは何か。

　　㋐ 代官請　　㋑ 半済　　㋒ 使節遵行

問6 （ ⑤ ）に入る語は幕府から守護に一時期認められた収益にかかわる権限であるが，これが永続化していることが問題とされた。これは何か。

　　㋐ 兵粮米　　㋑ 土倉役　　㋒ 代銭納

問7　（　⑥　）には，通行税の用語が入る。これは何か。

　　㋐　国役　　㋑　津料　　㋒　出挙

問8　この史料が示す当時の守護の状況を説明するものとして，最もふさわし
　　いものはどれか。

　　　㋐　室町幕府の制御にもかかわらず，守護が権限を拡大して地頭を被官
　　　　とし，さらに寺社本所領を侵犯していった。

　　　㋑　室町幕府の守護に対する規制によって地頭の力が強まり，寺社本所
　　　　領から年貢を取り立てた。

　　　㋒　室町幕府は，守護を次々と改易して所領を召し上げ，寺社本所と協
　　　　同して地方支配を強めた。

（C）（嘉吉元年六月）廿五日，晴。昨日の儀　粗　聞く。一献両三献，（　⑦　）初時
　　分，内方どゝめく。何事ぞと御尋ね有るに，雷鳴かなど三条申さるるの処，御
　　後の障子引あけて，武士数輩出て則ち公方を討ち申す。（中略）細川下野守・
　　大内等は腰刀計ニて振舞ふと雖も，敵を取るに及ばず，手負て引き退く。管
　　領・細河讃州・一色五郎・赤松伊豆等ハ逃走す。其の外の人々は右往左往して
　　逃散す。御前に於いて腹切る人無し。赤松落ち行き，追懸けて討つ人無し。未
　　練謂ふ量り無し。諸大名同心か，其の意を得ざる事なり。所詮，赤松討たるべ
　　き御企露顕の間，遮って討ち申すと云々。自業自得果して無力の事か。将軍
　　此の如き犬死，古来其の例を聞かざる事なり。

　　　　　　　　　　　　　　　　　　　　　　　　　　　　　　　（『看聞日記』）

問9　この史料は，将軍足利義教が謀殺された事件を記したものである。
　　（　⑦　）に入るこの時代の代表的な芸能は何か。

　　㋐　狂言　　㋑　猿楽　　㋒　舞楽

問10　下線部⑧「大内」は大内持世をさす。守護を務めていた国はどこか。

　　㋐　周防　　㋑　伊予　　㋒　備前

問11　この事件の首謀者は誰か。

　　　㋐　赤松則村　　　㋑　赤松満祐　　　㋒　赤松貞村

問12　足利義教は，専制的な政治を行い将軍権力の強大化を図った。永享10年
　　　（1438）には，幕府に反抗的な鎌倉公方を討伐した。この時の鎌倉公方は誰
　　　か。

　　　㋐　足利基氏　　　㋑　足利成氏　　　㋒　足利持氏

(D)　　　　　覚

一（1）　殿下，陣用意由断有るべからず候。来年正二月比，進発たるべき事。

一（2）　高麗都，去二日落去候。然る間，弥急度御渡海なされ，此度大明国
　　　　迄も残らず仰せ付けられ，大唐の関白職御渡しなさるべく候事。

一（18）　大唐都へ叡慮うつし申すべく候。其御用意有るべく候。明後年行幸た
　　　　⑨
　　　　るべく候。然れば，都廻の国十ケ国これを進上すべく候。其内にて諸公
　　　　家衆何も知行仰せ付けらるべく候。下ノ衆十増倍たるべく候。其上の衆ハ
　　　　仁躰に依るべき事。

一（19）　大唐関白，右仰せられ候如く，（　⑩　）江譲らせらるべく候。然れば
　　　　都の廻百ケ国御渡しなさるべく候。日本関白ハ大和中納言，備前宰相両
　　　　　　　　　　　　　　　　　　　　　　　　　　　　　　　　⑪
　　　　人の内覚悟次第，仰せ出さるべき事。

一（20）　日本帝位の儀，若宮，八条殿何にても相究めらるべき事。

一（21）　高麗の儀は岐阜宰相歟然らざれば備前宰相相置かるべく候。然れば丹
　　　　波中納言ハ九州ニ置かるべく候事。

一（23）　高麗国，大明までも御手間入らず仰せ付けられ候。上下迷惑の儀，少も
　　　　之無く候間，下々逃走の事も有まじく候条，諸国へ遣はし候奉行共召返
　　　　し，陣用意申付くべき事。
　　　　　　　　1592
　　　　天正弐十五月十八日　秀吉（朱印）

　　　　　　　　　　　　　　　　　　　　　　　　　　　　　（『古蹟文徴』）

　（　）内の数字は元史料の条数を示す。

問13　この史料は，豊臣秀吉の朝鮮侵略の際に出された文書である。第18条目には，下線部⑨「叡慮うつし申すべく候」とあり，天皇を明の都に移すことを考えていた。この時の天皇は誰か。

　　　㈠　正親町天皇　　　㈢　後奈良天皇　　　㈣　後陽成天皇

問14　（　⑩　）には，この時の関白の名が入る。これは誰か。

　　　㈠　秀頼　　　㈢　秀次　　　㈣　秀保

問15　下線部⑪「備前宰相」は，備前岡山城主で後に五大老の職にも就いた人物である。これは誰か。

　　　㈠　宇喜多秀家　　　㈢　浅野長政　　　㈣　毛利輝元

〔Ⅳ〕　次の㈎～㈔各文の（　1　）～（　10　）について，最も適当な語句を下記の語群の中から選び，その記号をマークしなさい。また，各文の下線部の出来事はどの時期に起こったものか，下記の年表の㈎～㈎から選び，その記号をマークしなさい。

㈎　大黒屋光太夫は伊勢の船頭である。彼は江戸への航行中に嵐に遭い，アリューシャン列島に漂着した。そこでロシア人に助けられ，ロシアの首都ペテルブルクで（　1　）に謁見した後，ラクスマンの根室来航に従って約10年ぶりの帰国を果たした。このラクスマンの来航は漂流民を届けるとともに通商を求めるものであったが，幕府が江戸湾と蝦夷地の海防強化を諸藩に命じることにつながった。蘭方外科医の桂川甫周は，光太夫からの聞書きを『（　2　）』にまとめた。

㈏　北一輝は右翼の理論的指導者である。佐渡島で生まれ，東京で学んだ後，中国に渡って革命運動に参加した。中国の愛国運動である五・四運動が起きた年には，上海で『国家改造案原理大綱』を執筆した。同書は北の帰国後に『日本改造法案大綱』と改称され，出版された。北は天皇と軍隊を中心とする国家改造を唱えて，陸軍皇道派の青年将校たちにも影響を与えた。また，北は大川周

明らが結成した国粋主義団体である（　3　）にも関与した。この団体は機関誌
『雄叫び』を刊行していた。やがて皇道派の青年将校たちが（　4　）事件を起こ
し，斎藤実内大臣らを殺害した後に鎮圧されると，北は事件の思想的首謀者と
して逮捕され，処刑された。

(C)　ハリスはアメリカの外交官である。日米和親条約の締結後，彼は（　5　）駐
在の初代アメリカ総領事として来日した。アロー戦争の結果，清国がイギリ
ス・フランスと（　6　）条約を結ぶと，彼は英仏両国の脅威を説くことで通商
条約の締結を幕府に迫った。大老・井伊直弼は勅許を得られないまま，日米修
好通商条約の調印に踏み切った。この功績によりハリスは公使に昇格し，江戸
に米国公使館を設置した。彼のアメリカへの帰国は，南北戦争の最中のことで
あった。

(D)　シドッチは（　7　）人宣教師である。彼はキリスト教を布教するために屋久
島に上陸したが捕らえられ，長崎を経て江戸に送られた。幽閉中のシドッチを
尋問した朱子学者の新井白石は，彼から得た知識を踏まえて，いくつかの書物
を著した。そのうち，『（　8　）』は世界の地理書で全5巻から成り，将軍にも
献上された。新井白石は，正徳の治と呼ばれる文治政治でも知られる。

(E)　ビゴーはフランスの画家である。ジャポニスムの影響を受けて来日した彼は，
陸軍士官学校に画学教師として勤めた。また，期間は短かったものの，高知出
身の思想家である（　9　）の仏学塾でフランス語を教えたこともある。その後，
ビゴーは横浜の居留地で漫画雑誌『（　10　）』を刊行し，日本の時事問題や風俗
を風刺した。日本政府にとって，旧幕府が欧米諸国と結んだ不平等条約の改正
は懸案であり，日英通商航海条約の調印をはじめとして，他の諸国とも改正条
約の調印を進めた。ビゴーは条約の施行にともなう居留地の廃止により，官憲
の弾圧が自身にも及ぶことを恐れて帰国した。

〔語群〕

(ア) 血盟団	(イ) アレクサンドル1世	(ウ) 浦賀
(エ) 北槎聞略	(オ) スペイン	(カ) 天津
(キ) ジャパン・パンチ	(ク) 華夷通商考	(ケ) 中江兆民
(コ) 横浜	(サ) 加藤弘之	(シ) 国本社
(ス) イタリア	(セ) トバエ	(ソ) 五・一五
(タ) 北京	(チ) 采覧異言	(ツ) 下田
(テ) 三月	(ト) ニコライ2世	(ナ) 風俗画報
(ニ) 猶存社	(ヌ) 海国兵談	(ネ) 南京
(ノ) 西域物語	(ハ) 二・二六	(ヒ) ポルトガル
(フ) 蘭学階梯	(ヘ) 西周	(ホ) エカチェリーナ2世

《年表》

1685年	最初の生類憐みの令が出される
	(あ)
1742年	公事方御定書が完成する
	(い)
1805年	関東取締出役が設置される
	(う)
1868年	五箇条の誓文が出される
	(え)
1914年	第一次世界大戦が始まる
	(お)
1950年	朝鮮戦争が始まる

解答　日本史

Ⅰ 解答　1—(ヘ)　2—(ニ)　3—(タ)　4—(ウ)　5—(ア)　6—(ホ)
　　　　7—(オ)　8—(カ)　9—(サ)　10—(ケ)

=== 解説 ===

《古代・中世の日中関係史》

(A) 1．日本名不詳の井真成は，遣唐使で唐に渡った日本人である。2004年に墓誌が発見され，その存在が明らかとなった。

2．901年に編纂された『日本三代実録』は六国史の最後である。清和・陽成・光孝天皇三代の治世を記している。

3．薬師寺吉祥天像は正倉院鳥毛立女屏風と並び，天平文化を代表する仏教絵画である。

4．『過去現在絵因果経』は絵の下に釈迦の一生を述べた経文があり，絵巻物の源流といわれる。

(B) 5．菅原道真は894年に遣唐大使に任命されると，宇多天皇に派遣の停止を進言した。

7．『今昔物語集』は，インド（天竺）・中国（震旦）・日本（本朝）の説話を和漢混淆文で記している。

(C) 8．義堂周信と絶海中津は五山文学の双璧といわれる。彼らは足利義満の外交顧問としても活躍した。

9．雪舟は大内氏の保護を受けながら渡明し，水墨画を大成した。『四季山水図巻』や『秋冬山水図』が代表作である。

Ⅱ 解答　1—(タ)　2—(ヌ)　3—(カ)　4—(フ)　5—(ナ)　6—(シ)
　　　　7—(セ)　8—(イ)　9—(チ)　10—(ト)

=== 解説 ===

《女性参政権と戦後沖縄史》

(A) 1．新婦人協会が治安警察法第5条を改正するための運動を行った結果，女性が政治演説会に参加できるようになった。

2．『青鞜』の創刊号で平塚らいてうは「元始，女性は実に太陽であった

（中略）今，女性は月である」と記した。

3．赤瀾会は女性の社会主義団体であった。赤瀾は「赤い波」という意味である。

4．1946 年 4 月に実施された戦後初の総選挙では，日本自由党が第一党となったが，党首の鳩山一郎が公職追放となったため，吉田茂が新党首となり，日本進歩党と連立を組んで内閣を組織した。

5．1947 年に労働者を保護するため，片山哲内閣のもとで労働省が設置された。

(B)　**6**．難問。沖縄県営平和祈念公園は糸満市に所在する。公園内には，1995 年に沖縄戦終結 50 周年の記念事業として，沖縄戦の犠牲者 23 万人の氏名が刻まれた平和の礎（いしじ）という慰霊碑が設けられた。

7．第 1 回原水爆禁止世界大会は，被爆地である広島で開催された。

8．フランスがインドシナ戦争に敗れて撤退すると，アメリカが資本主義国の南ベトナムを支援した。その後トンキン湾で米軍の駆逐艦が攻撃を受けたとするトンキン湾事件を機に，社会主義国である北ベトナムを爆撃する北爆を 1965 年から開始した。

10．国土面積の約 0.6％である沖縄県に，日本にある米軍専用施設の面積の約 70％が集中している。

Ⅲ　**解答**　　問1．(イ)　問2．(ア)　問3．(ア)　問4．(ア)　問5．(ウ)
　　　　　　　問6．(ア)　問7．(イ)　問8．(ア)　問9．(イ)　問10．(ア)
問11．(イ)　問12．(ウ)　問13．(ウ)　問14．(イ)　問15．(ア)

━━━━━━━━━ 解説 ━━━━━━━━━

《中世・近世の史料問題》

(A)　蒙古襲来における軍功に対して非御家人への恩賞を認めた史料である。

問1．フビライは 1267 年に都を大都（今の北京）に移した。

問3．鎌倉幕府第 8 代執権である北条時宗は，1268 年数え年で 18 歳の時に執権となった。文永の役や弘安の役を乗り切り，その後の防衛を強化する中での 1284 年に病のため 34 歳で死去した。

問4．史料の 2〜3 行目に「縦ひ御家人にあらずと雖も，軍功を致すの輩有らば，抽賞せらるべきの由」とあり，鎌倉幕府は非御家人を軍事動員し，軍功のある者に恩賞を与えることができるようになった。

(B)　室町幕府による守護の権限に関する規定の史料である。

問 5 . 室町幕府は，守護に大犯三カ条のほかに，刈田狼藉を取り締まる権限と，幕府の判決を強制執行させる使節遵行権を与えた。

問 6 . この史料による規定が出された後の 1352 年に出された半済令では，はじめは近江・美濃・尾張の三国で，1 年限りにおいて年貢の半分を守護が兵粮米として徴収できる権限を得た。これはのちに全国化し，また永続化した。

問 7 . 津料は港で徴収した入港税であった。

問 8 . 史料の一(10)に「地頭御家人に分配」とあることから，地頭を被官化していることがわかる。また一(6)に「本所寺社領を知行せしむる」とあり，寺社本所領を侵犯していることも書かれている。

(C)　嘉吉の変に関する頻出史料。

問 9 . 難問。「この（室町）時代の代表的な芸能」は世阿弥が大成した猿楽能である。

問10. 大内氏は 1399 年の応永の乱によって周防・長門 2 カ国の守護に削減された。

問11. 嘉吉の変を起こした人物は播磨の守護の赤松満祐であった。

問12. 永享の乱で，幕府に反抗的であった鎌倉公方足利持氏が討伐された。

(D)　豊臣秀吉による明征服構想の史料である。

問13・問 14. 豊臣秀吉は，後陽成天皇を北京に移し，豊臣秀次を中国の関白にすることを考えていた。

問15. やや難。五大老のうち，備前岡山城主であったのは宇喜多秀家であった。彼は関ヶ原の戦いで西軍についたため，戦後に八丈島へ流罪となった。

 **解答**　　**1** 一(ホ)　**2** 一(エ)　**3** 一(ニ)　**4** 一(ハ)　**5** 一(ツ)　**6** 一(カ)

　　　　　　　7 一(ス)　**8** 一(チ)　**9** 一(ケ)　**10** 一(セ)

(A) 一(い)　**(B)** 一(お)　**(C)** 一(う)　**(D)** 一(あ)　**(E)** 一(え)

══════════════ 解　説 ══════════════

《近世・近代の年表による総合問題》

(A)　ラクスマンは 1792 年に根室に来航した。

1 . 大黒屋光太夫は，ラクスマンに伴われてロシアの女帝エカチェリーナ

2世に謁見し，帰国を願ったところ許可された。

2．『解体新書』の訳出にも参加した桂川甫周は，大黒屋光太夫から話を聞いて『北槎聞略』にまとめた。

(B)　1919年，パリ講和会議の内容に不満を持つ北京の学生らが五・四運動を起こした。

3．大川周明が北一輝とともに国家改造をめざして猶存社を結成した。

4．1936年北一輝の影響を受けた陸軍の皇道派の青年将校らが二・二六事件を起こした。

(C)　南北戦争は1861年から1865年にかけて起こった。

5・6．アロー戦争（第二次アヘン戦争）の結果，1858年に清はイギリスやフランスと天津条約を結んだ。下田に駐在していたハリスはこの結果を利用して英仏の脅威と，アメリカと条約を結ぶ利点を説いて，日米修好通商条約の締結を実現させた。

(D)　正徳の治は，6代将軍徳川家宣や7代将軍徳川家継のもとで，1709年から1716年にかけて行われた新井白石を中心とする政治である。

7．難問。イタリア人宣教師のシドッチは，教皇の命令を受けて日本での布教を試み，屋久島に潜入するも捕らえられ，江戸に送られた。

8．新井白石はシドッチを尋問して得た知識をもとに，5巻からなる世界地理書の『采覧異言』や3巻からなる西洋研究書の『西洋紀聞』を著した。

(E)　日英通商航海条約は1894年，日清戦争直前に調印された。

9・10．フランスの画家ビゴーは，日本絵画を研究するために来日した。高知出身の思想家中江兆民の仏学塾でフランス語を教えながら日本の社会や庶民生活を学び，1887年に風刺漫画雑誌『トバエ』を刊行した。

2月7日実施分

問題 日本史

(60分)

〔Ⅰ〕 次の(A)～(J)各文の（　1　）～（　10　）に入れるのに最も適当な語句を下記の語群から選び，その記号をマークしなさい。

(A) 清国は，アヘン戦争でイギリスに敗れて（　1　）条約を結び，香港の割譲などを行った。この影響により，幕府は異国船打払令を緩和して天保の薪水給与令を出した。

(B) 江華島事件の後，日本は朝鮮と日朝修好条規を結んで朝鮮を開国させた。日朝修好条規は，朝鮮半島南東端の（　2　）とその他2港を開かせ，日本の関税免除などを認めさせる不平等条約であった。

(C) 壬午軍乱・甲申事変を経て朝鮮に対する日本の影響力が減退する中，貿易などを通じた両国の経済関係は深まったが，1889年から翌年にかけて，朝鮮の地方官は大豆など穀物の（　3　）を禁じたことで，日本との間に紛争が生じた。

(D) 日清戦争後に政府は，軍備拡張のため，鉄鋼の国産化を目指して官営の八幡製鉄所を設立した。製鉄に必要な石炭は筑豊炭田から，鉄鉱石は清国（湖北省）の（　4　）鉄山から調達した。

(E) 台湾を領有した日本は，台北に台湾総督府を設置した。第4代総督児玉源太郎の下で民政局長や民政長官を務めた（　5　）は，土地制度の近代化や産業の保護育成につとめた。

(F) 日露戦争後には，満州への進出が本格化した。大連に設立された国策会社南

満州鉄道株式会社は，ロシアから譲渡された（　6　）間の旧東清鉄道や鉄道沿線の鉱山などを経営した。

(G)　日露戦争後には，韓国も韓国併合条約によって植民地となり，日本経済において植民地の果たす役割が大きくなった。台湾との経済関係では，（　7　）の移入が重要な柱の1つであった。

(H)　第一次世界大戦が始まると，日本は債務国から債権国へ転換するとともに，重化学工業化も進展した。（　8　）では，中国に進出して工場を経営する企業が増加した。

(I)　重化学工業分野で急成長した新興財閥は，軍部と結びついて満州や朝鮮に進出した。野口遵が率いた（　9　）コンツェルンは，朝鮮で水力発電所と化学工場を建設した。

(J)　池田勇人内閣は，1962年に「政経分離」の方針により，国交のない中華人民共和国と準政府間貿易の取決めを結んだ。この取決めは，高碕達之助と（　10　）が交渉に当たった。

〔語群〕

(ｱ)　樺山資紀	(ｲ)　綿布	(ｳ)　長春・旅順
(ｴ)　天津	(ｵ)　製糸業	(ｶ)　北京
(ｷ)　尾崎行雄	(ｸ)　輸出	(ｹ)　廖承志 りょう
(ｺ)　毛織物業	(ｻ)　釜山	(ｼ)　大豆粕
(ｽ)　鄧小平	(ｾ)　日窒	(ｿ)　生産
(ﾀ)　周恩来	(ﾁ)　原料糖	(ﾂ)　鞍山
(ﾃ)　仁川	(ﾄ)　大連・旅順	(ﾅ)　撫順
(ﾆ)　元山	(ﾇ)　南京	(ﾈ)　後藤新平
(ﾉ)　理研	(ﾊ)　紡績業	(ﾋ)　日産
(ﾌ)　奉天・大連	(ﾍ)　輸入	(ﾎ)　大冶

〔Ⅱ〕　次の(A)〜(E)各文の（　1　）〜（　10　）に入れるのに最も適当な語句を下記の語
　　　群から選び，その記号をマークしなさい。

(A)　12世紀後半，平安京の東方に法住寺殿を営み院政の拠点としたのは（　1　）
　　　上皇である。隣接して蓮華王院を創建させた。本堂は焼失の後，文永3年
　　　(1266)再建されて今日にいたる。本尊の（　2　）坐像と千体の（　2　）立像を
　　　祀るこの建物は，正面を東に向け，南北に長大な形態をもつ。

(B)　平重衡による南都の焼き打ちによって，東大寺や興福寺にあった奈良時代の
　　　建物の多くは焼失する。東大寺では（　3　）が大勧進となり再建工事が進めら
　　　れる。このとき採用された新しい建築様式は（　4　）と呼ばれる。その後，
　　　（　4　）は急速に衰退する。しかし手法や技法は大規模な建物に採用される。
　　　平安京鎮護の官寺として創建，その後空海に下賜され真言密教の根本道場と
　　　なった（　5　）では，江戸幕府が開かれた年に再建された金堂に，その特徴が
　　　みられる。

(C)　戦国期以降，江戸時代にかけて，日本各地の城郭に数多く築かれた天守だが，
　　　今日までのこる天守の数はわずか12に過ぎない。なかでも標高400メートル
　　　を超える臥牛山の頂上近くにたつ（　6　）は，山城の形態をもつ天守として現
　　　存する唯一の遺構である。

(D)　栃木県の日光東照宮は，徳川家康を主祭神に祀る神社である。本殿と前方に
　　　たつ拝殿が石の間を介して複合する形式は（　7　）と呼ばれる。このように本
　　　殿が他の社殿と複合する形式は，ほかにも多種多様な事例がある。備中国一の
　　　宮の（　8　）神社は，比翼入母屋造と呼ばれる珍しい形態の本殿で知られ，拝
　　　殿の屋根がこれに接続している。

(E)　17世紀の中頃，明僧の隠元隆琦は禅宗の一派である黄檗宗を我が国に伝え，
　　　山城国宇治に（　9　）を開創する。仏殿に相当するのは（　10　）と呼ばれる建
　　　物である。大屋根の頂部中央に飾る宝珠や正面の左右両端間に開く円窓など，

独特の意匠がみられる。

〔語群〕

(ア) 厳島	(イ) 大雄宝殿	(ウ) 彦根城
(エ) 薬師如来	(オ) 金剛峯寺	(カ) 後鳥羽
(キ) 万福寺	(ク) 重源	(ケ) 禅宗様
(コ) 後白河	(サ) 大神	(シ) 大仏様
(ス) 延暦寺	(セ) 阿弥陀如来	(ソ) 一遍
(タ) 住吉造	(チ) 後嵯峨	(ツ) 舎利殿
(テ) 備中松山城	(ト) 忍性	(ナ) 吉備津
(ニ) 権現造	(ヌ) 崇福寺	(ネ) 教王護国寺
(ノ) 東福寺	(ハ) 折衷様	(ヒ) 犬山城
(フ) 講堂	(ヘ) 千手観音	(ホ) 神明造

〔III〕 次の(A)～(C)の各史料に関する問1～問15について，(ア)～(ウ)の中から最も適当な語句を選び，その記号をマークしなさい。

(A) (604年)夏四月丙寅の朔戊辰，皇太子，親ら肇めて憲法十七条を作りたまふ。
一に曰く，和を以て貴しと為し，忤ふること無きを宗と為よ。(中略)
二に曰く，篤く三宝を敬へ。(中略)①
三に曰く，(②)を承りては必ず謹め。君をば則ち天とす。臣をば則ち地とす。(中略)
十二に曰く，国司・(③)，百姓に斂ること勿れ。国に二の君非し。民に両の主無し。(後略)

(『日本書紀』)

問1 この史料は厩戸王(聖徳太子)が制定した憲法十七条である。この憲法十七条が制定されたときの天皇は誰か。
(ア) 皇極天皇 (イ) 舒明天皇 (ウ) 推古天皇

問2　第二条の下線部①「三宝」とは仏教のことであるが，厩戸王が物部守屋との戦いに勝利して創建したと伝わる寺院はどれか。

　　　(ア)　法隆寺　　(イ)　中宮寺　　(ウ)　四天王寺

問3　第三条は官僚の心構えを訓戒する内容であるが，（　②　）に入る語句はどれか。

　　　(ア)　詔　　(イ)　勅　　(ウ)　信

問4　第十二条の（　③　）に入る語句はどれか。

　　　(ア)　郡司　　(イ)　県主　　(ウ)　国造

問5　憲法十七条制定の前年には冠位十二階が定められており，600年の対隋外交の開始とともに，国内の新たな政治秩序の編成が進められたことがうかがえる。小野妹子は607年に遣隋使として派遣されたとき，冠位十二階では第五階の大礼であった。このときの冠位十二階の最高位はどれか。

　　　(ア)　大仁　　(イ)　大徳　　(ウ)　大智

(B)　（天平十三年三月）乙巳，詔して曰く，「(中略)宜しく天下諸国をして各敬みて七重塔一区を造り，幷せて金光明最勝王経・妙法蓮華経各一部を写さしむべし。朕又別に金字の金光明最勝王経を写し，塔毎に各一部を置かしめむと擬す。冀ふ所は聖法の盛なること，天地とともに永く流へ，擁護の恩幽明に被らしめて恒に満たむことを。其れ造塔の寺は，また国の華たり。必ず好処を択びて，実に長久にすべし。(中略)又国毎の僧寺には封五十戸，水田十町を施し，尼寺には水田十町。僧寺には必ず廿僧有らしめ，其の寺の名を金光明四天王護国之寺と為し，尼寺には一十尼ありて，其の寺の名を法華滅罪之寺と為し，両寺相共に宜しく教戒を受くべし。(中略)」と。

問6　この史料は，天平13年に発布された国分寺建立の詔である。この詔が発布された宮都はどこか。

　　　(ア)　恭仁京　　(イ)　難波宮　　(ウ)　紫香楽宮

問7　この詔が出された前年には，玄昉らの排除を求めた反乱が起こっている。
　　　この反乱は何か。

　　　　(ア)　長屋王の変　　　(イ)　藤原広嗣の乱　　　(ウ)　恵美押勝の乱

問8　諸国に国分寺と国分尼寺をつくらせることにしたのち，大仏造立の詔が
　　　発布されたが，これはいつの出来事か。

　　　　(ア)　741年　　　(イ)　743年　　　(ウ)　752年

問9　この史料の出典は何か。

　　　　(ア)　『日本後紀』　　　(イ)　『日本書紀』　　　(ウ)　『続日本紀』

(C)　（寛仁二年十月）十六日乙巳，今日，女御藤原威子を以て皇后に立つるの日な
　　り。〈<u>前太政大臣</u>の第三の娘なり，一家三后を立つること，未だ曾て有らず。〉
　　　　　　④
　　（中略）太閤，<u>下官</u>を招き呼びて云く，「和歌を読まむと欲す。必ず和すべし」
　　　　　　　　⑤
　者。答へて云く，「何ぞ和し奉らざらむや」。又云ふ，「誇りたる歌になむ有る。
　　てえり
　但し宿構に非ず」者。「此の世をば我が世とぞ思ふ望月のかけたることも無し
　しゅくこう
　と思へば」。余申して云く，「御歌優美なり。酬答に方無し，満座只此の御歌
　　　　　　　　　　　　　　　　　　　　　しゅうとう　すべ
　を誦すべし。（中略）」と。諸卿，余の言に響応して数度吟詠す。太閤和解して
　殊に和を責めず。（後略）
　ことさら

問10　下線部④の「前太政大臣」は自家の地位の安定を図るため娘を入内させ，
　　　天皇の外戚として権力者の座を占めつづけた人物である。誰か。

　　　　(ア)　藤原兼家　　　(イ)　藤原道長　　　(ウ)　藤原頼通

問11　下線部④の人物は浄土教を篤く信仰しており，晩年には阿弥陀堂を建て
　　　た。この阿弥陀堂がある寺院はどこか。

　　　　(ア)　法成寺　　　(イ)　法界寺　　　(ウ)　法勝寺

問12　下線部④の人物の第三の娘である藤原威子は，何天皇の中宮となったか。

　　　　(ア)　一条天皇　　　(イ)　三条天皇　　　(ウ)　後一条天皇

問13　下線部④の人物は藤原北家の出身であるが，この北家の勢力が不動のものとなった，左大臣源高明を排斥した事件は何か。
　　　(ア)　安和の変　　(イ)　昌泰の変　　(ウ)　承和の変

問14　藤原北家の地位を確かなものとし，最初に摂政となった人物は誰か。
　　　(ア)　藤原良房　　(イ)　藤原忠平　　(ウ)　藤原基経

問15　この史料の出典は，下線部⑤の人物が書いた日記である。何か。
　　　(ア)　『小右記』　　(イ)　『御堂関白記』　　(ウ)　『栄花(華)物語』

〔Ⅳ〕　次の写真①〜⑤を見て，(A)〜(E)の各文の（　1　）〜（　15　）について，(ア)〜(ウ)の中から最も適当な語句を選び，その記号をマークしなさい。

(A)　写真①は，平安時代後期に陸奥国北部で起こった，安倍氏の反乱の様子を描いた『（　1　）』{(ア)　平治物語　(イ)　前九年合戦　(ウ)　後三年合戦}絵巻の一場面である。当時の胆沢鎮守府下の六郡には，「俘囚」と呼ばれる降伏した蝦夷の人びとが定住していたが，この地域は奥六郡と呼ばれ，安倍氏が支配した。
　　11世紀前半ごろになると，安倍氏は納税などを拒否し，奥六郡とそれ以南の国府の直轄支配地帯にも，その圧力を及ぼすようになった。そのため，陸奥守藤原登任は数千の兵を率い，安倍頼良と鬼切部(現・宮城県大崎市)で戦ったが大敗した。
　　これを受けて朝廷は，（　2　）{(ア)　源頼家　(イ)　源頼義　(ウ)　源頼信}を陸奥守・鎮守府将軍に起用して追討を命じた。上東門院彰子の病気平癒祈願の大赦によって反乱の罪を許された頼良は，安倍頼時と改名して服属したが，その後，人馬殺傷事件を契機に再び両者の関係は決裂し，全面的な戦争に突入した。
　　（　3　）{(ア)　衣川　(イ)　金沢　(ウ)　出羽}柵を最大の拠点とする安倍軍の戦力は強大であったが，出羽山北の俘囚長である清原氏が大軍を率いて朝廷軍に加勢した結果，安倍氏は全滅した。この戦争は，武士がこの内乱への対応を通じて武士団の組織とその棟梁としての地位を固めていくことなど，日本古代史

の転換に大きな役割を果たす出来事であった。

(B)　写真②は，文永・弘安の役に出陣した肥後国の御家人である竹崎季長の戦闘
　　記録を描いた『蒙古襲来絵巻』のうち，文永の役を描いた前巻の一場面である。
　　この御家人が「弓箭^{きゅうせん}の道は先駆けを以て賞とす。ただ駆^かけよ」と叫んで進撃し
　　たものの，炸裂する「てつはう」が投擲^{とうてき}され，騎馬も射られて窮地に陥った状況
　　を描写している。続いて後巻では，この御家人が恩賞申請のため関東に行き，
　　御恩奉行の（　4　）{(ア)　安達泰盛　(イ)　三浦泰村　(ウ)　三善康信}に認められ，
　　御領拝領の下文と馬一頭を賜わった有様が描かれている。その後巻末の付属文
　　書には，この御家人が肥後国海東郷の地頭職になったことが記されている。こ
　　の絵巻には詞書の欠脱などによって具体的にその合戦の日時，場所が明らかに
　　できない場面があるが，戦闘に際しての武士の心意気が如実に示されており，
　　人物の面貌のみならず甲冑や馬が写実的に描かれていることから，武家好みの
　　絵画作品として注目される。

　　　この文永の役の後，鎌倉幕府の第8代執権（　5　）{(ア)　北条貞時　(イ)　北
　　条時頼　(ウ)　北条時宗}は異国警固番役を強化し，防塁（石築地）を構築するな
　　どの対策を講じた。この防塁は御家人・非御家人を問わず，九州に所領がある
　　武士が地区ごとに分担して築造した。弘安の役の後も幕府は再度の襲来に備え，
　　博多には北条氏一門を（　6　）{(ア)　九州　(イ)　長門　(ウ)　鎮西}探題として
　　送り，支配を強化した。

(C)　写真③は，沖縄県那覇市にある復元された（　7　）{(ア)　首里　(イ)　今帰仁
　　(ウ)　勝連}城の正殿である。この城は琉球国王尚氏の居城であり，王国の政
　　治・外交・文化の中心的役割をはたした。この城は王国にとって重要な那覇港
　　や城下の町並みを見下ろす標高約130mの丘陵上に，地形を巧みに利用して
　　内郭と外郭の2つの郭を造成している。これらの郭を囲繞する城壁は，琉球石
　　灰岩を用いて組み積まれ，その総延長は約1,080m，高さは6～15mである。

　　　この城の創建は14世紀の察度王^{さっと}代あるいはそれ以前とも伝わるが，15世紀
　　前半の第一尚氏第2代王（　8　）{(ア)　尚泰　(イ)　尚巴志　(ウ)　尚円}の三山
　　統一後に城の規模が整えられ，さらに第二尚氏の第3代尚真王，第4代尚清王

により整備拡張された。正殿は万治3年(1660)，宝永6年(1709)などに発生した火災で焼失したが，その都度，大修築された。第二次世界大戦時には，「皇土防衛と南方圏の交通の確保」を目的として，昭和19年(1944)に編成された第32軍の司令部陣地が城域の地下に構築されていたため，翌年3月26日に（　9　）{(ア)　宮古　(イ)　八重山　(ウ)　慶良間}諸島，4月1日には沖縄本島に上陸したアメリカ軍の砲爆撃にさらされ，正徳5年(1715)に再建された国宝の正殿をはじめ木造建造物の多くが焼失し，城壁も大きく破壊された。

　沖縄復帰後の平成元年(1989)から平成4年(1992)にかけて，発掘調査や国宝指定時の実測図，写真などに基づいた精度の高い復元・整備が行われた。しかし，令和元年(2019)に再び正殿は焼失し，現在，令和8年(2026)の完工に向けて復元工事が進められている。

(D)　写真④は，幕末・明治時代の油彩画家である（　10　）{(ア)　浅井忠　(イ)　高橋由一　(ウ)　藤島武二}が描いた「鮭」である。この作品は，彼が洋画普及のため全霊を傾けていた明治10年(1877)ごろに描かれたものである。写実的な描写が示される本作は，実物の荒巻鮭に代わって贈られたり店先に飾られたりする，実用的な用途があったと推測されている。

　文政11年(1828)，下野国佐野藩の江戸藩邸内に生まれたこの画家は，幼いころより狩野派や北宗系の画家について学んだ。文久2年(1862)，幕府の蕃書調所画学局に入り，川上冬崖に油彩画の指導を受けた。さらに慶応2年(1866)には，『イラストレイテッド・ロンドン・ニューズ』の特派員として来日し，漫画雑誌『ジャパン・パンチ』を創刊した横浜居留地の画家（　11　）{(ア)　ワーグマン　(イ)　フォンタネージ　(ウ)　ラグーザ}などから，油彩画の実技指導を受けた。大学南校画学係教官を経て明治6年(1873)に画塾を創設したが，写真④の「鮭」はこの画塾の月例会に発表されたものである。この作家の作風は，空間把握の方法に江戸名所図会的構図を引きついでおり，静物図では質感の処理のみに終始していることなど，江戸洋風画の性格を色濃く残している。

　同時期に活躍した画家には，フェノロサに認められ，東京美術学校教授を経て日本美術院創設に参画し，「竜虎図」や「白雲紅樹」などを描いた（　12　）{(ア)　橋本雅邦　(イ)　横山大観　(ウ)　菱田春草}や，東京美術学校創設に向けて

尽力するが，開校目前で没した狩野芳崖などがいる。

(E)　写真⑤は昭和34年(1959)，講談社が創刊した『（　13　）』{(ア)　週刊少年サン
　デー　(イ)　週刊少年キング　(ウ)　週刊少年マガジン}に，昭和43年(1968)1月
　1日号から昭和48年(1973)5月13日号まで連載された「あしたのジョー」(ちば
　てつや作画・高森朝雄原作)のラストシーンの作画である。掲載当時の若年読
　者層の反体制的な気分と，自己の肉体と激しく向き合う登場人物たちの姿が重
　複し，社会現象ともなった。本作は先行連載の「巨人の星」(川崎のぼる作画・
　梶原一騎原作)と並んで人気を博し，この雑誌を100万部雑誌に押し上げた作
　品である。
　　この作品の連載が開始された1960年代は，高度経済成長の矛盾が認識され
　るようになった時代でもあった。農山漁村から都市への人口移動が激化して過
　疎化が進み，大都市部では過度な人口集中が生じた。生産・消費活動が急速に
　増大した結果，各地で土壌汚染や大気汚染などの公害問題が深刻化した。その
　ため，（　14　）{(ア)　富山　(イ)　新潟　(ウ)　熊本}県神通川流域のイタイイタイ
　病患者や，三重県四日市のぜんそく患者が企業などに損害賠償を求めて提訴し，
　いずれも原告が勝訴した。
　　これらの公害対策として政府は，昭和42年(1967)に大気汚染や水質汚濁など
　7種の公害を規制し，事業者や国，地方公共団体の責務を明確にした（　15　）
　{(ア)　環境基本　(イ)　公害対策基本　(ウ)　新都市計画}法を制定した。また，公
　害・環境行政は厚生省や通商産業省，経済企画庁などに分属していたが，昭和
　46年(1971)には環境行政を担う環境庁が総理府の外局として設置された。

写真①

写真②

写真③

ユニフォトプレス提供
編集部注：著作権の都合により，類似の写真と差し替えています。

写真④　　　　　　　**写真⑤**

2024年度　2月7日　日本史

解答 日本史

Ⅰ 解答

1 —(ヌ)　2 —(サ)　3 —(ク)　4 —(ホ)　5 —(ネ)　6 —(ウ)
7 —(チ)　8 —(ハ)　9 —(セ)　10—(ケ)

解説

《近現代の日中・日朝関係史》

1. アヘン戦争後に結ばれた条約は南京条約である。上海など5港の開港や香港の割譲が約された。

2. 日朝修好条規によって，南東部の釜山のほか，首都漢城の外港である仁川や，東側で現在北朝鮮の元山などが開港された。

3. 日朝修好条規によって開国した朝鮮では，日本の穀物商による輸出のために穀物の物価が高騰していた。1889年に朝鮮の地方官が凶作を理由に輸出禁止を命ずる防穀令を出すと，日本政府は抗議して撤回させ，賠償金を支払わせた。

4. 八幡製鉄所は清国の大冶鉄山からの鉄鉱石と筑豊炭田（のち満州の撫順炭田）からの石炭を用いて，製鉄を行った。

5. 台湾の民政局長となった後藤新平は台湾統治を軌道に乗せた。のち彼は満鉄の初代総裁も務めた。

6. 南満州鉄道株式会社は，ポーツマス条約で得た東清鉄道の一部である長春・旅順間の鉄道や，付属の鉱山などを経営した。

7. 下関条約で台湾を割譲された日本は，製糖業を台湾経営の中心に据え，三井が台湾製糖会社を設立した。

8. 第一次世界大戦の頃に，日本の紡績資本は中国に進出し，在華紡とよばれる紡績工場を上海や青島に建設して現地生産を行った。

9. 新興財閥は，満州事変前後に台頭した企業集団で，野口遵による日窒コンツェルンは朝鮮に，鮎川義介による日産コンツェルンは満州に進出して重化学工業を推進した。

10. 1962年に調印され実施されることとなった日中準政府間貿易のことをLT貿易というが，この名称は調印した廖承志（りょうしょうし）と高碕達之助の頭文字を取ってつけられた。

 **解答** 1 ―㋘ 2 ―㋬ 3 ―㋗ 4 ―㋛ 5 ―㋧ 6 ―㋢
7 ―㋥ 8 ―㋤ 9 ―㋖ 10―㋑

━━━━━ 解　説 ━━━━━

《中世・近世の建築史》

(A)　**1**．後白河上皇は平清盛による資財協力のもとで，蓮華王院を創建した。

2．難問。三十三間堂ともいわれる蓮華王院本堂の本尊が千手観音坐像で，ほかに千体の千手観音立像も祀られている。

(B)　**3**．平氏による南都焼打ちの後，重源は東大寺の再建に尽力し勧進上人となった。

4．大仏様という建築様式で，東大寺南大門は再建された。

5．東寺は，西寺とともに平安京遷都時に都を護る役割で造営された。のちに東寺は嵯峨天皇が空海に下賜し，真言密教の根本道場となり，教王護国寺ともよばれるようになった。

(C)　**6**．難問。臥牛山（がぎゅうざん）は古くは松山ともよばれたため，ここに築城された城は備中松山城とよばれるようになった。

(D)　**7**．日光東照宮のように，本殿と拝殿の間を石の間（あるいは相の間）で結んだ建築様式を権現造という。

8．難問。吉備津神社は，備中国（現在の岡山県）一の宮（一番格式の高い神社）といわれる。

(E)　**9**．江戸時代初期に来日した隠元隆琦は黄檗宗を伝え，宇治に万福寺を創建した。

10．一般的な寺院における本堂または金堂は，黄檗宗においては大雄宝殿とよばれる。

解答 問1．㋒ 問2．㋒ 問3．㋐ 問4．㋒ 問5．㋑
問6．㋐ 問7．㋑ 問8．㋑ 問9．㋒ 問10．㋑
問11．㋐ 問12．㋒ 問13．㋐ 問14．㋐ 問15．㋐

━━━━━ 解　説 ━━━━━

《古代の史料問題》

(A)　憲法十七条の史料である。

問2．蘇我氏と物部氏の争いに際し，蘇我氏側についていた厩戸王は，四

天王の像に「この戦いに勝利したら四天王を安置する寺を造る」と誓願し，その戦いに勝利すると，難波（現在の大阪府）に四天王寺を創建した。

問3. 憲法十七条の第三条では，天皇と官吏との上下関係を明らかにし，詔，つまり天皇の命令の絶対化を図っている。

問4. 憲法十七条の第十二条では，国司や国造，つまり地方長官が税をほしいままに収奪してはならないとしている。

問5. 冠位十二階では儒教の徳目である徳・仁・礼・信・義・智を大小に分けて，大徳から小智までの12の冠位を制定した。

(B) 国分寺建立の詔の史料である。

問6. 国分寺建立の詔は恭仁京で発布された。

問7. 740年に大宰府に左遷させられていた藤原広嗣が，中央政界から吉備真備と玄昉の排除を要求し反乱を起こしたが，鎮圧された。

問8. 国分寺建立の詔が出された2年後の743年に大仏造立の詔が出された。

問9. 『続日本紀』は文武天皇から桓武天皇までを記述し，奈良時代の基本史料である。

(C) 藤原道長が「望月の歌」を詠んだ場面である。

問11. 藤原道長が建立した寺院は法成寺である。

問12. 難問。藤原威子は後一条天皇の中宮となった。ちなみに長女の藤原彰子は一条天皇の，次女妍子は三条天皇の中宮となった。

問13. 969年に源高明が謀反の疑いで大宰権帥に左遷となった事件を安和の変という。

問14. 藤原良房は清和天皇を9歳で即位させ事実上の摂政となった。866年に応天門の変が起きると，清和天皇から事後処理を任されて正式に摂政となった。

問15. この史料の出典は，藤原実資による日記『小右記』である。

2
0
2
4
年
度

2
月
7
日

日
本
史

IV 解答　　1―(イ)　2―(イ)　3―(ア)　4―(ア)　5―(ウ)　6―(ウ)
　　　　　　7―(ア)　8―(イ)　9―(ウ)　10―(イ)　11―(ア)　12―(ア)

13―(ウ)　**14**―(ア)　**15**―(イ)

━━━━━━━━━━━━━━━━ 解　説 ━━━━━━━━━━━━━━━━

《古代〜現代の総合問題》

(A) **1.** 安倍氏の反乱を前九年合戦という。安倍氏が貢納を怠るようになって国司と対立し，1051年から戦闘になった。戦いは長期化したが，清原氏の助力によって1062年に朝廷側が勝利した。

2. 前九年合戦に際して，陸奥守のちに鎮守府将軍にもなった源頼義が鎮圧に向かった。

3. 難問。前九年合戦において朝廷側は衣川柵（ころもがわ）や厨川柵（くりやがわ）を陥落させて勝利した。

(B) **4.** 安達泰盛は，文永の役後に御恩奉行となって軍功のあった者に恩賞を与えた。

6. 弘安の役後，幕府は九州の御家人を統括するために鎮西探題を設置し，北条氏一門を九州へ派遣して鎮西奉行の権限を吸収した。

(C) **7.** 琉球王国の王府は首里，外港は那覇であった。

8. 中山王の尚巴志が1429年に三山を統一し，琉球王国を建国した。

9. 難問。1945年3月26日に連合国軍が慶良間諸島（けらま）に上陸し沖縄戦が始まった。4月1日には連合国軍が沖縄本島にも上陸した。

(D) **10・11.** 難問。『鮭』の作者は川上冬崖（とうがい）やワーグマンに師事した高橋由一である。

12. 『竜虎図』の作者橋本雅邦は，東京美術学校の教授となり，下村観山や横山大観らを指導した。

(E) **13.** 難問。週刊少年漫画雑誌は，1959年に講談社から『週刊少年マガジン』が，同年小学館から『週刊少年サンデー』が発売された。

14. イタイイタイ病は富山県神通川流域で発生した。三井金属が排出したカドミウムがこの病気の原因物質であると特定された。

15. 高度経済成長にともなう公害に対し，政府は1967年に公害対策基本法を制定した。また1971年には環境庁が設置され，公害行政が一元化された。

2月3日実施分　問題 世界史

（60分）

〔Ⅰ〕　次の文を読み，後の問 1〜10 に答えなさい。

　　10 世紀以降のユーラシア東方では，それまでウイグル・吐蕃・唐の影響下に
あった諸民族が政治的・文化的自立を強め，独自の文字文化が各地で形成された。
契丹では契丹文字がつくられ，西夏でも漢字の構造にならった西夏文字がつくら
①　　　　　　　　　　　　　　　②
れた。女真においても契丹や西夏と同様に独自の文字がつくられ，ベトナムでも
③
漢字を改造したチュノムがつくられた。同時期の日本でも仮名文字が生み出され
④　　　　　　　　　　　　　⑤
て普及した。また，日本や朝鮮半島では漢文の訓読や自国語への翻訳が行われ，
豊富な漢文文献の蓄積を自文化の中に取り込んでいった。
　　インド文化の影響を強く受けた東南アジア諸国でも，9 世紀から 14 世紀頃に
⑥
かけて外来文明を消化し，独自の文化を生み出す動きが盛んになった。文字の面
ではチャンパーやカンボジア，ジャワなどの地域でインド系の文字をもとに独自
⑦　　　　　　　　　　　⑧
の文字がつくられ，サンスクリット語で書かれた叙事詩がそれらの言語に翻訳さ
れた。宗教面でも，カンボジアやビルマにおいて独自色の強い宗教的建造物が造
営された。またジャワでは，進攻してきた元軍の干渉を排して 13 世紀末に成立
⑨
した王国のもとで，年代記が作成され，ジャワの勢力を誇示する歴史観が叙述さ
⑩
れた。

問 1　下線部①について述べた次の文(ア)〜(エ)のうち，**誤っているもの**を一つ選び，
　　　その記号をマークしなさい。

　　(ア)　後晋の建国をたすけた代償として燕雲十六州を領土に加えた。

　　(イ)　10 世紀半ばに，宋が毎年銀や絹を契丹におくることを条件に和議を結
　　　　　んだ。

　　(ウ)　北方民族として本拠地を保ちながら中国内地をも支配した最初の国家
　　　　　だった。

　(エ)　領内に狩猟・遊牧・農耕など様々な生業を持つ人々がいたため，二重統治体制をとった。

問2　下線部②の西夏の建国者として最も適当なものを次の(ア)〜(エ)の中から一つ選び，その記号をマークしなさい。

　(ア)　耶律阿保機　　　(イ)　耶律大石　　　(ウ)　完顔阿骨打　　　(エ)　李元昊

問3　下線部③の歴史について述べた次の文(ア)〜(エ)のうち，**誤っているもの**を一つ選び，その記号をマークしなさい。

　(ア)　女真人は，半農半猟のツングース系だった。

　(イ)　1127年に北宋を滅ぼして華北を占領した後，華北では宋の州県制を継承した。

　(ウ)　女真の統合に成功したヌルハチは，1636年に清を建てた。

　(エ)　ヌルハチのあとを継いだホンタイジは，民族名を女真から満洲に改めた。

問4　下線部④をつくったベトナムの王朝として最も適当なものを次の(ア)〜(エ)の中から一つ選び，その記号をマークしなさい。

　(ア)　黎朝　　　(イ)　李朝　　　(ウ)　陳朝　　　(エ)　阮朝

問5　下線部⑤に関連して，9〜14世紀頃の日本について述べた次の文(ア)〜(エ)のうち，**誤っているもの**を一つ選び，その記号をマークしなさい。

　(ア)　7世紀以来続いた遣唐使は，838年を最後に再び送られることはなかった。

　(イ)　中国商人の活動が活発化し，日本から中国へ絹織物や陶磁器が輸出された。

　(ウ)　日本の海外貿易の中心地として九州の博多が繁栄した。

　(エ)　中国文化の基礎の上に日本風の特色を加えた国風文化が栄えた。

問6　下線部⑥に関連して，14世紀以前の東南アジア諸国のインド化について述べた次の文(ア)〜(エ)の中から**誤っているもの**を一つ選び，その記号をマーク

しなさい。

(ア)　グプタ朝のもとで完成したインドの古典文化が東南アジアにもたらされた。

(イ)　海上交通の活発化と共にインドからバラモンが東南アジアに渡来した。

(ウ)　ジャワでは上座部仏教やヒンドゥー教が栄えた。

(エ)　流動的な社会に合わないヴァルナは，東南アジアには根付かなかった。

問7　下線部⑦の歴史について述べた次の文(ア)～(エ)のうち，**誤っているもの**を一つ選び，その記号をマークしなさい。

(ア)　チャンパーは，ベトナム中部にチャム人によって建国された。

(イ)　2世紀末頃から存在した林邑が，インド化にともない国名をインド風のチャンパーとした。

(ウ)　中国との活発な海上交易を行い，沈香などの産品を供給した。

(エ)　ベトナムで15世紀に成立した西山朝によって打撃を受けた。

問8　下線部⑧に関連して，10～14世紀頃のジャワについて述べた次の文(ア)～(エ)のうち，**誤っているもの**を一つ選び，その記号をマークしなさい。

(ア)　10世紀前半に王都がジャワ島中部から東部に移った。

(イ)　クディリ朝など農業的基盤を持つ港市国家が栄えた。

(ウ)　13世紀に成立したシャイレンドラ朝のもとで，仏教寺院のボロブドゥールの建造が開始された。

(エ)　『マハーバーラタ』や『ラーマーヤナ』に題材をとる影絵人形劇が発達した。

問9　下線部⑨に関連して，11世紀のビルマで建国され13世紀頃まで存続していた王朝として最も適当なものを次の(ア)～(エ)の中から一つ選び，その記号をマークしなさい。

(ア)　パガン朝　　(イ)　タウングー朝　　(ウ)　ピュー

(エ)　コンバウン朝

問10　下線部⑩に関連して，アジア諸国の中で元の進攻を受けなかった国を次の

㋐～㋓の中から一つ選び，その記号をマークしなさい。

㋐ チャンパー 　㋑ 日本 　㋒ シンガサリ王国

㋓ アユタヤ朝

〔Ⅱ〕 次の文の（ 1 ）～（ 8 ）に入れるのに最も適当な語句を下記の語群から選
び，その記号をマークしなさい。また，問1・2に答えなさい。

　　アメリカ独立宣言には，ヨーロッパで普及していた思想の影響が色濃く見られ
　　　Ⓐ
る。名誉革命の時代を生きたロックの『（ 1 ）』は，専制に陥った権力に対する
抵抗権を正当化した。その名誉革命では，（ 2 ）の長女とその夫が権利の宣言
　　　　　　　　　　　　　　　　　　　　　　　　　　　　　　　　　Ⓑ
を受け入れて，ともに王位についた。人間の自然的な善性を信じるルソーは，
『（ 3 ）』などの著作を通じ，万人の平等に基づく人民主権を主張した。

　　アメリカ独立戦争には，のちに人権宣言を起草するラ=ファイエットなど，
　　　　　　　　　　　　　　　Ⓒ
ヨーロッパ各地から義勇兵が植民地側について参戦した。1789年に初代アメリ
カ合衆国大統領に就任したワシントンは，戦後の復興につとめた。このワシント
ンの政権で外交を担当したのは，反連邦派の指導者で独立宣言の起草にもかか
わった（ 4 ）である。（ 4 ）は1801年に第3代大統領に就任すると，
（ 5 ）からミシシッピ川以西のルイジアナを購入し，以降の領土拡大の基礎を
つくった。

　　一方，イギリスはアメリカ合衆国の独立により，アメリカ大陸の広大な植民地
を失ったものの，その経済的な繁栄と圧倒的な海軍力を背景に，19世紀の世界
で強力な影響力を保持した。1814～15年のウィーン会議の結果，イギリスは旧
（ 6 ）領のスリランカとケープ植民地の領有を認められた。国内では，1820年
代以降，自由主義的な政策が目立つようになる。国王（ 7 ）の治世に制定され
た審査法が1828年に廃止され，国教徒以外にも公職就任の権利が保障された。
また1832年には，（ 8 ）党内閣が第1回選挙法改正を実現し，選挙資格が拡
大された。

〔語群〕

(ア) チャールズ2世　　(イ) 法の精神　　　　(ウ) モンロー

(エ) スペイン　　　　　(オ) ハミルトン　　　(カ) ジェームズ2世

(キ) 純粋理性批判　　　(ク) トーリ　　　　　(ケ) ウィリアム3世

(コ) 労働　　　　　　　(サ) ジェームズ1世　(シ) プロイセン

(ス) 保守　　　　　　　(セ) フランス

(ソ) トマス=ジェファソン　　　　　　　　　　(タ) ホイッグ

(チ) 社会契約論　　　　(ツ) 統治二論　　　　(テ) メキシコ

(ト) オーストリア　　　(ナ) ロシア　　　　　(ニ) トマス=ペイン

(ヌ) フランクリン　　　(ネ) チャールズ1世　(ノ) 哲学書簡

(ハ) オランダ　　　　　(ヒ) コモン=センス　(フ) リヴァイアサン

問1　下線部Ⓐ～Ⓒに関連して，下の史料A～Cを読み，（　a　）～（　c　）に
　　　入る語句の組み合わせとして，最も適当なものを次の(ア)～(カ)から選び，その
　　　記号をマークしなさい。

　　　(ア)　a 国民　　b 議会　　c 政府　　　(イ)　a 国民　　b 政府　　c 議会

　　　(ウ)　a 政府　　b 議会　　c 国民　　　(エ)　a 政府　　b 国民　　c 議会

　　　(オ)　a 議会　　b 政府　　c 国民　　　(カ)　a 議会　　b 国民　　c 政府

問2　下線部Ⓐ～Ⓒと下の史料A～Cの組み合わせとして最も適当なものを次の
　　　(ア)～(カ)から選び，その記号をマークしなさい。

　　　(ア)　Ⓐ－A　Ⓑ－B　Ⓒ－C　　　(イ)　Ⓐ－A　Ⓑ－C　Ⓒ－B

　　　(ウ)　Ⓐ－B　Ⓑ－A　Ⓒ－C　　　(エ)　Ⓐ－B　Ⓑ－C　Ⓒ－A

　　　(オ)　Ⓐ－C　Ⓑ－B　Ⓒ－A　　　(カ)　Ⓐ－C　Ⓑ－A　Ⓒ－B

史料A

1．王の権限によって，（　a　）の同意なく，法を停止できると主張する権力は，違法である。

4．国王大権と称して，（　a　）の承認なく，王の使用のために税金を課することは，違法である。

6．（　a　）の同意なく，平時に国内で常備軍を徴募し維持することは，法に反する。

史料B

われわれはつぎのことが自明の真理であると信ずる。すべての人は平等につくられ，神によって，一定のゆずることのできない権利を与えられていること。そのなかには生命，自由，そして幸福の追求が含まれていること。これらの権利を確保するために，人類のあいだに（　b　）がつくられ，その正当な権力は被支配者の同意に基づかねばならないこと。もしどんな形の（　b　）であってもこれらの目的を破壊するものになった場合には，その（　b　）を改革しあるいは廃止して人民の安全と幸福をもたらすにもっとも適当と思われる原理に基づき，そのような形で権力を形づくる新しい（　b　）を設けることが人民の権利であること。

史料C

第2条　あらゆる政治的結合（国家）の目的は，人間の自然で時効により消滅することのない権利の保全である。それらの権利とは，自由・所有権・安全および圧政への抵抗である。

第3条　あらゆる主権の原理（起源・根源）は，本質的に（　c　）のうちに存する。いかなる団体，いかなる個人も，（　c　）から明白に由来するのでない権威を，行使することはできない。

史料A～C：山川出版社『詳説世界史B』（2014年）

〔Ⅲ〕 次の文の（ 1 ）～（ 10 ）に入れるのに最も適当な語句を下記の語群から選び，その記号をマークしなさい。また問1～5に答えなさい。

　［A］は，朝鮮の歴史において，実在が確認できる最古の国である衛氏朝鮮の都であった。漢の武帝は紀元前108年，衛氏朝鮮を滅ぼして4つの郡を設置したが，そのうち（ 1 ）郡があった場所が［A］とされている。（ 1 ）郡は，中国王朝の東方の窓口として，周辺勢力との外交関係を司ってきたが，4世紀初め，（ 2 ）によって滅ぼされた。（ 2 ）は［A］の地政学的な重要性を認識し，同地の漢人勢力をとりこんで朝鮮半島南進の拠点としたが，やがて長寿王の治世である5世紀の前半，［A］に遷都した。

　一方，朝鮮半島中部以南では，部族連合体をなす諸勢力が散在していたが，4世
　　　　　　　　　　　　　　　　　　　　　　　C
紀には各地域から百済，新羅，伽耶（加耶）がおこった。百済が最初の都をおいたのが，［B］であり，『三国史記』などの史書には（ 3 ）の名で登場する。4世紀以降，（ 2 ）と百済は領域を接するようになり，対立を繰り返した。また両国は中国の諸王朝に使者を派遣したが，（ 2 ）が北朝との関係を重視したのに対し，百済は南朝との関係を重視した。
　　　　　　D
　6世紀末に中国を統一した隋は，対立の姿勢を示した（ 2 ）を3度にわたって攻撃したがいずれも失敗した。隋の後に成立した唐は，朝鮮諸国の対立に介入し，新羅と連合して（ 2 ）を滅ぼし，［A］に安東都護府をおいたが，新羅の激
　　　　　　　　　　　　　　　　　　　　　　　E
しい抵抗にあって数年後に半島の外に移した。唐の勢力を追い出した新羅は，676年に半島の大部分を領土内に収めた。新羅は，唐の制度・文化を受容する一方，（ 4 ）によって王族・官僚貴族の身分を厳格に定めた。新羅は7世紀に遷都を試みたが実現せず，滅亡するまで都は（ 5 ）におかれた。

　14世紀末，朝鮮王朝（李氏朝鮮）が成立すると，［B］は（ 3 ）の名称で都として再び歴史の舞台に登場し，［A］は第二の都市として発展した。領域においては，訓民正音の創製でも知られる第4代国王（ 6 ）の代に北部経営を積極的に進め，半島全域を領土に収めるのに成功した。

　19世紀後半以降は，国内外における軋轢を経つつ開化政策が進められた。19世紀末には国名を大韓帝国，君主号を皇帝にあらため，近代化を進めたが，日本

は（　7　）年に韓国併合を強行し，［B］に朝鮮総督府を設置して朝鮮を支配した。この時期，総督府が用いた［B］の正式名称は（　8　）であった。

　日本の敗戦後，朝鮮半島では独立国家樹立の気運が高まるが，思想の対立などから難航し，1948年，［B］において大韓民国の樹立が，半島北部では朝鮮民主主義人民共和国（北朝鮮）の樹立が宣言された。［A］は北朝鮮の政治の中心ではあったが，首都として正式に定められたのは1972年である。両国は米国とソ連による冷戦の影響から対立が深まり，1950年に朝鮮戦争が勃発した。この戦争
F
は半島全土に甚大な被害をもたらし，1953年には休戦協定が（　9　）で結ばれたが，その後も両国の対立は続いた。

　冷戦の終結が宣言された1989年以降，韓国では民主化が進み，北朝鮮との関係改善を図る動きが見られるようになり，2000年には，当時の韓国大統領と北朝鮮の（　10　）総書記が最初の南北首脳会談を実現させた。この首脳会談は，2022年までに5回が行われ，そのうち3回は［A］で開催されたが，［B］での開催は実現していない。

〔語群〕

(ア) 東京	(イ) ソウル	(ウ) 開城	(エ) 釜山
(オ) 遼	(カ) 京城	(キ) 慶州	(ク) 板門店
(ケ) 科挙	(コ) 北京	(サ) 高句麗	(シ) 骨品制
(ス) 世宗	(セ) 楽浪	(ソ) 太宗	(タ) 金正恩
(チ) 金正日	(ツ) 成祖	(テ) 渤海	(ト) 漢城
(ナ) 律令制	(ニ) 金日成	(ヌ) 日南	(ネ) 平壌
(ノ) 1905	(ハ) 1910	(ヒ) 1919	

問1　［A］と［B］の位置と地図上の番号の組み合わせのうち，最も適当なものを次の(ア)〜(エ)から一つ選び，その記号をマークしなさい。

　(ア)　［A］=③　［B］=②

　(イ)　［A］=①　［B］=③

　(ウ)　［A］=①　［B］=②

　(エ)　［A］=②　［B］=③

【地図】

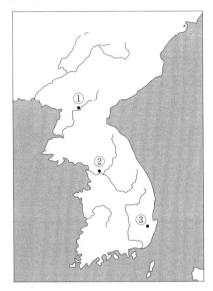

問2　下線部Cについて，諸勢力と，そこからおこった国の組み合わせのうち，
　　　最も適当なものを次の(ア)〜(エ)から一つ選び，その記号をマークしなさい。

　　(ア)　弁韓から伽耶（加羅）が，辰韓から新羅がおこった。

　　(イ)　弁韓から伽耶（加羅）が，馬韓から新羅がおこった。

　　(ウ)　辰韓から伽耶（加羅）が，馬韓から百済がおこった。

　　(エ)　馬韓から伽耶（加羅）が，辰韓から新羅がおこった。

問3　下線部Dについて，南朝の成立を年代順に並べたものとして最も適当なも
　　　のを次の(ア)〜(エ)から一つ選び，その記号をマークしなさい。

　　(ア)　宋 → 梁 → 斉 → 陳

　　(イ)　陳 → 宋 → 斉 → 梁

　　(ウ)　宋 → 斉 → 梁 → 陳

　　(エ)　宋 → 斉 → 陳 → 梁

問4　下線部Eに関連して述べた次の文(ア)～(エ)のうち，**誤っているもの**を一つ選
び，その記号をマークしなさい。

(ア)　後漢は班超を西域都護とした。

(イ)　唐は征服地の要所に都護府をおいた。

(ウ)　隋はクチャに安西都護府をおいた。

(エ)　唐はベトナム北部に安南都護府をおいた。

問5　下線部Fについて，当時の韓国大統領であった人物として最も適当なもの
を次の(ア)～(エ)から一つ選び，その記号をマークしなさい。

(ア)　李承晩　　　(イ)　朴正煕　　　(ウ)　金大中　　　(エ)　全斗煥

〔Ⅳ〕　次の文の（　1　）～（　8　）に入れるのに最も適当な語句を下記の語群Ⅰから，
（　9　）～（　15　）に入れるのに最も適当な語句を下記の語群Ⅱから選び，その
記号をマークしなさい。

　東地中海の一端を構成するアナトリアは「肥沃な三日月地帯」とともに，初期農
耕・牧畜文化が成立した地域である。前18世紀以降，この地に北方から流入し
たインド=ヨーロッパ語系の（　1　）は，ハットゥシャなどの都市を建設し，
（　2　）の武器や2頭の馬が牽引する軽戦車を用いて強大な国家を形成した。
（　1　）は，前16世紀にはメソポタミアに侵入して（　3　）を滅ぼした。さら
に，前13世紀にはシリアに進出し，カデシュにおいて（　4　）率いるエジプト新
王国の軍隊と戦った。この戦いののち，両者は現存する世界最古の和平条約を締
結した。（　1　）は前12世紀ごろ滅亡したとされるが，彼らが発展させた技術は
オリエント各地に広がった。また（　1　）の滅亡と前後して，エーゲ海方面から
「（　5　）」と呼ばれる集団が東地中海沿岸地域に進出してきたほか，エジプト新
王国の勢力弱体化に乗じて，同地域においてセム語系民族のアラム人・（　6　）
人・（　7　）人が活動を始めた。
　巨大国家の影響が薄れた東地中海沿岸地域では様々な民族が興隆したが，なか
でも（　6　）人は，シドン，ティルスなどの都市国家を拠点に，優れた造船・航

海術を用いて地中海貿易で繁栄した。彼らは北アフリカやイベリア半島に多くの植民市を建設したが，その中のひとつである（　8　）は大きく発展し，のちに地中海の覇権をめぐってローマと争った。

〔語群 I〕（　1　）～（　8　）

- (ア) アメンホテプ4世
- (イ) シュメール
- (ウ) 遊牧民
- (エ) 古バビロニア王国（バビロン第1王朝）
- (オ) ミタンニ王国
- (カ) カルタゴ
- (キ) ラメス2世
- (ク) 木製
- (ケ) ミレトス
- (コ) 新バビロニア王国（カルデア）
- (サ) 銅製
- (シ) アレクサンドリア
- (ス) プトレマイオス1世
- (セ) ラガシュ
- (ソ) カナーン
- (タ) アラブ
- (チ) ニネヴェ
- (ツ) ヒクソス
- (テ) 青銅製
- (ト) ドーリア
- (ナ) ウルク
- (ニ) ヘブライ
- (ヌ) 鉄製
- (ネ) 海の民
- (ノ) カッシート
- (ハ) アッカド
- (ヒ) ヒッタイト
- (フ) フェニキア

同じく東地中海沿岸地域の一部であるパレスチナで活動していた（　7　）人たちは「（　5　）」の一派とされる（　9　）人に対抗するため，前11世紀末に諸部族を連合して王国を形成した。ダヴィデ王のとき（　10　）を都とし，その次代の王の治世において王国は最盛期を迎えたといわれる。しかし彼の死後，王国は南北に分裂し，北の（　11　）は前722年に（　12　）によって滅ぼされた。その後南の王国は前586年に滅ぼされるが，その際住民の一部が強制的に移住させられた。この出来事を（　13　）という。前538年，アケメネス朝ペルシアの王（　14　）によって，強制移住させられた住民は解放され，帰国が許された。この出来事を契機に（　7　）人は唯一神（　15　）への信仰と民族の結束を強め，自分たちだけが救われるという選民思想や救世主の到来を期待する信仰を形成した。この信仰は「ユダヤ教」と呼ばれる。

〔語群Ⅱ〕（　9　）〜（　15　）

(ア) アッコン	(イ) イスラエル王国	(ウ) ウル
(エ) イェルサレム	(オ) ホスロー2世	(カ) バビロン捕囚
(キ) キュロス2世	(ク) リディア	(ケ) イシュタル
(コ) マルドゥーク	(サ) サマリア	(シ) アッシリア
(ス) マケドニア	(セ) ペリシテ	(ソ) ソロモン
(タ) ネブカドネザル2世	(チ) メディア	(ツ) サルゴン2世
(テ) ヤハウェ	(ト) ベツレヘム	(ナ) ユダ王国
(ニ) アモン	(ヌ) 出エジプト	(ネ) ヘブロン
(ノ) バアル	(ハ) ホロコースト	

解答 世界史

Ⅰ　**解答**　問1．(イ)　問2．(エ)　問3．(ウ)　問4．(ウ)　問5．(イ)
　　　　　　問6．(ウ)　問7．(エ)　問8．(ウ)　問9．(ア)　問10．(エ)

──── 解説 ────

《北方アジア・東南アジア中世史》

問1．(イ)誤文。「10世紀半ば」が誤り。宋が毎年銀や絹を契丹におくることを条件とした和議（澶淵の盟）は，1004年に結ばれた。

問3．(ウ)誤文。女真の統合に成功したヌルハチは1616年に後金を建てた。1636年に国号を清としたのは2代ホンタイジ。

問5．(イ)誤文。陶磁器や絹織物は「日本から中国へ」輸出ではなく「中国から日本へ」輸出が正しい。

問6．(ウ)誤文。「上座部仏教」が誤り。14世紀以前にジャワに浸透したのは大乗仏教である。8～9世紀にジャワで勢力を誇ったシャイレンドラ朝は大乗仏教国であり，この王朝が建設したボロブドゥールは大乗仏教の寺院である。

問7．(エ)誤文。ベトナムで15世紀に成立した王朝は黎朝。1428年に成立した黎朝は，1471年にチャンパーの首都ヴィジャヤを征服している。チャンパーの滅亡は17世紀。

問8．(ウ)誤文。ボロブドゥールを建造したシャイレンドラ朝の成立は8世紀中頃。
(ア)正文。「10世紀前半に王都がジャワ中部から東部に移った」とあるのは，シャイレンドラ朝の衰退からクディリ朝建国を指している。

Ⅱ　**解答**　1─(ツ)　2─(カ)　3─(チ)　4─(ソ)　5─(セ)　6─(ハ)
　　　　　　7─(ア)　8─(タ)

問1．(オ)　**問2．**(ウ)

──── 解説 ────

《アメリカ・イギリス・フランスの革命》

2．(カ)ジェームズ2世がカトリックの復活をはかると，議会は彼の娘メア

リ2世とその夫オランダ総督オラニエ公ウィレム（ウィリアム3世）を新たな王として迎え，ジェームズ2世はフランスに亡命した。彼らが受け入れた『権利の宣言』は『権利の章典』として発布され，立憲王政が確立された。

　5．ミシシッピ川以西のルイジアナは，アメリカの独立を認めたパリ条約（1763年）ではスペイン領となったが，ナポレオン時代の1800年に再び㈦フランス領となっていた。

問1・問2． 史料Aは『権利の宣言』。国王に対して，王権を制限し議会主権を認めさせる内容となっている。同じ内容が『権利の章典』として発布された。

　史料Bは『アメリカ独立宣言』。人民の権利を侵害する政府であれば，それを打倒し新たな政府をつくる権利（革命権，抵抗権）を主張している。また，「幸福の追求」の権利が主張されるのが特徴。

　史料Cは『人権宣言』。国民主権を主張し，人間が本来的に持っている権利（自然権）の中に「所有権」を含んでいることが特徴。

 **解答**　**1**—㈦　**2**—㈴　**3**—㈳　**4**—㈺　**5**—㈲　**6**—㈾

7—㈵　**8**—㈻　**9**—㈼　**10**—㈱

問1．㈦　**問2．**㈠　**問3．**㈦　**問4．**㈦　**問5．**㈠

━━━━━━━━━━━━━ 解説 ━━━━━━━━━━━━━

《朝鮮史》

1．㈦楽浪郡は衛氏朝鮮の王都のあったところで，5世紀からは高句麗の都もおかれた。現在の北朝鮮の首都平壌である。

3．㈳漢城は現在の韓国の首都ソウル。

4．㈺骨品制は，王族から平民までを出身氏族によって5段階に分け，官職，婚姻，社会生活などを規制した。

5．㈲慶州は高麗時代からの呼び名で，新羅時代は金城とよばれた。首都慶州には仏国寺などの寺院が建立され，仏教文化が栄えた。

10．㈱金正日は，1994年に父親である金日成が死去したことにより，北朝鮮の最高指導者の地位を継承した。2000年に太陽政策（北朝鮮に対する包容政策）をとる韓国大統領金大中と初の南北首脳会談を平壌で実現した。金正日は2011年に死去し，その後は息子金正恩が権力を継承した。

問 1 ．［A］は①平壌，［B］は②ソウル。③は慶州。

問 2 ．㋐正文。馬韓から百済，弁韓から伽耶（加羅），辰韓から新羅がおこった。

問 4 ．㋒誤文。都護府は漢および唐が辺境の異民族統治のためにおいた機関。唐代には六都護府がおかれ，族長を介した一定の自治を認める羈縻政策で統治したが，隋代には都護府はおかれていない。

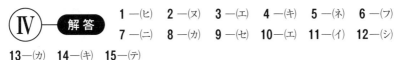

Ⅳ　解答

| 1 ―㋪ | 2 ―㋦ | 3 ―㋑ | 4 ―㋖ | 5 ―㋧ | 6 ―㋐ |
| 7 ―㋥ | 8 ―㋕ | 9 ―㋛ | 10―㋑ | 11―㋐ | 12―㋚ |

13―㋕　　14―㋖　　15―㋢

=== **解説** ===

《古代オリエント史》

4 ．㋖ラメス 2 世はエジプト新王国最盛期の王。カデシュの戦い（前1286 年）のほかに，アブシンベル神殿などを建立した。

5 ．㋧「海の民」は，前 12 世紀頃東地中海に出現し，ヒッタイトの滅亡，ミケーネ文明の滅亡，エジプト新王国の衰退など，地中海に面している諸地域に多大な影響を与えたと考えられている。

8 ．㋕カルタゴは，ティルスの植民市として，現在のチュニジアの地に建設された。本国が衰退した後も強勢を誇り，前 3 世紀から地中海の覇権をめぐってローマと 3 回にわたるポエニ戦争を戦い，前 2 世紀に最終的に敗北し滅んだ。

9 ．㋛ペリシテ人は，『旧約聖書』でヘブライ人と争う民族として登場する。それによればヘブライ王国のダヴィデは，ペリシテ人の英雄ゴリアテと対決する。パレスチナの名称は「ペリシテ人の地」に由来する。

13.㋕バビロン捕囚は，新バビロニア（カルデア）のネブカドネザル 2 世が，ヘブライ王国が南北に分裂した際にできた南の王国ユダ王国を滅ぼし，その住民をバビロンに強制連行した事件である。占領民の強制移住は，アッシリア以来の伝統的統治政策であった。

14.㋖キュロス 2 世はアケメネス朝の建国者。メソポタミアの新バビロニアを滅ぼし，新バビロニアの都バビロンに捕らわれていたヘブライ人たちを解放した。

2月5日実施分　　問題　世界史

（60分）

〔Ⅰ〕　次の文の（　1　）～（　10　）に入れるのに最も適当な語句を下記の語群から選び，その記号をマークしなさい。

　　古代インドの言葉で「月」を意味する「チャンドラ」を名前にもつボースは，（　1　）と（　2　）と並ぶ，インド独立運動の象徴的指導者の一人である。彼は1897年に生を受けた。その約10年前の1885年には，1850年代に起こった（　3　）を経験したイギリスがインド人エリート層を植民地支配の協力者として利用するという発想のもとで（　4　）を開催していた。

　　（　1　）と（　2　）と同じくイギリス留学経験をもつボースは，（　1　）が指導する反英・不服従運動に身を投じたが，（　1　）の非暴力主義については否定的であり，次第に（　1　）との対立を深め，インド独立後に初代首相となる（　2　）と並んで，（　4　）が政党化した（　5　）の急進派・左派勢力の双璧となってゆく。ボースは1938年，39年と2年連続で（　5　）の議長に選出されたが，39年には，（　1　），（　2　）らの信任を得られず，議長辞任に追い込まれた。

　　1939年9月に（　6　）を首相とするイギリスが（　7　）に宣戦布告するとボースは，敵の敵は友であると訴え，枢軸国側と協力してイギリスと戦うことをインド国民に呼びかけた。枢軸国の一つで，大東亜共栄圏の建設をうたう（　8　）はボースを支援し，ボースはその支援のもとインド国民軍を組織し，（　9　）にて自由インド仮政府を樹立した。インド国民軍を率いるボースは，（　8　）の軍隊がインド北東部に遠征した（　10　）において戦ったが敗戦。その後，ソヴィエト連邦との接触を試みたが，1945年8月に航空機事故にて台湾で死亡し，その48年の生涯を閉じた。

〔語群〕

(ア) イタリア	(イ) マニラ	(ウ) インド大反乱
(エ) アムリットサル事件	(オ) ネルー	(カ) ティラク
(キ) カルカッタ	(ク) レイテ沖海戦	(ケ) シンガポール
(コ) ガンディー	(サ) インド人民党	(シ) チャーチル
(ス) インド共産党	(セ) 日本	(ソ) インド国民会議
(タ) アトリー	(チ) サイゴン	(ツ) ドイツ
(テ) インパール作戦	(ト) ノルマンディー上陸作戦	
(ナ) 国民会議派	(ニ) ジンナー	(ヌ) ミッドウェー海戦
(ネ) カーナティック戦争	(ノ) ポーランド	(ハ) チェンバレン
(ヒ) 全インド=ムスリム連盟		

〔Ⅱ〕 次の文の（ 1 ）～（ 10 ）に入れるのに最も適当な語句を下記の語群から選
び，その記号をマークしなさい。

　第一次世界大戦中，イギリスの保護国となっていた（ 1 ）では，戦後（ 2 ）
を中心に独立運動が展開され，1922 年にイギリスが保護権を放棄したのにとも
なって立憲君主政の（ 1 ）王国が独立した。しかし，イギリスはいぜんとして
（ 3 ）の管理権を手中におさめるなど，様々な特権を留保したので，これに対
する（ 1 ）人の抗議が続いた。1936 年に（ 1 ）はイギリスとの同盟条約に
よってその地位を改善したが，イギリスはなお（ 3 ）一帯の兵力駐屯権を手放
さなかった。

　アラビア半島では，18 世紀中ごろに預言者ムハンマドの教えに回帰しようとい
う（ 4 ）運動が起こり，（ 4 ）王国が生まれたが，その後，紆余曲折を経て
19 世紀末に滅んでいた。第一次世界大戦後のアラビア半島では，（ 4 ）王国の
再興をめざす（ 5 ）が，アラビア半島の統一をめざして活動し，1924 年，カリ
フを宣言していた（ 6 ）王国のフセインを破り，1932 年に半島の大部分を統一
して（ 7 ）王国を建てた。一方，（ 5 ）に敗れた（ 6 ）王国は 1925 年に
滅亡したが，フセインの息子アブドゥッラーが国王となっていたトランスヨルダ

ン，またフセインのもう一人の息子ファイサルが国王となっていた（　8　）王国
はイギリスの委任統治領として存続し，前者は1946年にヨルダン王国として独
立し，後者の（　8　）王国は1932年に独立を果たした。

　パレスチナについては，イギリスは1915年（　9　）を結んで，アラブ人にオ
スマン帝国からの独立を約束するが，1917年に発表した（　10　）によって，ユ
ダヤ人のパレスチナ復帰運動を援助する姿勢を示した。イギリスのこうした相反
する約束などが原因となり，アラブ人，ユダヤ人のそれぞれがパレスチナの主権
を主張して衝突が起こり，現在まで対立が続いている。

〔語群〕

- (ア) シリア
- (イ) フセイン・マクマホン協定
- (ウ) ナイル川
- (エ) イラク
- (オ) ワフド党
- (カ) イブン=シーナー
- (キ) バース党
- (ク) パナマ運河
- (ケ) バルフォア宣言
- (コ) エジプト
- (サ) ワッハーブ
- (シ) スエズ運河
- (ス) イブン=サウード
- (セ) スーダン
- (ソ) シナイ半島
- (タ) 紅海
- (チ) アスワン=ハイダム
- (ツ) サウジアラビア
- (テ) アレクサンドリア
- (ト) リビア
- (ナ) ヒジャーズ
- (ニ) サイクス・ピコ協定
- (ヌ) セーヴル条約
- (ネ) ナセル
- (ノ) イブン=アブドゥル=ワッハーブ
- (ハ) トルコ

〔**Ⅲ**〕　次の文A～Eを読み，問1～15に答えなさい。

A　自国を世界で最も卓越したものと考え，周辺の諸民族に対して優越意識をい
　だくことは，古代世界で広く見られる現象であり，古代中国で形成された華夷
　思想もその一つであるが，中国ではその意識が<u>王道理論</u>と結びついたところに
　　　　　　　　　　　　　　　　　　　　　　　(1)
　特色がある。王道理論とは，王者が仁愛に基づく政治すなわち王道を行えば民
　心は自然に王に帰服するという考え方である。この思想に基づき，中国に君臨
　する皇帝が周辺諸国の首長に官爵や<u>印綬</u>を与える冊封と，冊封を受けた首長が
　　　　　　　　　　　　　　　　　　(2)
　臣下として皇帝に贈り物をする朝貢という外交関係が生じ，その後19世紀に
　至るまで東アジアの国際秩序の原理として機能した。

問1　下線部(1)に関して，戦国時代に王道による政治を説いた思想家が孟子であ
　　るが，孟子の主張として最も適当なものを次の(ア)～(エ)から一つ選び，その記
　　号をマークしなさい。
　　　(ア)　兼愛　　　　(イ)　性善説　　　　(ウ)　性悪説　　　　(エ)　無為自然

問2　下線部(2)に関して，福岡県志賀島で発見された金印は中国皇帝から日本の
　　首長の一人に与えられたものであると考えられるが，その印文として最も適
　　当なものを次の(ア)～(エ)から一つ選び，その記号をマークしなさい。
　　　(ア)　親魏倭王　　　(イ)　日本国王　　　(ウ)　漢委奴国王　　　(エ)　倭国王

B　前漢は衛氏朝鮮や現在の（　3　）に都があった南越などの国を冊封した。こ
　れらの国は前漢に滅ぼされたが，その後<u>西域諸国</u>など多くの国が漢に服属し，
　　　　　　　　　　　　　　　　　　　　　　(4)
　東西の交易の道が開かれた。海上の東西交易も行われ，2世紀中ごろには
　（　5　）王安敦の使者と称する者が現在のベトナム中部にあたる日南郡に到達
　したことが『<u>後漢書</u>』に記されている。
　　　　　　　(6)

問3　（　3　）に入れるのに最も適当なものを次の(ア)～(エ)から一つ選び，その記
　　号をマークしなさい。
　　　(ア)　寧波　　　　(イ)　厦門　　　　(ウ)　上海　　　　(エ)　広州

問4　下線部(4)に関して，前漢の武帝の命により遣使され，中国に西域諸国の情報をもたらした人物として最も適当なものを次の(ア)〜(エ)から一つ選び，その記号をマークしなさい。

　　(ア) 張騫　　　(イ) 甘英　　　(ウ) 班超　　　(エ) 李陵

問5　（　5　）に入れるのに最も適当なものを次の(ア)〜(エ)から一つ選び，その記号をマークしなさい。

　　(ア) 大秦　　　(イ) 大越　　　(ウ) 大宛　　　(エ) 大月氏

問6　下線部(6)に関して，『後漢書』は皇帝の年代記である本紀と臣下などの伝記である列伝から構成されているが，『後漢書』に列伝が立てられている人物として最も適当なものを次の(ア)〜(エ)から一つ選び，その記号をマークしなさい。

　　(ア) 鄭玄　　　(イ) 董仲舒　　　(ウ) 司馬遷　　　(エ) 商鞅

C　4世紀以降，東アジアの諸国は中国王朝に使節を送りその冊封を受けた。5世紀には倭王も南朝に遣使し，官爵の叙任を願い出たことが「倭の五王」の遣使として知られている。6世紀末に南朝を滅ぼして中国を統一した隋は，冊封国に臣礼の遵守を強く求めた。これに反発した（　8　）が離反すると，隋は数次にわたる遠征軍を派遣したが，この遠征は失敗に終わり，各地で反乱が続発して隋は滅亡した。次いで成立した唐では，太宗が630年に（　9　）を服属させ，遊牧民の諸部族を支配下に組み込んだ。太宗を嗣いで即位した（　10　）の時代には西域のオアシス都市も支配下に入れ，唐の領域は大きく広がった。このように唐は領域を拡大する一方，周辺諸国と様々な関係を結び，国際秩序を構築した。

問7　下線部(7)に関して，倭王の使者が向かった南朝の王朝として最も適当なものを次の(ア)〜(エ)から一つ選び，その記号をマークしなさい。

　　(ア) 東魏　　　(イ) 宋　　　(ウ) 西晋　　　(エ) 陳

問8　（　8　）に入れるのに最も適当なものを次の(ア)〜(エ)から一つ選び，その記号をマークしなさい。

　　(ア)　新羅　　　　(イ)　百済　　　　(ウ)　渤海　　　　(エ)　高句麗

問9　（　9　）に入れるのに最も適当なものを次の(ア)〜(エ)から一つ選び，その記号をマークしなさい。

　　(ア)　ウイグル　　　　(イ)　東突厥　　　　(ウ)　西突厥　　　　(エ)　吐谷渾

問10　（　10　）に入れるのに最も適当なものを次の(ア)〜(エ)から一つ選び，その記号をマークしなさい。

　　(ア)　高祖　　　　(イ)　玄宗　　　　(ウ)　高宗　　　　(エ)　則天武后

D　14世紀後半に成立した明は，辺境の防備と海上の安全のため，厳しい海禁政策を実施し，交易の窓口を朝貢に限定した。同時に，周辺諸国に対して冊封を行い，朝貢貿易を広い範囲で活発に行った。（　11　）は鄭和に命じてインド洋から東アフリカまで遠征させた。鄭和は東南アジアの一港市を拠点として，
(12)
東南アジア諸国に明への朝貢を促した。しかし，このような貿易統制は一方で密貿易の横行を生み，明の統制政策を打破しようとする動きも活発になった。
(13)

問11　（　11　）に入れるのに最も適当なものを次の(ア)〜(エ)から一つ選び，その記号をマークしなさい。

　　(ア)　洪武帝　　　　(イ)　永楽帝　　　　(ウ)　正統帝　　　　(エ)　万暦帝

問12　下線部(12)に関して，この港市の説明として最も適当なものを次の(ア)〜(エ)から一つ選び，その記号をマークしなさい。

　　(ア)　唐の義浄がインドへの往復の途中に滞在し，仏教が盛んな様子を記述した。

　　(イ)　1511年にポルトガルに占領された。

　　(ウ)　ジャワ島におけるオランダ東インド会社の拠点となった。

　　(エ)　1965年にマレーシアから分離独立した。

問13　下線部(13)に関して，モンゴルからたびたび明に侵入し，1550年に北京を
　　　包囲した人物として最も適当なものを次の(ア)～(エ)から一つ選び，その記号を
　　　マークしなさい。

　　　(ア)　アルタン　　　　(イ)　エセン　　　　(ウ)　ガルダン　　　　(エ)　ダヤン

E　　中国皇帝を頂点とする冊封と朝貢による国際秩序は19世紀には欧米勢力の
　　　進出によって崩れ始めた。1885年に清と（　14　）との間に結ばれた天津条約
　　　は，冊封国であったベトナムに対する清の宗主権を否定するものであった。ま
　　　た1895年に結ばれた下関条約に含まれる「朝鮮の独立」も，朝鮮王朝に対する
　　　　　　　　　　　　　(15)
　　　宗主権の消滅を意味するものであった。

問14　（　14　）に入れるのに最も適当なものを次の(ア)～(エ)から一つ選び，その記
　　　号をマークしなさい。

　　　(ア)　フランス　　　　(イ)　イギリス　　　　(ウ)　アメリカ合衆国

　　　(エ)　オランダ

問15　下線部(15)に関して，**誤っているもの**を次の(ア)～(エ)から一つ選び，その記号
　　　をマークしなさい。

　　　(ア)　この条約交渉の清朝側の全権代表は李鴻章であった。

　　　(イ)　この条約によって台湾は日本が領有することとなった。

　　　(ウ)　この条約では遼東半島が日本に割譲されることが約された。

　　　(エ)　この条約によって日本が韓国統監をソウルに置くことが約された。

〔**Ⅳ**〕 歴史上の人物Ｘ，Ｙについての記述を含む次の文の（　1　）～（　13　）に入れ
るのに最も適当な語句を，{　　}内の㋐ないし下記の語群から選び，その記号を
マークしなさい。また，（　Ａ　）・（　Ｂ　）の問に答えなさい。

　　（　1　）{㋐　ネルウァ}にはじまる五賢帝の時代に最盛期を迎えたローマ帝国
は，3世紀になると各属州の軍団がそれぞれ皇帝をたてて元老院と争い，皇帝が
短期間で交代する軍人皇帝の時代となった。この時代にローマを脅かしたのは，
東方のササン朝であり，第2代皇帝シャープール1世は，シリアに侵入してロー
マ軍と戦いローマ皇帝（　2　）{㋐　マルクス＝アウレリウス＝アントニヌス}を捕
虜とした。

　　ローマでは284年に即位した（　3　）{㋐　ディオクレティアヌス}帝が帝国を
東と西に分けて，それぞれ正帝と副帝で統治する四帝分治制をしくなどして秩序
の回復を図ったが，広大な帝国の統一の維持はしだいに困難になり4世紀末に帝
国は東ローマと西ローマに分裂した。ローマ帝国の支配体制がゆらいでいくなか
ヨーロッパで新たな政治秩序が形成される際に大きな役割をはたしたのが，この
地に入り込んできた諸勢力である。

　　4世紀後半にはフン人の圧迫を受けた（　4　）{㋐　ブルグンド}人がドナウ川
をわたってローマ帝国領内に移住したのをきっかけにゲルマン人の大移動がはじ
まった。ゲルマン人は移動した先々で王国を形成した。こうした政治的・社会的
な変動のなか西ローマ帝国は（　5　）{㋐　426}年に滅亡する。ゲルマン人が各
地にたてた国家の多くが短命であったなかで，着実に勢力を拡大したのがフラン
ク王国である。481年にフランク王となった（　6　）{㋐　カール＝マルテル}は，
その後全フランクを統一した。さらにフランク王国は，6世紀には全ガリアを支
配するようになった。

　　一方，アラビア半島におこったイスラーム教徒の勢力拡大の動きもヨーロッパ
に達した。イスラーム勢力のアッバース朝は，北アフリカを征服，さらにイベリ
ア半島に進出して711年（　4　）王国を滅ぼした。イスラーム勢力は，ガリアに
も侵攻しようとした。これに立ち向かったのがフランク王国であり，（　7　）
{㋐　メロヴィング朝の国王}であったＸが732年トゥール・ポワティエ間の戦い
でイスラーム軍を破った。また，Ｘの孫にあたるＹもイスラーム勢力と戦った。

Yの時代の騎士たちの武勇を描いた騎士道物語が『（　8　）{(ア)　ニーベルンゲンの歌}』である。

　また，東方から移動してきた諸民族もヨーロッパに進出してきた。フン人は5世紀前半にアッティラ王のもとで大帝国を建てたが，451年にカタラウヌムの戦い②で西ローマとゲルマンの連合軍に敗れ，アッティラの死後，その帝国は崩壊する。その後もアルタイ語系の（　9　）{(ア)　マジャール}人がYと戦って撃退された。Yは北イタリアの（　10　）{(ア)　ランゴバルド}王国を征服するなどしてフランク王国を西ヨーロッパの主要部分を支配する大国とする一方で，学芸の奨励につとめ（　11　）{(ア)　トマス=アクィナス}らの学者を宮廷に招いた。これによってラテン語による文芸の復興がうながされた。東方から進出してきた民族のなかにはキリスト教を受け入れたものもいた。7世紀に第1次ブルガリア帝国を建国したブルガール人は，（　12　）{(ア)　ローマ=カトリック}に改宗した。第1次ブルガリア帝国が衰亡した後，12世紀に第2次ブルガリア帝国がきずかれた。

　外部勢力のあいつぐ侵入とそれにともなう混乱をへて，西ヨーロッパ世界は1000年ごろより安定と成長の時代にはいった。農業生産が増大し，人口が増加すると西ヨーロッパの人々は外部世界へ進出するようになる。教皇インノケンティウス3世③が1095年に（　13　）{(ア)　クレルモン}宗教会議を招集して聖戦を提唱したのを受けてはじまった十字軍，ドイツ人がエルベ川以東の地でおしすすめた大規模な植民活動である東方植民④などが，その例である。

〔語群〕

(イ)　476	(ウ)　516	(エ)　コンスタンティヌス
(オ)　アヴァール	(カ)　テオドシウス	(キ)　アングロ=サクソン
(ク)　エフタル	(ケ)　西ゴート	(コ)　ハドリアヌス
(サ)　ヴァンダル	(シ)　アンセルムス	(ス)　カラカラ
(セ)　トリエント	(ソ)　トラヤヌス	(タ)　アルクイン
(チ)　クローヴィス	(ツ)　ユリアヌス	(テ)　カロリング朝の国王
(ト)　ローランの歌	(ナ)　テオドリック	(ニ)　ウァレリアヌス
(ヌ)　東ゴート	(ネ)　コンスタンツ	(ノ)　メロヴィング朝の宮宰
(ハ)　アーサー王物語	(ヒ)　ギリシア正教	

（　A　）　下線部①・②について，①のみ正しければ(ア)を，②のみ正しければ(イ)を，両方正しければ(ウ)を，両方誤りであれば(エ)をマークしなさい。

（　B　）　下線部③・④について，③のみ正しければ(ア)を，④のみ正しければ(イ)を，両方正しければ(ウ)を，両方誤りであれば(エ)をマークしなさい。

2月5日実施分　解答　世界史

Ⅰ　**解 答**　　1 ―(コ)　2 ―(オ)　3 ―(ウ)　4 ―(ソ)　5 ―(ナ)　6 ―(ハ)
　　　　　　　　7 ―(ツ)　8 ―(セ)　9 ―(ケ)　10―(テ)

= **解 説** =

《チャンドラ＝ボースとインド独立運動》

3．(ウ)インド大反乱（1857 年）は，東インド会社のインド人傭兵（シパーヒー）の反乱を契機として，名目のみとなっていたムガル皇帝を擁立して全インドに拡大した。翌 1858 年大反乱はイギリス軍により鎮圧され，ムガル帝国は滅亡し，反乱の責任を取る形で東インド会社は解散させられ，旧会社領はイギリス政府の直轄領とされた。そして，1877 年，ヴィクトリア女王を皇帝とするインド帝国が成立した。

4．(ソ)インド国民会議（1885 年）は，インド大反乱鎮圧，インド帝国成立とつづくイギリス支配に対するインド人の不満を懐柔する目的で設立された。当初は親英的であったが，1905 年のベンガル分割令を契機として，反英的な立場に転換した。

10．(テ)インパール作戦は，第二次世界大戦末期の 1944 年に開始されたビルマ戦線における日本の作戦。イギリス領インド帝国北東部のインパールを攻略して，インドに侵攻するとともに援蔣ルート（中国国民党の蔣介石を支援するルート）を遮断する目的があった。この作戦は，作戦そのものに多くの問題があり膨大な犠牲者をだして失敗し，「無謀な作戦」といわれた。

Ⅱ　**解 答**　　1 ―(コ)　2 ―(オ)　3 ―(シ)　4 ―(サ)　5 ―(ス)　6 ―(ナ)
　　　　　　　　7 ―(ツ)　8 ―(エ)　9 ―(イ)　10―(ケ)

= **解 説** =

《第一次世界大戦後の西アジア》

2．(オ)ワフド党は，第一次世界大戦後のパリ講和会議に代表団を送ろうとした運動から生まれた民族政党。「ワフド」は「代表」を意味する。

3．(シ)スエズ運河は，イギリスの植民地政策にとって最重要な拠点であっ

た。イギリスは1875年にスエズ運河の株式の大半を取得したことを足がかりに，以後1922年のエジプト独立，1936年のイギリス・エジプト同盟条約でも，運河の権益を放棄しなかった。運河問題は，エジプト民族運動の最大テーマとなった。1956年にエジプトのナセル大統領がスエズ運河国有化を宣言し，それに起因する第2次中東戦争（スエズ戦争）でエジプトが政治的に勝利することによって，スエズ運河のエジプト帰属が最終的に決定した。

6．ヒジャーズ地方は，メッカ，メディナを含むアラビア半島の紅海沿岸地域をさし，宗教的に重要な地域である。フセイン・マクマホン協定にもとづき，1916年にフセインがこの地に建国したのが(ナ)ヒジャーズ王国である。

9．(イ)フセイン・マクマホン協定（1915年）は，メッカの太守フセインとイギリスの高等弁務官マクマホンの間で取り交わされた往復書簡により結ばれた協定。フセインは，第一次世界大戦後のアラブ人国家の建設をイギリスが支援することを条件に，イギリスへの戦争協力を約した。オスマン帝国に対するアラブの反乱に際して活躍したイギリス人将校ロレンスは，「アラビアのロレンス」とよばれた。

10．(ケ)バルフォア宣言（1917年）は，イギリス外相バルフォアが，ユダヤ人の戦争協力・資金協力に期待して，第一次世界大戦後のユダヤ人のホームランドをパレスチナに建設することを支持したもの。これはフセイン・マクマホン協定，オスマン帝国領を英仏露で分割することを密約したサイクス・ピコ協定（1916年）とも矛盾した。このようなイギリスの多重外交がパレスチナ問題を深刻化させることとなった。

問1．(イ)	**問2**．(ウ)	**問3**．(エ)	**問4**．(ア)	**問5**．(ア)
問6．(ア)	**問7**．(イ)	**問8**．(エ)	**問9**．(イ)	**問10**．(ウ)

問11．(イ)　**問12**．(イ)　**問13**．(ア)　**問14**．(ア)　**問15**．(エ)

━━━━━━━━━━━━━━━━ **解　説** ━━━━━━━━━━━━━━━━

《中国と周辺諸国》

A．問1．(ア)兼愛は墨家（墨子），(ウ)性悪説は荀子，(エ)無為自然は道家（老子）。

問2．(ウ)が適当。「漢委奴国王」の印文が記された金印は，後漢の光武帝

が倭の奴国王に与えた印綬である。

㋐親魏倭王は，邪馬台国の女王卑弥呼が魏から授与された称号。

B．問4．㋐張騫は，匈奴挟撃のために西域の大月氏に派遣された（前139年）。この策は成功しなかったが，彼が旅したことにより中国人に未知であった西域の事情が知られることとなった。

問5．㋐大秦はローマ帝国のこと。「大秦王安敦」は，五賢帝の一人であるマルクス＝アウレリウス＝アントニヌス帝と考えられる。

問6．㋐が適当。鄭玄は，訓詁学を大成した後漢の儒学者。『後漢書』は，南朝（宋）の時代にまとめられた後漢時代の記録である。㋑董仲舒と㋒司馬遷は前漢時代，㋓商鞅は戦国時代の人物である。

C．問7．㋑が適当。5世紀に南朝に遣使した「倭の五王」は，『宋書』に記録されている。㋓陳も南朝であるが，6世紀の王朝である。

D．問12．㋑が適当。鄭和が拠点とした港市はマラッカ王国。14世紀末に興ったマラッカ王国は，鄭和の大遠征の補給基地となったことを契機として，東南アジアの貿易拠点として発展した。しかし，1511年には，大航海時代の波に乗ってアジアに到来したポルトガルに占領された。

㋐義浄がインド往復の途中に立ち寄ったのは，スマトラ島のシュリーヴィジャヤ王国。

㋒オランダ東インド会社の拠点となったのはジャワ島のバタヴィア。

㋓1965年にマレーシアから独立したのはシンガポール。

問13．㋐が適当。アルタンは16世紀に明を圧迫したタタール（韃靼）のハン。

㋑エセンは，15世紀に明の皇帝（英宗正統帝）を捕らえた土木の変（1449年）を起こしたオイラートのハン。

㋒ガルダンは，17世紀にジュンガルを支配したハン。

㋓ダヤンはエセン没後に内モンゴルを再統一し，血統はチャハル部に伝えられた。

E．問14．㋐フランスは1884年に清仏戦争を戦い，翌1885年の天津条約でベトナムの保護権を獲得し，1887年にハノイに総督府をおくフランス領インドシナを成立させた。

問15．㋓誤文。日本がソウルに韓国統監府をおき，韓国を保護国としたのは，第2次日韓協約（1905年）である。その後，1910年の韓国併合（日

2
0
2
4
年
度

2
月
5
日

世界史

韓併合）にともない，統監府は総督府とされた。

（Ⅳ） 解答 1—(ア) 2—(ニ) 3—(ア) 4—(ケ) 5—(イ) 6—(チ)
　　　　　 7—(ノ) 8—(ト) 9—(オ) 10—(ア) 11—(タ) 12—(ヒ)
13—(ア)
A—(イ)　B—(イ)

――――――――― 解 説 ―――――――――

《古代ローマ帝国とゲルマン人の大移動》

　問題文中の X はカール＝マルテル，Y はカール大帝である。

2．(ニ)ウァレリアヌスが，ササン朝のシャープール 1 世に敗れ捕虜となったのはエデッサの戦い（260 年）。ウァレリアヌスは軍人皇帝の一人で，ローマ帝国が混乱した時代の皇帝だった。

4．(ケ)西ゴートは，黒海の北方にいた東ゴートがフンに制圧されたのを契機として 375 年に移動を開始し，翌年ドナウ川を越えてローマ帝国に侵入した。その後西ゴートはイベリア半島に西ゴート王国を建国するが，711 年にウマイヤ朝に滅ぼされた。

6．(チ)クローヴィスは，フランク王国を統一しメロヴィング朝を樹立するとともに，正統派キリスト教（アタナシウス派，カトリック）に改宗した。これによりカトリック教会の支持を得たことが，その後のフランク王国発展の大きな要因となった。

7．(ノ)メロヴィング家の宮宰は，宮廷の最高職であり王国の実権を握っていた。この職にあったカロリング家のカール＝マルテルの息子ピピンが，メロヴィング朝を廃してカロリング朝を建てることになる。

8．(ト)『ローランの歌』は，カール大帝（Y）がイベリア半島のイスラム勢力（後ウマイヤ朝）を討伐したことを題材としている。物語の主人公ローランは，カール大帝とともに戦った甥の名である。

9．(オ)アヴァール人は，6 世紀頃から中部ヨーロッパに侵入してきたアルタイ語系の遊牧民。カール大帝に討たれた後はスラブ人などと同化していった。

(ア)マジャール人は，ウラル語系に属するハンガリー人の自称。東フランクのオットー大帝にレヒフェルトの戦い（955 年）に敗れて後は，ハンガリーの地に定着した。

12. ブルガール人はトルコ系遊牧民で，681 年にブルガリア帝国を建国し，ビザンツ帝国と抗争をくり返しながらその文化的影響を受け，9 世紀に㈲ギリシア正教を受け入れた。

A. ①誤り。北アフリカを征服し，イベリア半島の西ゴート王国を滅ぼしたのはウマイヤ朝。

②正しい。

B. ③誤り。クレルモン宗教会議を招集し，十字軍の派遣を提唱したのはウルバヌス2世。

④正しい。

2月7日実施分　　**問題** 世界史

（60分）

〔Ⅰ〕　次の文の（　1　）～（　9　）に入れるのに最も適当な語句を{　　}内の(ア)～(エ)
　　から選び，その記号をマークしなさい。また，問1に答えなさい。

　　現在の北京市の北郊，天寿山にある十三陵は，中国の明王朝の歴代皇帝の陵墓
群である。明朝は，（　1　){(ア)　960　(イ)　1271　(ウ)　1368　(エ)　1399}年に
（　2　){(ア)　李世民　(イ)　趙匡胤　(ウ)　李成桂　(エ)　朱元璋}が建てた王朝であ
る。建国当初から第3代皇帝（　3　){(ア)　万暦　(イ)　嘉靖　(ウ)　正統　(エ)　永
楽}帝の治世途中までは（　4　){(ア)　開封　(イ)　応天府(南京)　(ウ)　平城　(エ)
臨安}に都を置いていたため，建国者（　2　），すなわち明の太祖洪武帝の陵墓で
ある孝陵は（　4　）の郊外にある。また，第2代建文帝は（　5　){(ア)　靖康の変
(イ)　靖難の役　(ウ)　八王の乱　(エ)　党錮の禁}で皇位を簒奪され行方不明となり，
皇帝としての陵墓は存在しない。北京への遷都後，すなわち（　3　）帝以降の明
朝皇帝は「15代」存在する。しかし，「十三陵」の名の通り，13しか陵墓が存在しな
い。これは，15世紀中葉の政治的混乱に起因している。1435年に即位した第6代
皇帝（　6　){(ア)　万暦　(イ)　嘉靖　(ウ)　正統　(エ)　永楽}帝は，1449年にオイラ
トの（　7　){(ア)　エセン　(イ)　ハイドゥ　(ウ)　アルタン　(エ)　ガルダン}討伐の
ために親征するも，大敗して捕虜となった。中国史上，野戦に赴いて捕虜となっ
たのは唯一この（　6　）帝のみと言われる。この事件を（　8　){(ア)　澶淵の盟
(イ)　北虜南倭　(ウ)　丁卯胡乱　(エ)　土木の変}という。これにより，明朝では
（　6　）帝の弟が即位して景泰帝となり北京の防衛を行うが，まもなくオイラト
側と講和が成立したため（　6　）帝は帰還し，太上皇となり軟禁状態に置かれる
こととなった。その後，景泰帝が病床に就いた隙に政変が起こり，（　6　）帝が
天順帝として復位した。つまり，（　6　）帝と天順帝は同一人物であるため，陵
墓は一つなのである。そして，天順帝によって帝位を追われた景泰帝の陵墓は，

兄である天順帝が歴代皇帝と同じ場所に造営することを許さなかったため，北京西郊の玉泉山麓に造られた。以上の経緯により，天寿山には13人の皇帝陵のみが存在するのである。

　十三陵に最後に造られたのは，明朝最後の皇帝（　9　）{(ア)　崇禎　(イ)　成化　(ウ)　宣統　(エ)　同治}帝を葬る思陵である。思陵はもともと（　9　）帝の寵姫であった皇貴妃田秀英の墓所であった。1644年に農民反乱軍によって北京が陥落すると，（　9　）帝は自害に追いやられてしまった。（　9　）帝は生前に自身の陵墓を造営していなかったため，反乱軍の首領は（　9　）帝と皇后の亡骸を田秀英の墓所に合葬した。これを清朝時代に（　9　）帝の陵墓として思陵と名付け，碑を建てて弔ったものである。

問1　下線部①に関連して，洪武帝の陵墓がある場所として最も適当なものを下の地図中の(ア)～(カ)から一つ選び，その記号をマークしなさい。

【地図】

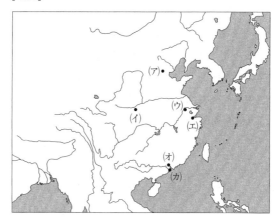

〔Ⅱ〕　次の文の（　1　）～（　9　）に入れるのに最も適当な語句を下記の語群から選
　　び，その記号をマークしなさい。また，（　A　）の問に答えなさい。

　　1853年のペリーの来航以来，日本は攘夷と開国，勤王と佐幕とが激しく対立
する幕末の動乱期に突入した。幕府による大政奉還，王政復古を経て成立した明
治政府は，江戸幕府の支配下に諸藩が存立した幕藩体制の分裂を克服し，中央集
権国家を建設することをめざした。明治政府は版籍奉還，ついで廃藩置県などの
一連の施策によって旧来の藩にかえて全国に行政単位としての府県を置くなど集
権化をおしすすめた。

　　日本がこうして国内対立の混乱から統一国家の樹立をめざした19世紀の後半は
西洋列強にとっても分裂と統一の変革期にあたっていた。ペリーを日本に派遣し
て幕末の動乱のきっかけをつくったアメリカ合衆国も，その後激動の日々を経験
することになる。それは，奴隷制をめぐる諸州の対立から起こった南北戦争であ
る。1860年の大統領選で（　1　）党のリンカンが当選すると，南部諸州は連邦
からの分離を決定，翌年アメリカ連合国を結成した。（　2　）を大統領とするア
メリカ連合国，すなわち南部は北部と激しい戦いをくりひろげた。1865年，南
部の首都（　3　）が陥落して戦争は北部の勝利に終わり，国家の再統一がなしと
げられた。

　　長らく分裂が続いていたイタリアでは，19世紀の半ばより，サルデーニャ王国
を中心に統一に向けての動きがすすんだ。1859年にオーストリアと開戦して勝
利した結果，サルデーニャは，（　4　）を併合した。サルデーニャは1860年に
はニースなどをフランスにゆずることで中部イタリアを併合するなどして国土の
①
統一をすすめ，1861年にヴィットーリオ＝エマヌエーレ2世を国王とするイタリ
ア王国を成立させた。その後もイタリアは統一事業をすすめ，1870年には
（　5　）を占領，「未回収のイタリア」をのぞき，ほぼ全土の統一をなしとげた。

　　イタリアに続いて統一へとむかったのがドイツである。統一の中心となったの
は，1862年に首相となったビスマルクのもとで軍備増強をおしすすめたプロイ
センであった。1866年に起こったプロイセン＝オーストリア戦争でプロイセンが
勝利すると，翌年プロイセンを盟主とする（　6　）が結成された。さらに，プロ

イセンは（　7　）王位の継承問題をめぐるやりとりをきっかけに，1870 年にフランスとの戦争に突入する。この戦争に敗れたフランスで（　8　）が崩壊した一方，ドイツではプロイセン国王がドイツ皇帝を兼ねる連邦国家としてのドイツ帝国が 1871 年に成立し，ビスマルクが帝国宰相の地位についた。

　1871 年から 73 年にかけて米欧回覧のため行われた岩倉使節団は，統一直後のドイツを訪れてビスマルクらと会見し，強い印象をうけた。この使節団の一員であった伊藤博文は，その後，国会の開設と憲法の制定をひかえ 1882 年に憲法調査のためヨーロッパを訪れ，憲法と諸制度を学びつつビスマルクの政治運営を参考にした。帰国後伊藤は 1885 年に設立された内閣の初代首相に就任している。

　ビスマルクは，「文化闘争」でカトリック教徒を抑圧する一方，伊藤が訪欧した②①1882 年にはオーストリア，イタリアとの三国同盟を成立させるなど，長らくドイツの内政・外交において大きな力をふるったが，1888 年に即位した皇帝（　9　）と対立し，1890 年に辞職した。

〔語群〕

(ｱ) リー	(ｲ) 北ドイツ連邦	(ｳ) フリードリヒ 1 世
(ｴ) ドイツ連邦	(ｵ) ヴェネツィア	(ｶ) ロンバルディア
(ｷ) 共和	(ｸ) グラント	(ｹ) ローマ教皇領
(ｺ) 第二帝政	(ｻ) リッチモンド	(ｼ) ヴィルヘルム 1 世
(ｽ) ライン同盟	(ｾ) 労働	(ｿ) フリードリヒ 2 世
(ﾀ) 民主	(ﾁ) ポルトガル	(ﾂ) 第二共和政
(ﾃ) スペイン	(ﾄ) ヨークタウン	(ﾅ) 両シチリア王国
(ﾆ) オランダ	(ﾇ) 第三共和政	(ﾈ) フィラデルフィア
(ﾉ) ジェファソン＝デヴィス	(ﾊ) ヴィルヘルム 2 世	

（　A　）下線部①・②について，①のみ正しければ(ｱ)を，②のみ正しければ(ｲ)を，両方正しければ(ｳ)を，両方誤りであれば(ｴ)をマークしなさい。

〔III〕 次の文の（　1　）〜（　12　）に入れるのに最も適当な語句を{　　}内の(ア)〜(エ)
から選び，その記号をマークしなさい。また，問1〜3に答えなさい。

　　1937年7月の（　1　）{(ア)　上海事変　(イ)　盧溝橋事件　(ウ)　西安事件
(エ)　満州事変}をきっかけに，日中両国は全面的な交戦状態に入った。日本は
1937年末までに南京を占領したが，中国は政府を南京から（　2　）{(ア)　昆明
(イ)　北京　(ウ)　広州　(エ)　重慶}に移して抗戦を続けた。（　2　）の中国政府は
（　3　）{(ア)　アメリカ合衆国　(イ)　イギリス　(ウ)　オランダ　(エ)　フランス}領
（　4　）{(ア)　フィリピン　(イ)　インドシナ　(ウ)　ビルマ　(エ)　タイ}，および
（　5　）{(ア)　アメリカ合衆国　(イ)　イギリス　(ウ)　オランダ　(エ)　フランス}領
（　6　）{(ア)　フィリピン　(イ)　インドシナ　(ウ)　ビルマ　(エ)　タイ}経由（援蔣
ルート）で支援を受けていた。

　　日本は援蔣ルートによる中国政府への支援を絶つため，1940年9月および
1941年4月の2回に分けて（　5　）支配下の（　6　）へ軍事進駐した。一方
（　4　）については，日本は事前に工作活動を行い，民族主義者と接触していた。
　　　　　　　　　　　　　　　　　　　　　　　　　　　　①
　　1941年12月8日にマレー半島上陸と真珠湾攻撃でアジア・太平洋戦争が始ま
　　　　　　　　　　②
ると，日本は1942年5月までに東南アジアのほぼ全域を占領下に置いた。東南
アジアの中で（　7　）{(ア)　フィリピン　(イ)　インドシナ　(ウ)　ビルマ　(エ)　タ
イ}はもともと植民地化を回避して独立を維持しており，日本の軍事進駐を受け
入れて枢軸国側で参戦した。

　　日本は欧米列強を排除した「大東亜共栄圏」の建設をうたっていたが，（　8　）
{(ア)　アメリカ合衆国　(イ)　イギリス　(ウ)　オランダ　(エ)　フランス}支配下の
（　9　）{(ア)　フィリピン　(イ)　インドシナ　(ウ)　ビルマ　(エ)　タイ}では1934年
に将来の独立が承認され，1935年に独立準備政府が発足していた。そのため，
日本軍は侵略者とみなされ，激しい抗日運動が起こった。また日本支配下の東南
アジア各地では独立を目指す民族主義者によって抗日組織が結成された。1941年
にホー=チ=ミンらが結成した（　10　）{(ア)　ベトナム青年革命同志会　(イ)　ベトナ
ム独立同盟会　(ウ)　ベトナム国民党　(エ)　ベトナム光復会}はその代表例である。
また日本に協力していた（　7　）においても，連合国に通じる秘密組織が活動し
ていた。

　　日本が1945年8月にポツダム宣言を受諾すると，東南アジア各地の民族主義
者は迅速な動きを見せた。インドネシアでは日本軍に協力していた（　11　）{(ア)　ス
③
カルノ　(イ)　バオダイ　(ウ)　アギナルド　(エ)　アウンサン}らが同年8月にイン
ドネシア共和国の独立を宣言し，ベトナムのホー=チ=ミンも終戦直後に（　12　）
{(ア)　ベトナム国　(イ)　ベトナム社会主義共和国　(ウ)　ベトナム民主共和国　(エ)
ベトナム共和国}の独立を宣言した。

問1　下線部①に関して，（　4　）の民族主義者によって結成された組織として
　　　最も適当なものを次の(ア)～(エ)から一つ選び，その記号をマークしなさい。

　　　(ア)　人民党　　　　(イ)　タキン党　　　　(ウ)　維新会　　　　(エ)　カティプーナン

問2　下線部②の歴史について述べた次の(ア)～(エ)のうち，誤っているものを一つ
　　　選び，その記号をマークしなさい。

　　　(ア)　14世紀末に成立したマラッカ王国が貿易ネットワークの中心地として
　　　　　急成長した。

　　　(イ)　イギリスはシンガポール・ペナン・マラッカを獲得し，1826年に海峡
　　　　　植民地とした。

　　　(ウ)　19世紀前半～半ばのマレー半島ではゴムのプランテーションの開設が
　　　　　進んだ。

　　　(エ)　1963年にマレーシアが成立したが，1965年にシンガポールが分離独立
　　　　　した。

問3　下線部③の歴史について述べた次の(ア)～(エ)のうち，誤っているものを一つ
　　　選び，その記号をマークしなさい。

　　　(ア)　インドネシア共和国は4年あまりの独立戦争のすえ，1949年に独立を
　　　　　達成した。

　　　(イ)　インドネシアのバンドンで1955年にアジア=アフリカ会議が開催された。

　　　(ウ)　東南アジア諸国連合（ASEAN）は，1967年にインドネシアなど5カ国に
　　　　　よって結成された。

　　　(エ)　1965年の九・三〇事件を機に，軍部が実権を握る独裁的な政権が倒れ
　　　　　た。

〔**IV**〕 次の文の（ 1 ）〜（ 8 ）に入れるのに最も適当な語句を下記の語群Ⅰから，（ 9 ）〜（ 15 ）に入れるのに最も適当な語句を下記の語群Ⅱから選び，その記号をマークしなさい。

　人類は古くから洞穴や建造物の壁面に絵を描いてきた。（ 1 ）のラスコーは，（ 2 ）時代末期の洞穴遺跡で，その壁面や天井には牛や馬などがいきいきとした姿で描かれている。

　東地中海沿岸で前2000年頃に始まる（ 3 ）文明は，開放的な性格をもつ海洋文明である。イギリスの考古学者（ 4 ）が発掘したクノッソス宮殿は，女性や海洋生物を描いた壁画で有名である。

　古代イタリア人の南下以前からイタリア半島に先住していた（ 5 ）人は，死者が来世でも現世と同じ様に生きるという観念をもっており，墳墓に男女の踊りや宴会の様子を描いた壁画を数多く残している。その後，古代イタリア人の一派がティベル川のほとりに都市国家ローマを建設し，やがて地中海周辺世界を支配することになる。（ 6 ）期ローマで，キリスト教徒が迫害を逃れ，礼拝所として利用したカタコンベには，キリスト教に関わる壁画が描かれている。

　ビザンツ帝国では，ドームとモザイク壁画を特色とするビザンツ様式の教会建築が生まれた。コンスタンティノープルの（ 7 ）は，その代表である。西欧カトリック世界では，11世紀頃に半円アーチと重厚な石壁を特徴とするロマネスク様式の教会建築が作られたが，その内壁はしばしば壁画で飾られた。ロマネスク様式の教会建築としては，（ 8 ）の大聖堂が有名である。

〔語群Ⅰ〕（ 1 ）〜（ 8 ）

(ア)	フランス南西部	(イ)	フランス北東部	(ウ)	鉄器
(エ)	シュリーマン	(オ)	フェニキア	(カ)	ミケーネ
(キ)	青銅器	(ク)	帝政	(ケ)	ローリンソン
(コ)	トロイア	(サ)	エトルリア	(シ)	共和政
(ス)	ヴェントリス	(セ)	ピサ	(ソ)	旧石器
(タ)	スペイン北部	(チ)	スペイン南部	(ツ)	システィーナ礼拝堂
(テ)	ラテン	(ト)	ハギア=ソフィア聖堂		

(ナ)　エヴァンズ　　　　(ニ)　新石器　　　　　(ヌ)　王政

(ネ)　シャルトル　　　　(ノ)　クレタ　　　　　(ハ)　ケルン

(ヒ)　サンタ=マリア大聖堂　　　(フ)　サン=ヴィターレ聖堂

　14世紀に（　9　）によって教皇庁がおかれた南フランスのアヴィニョンにある教皇宮殿も，美しいフレスコ画の装飾で知られる。ルネサンス期にもヨーロッパ各地で壁画が描かれた。（　10　）がミラノの聖マリア=デッレ=グラツィエ教会の食堂に描いた「最後の晩餐」もその一つである。

　20世紀には，1920年代以降メキシコで先住民文化の影響を受けた（　11　）らの壁画運動が台頭した。彼らは，自由主義者（　12　）の呼びかけで始まったメキシコ革命後の新時代にふさわしい美術の創造を目指したのだった。

　厳密な意味での壁画とは異なるが，ベルリンの壁にも人々によってたくさんの落書きが描かれた。（　13　）年に東ドイツ政府が東西ベルリンの境界に壁を築き，東ベルリンから西側への人々の脱出を阻止するようになると，ベルリンの壁は東西分断の象徴となった。この壁は1989年に東ドイツの書記長（　14　）退陣後に開放されるまで，東西ドイツ間の自由な往来を妨げ続けた。

　今日では，イギリスを拠点に活動する素性不明のアーティスト，バンクシーの作品が注目を集めている。2000年代，ヨルダン川西岸地区のパレスチナ側の分離壁にもバンクシーが描いたと思われる作品が見つかった。イスラエルがヨルダン川西岸を占領したのは，1967年の（　15　）による。

〔語群Ⅱ〕（　9　）～（　15　）

(ア)　第1次中東戦争（パレスチナ戦争）　　　(イ)　第2次中東戦争（スエズ戦争）

(ウ)　第3次中東戦争　　(エ)　第4次中東戦争　　(オ)　シャルル7世

(カ)　ミケランジェロ　　(キ)　ホネカー（ホーネッカー）

(ク)　フアレス　　　　　(ケ)　1961　　　　　(コ)　フィリップ2世

(サ)　カストロ　　　　　(シ)　フィリップ4世　(ス)　1956

(セ)　ブラント　　　　　(ソ)　ボッティチェリ　(タ)　フルシチョフ

(チ)　チャウシェスク　　(ツ)　1948　　　　　(テ)　ディアス

(ト)　ピカソ　　　　　　(ナ)　シケイロス　　　(ニ)　ラファエロ

㋦　ダリ　　　　　　　　㋨　1968　　　　　　㋩　ルイ9世

㋩　ウォーホル　　　　　㋪　マデロ

㋫　レオナルド゠ダ゠ヴィンチ

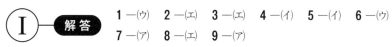

2月7日実施分　　　　**解答** 世界史

Ⅰ　**解 答**　1—(ウ)　2—(エ)　3—(エ)　4—(イ)　5—(イ)　6—(ウ)
　　　　　　　7—(ア)　8—(エ)　9—(ア)
問1．(ウ)

━━━━━━━━━━━━━　解 説　━━━━━━━━━━━━━

《明代史》

2．(ア)李世民は唐の第2代皇帝太宗，(イ)趙匡胤は宋の建国者，(ウ)李成桂は朝鮮王朝（李氏朝鮮）の建国者。

4．(イ)応天府（南京）は金陵ともよばれた。

5．(ア)靖康の変（1126〜27年）は北宋が滅亡した事件。

(ウ)八王の乱（291年）は西晋の内乱。

(エ)党錮の禁（166年，169年）は後漢時代の宦官による官僚弾圧事件。

8．(ア)澶淵の盟（1004年）は，宋と契丹の間に結ばれた盟約。

(イ)北虜南倭は，明を苦しめた北方民族と南の倭寇をさす。

(ウ)丁卯胡乱（ていぼうこらん）（1627年）は，後金のホンタイジが朝鮮王朝に侵攻した戦役の朝鮮での呼称である。同様に丙子胡乱（へいしこらん）（1636年）は，清（1636年に後金から改称）が朝鮮王朝を制圧した戦役。

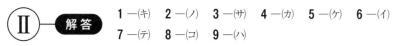

Ⅱ　**解 答**　1—(キ)　2—(ノ)　3—(サ)　4—(カ)　5—(ケ)　6—(イ)
　　　　　　　7—(テ)　8—(コ)　9—(ハ)
A—(ウ)

━━━━━━━━━━━━━　解 説　━━━━━━━━━━━━━

《南北戦争とイタリア・ドイツの統一》

5．(ケ)ローマ教皇領の占領は，プロイセン＝フランス戦争でフランスが敗北し，教皇領の警備をしていたフランス軍が撤退したことが背景にあった。ローマ教皇は教皇領の占領に反発し，以後「バチカンの囚人」と称して，1929年のラテラノ条約締結までイタリア王国と対立した。

7．(テ)スペイン王位継承問題は，スペイン王位をプロイセンのホーエンツォレルン家が継承することに対してフランスのナポレオン3世が反発して

いた問題。ビスマルクはこの問題について，プロイセンのヴィルヘルム１世に対してフランス大使が非礼をはたらいたとする電報を公表し（エムス電報事件），プロイセンとフランス両国のナショナリズムを刺激し，プロイセン＝フランス戦争開戦へと導いた。

8. ㈡第二帝政崩壊は，1870年にナポレオン３世がプロイセン＝フランス戦争のスダンの戦いで敗北したことによって決定した。

A. ①正しい。サルデーニャは，オーストリアとのイタリア統一戦争で，フランスが支援することの見返りとしてサヴォイアとニースを割譲する密約を交わしていた（プロンビエール密約）。

②正しい。ビスマルクは，プロテスタントが多数を占めるプロイセン主導のドイツ統一に不満をいだくカトリック教徒とその政党（中央党）を弾圧した。これを文化闘争という。

| 1 ―㈠ | 2 ―㈢ | 3 ―㈠ | 4 ―㈦ | 5 ―㈢ | 6 ―㈠ |
| 7 ―㈢ | 8 ―㈦ | 9 ―㈦ | 10―㈠ | 11―㈦ | 12―㈦ |

問1. ㈠　**問2.** ㈦　**問3.** ㈢

━━━━━━━ **解　説** ━━━━━━━

《第二次世界大戦期の東南アジア》

3～6. イギリス領ビルマとフランス領インドシナは中国と国境を接しており，当時の中国政府の所在地重慶にも比較的近く，このルートが援蔣（蔣介石を援助する意）ルートとよばれた中国支援ルートであった。

7. ㈢タイは，東南アジア全域がヨーロッパ列強の植民地となる中で，英仏の緩衝地帯に位置した地政学的メリットとラーマ５世（チュランコン）による近代化政策により独立を保持していた。

10. ㈠ベトナム独立同盟会（ベトミン）は，1941年，インドシナ共産党を主体として，ホー＝チ＝ミンの主導のもとで結成された広範な民族戦線組織である。国民各層を独立達成に結集させるため共産党の独自の主張は取り下げられた。

㈦ベトナム青年革命同志会は，1925年にホー＝チ＝ミンが中国の広州で結成した革命組織。後のベトナム共産党結成の基礎となった。

㈦ベトナム国民党は，1927年に結成された急進的民族主義政党。1930年に反乱を起こして失敗，党は壊滅した。

(エ)ベトナム光復会は，ドンズー運動挫折後の 1912 年に，ファン＝ボイ＝チャウが結成したベトナム独立をめざした結社。フランスの弾圧を受けて衰退した。

12. (ウ)ベトナム民主共和国は，第二次世界大戦後の 1945 年にホー＝チ＝ミンが独立を宣言した国家。インドシナ戦争，ベトナム戦争を戦った。

(ア)ベトナム国は，第二次世界大戦後に，フランスが阮朝最後の皇帝バオダイを擁立してベトナム南部に建てた傀儡国家。

(イ)ベトナム社会主義共和国は，1976 年，ベトナム戦争に勝利したベトナム民主共和国が発展的に解消して，ベトナムの統一国家として建国されたもの。

(エ)ベトナム共和国は，ベトナム戦争の時期に，南部に存在した国家。アメリカに支援されたゴ＝ディン＝ジエムによって樹立されたが，ベトナム戦争の敗北により崩壊した。

問 1． (イ)タキン党は，1930 年に結成されたビルマの独立運動組織。ビルマ独立運動の指導者アウン＝サンも参加していた。

問 2． (ウ)誤文。マレー半島でゴムのプランテーション開設が進むのは 20 世紀に入ってからである。ゴムの需要は自動車産業の発展と連動しており，「19 世紀前半〜半ば」は誤り。

問 3． (エ)誤文。1965 年の九・三〇事件では，スカルノ政権が打倒され，軍部が実権を握る独裁的なスハルト政権が樹立された。

 **解答**　　**1**—(ア)　**2**—(ソ)　**3**—(ノ)　**4**—(ナ)　**5**—(サ)　**6**—(ク)
　　　　　　　7—(ト)　**8**—(セ)　**9**—(シ)　**10**—(フ)　**11**—(ナ)　**12**—(ヒ)
13—(ケ)　**14**—(キ)　**15**—(ウ)

============================= 解　説 =============================

《壁画美術の歴史》

6． (ク)帝政期のローマでは専制君主政（ドミナトゥス）が行われ，皇帝崇拝が強制されたが，唯一絶対神を信じるキリスト教徒はそれを拒み，迫害された。

9． (シ)フィリップ 4 世はアナーニ事件（1303 年）で教皇ボニファティウス 8 世を屈服させ，1309 年には教皇庁をローマから南フランスのアヴィニョンに移転させた。以後教皇がローマに帰還する 1377 年までを「教皇

のバビロン捕囚」という。

11. (ナ)シケイロスは，メキシコの壁画運動の指導者。壁画運動はメキシコ革命（1910〜17 年）後の美術運動で，メキシコの歴史，インディオの伝統，政治理念などを表現した。

12. (ヒ)マデロは，1870 年代から続くディアスの独裁体制を打倒した（1911 年）。その後大統領となったマデロは暗殺されたが，1917 年に民主的な憲法が制定されてメキシコ革命は終結した。

15. (ウ)第 3 次中東戦争（1967 年）は，イスラエルの電撃的な攻撃から始まり，シナイ半島，ゴラン高原，ヨルダン川西岸を占領した。イスラエルの圧勝で終わったこの戦争は「六日戦争」ともいわれる。

2月3日実施分　問題　数学

◀総合情報学部（2教科型英数方式）を除く▶

（60分）

〔Ⅰ〕 次のように定められる各項が正の数である数列 $\{a_n\}$ を考える。

$$a_1 = 100, \quad \left(\frac{a_{n+1}}{a_n}\right)^{n^2+n} = 10 \quad (n = 1,\ 2,\ 3,\ \cdots\cdots)$$

次の問いに答えよ。

(1) $\log_{10} a_n = b_n$ とおく。$b_{n+1} - b_n$ を n の式で表せ。

(2) 一般項 b_n を求め，さらに一般項 a_n を求めよ。

(3) $a_n \geq 800$ となる最小の自然数 n を求めよ。ただし，$\log_{10} 2 = 0.3010$ とする。

〔Ⅱ〕 次の   をうめよ。

2
0
2
4
年
度

2
月
3
日

数
学

箱の中に，0から9までの番号が1つずつ書かれた10枚のカードが入っている。ただし，異なるカードには異なる番号が書かれているものとする。この箱の中から，1枚のカードを選び，書かれた番号を確認し，元に戻す試行を3回行う。

1回目，2回目，3回目に選んだカードの番号を順に x_1，x_2，x_3 としたとき，

$$x = \frac{x_1}{10} + \frac{x_2}{10^2} + \frac{x_3}{10^3}$$

と定める。

(1) $0 \leqq x < \frac{1}{2}$ となるのは，$x_1 = 0$，1，2，3，4の場合である。したがって，$0 \leqq x < \frac{1}{2}$ となる確率は ① である。

(2) $0 \leqq x < \frac{1}{3}$ となる確率を求める。まず，$x_1 = 0$，1，2のとき，$0 \leqq x < \frac{1}{3}$ となる。また，$x_1 = 0$，1，2となる確率は ② である。

次に，$x_1 = 3$，$x_2 = 0$，1，2のとき，$0 \leqq x < \frac{1}{3}$ となる。また，$x_1 = 3$，$x_2 = 0$，1，2となる確率は ③ である。さらに，$0 \leqq x < \frac{1}{3}$ となる確率は $\dfrac{④}{10^3}$ である。

(3) $0 \leqq x < \frac{1}{8}$ となる確率は $\dfrac{⑤}{10^3}$ となる。したがって，$\frac{1}{8} \leqq x < \frac{1}{3}$ となる確率は $\dfrac{⑥}{10^3}$ である。

〔Ⅲ〕 k を正の実数とし，直線 $\ell : y = 3x$ に関して点 A$(0,\ k)$ と対称な点 B の座標を $(p,\ q)$ とする。次の □ をうめよ。ただし，③ 以外は数値でうめよ。

直線 AB は直線 ℓ に直交することから

$$q - k = \boxed{①}\ p \quad \cdots\cdots(1)$$

が成り立つ。また，線分 AB の中点は直線 ℓ 上にあることから

$$q + k = \boxed{②}\ p \quad \cdots\cdots(2)$$

が成り立つ。(1)，(2) を連立させて $p,\ q$ について解くと，B の座標は k を用いて

$\boxed{③}$ と表されることがわかる。

点 C$(1,\ 4)$ をとる。線分 BC の長さは

$$\frac{1}{5}\sqrt{25k^2 - \boxed{④}\ k + \boxed{⑤}}$$

である。ℓ 上の点 P を線分 AP と線分 CP の長さの和 AP + CP が最小となるように定める。AP + CP は $k = \boxed{⑥}$ のとき最小となり，最小値は $\boxed{⑦}$ である。

◀総合情報学部（2教科型英数方式）▶

（90分）

〔Ⅰ〕 a, b を正の定数とする。xy 平面内の2曲線

$$C_1 : y = x^3 - 2(a + b - 1)x^2 + b(2a + b - 3)x$$
$$C_2 : y = 2x^2 - 3bx$$

について，次の問いに答えよ。

(1) C_1 と C_2 の共有点をすべて求めよ。

(2) C_1 と C_2 が囲む2つの部分の面積が等しいとき，b を a で表せ。

(3) (2)のとき，C_1 と C_2 が囲む部分の面積を a で表せ。

〔Ⅱ〕 高槻市において，九段の棋士2名と五段の棋士2名の合計4名で将棋のトーナメント戦を行う。1回戦の対戦は公平にくじを引いて決める。同じ段位の棋士どうしの対戦ではどちらが勝つ確率も $\dfrac{1}{2}$ で等しく，九段と五段の棋士の対戦では，どの対戦でも五段の棋士が勝つ確率は x であるとする $(0 \leqq x \leqq 1)$。次の問いに答えよ。

(1) 1回戦で五段の棋士どうしが対戦する確率を求めよ。

(2) 決勝戦が五段の棋士と九段の棋士の対戦になる確率を求めよ。

(3) 優勝者が五段の棋士となる確率 $P(x)$ を求めよ。

(4) (3)で求めた $P(x)$ が $0 \leqq P(x) \leqq 1$ を満たすことを示せ。

〔III〕 a を実数とする。xy 平面内の円 $(x-2)^2 + (y-4)^2 = 1$ が直線 $y = ax$ と異な

る2点 P, Q を共有するとき，次の □ をうめよ。ただし，③ は

a を用いて表せ。

a のとりうる値の範囲は ① $< a <$ ② である。線分 PQ の中点

を M とするとき，M の座標は $\left(\boxed{③},\ \boxed{③}\, a\right)$ だから，a の値が変

化するとき，M は中心が $\left(\boxed{④},\ \boxed{⑤}\right)$ で半径が ⑥ である

円の ① $x < y <$ ② x を満たす部分を描く。

〔IV〕 a, b, p を実数とし，$p > 0$ とする。x に関する2次方程式 $x^2 + apx + bp^2 = 0$

の2つの解を α, β とし，自然数 n に対して $A_n = \alpha^n + \beta^n$ とおくとき，次の

□ をうめよ。

解と係数の関係より $A_1 = \alpha + \beta = \boxed{①}\, p$, $\alpha\beta = \boxed{②}\, p^2$ であるか

ら，$A_2 = \left(\boxed{③}\right)p^2$, $A_3 = \left(\boxed{④}\right)p^3$ である。

$\alpha^2 + ap\alpha + bp^2 = 0 \cdots ⑦$, $\beta^2 + ap\beta + bp^2 = 0 \cdots ④$ が成り立つから，⑦と④の

両辺にそれぞれ α や β の n 乗を掛けて得られる2式の辺々を加えれば，数列 $\{A_n\}$

は漸化式 $A_{n+2} + apA_{n+1} + bp^2 A_n = 0$ を満たすことがわかる。$a = -3$, $b = 2$

のとき，$a_n = \dfrac{A_n}{p^n}$ とおいて階差数列 $\{a_{n+1} - a_n\}$ を考えれば，これは公比が

⑤ の等比数列なので，$A_n = \left(\boxed{⑥}\right)p^n$ が得られる。

2月3日実施分　　　解答　数学

◀総合情報学部（2教科型英数方式）を除く▶

Ⅰ　**解答**　　　$a_1 = 100$

$$\left(\frac{a_{n+1}}{a_n}\right)^{n^2+n} = 10 \quad (n=1,\ 2,\ 3,\ \cdots) \quad \cdots\cdots ⊛$$

(1)　$\log_{10} a_n = b_n \quad \cdots\cdots ①$

とおくと

$$b_1 = \log_{10} a_1 = \log_{10} 100 = \log_{10} 10^2 = 2$$

⊛の両辺に底が 10 の対数をとると

$$\log_{10}\left(\frac{a_{n+1}}{a_n}\right)^{n^2+n} = \log_{10} 10$$

$$(n^2+n)(\log_{10} a_{n+1} - \log_{10} a_n) = 1$$

①から　　$(n^2+n)(b_{n+1} - b_n) = 1$

よって

$$b_{n+1} - b_n = \frac{1}{n^2+n} \quad \cdots\cdots（答）$$

(2)　$n \geq 2$ のとき

$$b_n = b_1 + \sum_{k=1}^{n-1}\frac{1}{k(k+1)} = b_1 + \sum_{k=1}^{n-1}\left(\frac{1}{k} - \frac{1}{k+1}\right)$$

$$= 2 + \left(1 - \frac{1}{2}\right) + \left(\frac{1}{2} - \frac{1}{3}\right) + \cdots + \left(\frac{1}{n-1} - \frac{1}{n}\right)$$

$$= 2 + 1 - \frac{1}{n}$$

$$= 3 - \frac{1}{n}$$

$n=1$ とすると $b_1 = 2$ となり，$n=1$ のときも成り立つ。

よって

$$b_n = 3 - \frac{1}{n} \quad \cdots\cdots(\text{答})$$

①から $u_n - 10^{b_n}$ であるから

$$a_n = 10^{3 - \frac{1}{n}} \quad \cdots\cdots(\text{答})$$

別解　$b_{n+1} - b_n = \dfrac{1}{n(n+1)} = \dfrac{1}{n} - \dfrac{1}{n+1}$

すなわち

$$b_{n+1} + \frac{1}{n+1} = b_n + \frac{1}{n}$$

数列 $\left\{ b_n + \dfrac{1}{n} \right\}$ は初項が $b_1 + \dfrac{1}{1} = 3$ の定数数列であるから

$$b_n + \frac{1}{n} = 3$$

よって

$$b_n = 3 - \frac{1}{n}$$

(3)　$a_n \geqq 800$ となるのは　　$10^{3 - \frac{1}{n}} \geqq 2^3 \cdot 10^2$

両辺に底が 10 の対数をとると

$$\log_{10} 10^{3 - \frac{1}{n}} \geqq \log_{10}(2^3 \cdot 10^2)$$

$$3 - \frac{1}{n} \geqq 3\log_{10} 2 + 2$$

すなわち

$$n \geqq \frac{1}{1 - 3\log_{10} 2} = \frac{1}{1 - 3 \cdot 0.3010} = \frac{1}{0.097} = \frac{1000}{97} \geqq 10.3\cdots$$

n は自然数であるから　　$n \geqq 11$

よって，求める最小の自然数 n は

$$n = 11 \quad \cdots\cdots(\text{答})$$

=========== **解　説** ===========

《対数と 2 項間漸化式，不等式を満たす最小の自然数》

(1)　与えられた漸化式の両辺に底が 10 の対数をとり，対数法則を用いて変形する。

(2)　(1)を用いて一般項を求めるが，階差数列を利用してもよいし，〔別解〕のように定数数列を利用してもよい。

(3)　不等式を立式し，対数を利用して n の範囲を求める。

Ⅱ　**解答**　(1)① $\dfrac{1}{2}$

(2)② $\dfrac{3}{10}$　③ $\dfrac{3}{10^2}$　④ 334

(3)⑤ 125　⑥ 209

━━━━━━━━━━━━　**解　説**　━━━━━━━━━━━━

《カードを選んでできる数が不等式を満たす確率》

x_1, x_2, x_3 はそれぞれ 0 から 9 までの 10 個の数字のうちのいずれかとなる。

$$x = \frac{x_1}{10} + \frac{x_2}{10^2} + \frac{x_3}{10^3} = 0.x_1 x_2 x_3$$

(1)　$0 \leqq x < \dfrac{1}{2} = 0.5$ となる確率は，$x_1 = 0$, 1, 2, 3, 4 の場合であるから

$$\frac{5}{10} = \frac{1}{2} \quad \to ①$$

(2)　$0 \leqq x < \dfrac{1}{3} = 0.333\cdots$ となる確率は

$x_1 = 0$, 1, 2 となる確率は　　$\dfrac{3}{10}$　$\to ②$

$x_1 = 3$, $x_2 = 0$, 1, 2 となる確率は　　$\dfrac{1}{10} \cdot \dfrac{3}{10} = \dfrac{3}{10^2}$　$\to ③$

$x_1 = 3$, $x_2 = 3$, $x_3 = 0$, 1, 2, 3 となる確率は　　$\dfrac{1}{10} \cdot \dfrac{1}{10} \cdot \dfrac{4}{10} = \dfrac{4}{10^3}$

よって

$$\frac{3}{10} + \frac{3}{100} + \frac{4}{10^3} = \frac{300 + 30 + 4}{10^3} = \frac{334}{10^3} \quad \to ④$$

別解　(x_1, x_2, x_3) の組の決め方は 10^3 通り。

そのうち，$0 \leqq x < \dfrac{1}{3} = 0.333\cdots$ となる (x_1, x_2, x_3) の組の決め方は

$0 \leqq x \leqq 333$ となる整数 x の個数に等しく 334 通り。

よって，求める確率は

$$\frac{334}{10^3}$$

(3) $0 \leqq x < \dfrac{1}{8} = 0.125$ となる確率は

$x_1 = 0$ となる確率は $\qquad \dfrac{1}{10}$

$x_1 = 1,\ x_2 = 0,\ 1$ となる確率は $\qquad \dfrac{1}{10} \cdot \dfrac{2}{10} = \dfrac{2}{10^2}$

$x_1 = 1,\ x_2 = 2,\ x_3 = 0,\ 1,\ 2,\ 3,\ 4$ となる確率は

$$\frac{1}{10} \cdot \frac{1}{10} \cdot \frac{5}{10} = \frac{5}{10^3}$$

よって

$$\frac{1}{10} + \frac{2}{10^2} + \frac{5}{10^3} = \frac{100 + 20 + 5}{10^3} = \frac{125}{10^3} \quad \to ⑤$$

したがって，$\dfrac{1}{8} \leqq x < \dfrac{1}{3}$ となる確率は，$0 \leqq x < \dfrac{1}{3}$ となる確率から

$0 \leqq x < \dfrac{1}{8}$ となる確率を引くことを考えて

$$\frac{334}{10^3} - \frac{125}{10^3} = \frac{209}{10^3} \quad \to ⑥$$

別解　$(x_1,\ x_2,\ x_3)$ の組の決め方は 10^3 通り。

そのうち，$0 \leqq x < \dfrac{1}{8} = 0.125$ となる $(x_1,\ x_2,\ x_3)$ の組の決め方は

$0 \leqq x \leqq 124$ となる整数 x の個数に等しく 125 通り。

よって，$0 \leqq x < \dfrac{1}{8}$ となる確率は $\qquad \dfrac{125}{10^3}$

$\dfrac{1}{8} \leqq x < \dfrac{1}{3}$ となる $(x_1,\ x_2,\ x_3)$ の組の決め方は $125 \leqq x \leqq 333$ となる整

数 x の個数に等しく

$\qquad 333 - 125 + 1 = 209$ 通り

よって，$\dfrac{1}{8} \leqq x < \dfrac{1}{3}$ となる確率は $\qquad \dfrac{209}{10^3}$

Ⅲ　**解答**　①$-\dfrac{1}{3}$　②3　③$\left(\dfrac{3}{5}k,\ \dfrac{4}{5}k\right)$

④190　⑤425　⑥$\dfrac{19}{5}$　⑦$\dfrac{8}{5}$

=========== **解説** ===========

《直線に関する対称点，線分の長さの和の最小値》

直線 AB は直線 l に直交することから，傾きの積が -1 なので

$$\frac{q-k}{p}\cdot 3=-1 \quad \text{すなわち} \quad q-k=-\frac{1}{3}p \quad \cdots\cdots(1) \quad \to ①$$

線分 AB の中点 $\left(\dfrac{p}{2},\ \dfrac{q+k}{2}\right)$ は直線 l 上に

あることから

$$\frac{q+k}{2}=3\cdot\frac{p}{2}$$

すなわち　$q+k=3p$　$\cdots\cdots(2)$　$\to ②$

$(2)-(1)$ として　$2k=\dfrac{10}{3}p$

ゆえに　$p=\dfrac{3}{5}k$

これを(2)へ代入して

$$q+k=\frac{9}{5}k$$

ゆえに　$q=\dfrac{4}{5}k$

よって

$$B\left(\frac{3}{5}k,\ \frac{4}{5}k\right) \quad \to ③$$

点 C$(1,\ 4)$ をとると

$$BC=\sqrt{\left(\frac{3}{5}k-1\right)^2+\left(\frac{4}{5}k-4\right)^2}=\sqrt{\frac{(3k-5)^2+(4k-20)^2}{5^2}}$$

$$=\frac{1}{5}\sqrt{25k^2-190k+425} \quad \to ④,\ ⑤$$

AP$=$BP であるから

$$AP+CP=BP+CP\geqq BC$$

　　AP＋CP が最小となるのは等号が成り立つとき，つまり線分 BC 上に
点 P があるときである。

　　このとき

$$\text{AP}+\text{CP}=\text{BC}=\frac{1}{5}\sqrt{25\left(k-\frac{19}{5}\right)^2+64}$$

　　よって，$k>0$ より　　AP＋CP は $k=\dfrac{19}{5}$ のとき最小となり　→⑥

最小値は　　　$\dfrac{1}{5}\sqrt{64}=\dfrac{8}{5}$　→⑦

◀総合情報学部（2教科型英数方式）▶

Ⅰ　解答

$$f(x)=x^3-2(a+b-1)x^2+b(2a+b-3)x$$
$$g(x)=2x^2-3bx$$

とおくと

$$C_1 : y=f(x)$$
$$C_2 : y=g(x)$$

(1)　$f(x)-g(x)$

$$=x^3-2(a+b)x^2+b(2a+b)x$$
$$=x(x-b)\{x-(2a+b)\}$$

$f(x)-g(x)=0$ とすると

$$x=0,\ b,\ 2a+b$$

$a>0,\ b>0$ であるから

$$0<b<2a+b$$
$$g(0)=0$$
$$g(b)=-b^2$$
$$g(2a+b)=2(2a+b)^2-3b(2a+b)$$
$$=8a^2+2ab-b^2$$

よって，C_1 と C_2 の共有点は

$$(0,\ 0),\ (b,\ -b^2),\ (2a+b,\ 8a^2+2ab-b^2)\ \ \cdots\cdots(答)$$

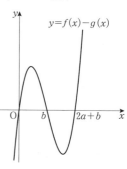

(2)　$\displaystyle\int_0^{2a+b}\{f(x)-g(x)\}dx$

$$=\int_0^{2a+b}\{x^3-2(a+b)x^2+b(2a+b)x\}dx$$

$$=\left[\frac{x^4}{4}-\frac{2}{3}(a+b)x^3+\frac{b(2a+b)}{2}x^2\right]_0^{2a+b}$$

$$=\frac{(2a+b)^4}{4}-\frac{2}{3}(a+b)(2a+b)^3$$

$$+\frac{b(2a+b)^3}{2}$$

$$=\frac{(2a+b)^3}{12}\{3(2a+b)-8(a+b)+6b\}$$

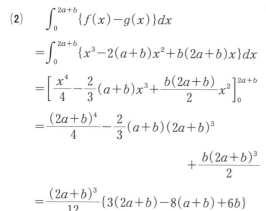

$$= \frac{(2a+b)^3}{12}(-2a+b)$$

C_1 と C_2 が囲む2つの部分の面積が等しい条件は

$$\int_0^{2a+b} \{f(x) - g(x)\} dx = 0$$

であるから

$$\frac{(2a+b)^3}{12}(-2a+b) = 0$$

$\dfrac{(2a+b)^3}{12} > 0$ なので

$$-2a+b = 0$$

よって　　$b = 2a$　……(答)

(3)　$b = 2a$ のとき

$$f(x) - g(x) = x^3 - 6ax^2 + 8a^2x$$

C_1 と C_2 が囲む部分の面積を S とすると

$$S = 2\int_0^b \{f(x) - g(x)\} dx$$

$$= 2\int_0^{2a} (x^3 - 6ax^2 + 8a^2x) dx$$

$$= 2\left[\frac{x^4}{4} - 2ax^3 + 4a^2x^2 \right]_0^{2a}$$

$$= 2(4a^4 - 16a^4 + 16a^4)$$

$$= 8a^4$$　……(答)

━━━━━━━━━━━━━━　解　説　━━━━━━━━━

《3次関数と2次関数が囲む部分の面積》

(1)　C_1 と C_2 の2式を連立すると共有点は求まる。

(2)　C_1 と C_2 が囲む2つの部分の面積が等しい条件は

$$\int_0^b \{f(x) - g(x)\} dx = \int_b^{2a+b} \{g(x) - f(x)\} dx$$

であるから，2つの定積分を計算して求まるが，これは

$$\int_0^b \{f(x) - g(x)\} dx + \int_b^{2a+b} \{f(x) - g(x)\} dx = 0$$

つまり

$$\int_0^{2a+b} \{f(x) - g(x)\} dx = 0$$

と変形できることから，1つの定積分を計算すれば求まる。

(3) (2)のとき，C_1 と C_2 が囲む2つの部分の面積は同じなので，1つの部分の面積を求めて2倍するとよい。

 **解 答**　　九段の棋士2名を A_1，A_2，五段の棋士2名を B_1，B_2 とする。

同じ段位の棋士どうしの対戦ではどちらが勝つ確率も $\dfrac{1}{2}$，九段と五段の棋士の対戦ではどの対戦でも五段の棋士が勝つ確率は x　（$0 \leqq x \leqq 1$）。

(1) 1回戦で対戦する組分けは

　　㋐　$\{A_1,\ A_2\}$ と $\{B_1,\ B_2\}$

　　㋑　$\{A_1,\ B_1\}$ と $\{A_2,\ B_2\}$

　　㋒　$\{A_1,\ B_2\}$ と $\{A_2,\ B_1\}$

の3通りの場合で同様に確からしく決まる。

そのうち，五段の棋士どうしが対戦するのは㋐の場合の1通りである。

よって，1回戦で五段の棋士どうしが対戦する確率は

　　$\dfrac{1}{3}$　……(答)

(2) 決勝戦が五段の棋士と九段の棋士の対戦になる確率は

「㋐の場合」

または

「㋑または㋒の対戦で一方が九段の棋士が勝ち，他方が五段の棋士が勝つ場合」であるから

$$\frac{1}{3} + \frac{2}{3} \cdot {}_2C_1 \cdot x \cdot (1-x) = -\frac{4}{3}x^2 + \frac{4}{3}x + \frac{1}{3}\ \ \ \ \ ……(答)$$

(3) 優勝者が五段の棋士となる確率 $P(x)$ は

「決勝戦が五段の棋士と九段の棋士の対戦になり，五段の棋士が勝つ場合」

または

「1回戦が㋑または㋒の対戦でともに五段の棋士が勝ち，決勝戦が五段の棋士どうしの対戦になる場合」であるから

$$P(x) = \left(-\frac{4}{3}x^2 + \frac{4}{3}x + \frac{1}{3} \right) \cdot x + \frac{2}{3} \cdot x \cdot x$$

$$= -\frac{4}{3}x^3 + 2x^2 + \frac{1}{3}x \quad \cdots\cdots(\text{答})$$

(4) 　　$P'(x) = -4x^2 + 4x + \frac{1}{3}$

　　　　$= -4\left(x - \frac{1}{2}\right)^2 + \frac{4}{3}$

　$y = P'(x)$ のグラフは上に凸の放物線で，$P'(0) = P'(1) = \frac{1}{3}$ であるから，$0 \leqq x \leqq 1$ において

　　　$P'(x) \geqq \frac{1}{3} > 0$

つまり，$0 \leqq x \leqq 1$ において $P(x)$ は単調に増加する。
ここで

　　　$P(0) = 0, \quad P(1) = 1$

よって，右の増減表から $0 \leqq P(x) \leqq 1$ を満たす。
　　　　　　　　　　　　　　　　　　　　（証明終）

x	0	$\cdots$	1
$P'(x)$		$+$	
$P(x)$	0	$\nearrow$	1

=========== 解　説 ===========

《将棋のトーナメントにおける確率》

(1)　対戦する組合せを考えると 3 つの場合しかないことがわかる。対戦の順番は気にしなくてよい。

(2)　決勝戦が五段の棋士と九段の棋士の対戦になる確率は，1 回戦で五段の棋士と九段の棋士が 1 名ずつ勝つ場合である。

(3)　優勝者が五段の棋士となる確率は，決勝戦で五段の棋士が勝つ場合である。(2)も利用して場合分けをするとよい。

(4)　確率の定義から $0 \leqq P(x) \leqq 1$ は必ず成り立つが，ここでは $P(x)$ が x の 3 次関数であるから，微分法から増減を調べて示すとよいだろう。

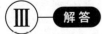 解　答　　① $\dfrac{8 - \sqrt{19}}{3}$　　② $\dfrac{8 + \sqrt{19}}{3}$　　③ $\dfrac{4a + 2}{a^2 + 1}$

④ 1　　⑤ 2　　⑥ $\sqrt{5}$

=========== 解　説 ===========

《円が切り取る線分の中点の軌跡》

　　円：$(x - 2)^2 + (y - 4)^2 = 1$　　$\cdots\cdots$⑦

直線：$y=ax$ ……①

⑦と①が異なる2点P，Qを共有する条件は，⑦の中心 $(2，4)$ と①の直線 $ax-y=0$ との距離が⑦の半径1よりも小さいことであるから

$$\frac{|2a-4|}{\sqrt{a^2+1}}<1$$

すなわち　　$|2a-4|<\sqrt{a^2+1}$

両辺は負でないから，両辺を2乗して

$$(2a-4)^2<a^2+1$$

整理して　　$3a^2-16a+15<0$

よって

$$\frac{8-\sqrt{19}}{3}<a<\frac{8+\sqrt{19}}{3}　　……⑦　→①，②$$

このもとで，線分PQの中点をMとし，⑦の中心を通り点Mを通る直線を m とすると，m は①に直交するから傾きは $-\dfrac{1}{a}$ で，方程式は

$$y=-\frac{1}{a}(x-2)+4$$

$$=-\frac{1}{a}x+\frac{2}{a}+4　……㋒$$

①と㋒を連立して

$$ax=-\frac{1}{a}x+\frac{2}{a}+4$$

ゆえに　　$x=\dfrac{4a+2}{a^2+1}$

①へ代入して

$$y=a\cdot\frac{4a+2}{a^2+1}$$

よって

$$M\left(\frac{4a+2}{a^2+1}，\frac{4a+2}{a^2+1}a\right)　→③$$

点 $M(X，Y)$ とすると

$$\begin{cases} X=\dfrac{4a+2}{a^2+1}　……㋒ \\ Y=aX　　　　……㋓ \end{cases}$$

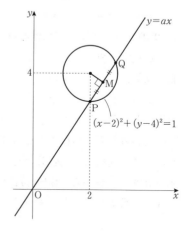

を満たす⑨の実数 a が存在する。

$X=0$ とすると⑦より $a=-\dfrac{1}{2}$ となるが，⑨を満たさないので不適。

$X\neq0$ のとき，⑦より　　$a=\dfrac{Y}{X}$

これを⑦の $(a^2+1)X=4a+2$ に代入して

$$\left(\dfrac{Y^2}{X^2}+1\right)X=4\cdot\dfrac{Y}{X}+2$$

両辺に X をかけて　　$Y^2+X^2=4Y+2X$

すなわち　　$(X-1)^2+(Y-2)^2=5$

ここで，⑨から

$$\dfrac{8-\sqrt{19}}{3}<\dfrac{Y}{X}<\dfrac{8+\sqrt{19}}{3}$$

各辺に X　（>0）をかけて

$$\dfrac{8-\sqrt{19}}{3}X<Y<\dfrac{8+\sqrt{19}}{3}X$$

よって，M は中心が $(1,\ 2)$ で半径が $\sqrt{5}$ である円　→④〜⑥

の $\dfrac{8-\sqrt{19}}{3}x<y<\dfrac{8+\sqrt{19}}{3}x$ を満たす部分を動く。

別解　①〜③　⑦を⑦に代入して

$$(x-2)^2+(ax-4)^2=1$$

すなわち　　$(a^2+1)x^2-4(2a+1)x+19=0$

この 2 次方程式が異なる 2 つの実数解をもつことから，判別式を D として

$$\dfrac{D}{4}=4(2a+1)^2-19(a^2+1)$$

$$=-(3a^2-16a+15)>0$$

よって　　$\dfrac{8-\sqrt{19}}{3}<a<\dfrac{8+\sqrt{19}}{3}$

この 2 次方程式の異なる 2 つの実数解を $p,\ q$ とすると，これが 2 点 P，Q の x 座標であり，解と係数の関係を用いて

$$p+q=\dfrac{4(2a+1)}{a^2+1}$$

よって，点 M の x 座標は

$$\frac{p+q}{2}=\frac{2(2a+1)}{a^2+1}=\frac{4a+2}{a^2+1}$$

④～⑥　原点を O，⑦の円の中心を C(2, 4) とすると

$$\angle \mathrm{OMC}=90° \quad または \quad \mathrm{M}=\mathrm{C}$$

が成り立つことから，点 M は直径が OC の円周上に存在する。

この点 M が描く円の中心は線分 OC の中点 (1, 2) であるから

半径は $\dfrac{\mathrm{OC}}{2}=\sqrt{5}$

 **解　答**　①$-a$　②b　③a^2-2b　④$-a^3+3ab$
　　　　　　⑤$2$　　⑥$2^n+1$

━━━━━━━ **解　説** ━━━━━━━

《**2 次方程式の解の累乗の和と 3 項間漸化式**》

a, b, p を実数（$p>0$），x に関する 2 次方程式 $x^2+apx+bp^2=0$ の 2 つの解を α, β とする。

$A_n=\alpha^n+\beta^n$　（$n=1, 2, 3, \cdots$）とおく。

解と係数の関係を用いて

$A_1=\alpha+\beta=-ap$　→①

$\alpha\beta=bp^2$　→②

$A_2=\alpha^2+\beta^2=(\alpha+\beta)^2-2\alpha\beta=(-ap)^2-2bp^2=(a^2-2b)p^2$　→③

$A_3=\alpha^3+\beta^3=(\alpha+\beta)^3-3\alpha\beta(\alpha+\beta)=(-ap)^3-3bp^2(-ap)$

　　　$=(-a^3+3ab)p^3$　→④

$a=-3$, $b=2$ とすると　　$A_1=3p$, $A_2=5p^2$

$A_{n+2}-3pA_{n+1}+2p^2A_n=0$

を満たすことから，両辺を p^{n+2} で割って

$$\frac{A_{n+2}}{p^{n+2}}-3\cdot\frac{A_{n+1}}{p^{n+1}}+2\cdot\frac{A_n}{p^n}=0$$

$a_n=\dfrac{A_n}{p^n}$ とおくと

$$a_1=\frac{A_1}{p}=3, \quad a_2=\frac{A_2}{p^2}=5$$

$$a_{n+2} - 3a_{n+1} + 2a_n = 0$$

変形して　　$a_{n+2} - a_{n+1} = 2(a_{n+1} - a_n)$

階差数列 $\{a_{n+1} - a_n\}$ は初項が $a_2 - a_1 = 2$，公比が 2　→⑤

の等比数列なので

$$a_{n+1} - a_n = 2 \cdot 2^{n-1} = 2^n \quad \cdots\cdots ⑦$$

$n \geqq 2$ のとき

$$a_n = a_1 + \sum_{k=1}^{n-1} 2^k = 3 + \frac{2(2^{n-1} - 1)}{2 - 1} = 2^n + 1$$

$n = 1$ とすると $a_1 = 3$ であるから $n = 1$ のときも成り立つ。

よって $a_n = 2^n + 1$ $(n = 1, 2, 3, \cdots)$ となるので

$$A_n = (2^n + 1)p^n \quad →⑥$$

別解　⑥　$a_{n+2} - 3a_{n+1} + 2a_n = 0$ を変形して

$$a_{n+2} - 2a_{n+1} = a_{n+1} - 2a_n$$

数列 $\{a_{n+1} - 2a_n\}$ は初項が $a_2 - 2a_1 = -1$ の定数数列なので

$$a_{n+1} - 2a_n = -1 \quad \cdots\cdots ⑨$$

⑦－⑨ として　　$a_n = 2^n + 1$

2月5日実施分　　　問題　数学

(60分)

〔Ⅰ〕　次の問いに答えよ。

(1)　不等式

$$4\log_4(t+1) + 1 \leq \log_2(t+4)$$

を解け。

(2)　(1)で求めた範囲の t に対して，関数 $f(t)$ を

$$f(t) = 2^{3t} - 5 \cdot 2^{2t-1} + 2^{t+1}$$

により定める。$f(t)$ の最小値を求めよ。

〔Ⅱ〕　円 $x^2 + y^2 = 1$ 上の点 $\mathrm{P}(a, \sqrt{1-a^2})$ $(0 < a < 1)$ における接線 ℓ と x 軸，y 軸との交点をそれぞれ Q，R とする。次の　　　　　をうめよ。

接線 ℓ の方程式は

$$y = \boxed{\text{①}} \ x + \boxed{\text{②}}$$

となり，点 Q の x 座標は　　$\boxed{\text{③}}$　　となる。O を原点としたとき，△OPQ の面積 S は

$$S = \boxed{\text{④}}$$

と表される。$S = \sqrt{2}$ のとき，P の x 座標 a は　$\boxed{\text{⑤}}$　となり，線分 RQ の長さは　$\boxed{\text{⑥}}$　となる。

〔Ⅲ〕 次の □ をうめよ。

2024年度　2月5日　数学

図1の正六角形 ABCDEF の頂点を動く3点 P_1, P_2, P_3 が頂点 A の位置にある。

1個のサイコロを3回投げて，1回目，2回目，3回目に投げたサイコロの出た目の数だけ，順に P_1, P_2, P_3 は反時計回りに隣りの頂点に移動するものとする。また，3点 P_1, P_2, P_3 のうち，異なる頂点にあるものを線分で結ぶ。

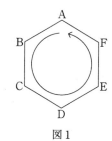

図1

3点 P_1, P_2, P_3 で三角形ができる確率は □①□ である。3点 P_1, P_2, P_3 で正三角形ができる確率は □②□ であり，3点 P_1, P_2, P_3 で正三角形ではない二等辺三角形ができる確率は □③□ である。したがって，3点 P_1, P_2, P_3 で正三角形，二等辺三角形以外の三角形ができる確率は □④□ である。

次に図2の正五角形 ABCDE の頂点を動く点 P_1, P_2, P_3 が頂点 A の位置にある場合を考える。

1個のサイコロを3回投げて，1回目，2回目，3回目に投げたサイコロの出た目の数だけ，順に P_1, P_2, P_3 は反時計回りに隣りの頂点に移動するものとする。3点 P_1, P_2, P_3 のうち，異なる頂点にあるものを線分で結ぶ。

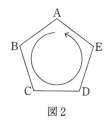

図2

3点 P_1, P_2, P_3 で三角形ができ，かつ P_1, P_2, P_3 のいずれの点も頂点 B の位置にない確率は □⑤□ である。3点 P_1, P_2, P_3 で三角形ができる確率は □⑥□ である。

2月5日実施分

解答 数学

Ⅰ **解答** (1)　　$4\log_4(t+1)+1\leqq\log_2(t+4)$　……✳

について，真数が正であることから

　$t+1>0$　かつ　$t+4>0$

すなわち $t>-1$　かつ　$t>-4$ であるから

　$t>-1$　……①

✳の左辺は

$$4\log_4(t+1)+1=4\cdot\frac{\log_2(t+1)}{\log_24}+1=4\cdot\frac{\log_2(t+1)}{2}+1$$
$$=\log_2(t+1)^2+\log_22=\log_22(t+1)^2$$

✳は　　$\log_22(t+1)^2\leqq\log_2(t+4)$

底が 2 であることから　　$2(t+1)^2\leqq t+4$

　$2t^2+3t-2\leqq0$

　$(t+2)(2t-1)\leqq0$

ゆえに　　$-2\leqq t\leqq\dfrac{1}{2}$　……②

よって，①かつ②より

　$-1<t\leqq\dfrac{1}{2}$　……(答)

(2)　$f(t)=2^{3t}-5\cdot2^{2t-1}+2^{t+1}$

　　　$=(2^t)^3-\dfrac{5}{2}\cdot(2^t)^2+2\cdot2^t$

$2^t=x$ とおくと $-1<t\leqq\dfrac{1}{2}$ より

　$\dfrac{1}{2}<x\leqq\sqrt{2}$

$f(t)=g(x)$ として

　$g(x)=x^3-\dfrac{5}{2}x^2+2x$

　$g'(x)=3x^2-5x+2=(x-1)(3x-2)$

$g'(x)=0$ とすると　　$x=\dfrac{2}{3}$, 1

$g(x)$ の増減は次の表のようになる。

x	$\left(\dfrac{1}{2}\right)$	$\cdots$	$\dfrac{2}{3}$	$\cdots$	1	$\cdots$	$\sqrt{2}$
$g'(x)$		$+$	0	$-$	0	$+$	
$g(x)$	$\left(\dfrac{1}{2}\right)$	↗		↘	$\dfrac{1}{2}$	↗	

よって，$x=1$ つまり $t=0$ のとき，$f(t)$ の最小値 $\dfrac{1}{2}$　……(答)

━━━━━━━━━━ 解説 ━━━━━━━━━━

《対数不等式，指数関数の最小値》

(1)　真数が正であることに注意して，底の変換公式から底を2に統一して変形する。

(2)　2^t のかたまりがみえる。$2^t=x$ とおくと，$f(t)$ は x の3次関数となる。x の範囲に注意して，微分法から増減を調べると最小値は求まる。

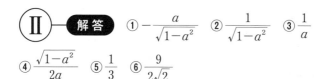

Ⅱ　解答　①$-\dfrac{a}{\sqrt{1-a^2}}$　②$\dfrac{1}{\sqrt{1-a^2}}$　③$\dfrac{1}{a}$

④$\dfrac{\sqrt{1-a^2}}{2a}$　⑤$\dfrac{1}{3}$　⑥$\dfrac{9}{2\sqrt{2}}$

━━━━━━━━━━ 解説 ━━━━━━━━━━

《単位円の接線で作られる三角形の面積，線分の長さ》

　点 P$(a, \sqrt{1-a^2})$　$(0<a<1)$ は第1象限にある。

　円 $x^2+y^2=1$ 上の点 P $(a, \sqrt{1-a^2})$　$(0<a<1)$ における接線 l の方程式は

$$ax+\sqrt{1-a^2}\,y=1$$

よって

$$y=-\dfrac{a}{\sqrt{1-a^2}}x+\dfrac{1}{\sqrt{1-a^2}} \quad →①，②$$

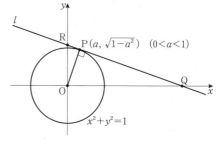

$y=0$ とすると

$$x=\frac{1}{a}$$

よって，点 Q の x 座標は $\dfrac{1}{a}$　→③

原点を O として △OPQ の面積 S は，線分 OQ を底辺とみて

$$S=\frac{1}{2}\cdot\frac{1}{a}\cdot\sqrt{1-a^2}$$

$$=\frac{\sqrt{1-a^2}}{2a}\quad →④$$

$S=\sqrt{2}$ のとき

$$\frac{\sqrt{1-a^2}}{2a}=\sqrt{2}\quad すなわち\quad \sqrt{1-a^2}=2\sqrt{2}\,a$$

両辺は正であるので両辺を 2 乗して

$$1-a^2=8a^2$$

ゆえに　　$a^2=\dfrac{1}{9}$

よって，$0<a<1$ であるから　　$a=\dfrac{1}{3}$　→⑤

$OQ=\dfrac{1}{a}$，$OR=\dfrac{1}{\sqrt{1-a^2}}$ より △OQR に三平方の定理を用いて

$$RQ^2=OQ^2+OR^2=\frac{1}{a^2}+\frac{1}{1-a^2}$$

$$=9+\frac{9}{8}=\frac{81}{8}$$

よって　　$RQ=\dfrac{9}{2\sqrt{2}}$　→⑥

解 答　①$\dfrac{5}{9}$　②$\dfrac{1}{18}$　③$\dfrac{1}{6}$　④$\dfrac{1}{3}$　⑤$\dfrac{1}{9}$　⑥$\dfrac{4}{9}$

＝＝＝＝＝＝＝＝＝＝ 解 説 ＝＝＝＝＝＝＝＝＝＝

《正六角形，正五角形の頂点を移動する 3 点で三角形ができる確率》

　図 1 の正六角形 ABCDEF の頂点を動く 3 点 P_1，P_2，P_3 が頂点 A の位置にあるとき，1 個のサイコロを投げて出る目が 1，2，3，4，5，6 と

2
0
2
4
年
度

2
月
5
日

数
学

すると，それぞれ B，C，D，E，F，A の点に移動する。

　3 点 P_1，P_2，P_3 で三角形ができる確率は，1 個のサイコロを 3 回投げて，相異なる目が出ることから

$$\frac{6\cdot5\cdot4}{6^3}=\frac{5}{9}\quad\to\text{①}$$

　3 点 P_1，P_2，P_3 で正三角形ができる確率は，その正三角形が △ACE，△BDF の場合であるから，1 個のサイコロを 3 回投げて，2，4，6 の目が出る，または 1，3，5 の目が出ることから

$$\frac{3!\cdot2}{6^3}=\frac{1}{18}\quad\to\text{②}$$

　点 P_1，P_2，P_3 で正三角形でない二等辺三角形ができる確率は，その二等辺三角形が △ABC，△BCD，△CDE，△DEF，△EFA，△FAB の場合であることから

$$\frac{3!\cdot6}{6^3}=\frac{1}{6}\quad\to\text{③}$$

　したがって，3 点 P_1，P_2，P_3 で正三角形，二等辺三角形以外の三角形ができる確率は，①の確率から②と③の確率を引くことを考えて

$$\frac{5}{9}-\left(\frac{1}{18}+\frac{1}{6}\right)=\frac{1}{3}\quad\to\text{④}$$

　図 2 の正五角形 ABCDE の頂点を動く 3 点 P_1，P_2，P_3 が頂点 A の位置にあるとき，1 個のサイコロを投げて出る目が 1，2，3，4，5，6 とすると，それぞれ B，C，D，E，A，B の点に移動する。

　3 点 P_1，P_2，P_3 で三角形ができ，かつ P_1，P_2，P_3 のいずれの点も頂点 B の位置にない確率は，1 個のサイコロを 3 回投げて，1，6 以外の 2，3，4，5 の相異なる目が出ることから

$$\frac{4\cdot3\cdot2}{6^3}=\frac{1}{9}\quad\to\text{⑤}$$

　3 点 P_1，P_2，P_3 で三角形ができ，かつ P_1，P_2，P_3 の 1 つの点が頂点 B に位置する確率は，1 個のサイコロを 3 回投げて，1，6 のうちの 1 つの目と 2，3，4，5 のうちの異なる 2 つの目が出ることから

$$\frac{{}_2C_1\cdot{}_4C_2\cdot3!}{6^3}=\frac{1}{3}$$

　よって，3 点 P_1，P_2，P_3 で三角形ができる確率は，その三角形の頂点

に点 B がない場合と点 B がある場合を考えて

$$\frac{1}{9} + \frac{1}{3} = \frac{4}{9} \quad \rightarrow ⑥$$

2月7日実施分　　問題　数学

（60分）

〔Ⅰ〕　次の問いに答えよ。

(1)　$-\dfrac{\pi}{6} \leqq \theta \leqq \dfrac{2}{3}\pi$ のとき，$\sin\theta$ のとり得る値の範囲を求めよ。

(2)　(1)で求めた $\sin\theta$ のとり得る値の最小値を a とし，最大値を b とする。

連立不等式

$$\begin{cases} y \leqq a(x+1) \\ y \leqq b(x+1) \end{cases}$$

の表す領域を D とする。領域 D を解答欄の座標平面に図示せよ。

(3)　直線 $\ell : y = m(x-3)+2$ が(2)で求めた領域 D と共有点を持たないとき，m のとり得る値の範囲を求めよ。

〔Ⅱ〕 次の [   ] をうめよ。

(1) $f(t) = -\dfrac{25}{4}t^4 + 15t^3 - \dfrac{23}{2}t^2 + 3t$ とする。このとき，$f(t)$ の導関数は

$$f'(t) = -25(t-1)\left(t - \boxed{①}\right)\left(t - \boxed{②}\right)$$

となる。ただし，$\boxed{①} < \boxed{②}$ とする。

　　関数 $f(t)$ は $0 \le t \le 1$ において $t = \boxed{①}$ および $t = \boxed{③}$ で最大値をとり，$t = \boxed{②}$ における $f(t)$ の値は $\boxed{④}$ である。

(2) $g(x) = -\dfrac{25}{4}\sin^4 x + 15\sin^3 x - \dfrac{23}{2}\sin^2 x + 3\sin x$ とする。このとき，方程式 $g(x) = m$ の $0 \le x \le \pi$ の範囲における異なる解の個数 n は次の通りとなる。

(a) $m < 0$ のとき $n = 0$

(b) $0 \le m < \boxed{④}$ のとき $n = 2$

(c) $m = \boxed{④}$ のとき $n = \boxed{⑤}$

(d) $\boxed{④} < m < \boxed{⑥}$ のとき $n = 6$

(e) $m = \boxed{⑥}$ のとき $n = \boxed{⑦}$

(f) $\boxed{⑥} < m$ のとき $n = 0$

〔Ⅲ〕 関数

$$f(x) = \int_x^{x+1} |t^2 - x^2|\, dt$$

を考える。次の ［　　　］ をうめよ。ただし，［ ① ］，［ ③ ］，
［ ④ ］ は a の多項式で，ほかは数値でうめよ。

(1) $a > 0$ のとき，$f(a) = $ ［ ① ］ となる。

(2) $a < 0$ のとき，命題「$a \le t \le a + 1 \implies t^2 - a^2 \le 0$」が真となる a の範
   囲は $a \le $ ［ ② ］ である。したがって，$a \le $ ［ ② ］ の範囲では
   $f(a) = $ ［ ③ ］ となる。さらに，［ ② ］ $< a \le 0$ の範囲では
   $f(a) = $ ［ ④ ］ となる。

(3) 関数 $f(x)$ は $x = $ ［ ⑤ ］ において最小となり，最小値 ［ ⑥ ］ をとる。

2024年度 2月7日

数学

２０２４年度　２月７日　数学

2月7日実施分　解答　数学

I 解答 (1) $-\dfrac{\pi}{6}\leqq\theta\leqq\dfrac{2}{3}\pi$ のとき

$-\dfrac{1}{2}\leqq\sin\theta\leqq1$ ……(答)

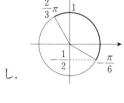

(2) (1)で求めた $\sin\theta$ のとり得る値の最小値を a とし，最大値を b とするので

$a=-\dfrac{1}{2}, \quad b=1$

これより

$D:\begin{cases} y\leqq-\dfrac{1}{2}(x+1)\\ y\leqq x+1 \end{cases}$

境界線は2本の直線

$\begin{cases} y=-\dfrac{1}{2}(x+1)\\ y=x+1 \end{cases}$

図示すると右図網掛け部分（境界線を含む）。

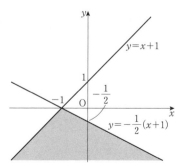

(3) $l:y=m(x-3)+2$ は定点 $(3, 2)$ を通り，傾きが m の直線である。

l が点 $(-1, 0)$ を通るとき

$m=\dfrac{1}{2}$

直線 l が(2)で求めた領域 D と共有点をもたない m のとり得る値の範囲は

$-\dfrac{1}{2}\leqq m<\dfrac{1}{2}$ ……(答)

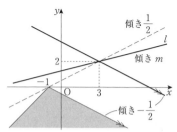

── 解 説 ──

《正弦のとり得る値の範囲，領域の図示，領域と直線が共有点をもたない条件》

(1) $\sin\theta$ の範囲は単位円を利用してもよいし，グラフをイメージしてもよい。

(2) 領域 D は2本の直線が境界域である。いずれも定点 $(-1, 0)$ を通り，傾きが $-\dfrac{1}{2}$，1 の直線である。

(3) l が定点 $(3, 2)$ を通ることから傾き m を動かして考えるとよい。$m=-\dfrac{1}{2}$ の場合は l と $y=-\dfrac{1}{2}(x+1)$ は平行になり，l は D と共有点をもたない。$m=\dfrac{1}{2}$ の場合は l が点 $(-1, 0)$ を通るので，l と D は共有点をもつ。

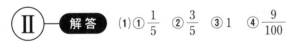

(Ⅱ) **解 答** (1)① $\dfrac{1}{5}$　② $\dfrac{3}{5}$　③ 1　④ $\dfrac{9}{100}$

(2)⑤ 4　⑥ $\dfrac{1}{4}$　⑦ 3

── 解 説 ──

《4次関数の値，三角関数の方程式の解の個数》

(1) 　$f(t)=-\dfrac{25}{4}t^4+15t^3-\dfrac{23}{2}t^2+3t$

　　$f'(t)=-25t^3+45t^2-23t+3=-(t-1)(25t^2-20t+3)$

　　　　$=-(t-1)(5t-1)(5t-3)=-25(t-1)\left(t-\dfrac{1}{5}\right)\left(t-\dfrac{3}{5}\right)$

　　　　　　　　　　　　　　　　　　　　　　　$\rightarrow$ ①，②

　$f(t)$ の $0\leqq t\leqq 1$ における増減は下の表のようになる。

t	0	$\cdots$	$\dfrac{1}{5}$	$\cdots$	$\dfrac{3}{5}$	$\cdots$	1
$f'(t)$		+	0	−	0	+	
$f(t)$	0	↗	$\dfrac{1}{4}$	↘	$\dfrac{9}{100}$	↗	$\dfrac{1}{4}$

$f(t)$ は $0 \leqq t \leqq 1$ において $t = \dfrac{1}{5}$ および $t = 1$ で最大値 $\dfrac{1}{4}$ をとる。　→③

$t = \dfrac{3}{5}$ における $f(t)$ の値は

$$f\left(\dfrac{3}{5}\right) = \dfrac{9}{100} \quad →④$$

(2)　$g(x) = -\dfrac{25}{4}\sin^4 x + 15\sin^3 x - \dfrac{23}{2}\sin^2 x + 3\sin x$ において，$\sin x = t$
とおくと

$$g(x) = f(t)$$

　方程式 $g(x) = m$ の $0 \leqq x \leqq \pi$ の範囲における異なる解の個数 n は
$f(t) = m$ を満たす t により定まる。

　ここで $\sin x = t$ における x と t の対応関係について，$0 \leqq x \leqq \pi$ の範囲
より

$$0 \leqq t \leqq 1$$

$t = 1$ となる 1 つの t に対して $x = \dfrac{\pi}{2}$ のただ 1 つの x が定まる。

$0 \leqq t < 1$ となる 1 つの t に対して，$x \neq \dfrac{\pi}{2}$ となる異なる 2 つの x が定まる。

$$\begin{cases} y = f(t) \\ y = m \end{cases}$$

のグラフを考えて

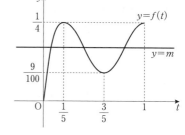

(c)　$m = \dfrac{9}{100}$ のとき

　$0 < t < 1$ となる異なる t が 2 つあるので，x は 4 個ある。

　ゆえに　　$n = 4$　→⑤

(d)　$\dfrac{9}{100} < m < \dfrac{1}{4}$ のとき　→⑥

　$0 < t < 1$ となる相異なる t が 3 つあるので，x は 6 個ある。

　ゆえに　　$n = 6$

(e)　$m = \dfrac{1}{4}$ のとき

$t=\dfrac{1}{5}$ と $t=1$ の 2 つの t があるので，x は 3 個ある。

ゆえに　　$n=3$　→⑦

〔補足〕

m の範囲で場合分けしたときの t と x の個数の関係は次の表のように
なる。

m の範囲	t の個数		x の個数 n
	$0 \le t < 1$	$t=1$	
(a)　$m<0$	0	0	0
(b)　$0 \le m < \dfrac{9}{100}$	1	0	2
(c)　$m = \dfrac{9}{100}$	2	0	4
(d)　$\dfrac{9}{100} < m < \dfrac{1}{4}$	3	0	6
(e)　$m = \dfrac{1}{4}$	1	1	3
(f)　$\dfrac{1}{4} < m$	0	0	0

Ⅲ　解答　(1)①$a+\dfrac{1}{3}$

(2)②$-\dfrac{1}{2}$　③$-a-\dfrac{1}{3}$　④$-\dfrac{8}{3}a^3+a+\dfrac{1}{3}$

(3)⑤$-\dfrac{1}{2\sqrt{2}}$　⑥$\dfrac{2-\sqrt{2}}{6}$

解説

《絶対値を含む定積分の値，関数の最小値》

$$f(x) = \int_x^{x+1} |t^2 - x^2|\, dt$$

について

$$f(a) = \int_a^{a+1} |t^2 - a^2|\, dt = \int_a^{a+1} |(t+a)(t-a)|\, dt$$

(1)　$a>0$ のとき

$-a<a$ であり，$a \le t \le a+1$ において $t^2 - a^2 \ge 0$ であるから

2
0
2
4
年
度

2
月
7
日

数
学

$$|t^2-a^2|=t^2-a^2$$

$$f(a)=\int_a^{a+1}(t^2-a^2)dt=\left[\frac{t^3}{3}-a^2t\right]_a^{a+1}$$

$$=\frac{1}{3}\{(a+1)^3-a^3\}-a^2\{(a+1)-a\}$$

$$=\frac{1}{3}(3a^2+3a+1)-a^2$$

$$=a+\frac{1}{3}\quad\to①$$

(2)　$a<0$ のとき

　$a<-a$ であるから

$$t^2-a^2\leqq0\iff a\leqq t\leqq-a$$

　命題「$a\leqq t\leqq a+1\implies a\leqq t\leqq-a$」が真となる条件は

$$a+1\leqq-a$$

　よって　　$a\leqq-\dfrac{1}{2}\quad\to②$

$a\leqq-\dfrac{1}{2}$ の範囲では $a\leqq t\leqq a+1$ において $t^2-a^2\leqq0$ であるから

$$|t^2-a^2|=-(t^2-a^2)$$

$$f(a)=-\int_a^{a+1}(t^2-a^2)dt=-\left(a+\frac{1}{3}\right)$$

$$=-a-\frac{1}{3}\quad\to③$$

$-\dfrac{1}{2}<a\leqq0$ の範囲では

$$|t^2-a^2|=\begin{cases}-(t^2-a^2)&(a\leqq t\leqq-a)\\t^2-a^2&(-a\leqq t\leqq a+1)\end{cases}$$

$$f(a)=-\int_a^{-a}(t^2-a^2)dt+\int_{-a}^{a+1}(t^2-a^2)dt$$

$$=-\int_a^{-a}(t-a)(t+a)dt+\left[\frac{t^3}{3}-a^2t\right]_{-a}^{a+1}$$

$$=\frac{1}{6}\{(-a)-a\}^3+\frac{1}{3}\{(a+1)^3-(-a)^3\}$$

$$-a^2\{(a+1)-(-a)\}$$

$$= -\frac{4}{3}a^3 + \frac{1}{3}(2a^3 + 3a^2 + 3a + 1) - a^2(2a+1)$$

$$= -\frac{8}{3}a^3 + a + \frac{1}{3} \quad \to \text{④}$$

(3) (1), (2)をふまえて

$$f(x) = \begin{cases} -x - \dfrac{1}{3} & \left(x \leqq -\dfrac{1}{2}\right) \\[2mm] -\dfrac{8}{3}x^3 + x + \dfrac{1}{3} & \left(-\dfrac{1}{2} < x \leqq 0\right) \\[2mm] x + \dfrac{1}{3} & (x > 0) \end{cases}$$

$-\dfrac{1}{2} < x < 0$ のとき

$$f(x) = -\frac{8}{3}x^3 + x + \frac{1}{3}$$

$$f'(x) = -8x^2 + 1 = -8\left(x + \frac{1}{2\sqrt{2}}\right)\left(x - \frac{1}{2\sqrt{2}}\right)$$

$f(x)$ の増減は次の表のようになる。

x	$\cdots$	$-\dfrac{1}{2}$	$\cdots$	$-\dfrac{1}{2\sqrt{2}}$	$\cdots$	0	$\cdots$
$f'(x)$	$-$	0	$-$	0	$+$	0	$+$
$f(x)$	$\searrow$	$\dfrac{1}{6}$	$\searrow$	$\dfrac{2-\sqrt{2}}{6}$	$\nearrow$	$\dfrac{1}{3}$	$\nearrow$

$f(x)$ は $x = -\dfrac{1}{2\sqrt{2}}$ において最小となり，最小値 $\dfrac{2-\sqrt{2}}{6}$ をとる。

$\to$ ⑤，⑥

2023
年度

問題と解答

![2月3日実施分] **問題** 日本史

（60分）

〔Ⅰ〕 次の(A)～(C)各文の（　1　）～（　10　）に入れるのに最も適当な語句を下記の語
群から選び，その記号をマークしなさい。

(A) 鎌倉時代においても仏教界の中心は，奈良・平安時代に創建された南都六
宗・天台宗・真言宗の寺院であった。これらの寺院は大荘園領主として力を
持った。代表的な寺院として，南都六宗では大和国を実質支配した（　1　），
天台宗では延暦寺のほか円珍の門弟が拠点とした（　2　）がある。真言宗では，
京都市南区にある東寺や同市伏見区にあり天暦5年(951)に完成した国宝の五
重塔が今にのこる（　3　）が有名である。

(B) 鎌倉時代には新しい仏教の運動も活発化した。栄西は宋にわたり禅の教えを
日本に伝え，『（　4　）』を著わして禅の教えによって国を守ることや戒律の重
要性を説いた。その後，蘭渓道隆が日本に来ると北条時頼は（　5　）を開いて
この寺の住持とした。北条時頼は，宝治合戦で（　6　）一族を滅ぼし，政治の
実権を握っており，その影響力は大きかった。一方，真言宗のなかから戒律の
復興を唱え密教にも通じた叡尊が出て，その弟子（　7　）は，関東に下り北条
氏の保護を受けその勢力を広げた。

(C) 江戸時代になると儒学が盛んになった。京都相国寺の禅僧でのちに還俗した
（　8　）やその弟子で徳川家康に仕えた林羅山は朱子学を広めた。5代将軍徳
川綱吉は，大名・幕臣の綱紀をただし，儒教倫理を重視した。林羅山の孫にあ
たる林信篤(鳳岡)は，湯島聖堂ができると（　9　）に任じられ，幕府の文教政
策を主導した。朱子学は大名家にも用いられ，（　10　）は加賀国金沢藩主前田
綱紀に仕えた。

〔語群〕

(ア)	大安寺	(イ)	園城寺	(ウ)	立正安国論
(エ)	比企能員	(オ)	青蓮院	(カ)	建長寺
(キ)	忍性	(ク)	歌学方	(ケ)	薬師寺
(コ)	側用人	(サ)	藤原惺窩	(シ)	円覚寺
(ス)	仁和寺	(セ)	梶原景時	(ソ)	正法眼蔵
(タ)	南村梅軒	(チ)	石山寺	(ツ)	貞慶
(テ)	室生寺	(ト)	金地院崇伝	(ナ)	興福寺
(ニ)	野中兼山	(ヌ)	明恵	(ネ)	熊沢蕃山
(ノ)	寿福寺	(ハ)	三浦泰村	(ヒ)	木下順庵
(フ)	大学頭	(ヘ)	興禅護国論	(ホ)	醍醐寺

〔Ⅱ〕 次の(A)～(D)各文の（ 1 ）～（ 10 ）に入れるのに最も適当な語句を下記の語群から選び，その記号をマークしなさい。

(A) 第一次世界大戦中，日本は連合国には軍需品を，ヨーロッパ列強が後退したアジア市場には綿織物などを，また戦争景気のアメリカ市場には生糸などを輸出し，1920年には27億円以上の（ 1 ）国になった。

　鉄鋼業では八幡製鉄所の拡張や（ 2 ）経営の鞍山製鉄所の設立のほか，民間会社の設立もあいついだ。欧米からの輸入がとだえたことから，化学・薬品工業なども発達した。電力業では，大規模な（ 3 ）事業が展開され，電灯の農村部への普及や工業原動力の蒸気力から電力への転換を推し進め，電気機械の国産化も進んだ。

(B) 1938年4月，（ 4 ）内閣のもとで国家総動員法が制定され，議会の承認なしに，戦争遂行に必要な物資や労働力を動員する権限が政府に与えられ，国民生活は政府の全面的統制下におかれた。同時に制定された（ 5 ）は，民間の電力各社を単一の国策会社に一挙に統合するもので，政府が私企業への介入

を強めるきっかけとなった。翌1939年には，国家総動員法にもとづく国民徴用令によって，政府は国民を強制的に軍需産業などに動員できるようにした。兵器の生産高は，1936年から1941年にかけて6.4倍となった。

(C)　国民の生活は戦争によって徹底的に破壊された。都市部では，空襲で焼け出された人びとが防空壕や焼け跡に建てたバラックで雨露をしのいだ。また，引揚げ者と復員将兵からなる約（　6　）万人の日本人が帰国して，人口はふくれ上がり，失業者も急増した。さらに1945年が記録的な凶作の年となったことで，米の総収量が（　7　）割以上も落ち込んだ。深刻な食糧不足が到来し，都市民衆は農村への買い出しや闇市での闇買い，家庭での自給生産で飢えをしのいだ。

　　こうした極度の物不足に加えて，終戦処理の必要から多額の紙幣が発行されたため，猛烈なインフレーションが発生した。1946年2月，幣原内閣は預金を封鎖してそれまで使用されていた旧円の流通を禁止し，新円の引出しを制限することによって貨幣流通量を減らそうとする（　8　）を出したが，効果は一時的であった。

(D)　1973年10月，第4次中東戦争が勃発すると，（　9　）は「石油戦略」を行使し，イスラエル寄りの欧米や日本への石油輸出を制限し，原油価格を段階的に4倍に引き上げた。翌1974年に日本はGNPの伸び率が戦後はじめてマイナスとなり，日本経済は高度成長から低成長へと転換した。

　　世界経済も同年を境に一変し，経済危機に対処するため，1975年11月には（　10　）が開催され，政策協調による危機回避がはかられた。

〔語群〕

(ア)　630　　　　　　　　(イ)　経済安定九原則　　　(ウ)　債権

(エ)　COMECON　　　(オ)　石炭火力発電　　　　(カ)　6.3

(キ)　先進国首脳会議(サミット)　　　　　　　　　(ク)　電気事業法

(ケ)　石油火力発電　　　(コ)　第1次近衛文麿　　　(サ)　OAPEC

(シ) 債務　　　　　(ス) 支払猶予令　　　　(セ) 3

(ソ) 電気事業再編成令　(タ) 関東都督府

(チ) 5カ国蔵相・中央銀行総裁会議（G5）　　(ツ) 南満州鉄道株式会社

(テ) ＯＥＣＤ　　　　(ト) 63　　　　　(ナ) 第2次若槻礼次郎

(ニ) アジア・太平洋経済協力（ＡＰＥＣ）会議　　(ヌ) 水力発電

(ネ) 金融緊急措置令　(ノ) 5　　　　　(ハ) 東洋拓殖会社

(ヒ) 東条英機　　　　(フ) 電力国家管理法　　(ヘ) 貿易黒字

(ホ) 7

〔Ⅲ〕　次の(A)～(D)各史料に関する問1～問15について，(ア)～(ウ)の中から最も適当な
語句を選び，その記号をマークしなさい。

(A)　（大化元年九月）甲申，使者を諸国に遣はして，民の元数を録す。仍りて詔し
て曰く，「古より以降，天皇の時毎に，代の民を置き標して，名を後に垂る。
① 其れ臣連等・伴造・国造，各 己が民を置きて，情の恣に駈使ふ。又，国
県の山海・林野・池田を割りて，己が財として，争ひ戦ふこと已まず。或は
数万頃の田を兼ね幷す。或は全ら容針少地も無し。調賦を進る時に，其
の臣連・伴造等，先づ自ら収め斂りて，然して後に分ち進る。（中略）方に今，
百姓猶乏し。而るを勢有る者は，水陸を分け割きて，私の地とし，百姓に売り
与へて，年に其の価を素ふ。今より以後，地売ること得じ。妄に主と作り
て，劣く弱きを兼ね幷すこと勿れ」と。

問1　下線部①について，臣連等・伴造・国造らが「情の恣に駈使ふ」とされた
「己が民」とは何か。
(ア) 部曲　(イ) 名代　(ウ) 品部

問2　この命令が出されたときの天皇は誰か。
(ア) 舒明天皇　(イ) 皇極天皇　(ウ) 孝徳天皇

問3　この史料は7世紀中頃の社会状況を述べたものであるが，7世紀に造営
　　されたと考えられる古墳はどれか。

　　　(ア)　江田船山古墳　　(イ)　石舞台古墳　　(ウ)　藤ノ木古墳

問4　この史料の出典はどれか。

　　　(ア)　『古事記』　　(イ)　『日本書紀』　　(ウ)　『続日本紀』

(B)　(和銅六年)三月壬午，(中略)又詔したまはく，「諸国の地，江山邈かに阻
　りて，負担の輩，久しく行役に苦しむ。資粮を具備へむとせば，納貢の恒数
　②
　を闕き，重負を減損せむとせば，路に饉うることの少なからざるを恐る。宜し
　く各一嚢の銭を持ちて当爐の給と作し，永く労費を省き，往還便りを得しむべ
　し。宜しく国郡司等，豪富の家に募りて米を路の側に置き，其の売買に任せ
　しむべし。(中略)」と。

問5　下線部②の「負担の輩」とは租税を都まで運ぶ人々のことであるが，彼ら
　　のことを何と呼んだか。

　　　(ア)　仕丁　　(イ)　健児　　(ウ)　運脚

問6　都まで運ぶ必要のあった税目はどれか。

　　　(ア)　租と調　　(イ)　調と庸　　(ウ)　租と庸

問7　「負担の輩」の労苦を救うため，畿内の各地に布施屋を設けた僧は誰か。

　　　(ア)　行基　　(イ)　玄昉　　(ウ)　道慈

問8　この史料が述べていることをまとめた文として，正しいものはどれか。

　　　(ア)　山深い地方から上京して納税する場合には，減額することがある。

　　　(イ)　各自が貨幣を携行すれば，道中で必要品を調達することができる。

　　　(ウ)　国郡司らは，富豪の家が米を寄付して民衆に与えるようにさせた。

(C)　蓋し聞く，律は懲粛を以て宗と為し，令は勧誡を以て本となす。格は則ち時を量りて制を立て，式は則ち闕けたるを補ひ遺れるを拾ふ。（中略）古は世質時素にして法令未だ彰ならず。無為にして治まり，粛せずして化す。推古天皇十二年に曁び，上宮太子親ら憲法十七箇条を作り，国家の制法茲より始まる。降りて（　1　）元年に至り，令廿二巻を制す。世人の所謂る近江朝廷の令なり。爰に文武天皇の大宝元年に逮りて，贈太政大臣正一位（　2　），勅を奉りて律六巻，令十一巻を撰す。養老二年，復た同大臣（　3　），勅を奉りて更に律令を撰し，各十巻と為す。今世に行ふ律令是れなり。（中略）律令は是れ政に従ふの本たり，格式は乃ち職を守るの要たり。方今，律は頻りに刊脩を経たりと雖も，格式は未だ編緝を加へず。（中略）今古を商量し，用捨を審察し，類を以て相従へ，諸司に分隷す。（中略）上は大宝元年より起こし，下は<u>弘仁十年</u>に迄る，都て式卅巻，格十巻と為す。
③

問9　史料文中の（　1　）に入る語句はどれか。

　㋐　天智天皇　　㋑　天武天皇　　㋒　持統天皇

問10　史料文中の（　2　）と（　3　）には，同じ人物を意味する語句が入る。その人物は誰か。

　㋐　刑部親王　　㋑　藤原不比等　　㋒　藤原仲麻呂

問11　下線部③「弘仁十年」は嵯峨天皇の治世であるが，嵯峨天皇の時代の出来事として正しいものはどれか。

　㋐　最澄と空海が遣唐使の一員として入唐した。

　㋑　空海が高野山に金剛峯寺を開いた。

　㋒　最澄が比叡山に延暦寺を開いた。

問12　この史料の出典はどれか。

　㋐　『日本後紀』　　㋑　『政事要略』　　㋒　『類聚三代格』

(D)　沙門（　4　）は，父母を言はず，亡命して世にあり。或は云く，潢流より出でたりといふ。口に常に弥陀仏を唱ふ。故に世に阿弥陀聖と号づく。或は市中に住して仏事を作し，また市聖と号づく。嶮しき路に遇ひては即ちこれを鏟り，橋なきに当りてはまたこれを造り，井なきを見るときはこれを掘る。号づけて阿弥陀の井と曰ふ。

（『日本往生極楽記』）

問13　史料文中の（　4　）に入る人物は誰か。

　　(ア)　法然　　　(イ)　源信　　　(ウ)　空也

問14　（　4　）の人物を表した康勝作の彫像を所蔵する寺院はどこか。

　　(ア)　六波羅蜜寺　　　(イ)　知恩院　　　(ウ)　清水寺

問15　（　4　）の人物が精力的に活動したのはいつか。

　　(ア)　850～880 年頃　　　(イ)　940～970 年頃　　　(ウ)　1030～1060 年頃

〔IV〕　次の(A)～(E)各文の（　1　）～（　10　）について，語群の中から最も適当な語句を選び，その記号をマークしなさい。あわせて，各文の下線部の位置を，地図上の a ～ o から選び，その記号をマークしなさい。なお，地図の一部は省略している。

(A)　石見銀山は，16 世紀から 17 世紀初頭にかけて最盛期を迎えた，世界有数の銀山であった。この銀山では，博多商人（　1　）が導入した「灰吹法」と呼ばれる精錬技術によって，生産量を飛躍的に増大させている。この精錬技術はその後，日本各地に広がり，17 世紀初頭の日本の銀の産出量は世界の総産銀量の 3 分の 1 に達したとされる。当時の主な金銀山として，他に佐渡金銀山や生野銀山，院内銀山などがある。しかし，金銀の産出量は 17 世紀後半以降急減し，かわって銅の産出量が増えている。銅は拡大する貨幣需要を支え，長崎でのオランダや中国との貿易の最大の輸出品にもなった。江戸時代最大の銅山であっ

た別子銅山は，明治以降，近代化に成功し，（　2　）財閥の基盤となった。

(B)　1853年，ロシア極東艦隊司令長官プチャーチンは長崎に来航し，条約締結
　　を要求した。彼はいったん長崎を離れた後，乗艦をディアナ号にかえて大坂に
　　来航し，改めて条約締結を幕府に迫った。彼が交渉地に大坂を選んだ理由につ
　　いて，秘書官であったゴンチャロフは，天皇の居所近くに軍艦で侵入するこ
　　とで脅威を与え，交渉を早期に実現するねらいがあった，と後に述べている。
　　当時，ロシアは（　3　）戦争によりイギリスやフランスなどと交戦中であり，
　　それが交渉を急いだ一因とされる。その後，プチャーチンは幕府の提案に応じ
　　て下田へ移動し，ここで日露和親条約に調印した。ロシア使節との交渉で日本
　　側全権をつとめたのは，ロシア応接掛の大目付筒井政憲と勘定奉行（　4　）で
　　ある。しかし，安政大地震による津波でディアナ号が大破，沈没したため，
　　プチャーチンらは日本側の協力を得て建造した西洋式帆船で帰国した。この船
　　は伊豆国の戸田村で建造されたことにちなんで，ヘダ号と名付けられた。

(C)　元禄期には，上方の町人や武士を主な担い手として，人間的で華麗な文化が
　　花開いた。文学においては，松尾芭蕉や井原西鶴，近松門左衛門がその代表で
　　ある。松尾芭蕉は，さび，かるみで示される幽玄閑寂の蕉風俳諧を確立し，
　　『笈の小文』や『奥の細道』などを残した。「閑さや岩にしみ入る蝉の声」は，現在
　　の東北地方から北陸地方をめぐり大垣に至る『奥の細道』の旅路において，「山
　　寺」の通称で知られる立石寺を訪れた際に詠まれたものである。
　　　井原西鶴は大坂の富裕な商家の生まれで，はじめは俳諧師として活躍した。
　　西鶴は『好色一代男』をはじめとする好色物や武家物，町人物など，町人や武士
　　の生活を写実的に描いた（　5　）草子の多彩な作品で人気を博した。
　　　近松門左衛門は京都の武家の出身で，浄瑠璃作家や歌舞伎作家として活躍し
　　た。1703年に竹本義太夫の竹本座で初演された浄瑠璃『（　6　）』は，近松が
　　手掛けた最初の世話物である。実際にあった事件を題材に，町人社会のなかで
　　登場人物が恋愛と金，義理人情に葛藤する姿を巧みに描いている。

(D) 2011年，ローマ教皇庁バチカン図書館で，膨大な日本のキリシタン禁制関係資料が発見されたが，これは1929年に来日し，布教活動を行ったマリオ・マレガ神父の収集によるものである。そのなかには，臼杵藩が行ったキリシタンやその子孫などに対する監視・統制に関する記録が多数含まれている。臼杵は，1551年にザビエルを招いて布教を許可し，後に自らも洗礼を受けた大友義鎮(宗麟)が領した地域である。

大浦天主堂は，2018年にユネスコの世界文化遺産に登録された「長崎と天草地方の潜伏キリシタン関連遺産」の構成資産のひとつである。浦上の潜伏キリシタンが信仰を告白したことでも知られる。幕末に来日したフランス人宣教師たちによって建設されたこの天主堂は，豊臣秀吉による処刑で命を落とし，1862年にローマで，教皇ピオ9世により聖人に列せられた宣教師や信徒に捧げられた。秀吉による処刑で多くの命が奪われたこの事件は，(　7　)と呼ばれる。

また，近年行われた大阪府茨木市の千提寺西遺跡の発掘調査では，16世紀から17世紀の複数のキリシタン墓が発見された。この地域は，高槻城主でキリシタン大名の(　8　)が領した場所であり，1920年には聖フランシスコ=ザビエル像(重要文化財)をはじめとする複数のキリシタン遺物が民家から発見されている。

(E) 1787年に老中首座に就いた松平定信は，退廃した幕臣の士風を文武の奨励により立て直し，人材の育成・登用に結び付けようとした。1790年，(　9　)の建言に従って寛政異学の禁を発し，聖堂学問所での朱子学以外の教授を禁じた。身分秩序を重視する朱子学の官学化にも，士風を立て直すねらいがあったとされる。1792年には，幕臣やその子弟を対象とする学問吟味を開始した。この試験制度は直接的な登用を目的とするものではなかったが，人材の育成につながった。また，1797年には林家の家塾に位置づけられていた学問所を切り離し，幕府直轄とした。定信の人材育成や登用に対する考えは，自叙伝である『(　10　)』にもみることができる。

この時期，諸藩においても藩校の設立や拡充が盛んに行われ，人材育成が

図られた。会津藩5代藩主松平容頌も，1799年から5年の歳月をかけて藩校<u>日新館</u>を整備しており，多くの優秀な人材がここから輩出されている。

〔語群〕

(ア)　島井宗室	(イ)　御伽	(ウ)　26 聖人殉教
(エ)　三菱	(オ)　川路聖謨	(カ)　アロー
(キ)　浦上崩れ	(ク)　小西行長	(ケ)　仮名手本忠臣蔵
(コ)　浮世	(サ)　三井	(シ)　高山右近
(ス)　阿部正弘	(セ)　クリミア	(ソ)　楽翁公伝
(タ)　宇下人言	(チ)　柴野栗山	(ツ)　国性(姓)爺合戦
(テ)　末次平蔵	(ト)　勝海舟	(ナ)　高山彦九郎
(ニ)　曽根崎心中	(ヌ)　折たく柴の記	(ネ)　神屋寿禎
(ノ)　頼山陽	(ハ)　住友	(ヒ)　有馬晴信
(フ)　ナポレオン	(ヘ)　仮名	(ホ)　元和の大殉教

《地図》

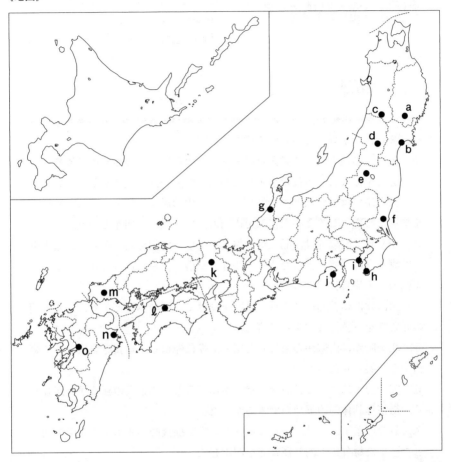

解答 日本史

I 解答

1 ―(ナ)　2 ―(イ)　3 ―(ホ)　4 ―(ヘ)　5 ―(カ)　6 ―(ハ)
7 ―(キ)　8 ―(サ)　9 ―(フ)　10―(ヒ)

◀解　説▶

≪鎌倉時代の仏教と江戸時代の儒学≫

1．藤原氏の氏寺として栄えた興福寺は，大和国の中に多くの荘園を持つなど勢力を拡大し，古代から中世にわたって大和国を実質支配していた。

2．天台宗では円仁派と円珍派が対立し，円珍派が比叡山を下りて園城寺を拠点とした。このため円仁派を山門派，円珍派を寺門派という。

3．やや難。醍醐寺は醍醐天皇の保護を受けて繁栄した。その後朱雀天皇が醍醐天皇の冥福を祈るために醍醐寺五重塔を創建した。これは国風文化を代表する建築物である。

4．栄西は旧仏教側による禅宗批判を受けて，禅の本質と，禅による護国の必要性を『興禅護国論』に著した。

5．北条時頼は南宋から来日した蘭溪道隆に帰依し，建長寺を建立して臨済宗を発展させた。

6．宝治合戦によって三浦氏の勢力が弱まると，北条氏の独裁傾向が強まり，得宗専制体制の下地ができあがった。

7．叡尊の弟子忍性は，奈良にハンセン病医療機関の北山十八間戸を創設した。また鎌倉に下向し極楽寺を開山した。

9．林信篤（鳳岡）は，徳川綱吉から大学頭に任じられ，湯島聖堂の管理などを行った。

10．木下順庵は加賀藩（金沢藩）前田家に仕えた後，徳川綱吉の侍講になった。彼のもとで多くの弟子が育ち，彼らは木門派（ぼくもんは）と呼ばれた。

II 解答

1 ―(ウ)　2 ―(ツ)　3 ―(ヌ)　4 ―(コ)　5 ―(フ)　6 ―(ア)
7 ―(セ)　8 ―(ネ)　9 ―(サ)　10―(キ)

━━━━━━━━━━━　◀解　説▶　━━━━━━━━━━━

≪大正時代以降の戦争による日本経済への影響≫

１．日露戦争後の不況によって 11 億の債務国であった日本は，大戦景気によって 27 億円以上の債権国となった。

２．鞍山製鉄所は南満州鉄道株式会社の総裁が建議をして設立され，同社による経営が行われた。

３．20 世紀初頭に電力需要が拡大すると，大規模な水力発電事業が進められ，この結果，猪苗代・東京間の長距離送電も成功した。このため一般家庭にも電灯が普及し，工業用動力も蒸気力に代わって電力の使用が増大した。

５．国家総動員法と同時に電力国家管理法が制定され，各電力会社の経営を国家が管理した。

６．難問。海外にいた日本の軍隊約 310 万人と一般居留民 320 万人が，戦争の終結によって帰国した。軍人が家庭に戻ることを復員，民間人が帰国することを引揚げという。

７．難問。1945 年の米の総収量は，戦前に比べて 3 割以上も落ち込んだ。米の配給も遅配・欠配が続いたことから，都市の人々は買出しや闇市などで食料を入手した。

８．インフレーションを抑えるために幣原喜重郎内閣は金融緊急措置令を出し，預金封鎖と新円切り替えを行ったが，効果は一時的であった。

９・10．第 4 次中東戦争が勃発するとアラブ石油輸出国機構（OAPEC）は原油価格を 4 倍に引き上げた。この結果生じた第 1 次石油危機による世界不況を打開するため，1975 年，フランスの提唱で第 1 回先進国首脳会議（サミット）が開催された。

Ⅲ　**解答**　問 1．㋐　問 2．㋒　問 3．㋑　問 4．㋑　問 5．㋒
　　　　　　　問 6．㋑　問 7．㋐　問 8．㋑　問 9．㋐　問 10．㋑
問 11．㋑　問 12．㋒　問 13．㋒　問 14．㋐　問 15．㋑

━━━━━━━━━━━　◀解　説▶　━━━━━━━━━━━

≪古代の史料問題≫

(A)問 1．「臣連等・伴造・国造」つまり豪族の私有民は，部曲であった。

問 2．史料冒頭の元号「大化元年」から大化の改新が進められていると考

える。大化の改新によって孝徳天皇が即位した。

問3．(イ)石舞台古墳は7世紀前半の築造とされ，蘇我馬子の墓と考えられている。(ア)江田船山古墳は5世紀後半から6世紀初めの築造と考えられている。鞍金具や男性2体が発見された。(ウ)藤ノ木古墳は6世紀後半の築造と考えられている。

問4．(イ)『日本書紀』には神代から持統天皇までが記されている。(ア)『古事記』には推古天皇までしか記されておらず，大化の改新に関する記述はない。(ウ)『続日本紀』は日本書紀の続編で，文武天皇から桓武天皇までが記されている。

(B)問6．調と庸が中央財源なので都まで運ぶ必要があった。租は地方財源であった。

問7．やや難。行基は民間布教のほか，灌漑事業や橋の建設，また宿泊施設である布施屋を設けるなど，社会事業に尽力した。

問8．(イ)4行目に「各一嚢の銭を持ちて当爐の給と作し」とある。(ア)2行目に「資粮を具備へむとせば，納貢の恒数を闕き」（食料を持っていこうとすると，調庸負担のための産物が足りなくなってしまう）とあるが，減額と取れる文章はない。(ウ)5行目に「売買」とあるので，寄付ではない。

(C)問9．5行目の「近江朝廷」に注目する。天智天皇が近江令を制定したとされる。

問10．藤原不比等は大宝律令と養老律令の編纂に関わった。

問11．(イ)正文。(ア)最澄と空海の入唐は804年で，桓武天皇の治世であった。(ウ)最澄が比叡山に草堂（後の延暦寺）を創建したのは785年で，桓武天皇の治世であった。

問12．史料は「弘仁格式序」で，『類聚三代格』がその出典である。

(D)問13・14．3行目の「市聖」に注目する。南無阿弥陀仏を唱えている六波羅蜜寺所蔵の空也上人像は有名。

問15．空也は10世紀の平安中期に活躍した。

Ⅳ　解答

1 —(ネ)　2 —(ハ)　3 —(セ)　4 —(オ)　5 —(コ)　6 —(ニ)
7 —(ウ)　8 —(シ)　9 —(チ)　10 —(タ)

(A)— c　(B)— j　(C)— d　(D)— n　(E)— e

━━━━━━━━━━　◀解　説▶　━━━━━━━━━

≪近世・近代の総合問題≫

(A)院内銀山は現在の秋田県に所在した。

1．神屋寿禎が朝鮮から導入した灰吹法によって，石見大森銀山などで銀の生産量が大幅に増大した。

(B) 3．難問。1853 年から 1856 年までのクリミア戦争で，ロシアはイギリスやフランス，トルコなどと争った。

4．日露和親条約は勘定奉行川路聖謨（としあきら）などが全権となって結ばれた。川路聖謨は江戸城無血開城の翌日にピストル自殺をした。

(C)難問。立石寺は山形県に所在する。

6．近松門左衛門が最初に手掛けた世話物『曽根崎心中』は大坂竹本座で 1703 年に上演され，好評を博した。世話物とは恋愛・義理・人情などを含めた町人社会の出来事を題材とする作品のことである。

(D)臼杵は大分県の地名である。院政期の文化である臼杵磨崖仏は大分県臼杵市に所在する。

7．土佐に漂着したサン＝フェリペ号の乗組員が，宣教師派遣は領土征服の手段であると失言をしたことから，豊臣秀吉が激怒し宣教師や信者 26 名を長崎で処刑する 26 聖人殉教が起きた。

8．高槻城主で熱心なキリシタン大名であった高山右近は，豊臣秀吉による棄教命令も拒否したため，領地を没収された。

(E)日新館は会津藩の藩校であった。

10．松平定信による自叙伝は『宇下人言』である。この書名は「定信」という字を分解してつけられた。

◆❖講　評

　Ⅰは鎌倉時代の仏教と江戸時代の儒学についての知識・理解を問う。3 がやや難問だが，他は基本問題なので正解したい。

　Ⅱは大正時代から戦後までの戦争による日本経済への影響についての知識・理解を問う。6 と 7 の数値を選ぶ問題は難問。全体として(A)から(D)の各時代の特徴を理解しているかを問う良問で，3 の水力発電をきちんと答えられるようにしておきたい。

　Ⅲは「大化の改新」「運脚夫への対応」「弘仁格式序」「空也」の史料

4点を用いた出題。(A)はおそらく初めて見る史料だと思うので，時代を特定して問2の天皇名を選ぶ。問3も各古墳の特徴からいつ築造されたかを思考するとよい。(B)も未見史料であると思うので，しっかり読み取って問8を答えたい。(C)・(D)はしっかり史料対策をしていた受験生なら既知の史料だろう。知らなくともよく読めば問9と問10は正解できる。(D)も「市聖」をヒントに全問正解してもらいたい。

　Ⅳは近世・近代の総合問題である。(C)の地図問題は難問だがほかの地図問題で正解できるように日頃から何県にあったのか，あるいはその旧国名などを意識して学習してほしい。また(C)のように小問でも文化史が出題されるので，文化史を得意にしておくことは必須である。

2月5日実施分　　問題 日本史

（60分）

〔Ⅰ〕 次の(A)・(B)各文の（　1　）～（　10　）に入れるのに最も適当な語句を下記の語
群から選び，その記号をマークしなさい。

(A) 天平15年(743)に，聖武天皇は離宮である（　1　）宮で大仏造立の詔を出し
た。大仏造立もここで始められるが，山林火災や地震が相次いだ。さらに都も
平城京に戻ったために，大仏の造立は平城京東方の現地で再開された。

　大仏造立の詔には，「もし一枝の草，一すくいの土でもよい，それをもって
造立に協力したいと願う者があれば，願うままに許可せよ」と記されているよ
うに，民衆の協力も必要であった。そのため聖武天皇は，民衆の圧倒的支持を
うけた高僧（　2　）に大仏造立の協力を依頼している。

　天平勝宝4年(752)には，大仏の鋳造が完了し，大仏開眼供養会が行われた。
大仏開眼はインド僧の菩提僊那を導師とし，（　3　）天皇や光明皇太后など多
数の人々が参席した。この大仏は，その後たび重なる再興を経て，現在，「奈
良の大仏」とよばれており，正式には（　4　）像と称される。

　「奈良の大仏」を本尊とする東大寺は，金堂(大仏殿)のほかに講堂，戒壇院，
法華堂(三月堂)，東西に2基の七重塔を構える大伽藍であった。法華堂には，
（　5　）の不空羂索観音像をはじめ，多数の仏像が安置されている。

(B) 平氏が焼き討ちした東大寺を復興するため，各地で勧進聖と呼ばれる僧が寄
付を集めてまわった。歌集『（　6　）』を残した西行も鎌倉や奥州へ向かい，平
泉の（　7　）に勧進を求めた。

　西行の和歌も多数収録された『新古今和歌集』は，後鳥羽上皇の命令で編纂され，
編纂作業は藤原定家や藤原家隆らが行った。藤原定家自筆の日記『（　8　）』は，
和歌の家として知られる冷泉家に伝えられている。

　京と鎌倉の間を往復する人びとも多くなり，その中には女性もいた。定家の子，藤原為家の側室だった阿仏尼もその一人で，所領争いのために鎌倉へ下向した。その折の記録が『（　9　）』である。

　また，出家しても寺院に属さず遁世人や聖として活動する人びとも多く，（　10　）もその一人であった。神官の家に生まれて出家後，京のはずれに隠棲しながら，平氏による福原遷都や養和の飢饉と疫病などの様子を随筆としてまとめた。

〔語群〕

(ア) 光仁	(イ) 東関紀行	(ウ) 藤原基衡
(エ) 盧舎那仏	(オ) 義淵	(カ) 十六夜日記
(キ) 山家集	(ク) 海道記	(ケ) 無住
(コ) 行基	(サ) 藤原秀衡	(シ) 孝謙
(ス) 藤原清衡	(セ) 釈迦如来	(ソ) 乾漆像
(タ) 木彫像	(チ) 阿弥陀如来	(ツ) 紫香楽
(テ) 明月記	(ト) 金槐和歌集	(ナ) 十訓抄
(ニ) 道慈	(ヌ) 塑像	(ネ) 拾遺愚草
(ノ) 難波	(ハ) 鴨長明	(ヒ) 吉田兼好
(フ) 元正	(ヘ) 小右記	(ホ) 恭仁

〔II〕　次の(A)・(B)各文の（　1　）～（　10　）に入れるのに最も適当な語句を下記の語
　　　群から選び，その記号をマークしなさい。

(A)　日清戦争の講和条約として結ばれた下関条約によって，清国は遼東半島およ
　　び台湾と澎湖諸島を日本に割譲した。日本はロシア・フランス・ドイツの三国
　　干渉を受けて，清国への遼東半島の返還を余儀なくされた。一方で台湾の統治
　　に注力し，（　1　）に総督府を設けて土地制度の近代化を進めるとともに，台
　　湾銀行や台湾製糖会社の設立などにより，産業の振興を図った。

　　　また，日露戦争の講和条約として結ばれたポーツマス条約によって，ロシア
　　は日本に対して旅順・大連の租借権や，（　2　）以南の鉄道とその付属の利権，
　　北緯 50 度以南のサハリン（樺太）と付属の諸島を譲渡した。日本は遼東半島南
　　端の租借地（関東州）を統治するために関東都督府を旅順に設置し，南満州鉄道
　　株式会社（満鉄）を大連に設立して，（　2　）・旅順間の旧東清鉄道などを経営
　　させた。南樺太を統轄した樺太庁は，はじめ大泊に設置されたが，1908 年に
　　（　3　）に移転した。（　3　）は，現在のロシア・サハリン州の州都である，
　　ユジノサハリンスクにあたる。

　　　日露戦争後，日本は第 2 次日韓協約により韓国の外交権を奪って韓国を保護
　　国とし，漢城に統監府を設置した。さらに第 3 次日韓協約により韓国の内政権
　　も掌握し，韓国軍を解散させた。前統監の伊藤博文が（　4　）駅頭で暗殺され
　　た翌年の 1910 年には韓国併合条約が結ばれ，韓国は日本の植民地となった。
　　日本は漢城を改称した京城に朝鮮総督府を設置し，総督府は土地調査事業で接
　　収した農地・山林の一部を，東洋拓殖会社（東拓）や日本人地主などに払い下げ
　　た。東拓は朝鮮最大の土地所有者として植民・殖産や土地経営，金融などの事
　　業を展開した。

　　　第一次世界大戦において日英同盟を理由として参戦した日本は，青島と山東
　　省のドイツ権益を接収し，赤道以北のドイツ領南洋諸島の一部を占領した。
　　1919 年のパリ講和会議で調印されたヴェルサイユ条約によって，日本は山東省
　　の旧ドイツ権益の継承とともに，赤道以北の旧ドイツ領南洋諸島の委任統治権
　　を認められた。のちに山東省の旧ドイツ権益は中国に返還されるが，南洋諸島

は日本の統治を受け続け，太平洋戦争において日米の戦場となった。1944 年
7 月，マリアナ諸島の（ 5 ）島の陥落により日本の太平洋における防衛線は
大きく崩れ，東条英機内閣の総辞職を引き起こした。

(B) 大日本帝国憲法下の帝国議会は，貴族院と衆議院によって構成された。1889 年
公布の衆議院議員選挙法では，選挙人は満 25 歳以上の男性，直接国税 15 円以
上の納入者に限られたため，有権者は全人口の約（ 6 ）％にとどまった。そ
の後，選挙人の納税資格は，第 2 次山県有朋内閣期の 1900 年に公布された選
挙法の改正によって 10 円以上，原敬内閣期の 1919 年に公布された選挙法の改
正によって 3 円以上に引き下げられ，選挙人の数は徐々に増大した。

　1924 年，第二次護憲運動が高まるなかで，清浦奎吾内閣が総選挙に踏み
切ったものの敗北して総辞職すると，（ 7 ）総裁の加藤高明が護憲三派内閣
を組織した。この加藤内閣のもとで 1925 年に，普通選挙法が成立した。これ
により，満 25 歳以上の男性が衆議院議員選挙の選挙権をもつことになり，有
権者はこれまでの約（ 8 ）倍に増えた。同年には，普通選挙法の成立による
労働者階級の影響力増大や，日ソ国交樹立による共産主義思想の波及への対応
策として，治安維持法も成立した。

　1945 年 8 月の太平洋戦争敗戦後，同年 12 月には衆議院議員選挙法が大幅に
改正された。この改正によって女性参政権が初めて認められ，満 20 歳以上の
成人男女が選挙権をもつことになった。1946 年 4 月の戦後初の総選挙では，
（ 9 ）名の女性議員が誕生した。この総選挙ののち，帝国議会で大日本帝国
憲法の改正案が審議された結果，日本国憲法が同年 11 月に公布され，1947 年
5 月から施行された。日本国憲法下の国会は，衆議院と参議院によって構成さ
れた。

　戦後は自由民主党（自民党）の長期政権が続いたが，1990 年前後に金権政治
の実態が明るみに出て，政権批判が高まった。1993 年の総選挙で自民党は過
半数割れとなり，（ 10 ）の細川護熙を首相として共産党を除く非自民党 8 党
派の連立政権が発足した。細川内閣は「政治改革」を唱えて，1994 年に衆議院の
選挙制度改革を実施した。これにより，敗戦後の一時期を除いて戦前から続い

てきた衆議院の中選挙区制は，小選挙区比例代表並立制に変更された。選挙権
年齢に関しては，2015年公布（翌年施行）の公職選挙法の改正により，満18歳
以上に引き下げられた。

〔語群〕

(ア)　6　　　　　　　　(イ)　19　　　　　　　(ウ)　豊原

(エ)　39　　　　　　　(オ)　硫黄　　　　　　(カ)　2

(キ)　憲政本党　　　　(ク)　台北　　　　　　(ケ)　遼陽

(コ)　日本新党　　　　(サ)　トラック　　　　(シ)　立憲政友会

(ス)　チチハル　　　　(セ)　4　　　　　　　(ソ)　長春

(タ)　台中　　　　　　(チ)　新生党　　　　　(ツ)　台南

(テ)　奉天　　　　　　(ト)　1　　　　　　　(ナ)　真岡

(ニ)　5　　　　　　　(ヌ)　憲政会　　　　　(ネ)　新党さきがけ

(ノ)　ウラジヴォストーク　(ハ)　59　　　　(ヒ)　ハルビン

(フ)　サイパン　　　　(ヘ)　敷香　　　　　　(ホ)　3

〔III〕　次の(A)～(D)各文の問1～問15について，(ア)～(ウ)の中から最も適当な語句を選
　　び，その記号をマークしなさい。

(A)　第七十二代，第三十九世，白河院。（中略）壬子年即位〔じんし1072〕，甲寅ニ改元〔こういん1074〕。古ノ
　　アトヲオコサレテ野ノ行幸ナンドモアリ。又白河ニ（　①　）ヲ立，九重ノ塔婆
　　ナドモ昔ノ御願ノ寺々ニモコエ，タメシナキホドゾツクリト丶ノヘサセ給ケル。
　　コノノチ代ゴトニウチツヾキ御願寺ヲ立ラレシヲ，造寺熾盛〔しじょう〕ノソシリ有キ。
　　造作ノタメニ諸国ノ重任〔ちょうにん〕ナンド云コトオホクナリテ，（　②　）ノ功課モタヾ
　　シカラズ，封戸・庄園アマタヨセヲカレテ，マコトニ国ノ費トコソ成侍〔なりはべり〕ニシカ。
　　天下ヲ治給コト十四年。太子ニユヅリテ尊号アリ。世ノ政ヲハジメテ院中ニ
　　テシラセ給。後ニ出家セサセ給テモ猶ソノマ丶ニテ御一期ハスゴサセマシマシキ。
　　　　　　　　　　　　　　　　　　　　　　　　　　　（『神皇正統記〔なお〕』）

問 1　上の文の（　①　）に入る寺院名は何か。

　　㈦　尊勝寺　　㈡　法勝寺　　㈣　最勝寺

問 2　上の文の（　②　）に入る語句は何か。

　　㈦　受領　　㈡　遙任　　㈣　田堵

問 3　白河天皇は文中にあるように親政の後，皇太子に譲位したのを契機に院
　　　政を開始した。このとき即位した天皇は誰か。

　　㈦　堀河　　㈡　後三条　　㈣　鳥羽

問 4　白河上皇の信任を得て活動した藤原宗忠は院政期の政治社会の動向を詳
　　　細に記している。この日記はどれか。

　　㈦　御堂関白記　　㈡　玉葉　　㈣　中右記

(B)　近曾関東の成敗と称し，天下の政務を乱る。纔に将軍の名を帯ぶると雖も，
　　猶以て幼稚の齢に在り。然る間，彼の（　④　）朝臣，偏へに言詞を教命に仮り，
　　恣に裁断を都鄙に致す。剰へ己が威を耀かし，皇憲を忘れたるが如し。これ
　　を政道に論ずるに，謀反と謂ふべし。早く五畿七道の諸国に下知し，彼の朝臣
　　の身を追討せしめよ。兼て又諸国・庄園の守護人・地頭等，言上を経べきの旨
　　あらば，各院庁に参り，宜しく上奏を経べし。状に随って聴断せん。(中略)

　　　　承久三年五月十五日　　　　　　　　　　　　　　　　（署名略）

　　　　　　　　　　　　　　　　　　　　　　　　　　（小松美一郎氏所蔵文書）

問 5　下線部③の人物は，幼少で鎌倉に下り後に将軍となった。これは誰か。

　　㈦　源実朝　　㈡　九条頼経　　㈣　宗尊親王

問 6　（　④　）に入るのは誰か。

　　㈦　時政　　㈡　泰時　　㈣　義時

問7　史料にみえる事件の後，京都に設置された機関は何か。

　　㋐　六波羅探題　　㋑　西面の武士　　㋒　京都守護

問8　この事件の後，幕府は没収地に新補地頭を配し，新たな給与を保障した。
　　段別5升の収益を何と呼ぶか。

　　㋐　万雑公事　　㋑　加地子　　㋒　加徴米

(C)　<u>当流上人</u>ノ御勧化ノ信心ノ一途ハ，ツミノ軽重ヲイハズ，マタ妄念妄執ノ
⑤
　コヽロノヤマズナンドイフ機ノアツカヒヲサシヲキテ，タヾ在家止住ノヤカラ
　ハ，一向ニモロモロノ雑行雑修ノワロキ執心ヲステ，弥陀如来ノ悲願ニ帰シ，
　一心ニウタガヒナクタノムココロノ一念ヲコルトキ，スミヤカニ弥陀如来光明
　ヲハナチテ，ソノヒトヲ摂取シタマフナリ。コレスナハチ，仏ノカタヨリタス
　ケマシマスコヽロナリ。マタコレ，信心ヲ如来ヨリアタヘタマフトイフモ，コ
　ノコヽロナリ。サレバコノウヘニハ，タトヒ名号ヲトナフルトモ，仏タスケタ
　マヘトハヲモフベカラズ，タヾ弥陀ヲタノムコヽロノ一念ノ信心ニヨリテ，ヤ
　スク御タスケアルコトノカタジケナサノアマリ，弥陀如来ノ御タスケアリタル
　御恩ヲ報ジタテマツル念仏ナリトコヽロウベキナリ。コレマコトノ（　⑥　）専
　念ノ行者ナリ。コレマタ，当流ニタツルトコロノ一念発起平生業成トマフスモ，
　コノコヽロナリ。アナカシコアナカシコ。

　　　寛正二年

　　　　　　　　　　　　　　　　　　　　　　　　　　　　　　　　（御文）

問9　この史料は蓮如が出した文書である。下線部⑤の人物は誰か。

　　㋐　法然　　㋑　親鸞　　㋒　一遍

問10　（　⑥　）にはこの宗派の門徒の信仰を示す言葉が入る。これは何か。

　　㋐　専修　　㋑　坐禅　　㋒　題目

問11　蓮如は，比叡山の攻撃を避けて地方に行き教化を進めた。蓮如が越前国

で拠点として寺内町が発展した地はどこか。

　　(ア)　吉崎　　(イ)　一乗谷　　(ウ)　三国

問12　この史料にみえる蓮如の教えは以下のどれか。

　　(ア)　門徒は様々な修行をして阿弥陀如来の救いを待つべきである。

　　(イ)　門徒は阿弥陀如来による救いに対して報恩の念仏を唱えるべきである。

　　(ウ)　門徒は一念発起して守護の横暴に対して抵抗すべきである。

(D)　(元亀二年)（1571）九月十二日，叡山を取詰め，根本中堂・三王廿一社を初め奉り，霊仏・霊社・僧坊・経巻，一宇ニ残さず，時に雲霞の如く焼き払い，灰燼（かいじん）の地トなるコソ哀れ（中略）諸卒四方より関音（ときのこえ）を上て攻め上る。僧俗・児童・智者・上人一々に頸（くび）をきり，信長の御目に懸け，是は山頭に於いて其の隠れ無き高僧・貴僧・有智の僧と申し，其の外，美女・小童其の員を知らず，召捕り召列れ（つ），御前へ参り，悪僧の儀は是非に及ばず，是は御扶け成され候へと声々に申し上げ候と雖（いえど）も，中々御許容無く，一々に頸を打ち落され，目も当られぬ有様也。数千の屍（しかばね），算を乱し，哀成る仕合也。

　　　　　　　　　　　　　　　　　　　　　　　　　（『信長公記』）

問13　この史料は織田信長の延暦寺焼討に関するものである。延暦寺は膝下に水上陸上交通の拠点を支配していたが，この地はどこか。

　　(ア)　坂本　　(イ)　安土　　(ウ)　長浜

問14　この前年に織田信長に敗れ，延暦寺が同盟関係を結んだ大名は誰か。

　　(ア)　三好長慶　　(イ)　浅井長政　　(ウ)　武田勝頼

問15　鎌倉時代の金融業者の中には山僧と呼ばれる延暦寺僧もいた。これら金融業者を何と呼ぶか。

　　(ア)　馬借　　(イ)　借上　　(ウ)　供御人

〔**IV**〕　次の(A)～(E)各文の（　1　）～（　10　）について，最も適当な語句を(ア)～(ウ)の中から選び，その記号をマークしなさい。また，各文の下線部はどの時期に起こった出来事か，下記の年表の(あ)～(お)から選び，その記号をマークしなさい。

(A)　琉球王国は，1609年の薩摩藩による征服以来，同藩の支配を受けてきたが，清(中国)との間においても冊封・朝貢関係を続けていた。明治政府は，このように両属的な地位にあった琉球王国の日本への統合を図る一連の政策を推進していった。これを琉球処分という。

　　清は，日本の琉球処分に対し，アメリカ前大統領グラントに依頼し，調停を図っている。これより前，日本と清は日清修好条規を結び，領事裁判権などを相互に認めていた。調停の結果，（　1　）{(ア)　大隅　(イ)　奄美　(ウ)　先島}諸島を清に割譲し，かわりに日清修好条規を改定して日本に欧米並みの条約権利を認める，という内容で合意にいたった。しかし，清国内で異議があり承認されなかった。その後，日清戦争の結果，琉球帰属問題は解消した。

　　1890年代の沖縄県政では，主に教育(皇民化)・土地整理・港湾施設の整備が重点的に行われ，沖縄の近代化を推進した。しかし，国から任命された官選知事による県政は専制的なものであった。そのため，（　2　）{(ア)　奈良原繁　(イ)　謝花昇　(ウ)　植木枝盛}らは独裁的な県政を批判して参政権獲得運動を展開したが，弾圧された。

(B)　江戸幕府は，修好通商条約締結の後，数度にわたり使節団を欧米諸国に派遣している。最初の使節団としては，新見正興を正使とする遣米使節団が，日米修好通商条約の批准書交換のために派遣された。

　　また，徳川昭武を正使とする遣欧使節団の任務は，万国博覧会への参加であり，幕府は農工産物や工芸品，浮世絵などを出品した。当時のフランスでは，日本の美術品などに対する高い関心が示されており，浮世絵はゴッホやマネ，モネら，フランス印象派の画家たちに大きな影響をあたえた。なかでも，ゴッホの「日本趣味　梅の花」は，（　3　）{(ア)　葛飾北斎　(イ)　歌川広重　(ウ)　長谷川貞信}の「名所江戸百景　亀戸梅屋敷」を模倣して描かれたことが知られている。

　さらに，明治政府も右大臣岩倉具視を特命全権大使とする使節団を欧米に派遣した。この使節団派遣の目的は，幕府が締結した不平等条約改正の予備交渉を行うことにあった。この使節団に随行した（　4　）{(ア) 福沢諭吉 (イ) 久米邦武 (ウ) 渋沢栄一}は見聞内容を克明にまとめた『特命全権大使米欧回覧実記』を編集している。

(C)　孝明天皇の妹で，将軍（　5　）{(ア) 徳川家定 (イ) 徳川家茂 (ウ) 徳川慶喜}の正室となった和宮は，戊辰戦争に際して，朝廷と幕府の間を取り持ち，江戸城の無血開城に導いた。

　明治以降，衆議院議員選挙法や集会及政社法，治安警察法など，法律の整備に伴って女性は政治の場から排除されていくことになった。これに対して，平塚らいてう（雷鳥）らは新婦人協会を結成し，参政権の要求をはじめ，女性の地位向上を求める運動を進めていった。その結果，治安警察法は改正され，女性の政治演説会参加が認められるようになった。その後，新婦人協会を母体に結成された婦人参政権獲得期成同盟会によって，女性の選挙権獲得が目指されたが，日本において女性が参政権を行使できるようになるのは太平洋戦争後である。また，戦前に赤瀾会を結成し，女性解放運動に活躍した（　6　）{(ア) 山川菊栄 (イ) 伊藤野枝 (ウ) 市川房枝}は，戦後，労働省婦人少年局の初代局長に就任し，女性の社会的地位の向上に取り組んだ。

(D)　明治政府は蝦夷地を北海道と改称して開拓使をおき，アメリカ式の大農場制度・畜産技術の移植を図った。開拓使次官であった（　7　）{(ア) 黒田清隆 (イ) 榎本武揚 (ウ) 木戸孝允}はアメリカに渡り，開拓使顧問団の派遣を要請した。来日した顧問団は，札幌の都市建設や大農場経営の採用，札幌農学校設立の指導などにあたった。開拓使は移民保護政策をとる一方，先住民族であるアイヌに対しては厳しい同化政策をとった。そのため，アイヌの伝統的な生活・文化は失われ，窮乏した。明治政府はアイヌ民族の保護を目的として，（　8　）{(ア) アイヌ文化振興法 (イ) 北海道旧土人保護法 (ウ) 北海道開発法}を制定した。開拓使は計画期間の満了により，すでに廃止されていたが，

この法律は開拓使以来の同化政策上にあり，実際には狩猟・漁労の禁止と農耕の強制，日本式教育の徹底を図るものであった。また，開拓使については，廃止時に所属の官有物を，政商五代友厚が関係する関西貿易社に不当に安く払い下げようとしていることが発覚し政治問題化している。これを開拓使官有物払下げ事件という。

(E)　ＪＲ品川－田町駅間の再開発に伴う発掘調査により発見され，2021 年に国史跡「旧新橋停車場跡」に追加指定となった「高輪築堤跡」は，新橋－横浜間に開業した日本で最初の鉄道の遺構である。この鉄道敷設工事は，イギリス人技師モレルの指導のもとで行われ，総延長約 29 km のうち，本芝から品川停車場にいたる約 2.7 km は海上に築いた堤上に線路が敷設されている。明治政府において，鉄道敷設事業を積極的に推進した一人が，佐賀藩出身の民部・大蔵大輔（　9　）{(ア) 大隈重信　(イ) 江藤新平　(ウ) 松方正義}であった。

　その後も政府による鉄道の敷設事業は進められていき，大日本帝国憲法が発布された年には新橋から（　10　）{(ア) 京都　(イ) 大阪　(ウ) 神戸}までを結ぶ官営の東海道線の全線が開通した。また，各地で民営鉄道の建設も進められ，鉄道網は全国に広がっていった。第 1 次西園寺公望内閣は，全国鉄道網の統一的管理を実現するため，鉄道国有法を公布し，主要幹線の民営鉄道 17 社を買収した。

《年表》

1840 年	アヘン戦争がおこる
	(あ)
1863 年	薩英戦争がおこる
	(い)
1877 年	西南戦争がおこる
	(う)
1904 年	日露戦争がはじまる
	(え)
1914 年	第一次世界大戦がはじまる
	(お)
1950 年	朝鮮戦争がはじまる

2月5日実施分　　解答　日本史

I　解答　1 ―(ツ)　2 ―(コ)　3 ―(シ)　4 ―(エ)　5 ―(ソ)　6 ―(キ)
　　　　　　7 ―(サ)　8 ―(テ)　9 ―(カ)　10―(ハ)

◀解　説▶

≪天平文化と鎌倉文化≫

2．行基は僧尼令に反して民間布教を行ったため弾圧されたが，大仏造立
に協力をしたため，大僧正に任ぜられた。

3．752 年，孝謙天皇の治世において大仏の開眼供養が行われ，聖武太上
天皇も参列した。

4．東大寺の大仏は華厳宗の本尊であり，正式には盧舎那仏という。

5．東大寺の仏像は塑像が多いが，不空羂索観音像は乾漆像である。

6．もと北面の武士であった西行は出家後，諸国を遍歴した。和歌にも優
れ歌集『山家集』を残している。

7．やや難。藤原秀衡は 1157 年頃に父基衡の死によって家督を継ぎ，奥
州藤原氏 3 代目となり 1187 年に亡くなった。平氏（平重衡）による東大
寺の焼打ちは，治承 4 年 12 月（1181 年 1 月）のことである。

9．阿仏尼による紀行文は『十六夜日記』である。10 月 16 日に京都を出
立したところから始まるため，この書名で呼ばれるようになった。

10．福原遷都の様子などを記す随筆は鴨長明による『方丈記』である。
『徒然草』の著者として有名な吉田兼好は鎌倉後期から南北朝期を生きた
人物である。

II　解答　1 ―(ク)　2 ―(ソ)　3 ―(ウ)　4 ―(ヒ)　5 ―(フ)　6 ―(ト)
　　　　　　7 ―(ヌ)　8 ―(セ)　9 ―(エ)　10―(コ)

◀解　説▶

≪近代における日本の海外進出と選挙制度の変遷≫

1．難問。台湾総督府は台北（タイペイ）に設置された。初代総督に樺山資紀が就任し
た。

2．ポーツマス条約によって東清鉄道の支線のうちの長春・旅順間の鉄道

と付属の利権がロシアから日本に譲渡された。

３．難問。樺太の統治を担った樺太庁は，大泊，のちに豊原に設置され，設置当初は内務省の指揮下で行政を行った。

４．伊藤博文は韓国の初代統監に就任し，韓国の近代化に努めた。しかし 1909 年に安重根によってハルビンで暗殺された。

５．1942 年のミッドウェー海戦後，劣勢となった日本は，絶対国防圏を設定して，戦線を縮小し挽回の機会をうかがっていた。しかしサイパン島が陥落したために絶対国防圏が破られた。この責任を取って東条英機内閣は総辞職した。

７．加藤高明は前身の立憲同志会においても総裁を務めた。立憲同志会が他政党と合同して結党された憲政会は，憲政の常道にともなう二大政党の一翼を担う大政党であった。

８．1919 年の選挙法改正後の総選挙で有権者は約 306 万人，人口比 5.5%であった。普通選挙法制定により有権者は約 1240 万人，人口比 20.8%と約 4 倍に増加した。

９．五大改革指令の婦人の解放によって衆議院議員選挙法が改正され，女性参政権が認められた。1946 年 4 月の総選挙では 39 名の女性議員が誕生した。

10．リクルート事件や佐川急便事件など，自由民主党が関わる贈収賄事件が発覚して政治不信が広がると，自由民主党の分裂もあって 1993 年の衆議院議員総選挙では自由民主党が敗北し，日本新党の細川護熙が 8 党派連立による内閣を組織した。

Ⅲ **解答**　問 1 ．(イ)　問 2 ．(ア)　問 3 ．(ア)　問 4 ．(ウ)　問 5 ．(イ)
　　　　　　　問 6 ．(ウ)　問 7 ．(ア)　問 8 ．(ウ)　問 9 ．(イ)　問 10．(ア)
問 11．(ア)　問 12．(イ)　問 13．(ア)　問 14．(イ)　問 15．(イ)

◀解　説▶

≪中世・近世の史料問題≫

(A)問 1 ．白河天皇が創建した法勝寺は，「勝」の字が寺院名につく六勝寺の最初である。

問 2 ．院政期には造寺の財源を成功や重任によってまかなった。そのため受領の勤務に対する評価は正しくないと北畠親房は述べている。

問4．藤原宗忠の日記である(ウ)『中右記』も院政期における貴重な史料である。(ア)『御堂関白記』は藤原道長による日記，(イ)『玉葉』は九条兼実の日記である。

(B)問6．承久の乱の時の執権は2代の北条義時であった。

問8．新補率法では 11 町に 1 町の免田（給田），段別 5 升の加徴米，および山野河海からの収益の半分が地頭の得分として認められた。

(C)問9．浄土真宗の僧である蓮如の「御文」なので，当流上人はその祖である親鸞を指す。

問 10．浄土宗や浄土真宗は(ア)専修（ひたすら）念仏を唱えることを重視した。(イ)坐禅は禅宗の教えである。(ウ)題目を唱えることは日蓮宗の教えで，題目とは南無妙法蓮華経のことである。

問 11．蓮如が(ア)吉崎に道場をかまえると，ここに門徒が多く集まり寺内町を形成するようになった。(イ)一乗谷は朝倉氏の城下町であった。(ウ)三国は越前国の港町であった。

問 12．(イ)正文。9 行目に「弥陀如来ノ御タスケアリタル御恩ヲ報ジタテマツル念仏ナリトコヽロウベキナリ」とある。(ア)誤文。3 行目に「一向ニモロモロノ雑行雑修ノワロキ執心ヲステ」とあり，様々な修行を禁じている。(ウ)誤文。守護の横暴に対して抵抗すべき，という文章は見受けられない。

(D)問 13．坂本は延暦寺の門前町，また琵琶湖の港町として栄えた。

問 14．史料 1 行目に「1571 年」とあるので，前年の戦いは 1570 年の姉川の戦いである。織田信長は近江の浅井長政，越前の朝倉義景連合軍に勝利した。

問 15．鎌倉時代の金融業者は(イ)借上である。(ア)馬借は室町時代の輸送業者であった。(ウ)供御人は中世において天皇や皇族に食料などを貢納する人々であった。

IV　解答

1 ―(ウ)　2 ―(イ)　3 ―(イ)　4 ―(イ)　5 ―(イ)　6 ―(ア)

7 ―(ア)　8 ―(イ)　9 ―(ア)　10 ―(ウ)

(A)―(い)　(B)―(あ)　(C)―(お)　(D)―(う)　(E)―(え)

━━━━━━━━◀解　説▶━━━━━━━━

≪近世・近代の総合問題≫

1．やや難。明治時代初期の琉球帰属問題において，アメリカ前大統領グラントは宮古島や八重山諸島を清に譲渡する先島分島案を提案したが，解決には至らなかった。

2．やや難。沖縄県知事奈良原繁の圧政に対し，謝花昇らは抵抗し参政権獲得運動を行った。

3．やや難。歌川広重は 19 世紀の浮世絵師で『東海道五十三次』や『名所江戸百景』などを描いた。

4．岩倉使節団に随行し『特命全権大使米欧回覧実記』を編集した久米邦武は，論文「神道は祭典の古俗」が 1891 年に不敬とされ，帝国大学を辞職することになった。

6．山川菊栄は 1921 年に伊藤野枝らとともに女性の社会主義団体である赤瀾会を結成した。

7．開拓使次官，のちに長官となった黒田清隆は，北海道の開拓に専念するため樺太放棄論を上申し，これが樺太・千島交換条約につながった。

8．北海道旧土人保護法において，政府は保護の名目のもとアイヌに土地を与えて農業に従事させる同化政策を行った。この法律は 1997 年に廃止され，新たにアイヌ文化振興法が制定された。

9．やや難。大隈重信は 1869 年に大蔵大輔，1873 年に大蔵卿となって 1870 年代の財政政策を主導した。大隈は鉄道建設にも尽力し，1872 年に新橋・横浜間の鉄道が開通した。

10．大日本帝国憲法が発布された 1889 年に，東京・神戸間の東海道線が全通した。なお，同年営業キロ数において民営が官営を上回った。

(A)日清修好条規は明治時代初期の 1871 年に締結された。

(B)新見正興がアメリカに派遣されたのは，修好通商条約締結の 2 年後の 1860 年であった。

(C)新婦人協会の結成年は 1920 年で，大正時代であった。

(D)1881 年に開拓使官有物払下げ事件が起きると，大隈重信に反政府陰謀があったとして参議を罷免された。これを明治十四年の政変という。

(E)鉄道国有法は日露戦争後の 1906 年に制定された。

❖講　評

　Ⅰは天平文化と鎌倉文化についての出題である。3の類題は 2022 年度にも出題されているので，過去問はしっかり解けるようにしておくとよい。7 はやや難問。

　Ⅱは近代における日本の海外進出と選挙制度の変遷についての出題である。1・3 は難問。2023 年度も 1990 年代から出題されているので，現代もしっかり学習しておこう。8 や 9 の数値もできてほしい問題である。

　Ⅲは「院政」「承久の乱」「御文」「延暦寺の焼打ち」の史料 4 点を用いた出題。(A)はやや細かいが学習済みであってほしい史料である。対策しておけば問 2 が解けた。(B)頻出の史料問題。問 8 もしっかり正解してほしい。(C)は未見史料であろう。各設問の文章で正解を導けるように出題されているので，問 12 の読み取り問題も含めて全問正解したい。(D)も学習しておいてもらいたい史料である。設問も難しくはない。

　Ⅳは近世・近代の年表による総合問題である。(A)の沖縄史の 1・2 はやや難問だが正解したい。3 と 9 もやや難問。年表に当てはめる問題はすべて難しくなく，しかも各選択肢に一つずつ答えを入れていけばいいので，容易なところから埋めていけば，全問正解できるだろう。

![問題 日本史 2月7日実施分]

（60分）

〔Ⅰ〕次の(A)～(J)各文の（　1　）～（　10　）に入れるのに最も適当な語句を下記の語
群から選び，その記号をマークしなさい。

(A)　幕末の開港により欧米諸国との貿易が行われた。当時の日本の輸出品は農水
産物やその加工品，輸入品は繊維工業製品や軍需品が中心であった。最大の貿
易相手国は輸出入ともに（　1　）であった。

(B)　明治新政府は，旧幕時代以来の年貢収入を減らさない方針で地租改正を行っ
たが，負担軽減を求める農民の反発を招き，地租改正反対一揆も起こったため，
地租の税率を（　2　）％に引き下げた。

(C)　北海道の開発は重要な政策課題であり，政府は開拓使を設置した。アメリカ
から招いた（　3　）は，開拓使顧問として大農場制度の移植や札幌農学校の設
立などに尽力した。

(D)　戦前期の日本では米の供給が常に安定していた訳ではなく，植民地からの米
の移入が重要性を持っていた。都市人口が増大した日露戦争後には，（　4　）
からの米や原料糖の移入が増加した。

(E)　1930年代に急成長した化学工業の主要な製品の一つが化学肥料であった。
新興財閥の日本窒素肥料会社などの化学メーカーが製造した（　5　）は，米の
増産に貢献した。

(F) 国家総動員法が制定されると，経済統制の一環として国民の消費にも制限がかけられた。1941 年には米の（　6　）が始まり，太平洋戦争開戦後は食糧難が深刻化し，米に代わる代用食が増加した。

(G) ＧＨＱの民主化政策として行われた農地改革は，寄生地主制度を解体し，自作農経営を創出した。全農地に占める小作地は大幅に減少する一方で，（　7　）町歩未満の零細経営規模の自作農が 1950 年には農家の約 73%を占めた。

(H) 終戦後も食糧難が続いたため，（　8　）による緊急食糧輸入が行われたが，農地改革によって農業生産は急速に拡大した。米の豊作が続き，1955 年には米の自給が可能になった。

(I) 高度経済成長期には，産業高度化と都市化の進展を背景に農業人口が減少した。就業人口に占める割合は 1970 年に 2 割を切り，農外収入を主とする（　9　）農家が農家総数の 50%に達した。

(J) 1980 年代，貿易赤字に苦しむアメリカは，対米貿易で黒字を増大させた日本に市場の開放を要求した。政府は 1988 年に（　10　）の輸入自由化を決定し，1993 年には米市場の部分開放を決定した。

〔語群〕

(ア) 1	(イ) オレンジ・半導体	(ウ) ジェーンズ
(エ) 総合切符制	(オ) 台湾	(カ) 配給制
(キ) オランダ	(ク) 硫安	(ケ) マーシャル=プラン
(コ) エロア資金	(サ) 油粕	(シ) 第一種兼業
(ス) ケプロン	(セ) 牛肉・自動車	(ソ) 3
(タ) 7	(チ) 2	(ツ) 朝鮮
(テ) 満州	(ト) 5	(ナ) ガリオア資金
(ニ) 供出制	(ヌ) アメリカ	(ネ) 牛肉・オレンジ
(ノ) クラーク	(ハ) 第二種兼業	(ヒ) イギリス
(フ) 専業	(ヘ) 大豆粕	(ホ) 2.5

〔**Ⅱ**〕　次の(A)〜(E)各文の（　1　）〜（　10　）に入れるのに最も適当な語句を下記の語
　　　群から選び，その記号をマークしなさい。

(A)　後白河上皇の命で宮中の儀式や貴族・庶民の芸能などを描いた『（　1　）』は，
　　12 世紀後半の成立とされる絵巻物である。その祇園御霊会の場面には，庶民
　　の住まいである町屋が街路に面してたつ様子をみることができる。町屋と街路
　　との密接な関係がうかがえるが，室町時代後半には，街路をはさんで向かいあ
　　う家々が一つの町をつくった。これを（　2　）町と呼ぶ。

(B)　鎌倉時代に大陸からもたらされた新しい様式である禅宗様の建物は，屋根の
　　強い軒反りや曲芸的な架構，細部では扇垂木や花頭窓などを特徴とする。代
　　　　　　　　　　　　　　　おうぎだるき　かとうまど
　　表的な建物に神奈川県の（　3　）舎利殿がある。また，長野県の（　4　）の塔
　　は，裳階をもつ三重塔として薬師寺のそれとともに希少であり，さらに平面が
　　　　もこし
　　八角形の唯一現存する木造塔である。

(C)　江戸時代中期以降，庶民の旅が広く普及し，寺社への参詣や聖地・霊場にむ
　　かう巡礼がさかんに行われた。香川県にある（　5　）は，海上の守護神として
　　信仰され，数百段におよぶ石段の参道は多くの参詣客でにぎわった。近くには
　　参詣客を楽しませる施設であった現存最古の芝居小屋がのこる。花道や回り舞
　　台，せり出しなどの舞台装置を備え，いまも歌舞伎が上演されている。このよ
　　うな舞台装置を生かした作者としては，『（　6　）』を著した鶴屋南北が知られ
　　る。

(D)　11 代将軍徳川家斉の補佐として老中に就任したのは，白河藩主の（　7　）
　　である。寛政の改革を行い，平安の古儀による内裏の再建では総奉行に任命さ
　　れている。内裏の北半を占め，天皇の后妃が住む（　8　）の建物の中で，この
　　とき再建されたのはごく一部であるが，近年，平安時代の内裏の旧地において，
　　登華殿・弘徽殿に関連する建物跡を発掘している。
　　とうか　こき

(E)　江戸時代の内裏の周囲には，上皇や女院の御所，宮家の屋敷のほか，朝廷を
　　構成する官人である（　9　）の住まいが集まり，中でも五摂家の屋敷は，とり
　　わけ大きな敷地を擁していた。明治維新後，彼らの大部分は東京へ居を移し，
　　跡地は京都御苑として整備され，広大な国民公園へと変貌した。その南西部に
　　は，新井白石の建議により，東山天皇の皇子直仁親王にはじまる（　10　）宮家
　　の屋敷があった。現在，屋敷跡にたつ展示室では，再現された江戸時代の景観
　　をＶＲによってみることができる。

〔語群〕

㈠　建長寺	㈤　惣	㈥　鳥獣人物戯画
㈢　伊勢神宮	㈥　安楽寺	㈮　東宮
㈭　菅原伝授手習鑑	㈦　年中行事絵巻	㈱　東海道四谷怪談
㈡　同業者	㈲　斎宮	㈾　円覚寺
㈹　武家	㈻　松平定信	㈼　石山寺
㈺　源氏物語絵巻	㈽　後宮	㈴　三人吉三廓初買
㈧　厳島神社	㈫　伏見	㈨　両側
㈥　建仁寺	㈬　寺家	㈩　田沼意次
㈸　松平慶永（春嶽）	㈦　有栖川	㈵　公家
㈶　閑院	㈡　金毘羅宮	㈷　善光寺

〔Ⅲ〕　次の(A)～(C)各史料に関する問1～問15について，(ア)～(ウ)の中から最も適当な
　　　　語句を選び，その記号をマークしなさい。

(A)　凡そ戸は，（　①　）戸を以て里と為よ。里毎に長一人置け。戸口を検校し，
　　農桑を課殖し，非違を禁察し，賦役を催駈することを 掌 る。若し山谷阻り
　　険しくして，地遠く人稀ならむ処には，便に随ひて量りて置け。

　　　凡そ（　③　）造らむことは，年毎に六月の卅日の以前に，京国の官司，所部
　　の手実責へ。具に家口・年紀を注せよ。（中略）

　　　凡そ（　④　）は，六年に一たび造れ。十一月の上旬より起りて，式に依りて
　　勘へ造れ。里別に巻と為せ。惣べて三通写せ。（中略）二通は太政官に申し送
　　れ。一通は国に留めよ。（中略）

　　　凡そ戸籍は，恒に五比留めよ。其れ遠き年のは，次に依りて除け。近江の大
　　津の宮の庚午の年の籍は除くことせず。
　　　　　　　⑤
　　　　　　　　　　　　　　　　　　　　　　　　　　　（『令義解』・戸令）

　問1　文中の（　①　）に入る数字は何か。
　　　　(ア) 十　　(イ) 三十　　(ウ) 五十

　問2　下線部②の「里」は郡の下の地方行政区画であるが，その後717年には改
　　　　称されている。新しい名称は何か。
　　　　(ア) 評　　(イ) 郷　　(ウ) 村

　問3　文中の（　③　）と（　④　）に入る語句の組合せとして，正しいものはど
　　　　れか。
　　　　(ア) ③戸籍　④計帳　　(イ) ③計帳　④戸籍　　(ウ) ③口分田　④戸籍

　問4　下線部⑤の「庚午の年の籍」をつくった天皇は誰か。
　　　　(ア) 天智天皇　　(イ) 天武天皇　　(ウ) 持統天皇

問5　この史料の出典は『令義解』であるが，淳和天皇の勅命を受け，右大臣として本書を完成させた人物は誰か。

　(ア)　惟宗直本　　(イ)　小野篁　　(ウ)　清原夏野

(B)　（延暦二十四年十二月壬寅）是の日，中納言近衛大将従三位藤原朝臣内麻呂，殿上に侍す。勅有りて参議右衛士 督従四位下藤原朝臣（　⑥　）と参議左大弁正四位下菅野朝臣真道とをして天下の徳政を相論せしむ。時に（　⑥　），議して云く，「方今，天下の苦しむ所は軍事と造作となり。此の両事を停めば百姓安んぜむ」と。真道，異議を確執して肯えて聴かず。帝，（　⑥　）の議を善しとし，即ち停廃に従ふ。

　　　　　　　　　　　　　　　　　　　　　　　（『日本後紀』）

問6　この史料は，いわゆる徳政相論と呼ばれる議論について記されたものである。このなかで菅野真道と論争した（　⑥　）の人物は誰か。

　(ア)　永手　　(イ)　緒嗣　　(ウ)　百川

問7　下線部⑦の「軍事」とは蝦夷との戦争を指すが，奈良時代から陸奥側では多賀城が拠点となり，ここに鎮守府が置かれた。平安時代に入ると，鎮守府は胆沢城に移されている。一方，出羽側では733年に出羽柵が北方へ移された。この城柵はのちに名称が変更されている。その名称は何か。

　(ア)　秋田城　　(イ)　雄勝城　　(ウ)　志波城

問8　下線部⑧の「造作」とは平安京造営を指すが，平安京に遷都する前に長岡京造営を主導した人物が暗殺された事件が起こっている。これに関与したとされた皇太子は誰か。

　(ア)　高岳親王　　(イ)　他戸親王　　(ウ)　早良親王

問9　下線部⑨の「帝」は，（　⑥　）の人物の議を採用し，それまで取り組んで
　　きた二大事業である軍事と造作を打ち切ることにした。この帝はほかにも
　　政治改革を進めたが，その一つとして国司の交替に際する事務の引き継ぎ
　　を監督する新たな官職を設けている。この職は何か。

　　　(ア)　検非違使　　　(イ)　勘解由使　　　(ウ)　蔵人頭

問10　下線部⑨の「帝」の政治改革は，その後平城天皇・嵯峨天皇にも引き継が
　　れることになった。官司を統廃合するなど政治の刷新を行った平城天皇は
　　退位後，嵯峨天皇と対立するようになった。このとき平城太上天皇が平城
　　遷都を実施しようとして起こった抗争は何か。

　　　(ア)　承和の変　　　(イ)　薬子の変　　　(ウ)　応天門の変

(C)　（（　⑩　）四年九月三日）（中略）又伝へ聞く。謀叛の賊義朝の子，年来配所
　　伊豆国に在り。而るに近日凶悪を事とし，去んぬる比新司の先使を凌礫_{りょうりゃく}す。
　　時忠卿知行の国なり。凡そ伊豆・（　⑪　）両国押領し了んぬ。又為義の息，一
　　両年来熊野辺に住む。而るに去んぬる五月乱逆の刻_{きざみ}，坂東方に赴き了んぬ。
　　彼の義朝の子に与力し，大略謀叛を企つるか。宛_{あたか}も将門の如しと云々。
　　　　　　　　　　　　　　⑫

　　　　1183
　　（寿永二年閏十月十三日）（中略）又語りて云く。（中略）抑_{そもそも}，東海・東
　　山・北陸三道の庄園国領，本の如く領知すべきの由，宣下せらるべきの旨，頼
　　朝申し請ふ。仍て_{よっ}宣旨を下さるるの処，北陸道許り_{ばか}は義仲を恐るるに依り，其
　　の宣旨を成されず。頼朝これを聞かば，定めて鬱_{うっ}を結ぶか。

問11　この史料の前半は，源頼朝の挙兵について記されたものであるが，
　　（　⑩　）に入る年号は何か。

　　　(ア)　元暦　　　(イ)　養和　　　(ウ)　治承

問12　（　⑪　）に入る国名は何か。

　　　(ア)　武蔵　　　(イ)　駿河　　　(ウ)　相模

問13　下線部⑫の「五月乱逆」とは以仁王の挙兵を指すが，この時，挙兵を呼び
　　かける以仁王の命令を伝えた文書の様式は何か。

　　(ア)　令旨　　　(イ)　院宣　　　(ウ)　官符

問14　この史料の後半，寿永二年十月宣旨の内容について説明したものとして，
　　誤っているのはどれか。

　　(ア)　頼朝の要請によって掌握していた地域の荘園・公領をもとの領主に安
　　　堵するという宣旨が出され，東国での支配権が承認された。

　　(イ)　朝廷は義仲に遠慮して，北陸道については荘園・公領をもとの領主に
　　　安堵するという宣旨を認めなかった。

　　(ウ)　頼朝だけでなく義仲からも北陸道の荘園・公領をもとの領主に安堵す
　　　るという宣旨の求めがあり，朝廷はともに認めなかった。

問15　これらの史料の出典は同じもので，40年間にわたる九条兼実の日記で
　　ある。その日記の名称は何か。

　　(ア)　『愚管抄』　　　(イ)　『吾妻鏡』　　　(ウ)　『玉葉』

〔Ⅳ〕　次の写真①〜⑤を見て，(A)〜(E)の各文の（　1　）〜（　10　）について，下記の
　　　　語群の中から最も適当な語句を選び，その記号をマークしなさい。また，各文の
　　　　下線部の出来事はどの時期に起こった出来事か，下記の年表の(あ)〜(お)から選び，
　　　　その記号をマークしなさい。

(A)　写真①は，『（　1　）』の三条殿夜討巻の一場面で，藤原信頼と源義朝の軍勢
　　　に火を放たれ，後白河上皇の御所である三条殿が炎上する様子を描いている。
　　　この絵巻は現在，米国のボストン美術館に収蔵されているが，日本国内では東
　　　京国立博物館と静嘉堂文庫に別の各 1 巻が分蔵されている。この絵巻に描かれ
　　　た戦乱は，後白河上皇の近臣であった藤原信頼が源義朝と謀って起こした反乱
　　　で，上皇たちを内裏に幽閉し，平清盛と結び権勢を誇っていた（　2　）を殺害
　　　し，一時は藤原信頼が朝廷の実権を掌握した。しかし，熊野詣から帰京した平
　　　清盛の軍勢により，攻め滅ぼされて乱は終焉した。この絵巻に描かれた戦乱の
　　　ありさまは，公家社会に武士の世が到来したことを強く印象づけることになった。

(B)　写真②は，鏑木清方の「（　3　）」である。「新富町」，「浜町河岸」とあわせて
　　　三部作となるこの作品は，朝顔が咲くころ小紋縮緬の 単 （ひとえ）に黒縮緬の羽織，夜
　　　会結びに結った女性がふと立ち止まる一瞬を描写している。この作品は第 8 回
　　　帝国美術院展覧会に出品され，帝国美術院賞を受けた。鏑木清方は，西南戦争
　　　が起こった翌年，東京神田に生まれた。本作品は太平洋戦争の戦禍を免れたが，
　　　鏑木清方の死後，1975 年の展覧会を最後に長らく所在が不明になり，幻の名
　　　作として探索されてきた。それから 40 余年を経た 2019 年，この作品は再び世
　　　に姿を現し，東京国立近代美術館に収蔵されて話題となった。鏑木清方と同時
　　　期に活躍した画家が描いた作品には，関西美術院で浅井忠に学び，フランス留
　　　学でセザンヌの影響を受けた（　4　）の「金蓉」や，古典を現代につなぐ新古典
　　　主義の代表作の一つとされる小林古径の「髪」などがある。

(C)　写真③は，大和と河内の境にある朝護孫子寺が所蔵する，僧侶の命蓮を主人
　　　公とする全 3 巻の国宝『（　5　）』第 1 巻の一場面である。この第 1 巻は「飛倉
　　　の巻」あるいは「山崎長者の巻」と呼ばれ，命蓮が法力で長者のもとに飛ばした

不思議な鉢で米倉を山中に運ぶという奇跡譚である。画面の下方には驚き騒ぐ
人々と，倉を追いかけようと馬に乗ろうとする長者の姿が誇張を交えて生き生
きと描写されている。この絵巻が制作されたと推定されている時期の前後には
京都で大火があり，内裏や大極殿，八省院をはじめ2万余家が焼亡したという。
このような混乱した世相のなかで，平氏は清盛の娘の（　6　）を中宮に入れ，
安徳天皇の外戚としてますます威勢をふるった。また，一門が官職を独占する
などしたため，排除された旧勢力から強い反発を受けた。そのようななか，後
白河上皇の近臣たちが，京都郊外で平氏打倒を画策する事件が起こった。この
計画は密告により失敗に終わったが，のちに清盛は後白河上皇を幽閉し，関白
以下多数の貴族を処罰し，政界の主導権を手中におさめた。

(D)　写真④は，六曲一隻の通称「（　7　）屏風」の一部分であり，この屏風は国
宝に指定されている。写真④の部分には，水墨山水図の屏風の前で，三味線や
双六に興じる室内遊楽の人物群を描いている。この屏風は寛永年中の遊里風俗
を主題としていると推定されているが，この種の風俗図の代表作である。この
屏風を伝えてきた藩が所在した地域は戦国時代，六角氏と京極，浅井氏との間
の戦略的な拠点として，しばしば戦乱の舞台となった。この要衝の地に築かれ
た佐和山城は，六角氏の拠点の一つとして知られる。石田三成が佐和山城主と
なったのち，天守閣や石垣などの整備が本格的にすすめられた。その後，関ケ
原の戦いにより勝利をおさめた東軍の武将井伊直政が，三成の旧領を中心に
18万石を与えられて入封した。井伊家は，幕末まで続く譜代大名の筆頭とし
て幕府を支えた。江戸時代末期，当主である井伊直弼は，日米和親条約の締結
を主導した（　8　）が没した翌年に大老となった。直弼は，将軍後継問題で南
紀派を後援し，一橋派への大弾圧事件である安政の大獄を開始したことでも知
られる。

(E)　写真⑤は，葛飾北斎が江戸後期に制作した「富嶽三十六景」中の1枚である
「（　9　）」，通称，赤富士として知られる作品である。この大判錦絵46枚か
らなる「富嶽三十六景」は葛飾北斎の代表作であり，江戸を中心に各地からとら
えた富士の姿がさまざまな趣向を凝らして描かれている。本シリーズは浮世絵

において風景画のジャンルを大成させたものとしても著名であるとともに，ヨーロッパ後期印象派の画家にも影響を及ぼし，ジャポニズムを生んだ。この作品が制作されたのと同じころ，オランダ商館のドイツ人医師が帰国の際に国外への持ち出しを禁じられていた日本地図などを所持することが発覚し，幕府が関係者を処罰したシーボルト事件が起こった。また，同じころ，薩摩藩でも藩主の島津重豪により，財政改革主任に抜擢された（　10　）が，砂糖や薬用植物の専売体制の強化，唐物貿易の拡大などによって収入増を図り，危機的状況に陥っていた藩財政を再建した。この人物はのちに家老に昇進したが，琉球外交問題の対処をめぐって島津斉彬と対立し自害した。

〔語群〕

(ア) 詮子	(イ) 調所広郷	(ウ) 湖畔
(エ) 岸田劉生	(オ) 村田清風	(カ) 藤原通憲(信西)
(キ) 北野天神縁起絵巻	(ク) 阿部正弘	(ケ) 十便十宜図
(コ) 後三年合戦絵巻	(サ) 築地明石町	(シ) 長浜
(ス) 藤原忠通	(セ) 安藤信正	(ソ) 無我
(タ) 明子	(チ) 安土	(ツ) 堀田正睦
(テ) 信貴山縁起絵巻	(ト) 梅原龍三郎	(ナ) 鍋島直正
(ニ) 安井曽太郎	(ヌ) 彦根	(ネ) 平治物語絵巻
(ノ) 凱風快晴	(ハ) 徳子	(ヒ) 春日権現験記
(フ) 藤原頼長	(ヘ) 神奈川沖浪裏	(ホ) 保元物語絵巻

《年表》

1129 年	鳥羽上皇の院政開始
	(あ)
1167 年	平清盛，太政大臣就任
	(い)
1790 年	人足寄せ場の設置
	(う)
1837 年	モリソン号事件
	(え)
1869 年	五稜郭の戦い
	(お)
1900 年	立憲政友会の結成

写真①

写真②

写真③

写真④

写真⑤

2月7日実施分　　　　**解答** 日本史

I　**解答**　1—(ヒ)　2—(ホ)　3—(ス)　4—(オ)　5—(ク)　6—(カ)
　　　　　　7—(ア)　8—(ナ)　9—(ハ)　10—(ネ)

◀解　説▶

≪近現代の農業と貿易≫

1. 幕末開港時の最大貿易相手国はイギリスであった。アメリカは南北戦争の影響で，貿易から後退していた。

2. 地租改正反対一揆が起きると，士族の反乱にも対処していた明治政府は，1877 年に地租を 3 ％から 2.5％に引き下げた。

4. 下関条約で台湾の領有が決定すると，日本は台湾から米を移入するようになった。1910 年に韓国を植民地とした後は，朝鮮からも米を移入した。

5. 難問。硫安は硫酸アンモニウムのことで，即効性のある窒素肥料である。日本窒素肥料会社などが製造を行った。

6. 米は 1940 年から政府が強制的に買い上げる供出制となり，1941 年から配給（通帳）制となって，配給日に政府から購入した。

8. 終戦後，ガリオア資金（占領地行政救済資金）によってアメリカから食糧品や医薬品などが援助された。アメリカは占領政策を転換した際に，ガリオア資金の一部をエロア資金として，産業復興に充てた。

9. やや難問。兼業農家のうち，農業収入を主とする農家を第一種兼業農家，農業外収入を主とする農家を第二種兼業農家という。

10. 牛肉・オレンジの輸入自由化は 1988 年の日米貿易交渉によって決定され，1991 年から実施された。

II　**解答**　1—(ク)　2—(ナ)　3—(シ)　4—(オ)　5—(ヘ)　6—(ケ)
　　　　　　7—(セ)　8—(チ)　9—(ヒ)　10—(フ)

◀解　説▶

≪中世・近世の建築史≫

2. 難問。室町時代の京都では，通りを挟んで両側の家々（町屋）による

一区画で，生活単位である町が形成された。これを両側町という。

3．禅宗様（唐様）の代表的な建築物は神奈川県の円覚寺舎利殿である。大仏様で建てられた東大寺南大門とともに，鎌倉文化を代表する建築物である。

4．難問。長野県の安楽寺八角三重塔は，鎌倉時代後期に建てられた禅宗様の建築物である。

5．難問。香川県にある金毘羅宮（金刀比羅宮）は，海上の守護神として信仰され，江戸時代に多く参詣された。

6．鶴屋南北（大南北）による『東海道四谷怪談』は，夫に毒殺された妻お岩が，亡霊となって復讐する内容で，町人社会の生活を描いた世話物のうち，より写実的に描いた生世話物の代表である。

8．難問。内裏のうち天皇の后妃が住む建物を後宮といった。ここから后妃や后妃に仕える女官なども後宮と呼ばれるようになった。

9．武家に対し，朝廷を構成する官人を公家という。

10．新井白石は，朝廷との融和を図ることを目的に，幕府の費用で閑院宮家を設置した。これにより伏見宮・有栖川宮・桂宮（京極宮）に加えて四親王家となった。

Ⅲ　解答

問 1．(ウ)　問 2．(イ)　問 3．(イ)　問 4．(ア)　問 5．(ウ)
問 6．(イ)　問 7．(ア)　問 8．(ウ)　問 9．(イ)　問 10．(イ)
問 11．(ウ)　問 12．(イ)　問 13．(ア)　問 14．(ウ)　問 15．(ウ)

◀解　説▶

≪古代・中世の史料問題≫

(A)問 1．律令においては，郷戸 50 戸を 1 里とした。

問 3．③は「年毎」つまり毎年作成とあることから計帳である。④は「六年に一たび」とあることから戸籍である。

問 4．庚午年籍は 670 年，天智天皇のもとで作成された。わが国初の全国的戸籍であり，氏姓を正す根本台帳として永久保存された。

問 5．『令義解』は 833 年に清原夏野によって編纂された，養老令の官撰注釈書である。惟宗直本は養老令の私撰注釈書として『令集解』を私的に編纂した。

(B)問 6．805 年の徳政相論（論争）は，桓武天皇の命により藤原式家の藤

原緒嗣と菅野真道によって行われ，二大事業は打ち切りとなった。

問7．733年に秋田城が設置され，出羽国府が移された。これにより日本海側の朝廷の支配領域が拡大した。

問8．785年に長岡京造営を主導していた藤原種継が暗殺されると，桓武天皇の弟の早良親王が首謀者とされて，皇太子を廃された。早良親王が配流中に死去すると，桓武天皇の身内が病気になるなどしたため，早良親王の祟りを恐れた桓武天皇は，長岡京から平安京に遷都した。

問9．桓武天皇は797年に勘解由使を設置して国司交替の引き継ぎを監査し，交替の際の不正を防ごうとした。

問10．薬子の変は平城太上天皇の変ともいう。平城太上天皇は，810年に平城遷都を画策したため嵯峨天皇と対立し，挙兵を試みるも嵯峨天皇の迅速な対応によって失敗した。

(C)問11・問13．いわゆる源平の争乱を治承・寿永の乱という。これは，後白河法皇の皇子以仁王が1180（治承4）年に平氏打倒の令旨を発したことをきっかけに始まった。

問12．平治の乱後，伊豆国に幽閉されていた源頼朝は，以仁王の令旨を受けて挙兵し，伊豆・駿河両国を制圧し，その後，相模国に進出して鎌倉を拠点とした。

問14．やや難問。(イ)にあるように，源頼朝は東海道・東山道のほかに北陸道の支配も求めたが，朝廷は源義仲に遠慮して，頼朝に北陸道の支配権は認めなかった。これは義仲死後に認められた。

Ⅳ 解答

| 1 —(ネ) | 2 —(カ) | 3 —(サ) | 4 —(ニ) | 5 —(テ) | 6 —(ハ) |
| 7 —(ヌ) | 8 —(ク) | 9 —(ノ) | 10—(イ) | | |

(A)—(あ)　(B)—(お)　(C)—(い)　(D)—(え)　(E)—(う)

◀解　説▶

≪中世～近代の絵画に関する問題≫

1．「藤原信頼が源義朝と謀って起こした反乱」から1159年に起きた平治の乱を扱った文章であることがわかる。

2．藤原信頼らは，平清盛と結んでいた藤原通憲（法名は信西）を襲って自害に追い込んだ。

3．難問。『築地明石町』は鏑木清方の代表作である。

出典追記（写真②）：鏑木清方「築地明石町」©Kiyoo Nemoto 2024/JAA2400026

4．『金蓉』の作者は安井曽太郎である。「金蓉」はモデルの小田切峰子の愛称で，中国語で「美しい峰子さん」という意味である。

5．『信貴山縁起絵巻』は院政期の文化に属する絵画で，僧侶命蓮にまつわる奇跡の話を描く。

6．平清盛は娘の徳子を高倉天皇の中宮とし，安徳天皇の外祖父となった。

7．難問。井伊家は代々彦根藩主を務めた。井伊家に伝えられた「彦根屏風」は，寛永期の文化に属し，江戸時代の庶民の生活を描いている。

9．難問。『凱風快晴』は，『富嶽三十六景』の中の通称「赤富士」といわれる作品である。凱風とは南風のことで，夏から秋の早朝に富士山が赤く染まることがある一瞬を描いている。

10．調所広郷は，下級武士ながら藩政改革を命じられ，薩摩藩の借金を事実上棚上げし，黒砂糖の専売，また琉球王国を通じての清との密貿易を行って財政回復に努めた。

(A)平治の乱は 1159 年に起こった。

(B)西南戦争は 1877 年に起こった。

(C)「京都郊外で平氏打倒を画策する事件」とは，1177 年の鹿ヶ谷の陰謀のことである。

(D)安政の大獄は 1858 年から 1859 年にかけて行われた。

(E)シーボルトが帰国時に国外持出禁止の日本地図を持ち出そうとしたシーボルト事件は，1828 年に起きた。

２月３日実施分　問題 世界史

（60 分）

〔 I 〕 次の文の（　1　）～（　10　）に入れるのに最も適当な語句を下記の語群から選び，その記号をマークしなさい。

　　ライン川は，スイス東部のアルプス山脈から中部ヨーロッパを流れて北海に注ぐ川であり，古代ローマから現在まで，交通路として大きな役割を担ってきた。ライン川に臨む都市（　1　）には，尖塔アーチと空高くそびえる塔を特徴とする（　2　）様式の代表的建築物の一つであり，世界遺産にも登録された大聖堂がある。その建設工事は 13 世紀半ばに始まったが，たびたびの中断を余儀なくされた。（　2　）様式の建築物としては他にフランスの（　3　）大聖堂などが有名である。

　　中世の（　1　）は，（　4　）の一員として繁栄した。（　4　）の主要な活動領域であった北海・バルト海を中心とする商業圏の諸都市では，おもに（　5　）が取引されていた。また，（　1　）の大司教は，1356 年に神聖ローマ皇帝が発布した「金印勅書」によって皇帝の選出権を認められており，政治的にも存在感を強めた。

　　しかし，（　4　）が衰退すると，（　1　）の経済活動は停滞することになる。（　1　）が再び繁栄を取り戻すのは，1815 年に（　6　）領になった後のことである。ライン川流域に工業地域をもつ（　6　）は，大多数のドイツ諸邦からなるドイツ関税同盟の結成を主導した。この結成には，経済学者の（　7　）が理論的に貢献している。

　　（　1　）で大聖堂の工事が再開されるのは，1560 年の中断からおよそ 280 年後のことであり，1880 年にようやく完成に至った。この時期にはすでにドイツ帝国が成立しており，竣工式には（　6　）王にしてドイツ皇帝であった（　8　）が招かれている。

　（　1　）は政治家アデナウアーの出身地としても知られている。彼は 1917 年から（　1　）の市長を務めたが，ナチスによってその座を追われた。しかし，第二次世界大戦後に復権すると（　9　）の創設に参加し，ドイツ連邦共和国（西ドイツ）の初代首相となった。アデナウアー政権下で西ドイツは主権を回復し，（　10　）に加盟している。

〔語群〕

(ア) 香辛料・絹織物・宝石	(イ) リューベック	(ウ) プロイセン
(エ) ロンバルディア同盟	(オ) 北大西洋条約機構	(カ) バロック
(キ) 社会民主党	(ク) ハンザ同盟	
(ケ) ヴィルヘルム 1 世	(コ) 海産物・木材・穀物	(サ) リスト
(シ) ゴシック	(ス) 社会主義統一党	(セ) ハンブルク
(ソ) ピサ	(タ) ワルシャワ条約機構	
(チ) ヴィルヘルム 2 世	(ツ) リカード	(テ) カルマル同盟
(ト) シャルトル	(ナ) オーストリア	(ニ) コメコン
(ヌ) バイエルン	(ネ) ロマネスク	(ノ) ケルン
(ハ) マルクス	(ヒ) キリスト教民主同盟	

〔Ⅱ〕　次の文の（　1　）～（　7　）に入れるのに最も適当な語句を下記の語群から選び，その記号をマークしなさい。また，問1～3に答えなさい。

　19世紀後半の清朝では，中国の伝統的な儒教文化を基盤としつつ西洋の近代的な技術・知識の受容を目指す洋務運動が行われた。これは，太平天国との戦いの中で西洋の兵器が優れていることを痛感した曾国藩・（　1　）らが主導したものであった。その後，日清戦争で清朝が敗北すると，洋務運動の失敗が露呈した。

　日清戦争の講和条約や列強の中国進出により，清朝の官僚たちの危機感が強まると，（　2　）らは政治改革を志向し，改革案を上奏した。1898年，当時の皇帝である（　3　）がその案を採用し，立て続けに改革を断行した。これは旧来の政治制度を劇的に転換させる要素を多く含んでいたため，保守層の強い反発を招いた。その結果，クーデタが起こって（　3　）は幽閉され，（　2　）らは国外へ亡命し，改革は失敗した。義和団事件後の20世紀初頭には本格的な政治改革が実施された。

　以上のような近代化に向けた清朝の動きは，（　4　）の植民地支配を受けていたベトナムにも影響を与えた。ベトナムにも洋務運動や政治改革に携わった清朝の知識人の書物が流入し，近代的な知識・技術に関する情報が伝わっていたのである。20世紀初頭のベトナムでは，このような書物を通して近代的な知識を吸収した知識人が独立運動を主導した。その代表例が日本へ留学生を送る運動を進めた（　5　）である。（　5　）は，日本滞在中の1905年，当時日本で活動していた孫文とも面会している。孫文はちょうどこの頃に，各地の革命団体を結集して（　6　）を結成している。

　（　5　）が主導した日本への留学運動は，（　4　）の要請により日本がベトナム人留学生を追放したため，挫折した。（　5　）は1909年に日本を退去して中国に渡り，広東で活動を継続した。その後，広東はしだいにベトナム人民族主義者の活動拠点となっていった。ホー＝チ＝ミンが広東に逃れていたベトナム人民族主義者を結集して民族主義組織を結成したのは1925年である。1930年になるとホー＝チ＝ミンの指導のもとで（　7　）が成立し，これ以後のベトナムの独立運動の中心となった。

〔語群〕

(ア) 道光帝	(イ) 林則徐	(ウ) 中国同盟会
(エ) アメリカ合衆国	(オ) 西太后	(カ) 李鴻章
(キ) ファン=チュー=チン		(ク) ベトナム光復会
(ケ) 興中会	(コ) イギリス	(サ) ベトナム青年革命同志会
(シ) 光緒帝	(ス) 康有為	(セ) インドシナ共産党
(ソ) ファン=ボイ=チャウ		(タ) オランダ
(チ) 宣統帝	(ツ) ベトナム独立同盟会	
(テ) フランス	(ト) インドネシア共産党	
(ナ) バオダイ	(ニ) 維新会	

問1　下線部①に関して，19世紀末における列強の中国進出についての説明として**誤っているもの**を次の(ア)〜(エ)から一つ選び，その記号をマークしなさい。

(ア) 1898年，ドイツは清朝から広州湾を租借した。

(イ) 1898年，ロシアは清朝から遼東半島南部を租借した。

(ウ) 1898年，イギリスは清朝から威海衛と九竜半島北部を租借した。

(エ) アメリカ合衆国は中国進出が遅れたため，門戸開放宣言を出した。

問2　下線部②に関して，20世紀初頭に清朝が実施した改革として**誤っているもの**を次の(ア)〜(エ)から一つ選び，その記号をマークしなさい。

(ア) 科挙の廃止　　　(イ) 共和政への移行　　　(ウ) 西洋式軍隊の整備

(エ) 憲法大綱の発表

問3　下線部③に関して，ベトナムの歴史として**誤っているもの**を次の(ア)〜(エ)から一つ選び，その記号をマークしなさい。

(ア) 前漢の武帝が南越を征服し，ベトナム北部を支配下に置いた。

(イ) 唐はベトナム北部に都護府を設置した。

(ウ) 李朝は宋から儒教や仏教を取り入れた。

(エ) 陳朝は明の制度を導入し，朱子学を振興した。

〔Ⅲ〕　次の文の（　1　）〜（　13　）に入れるのに最も適当な語句を{　　}内の㋐ない
し下記の語群から選び，その記号をマークしなさい。また，（　Ａ　）・（　Ｂ　）
の問に答えなさい。

　　フランス革命のなかで軍事的指導者として頭角を現してきたナポレオンは，
1799 年にブリュメール 18 日のクーデタによって，（　1　){㋐　立法議会}を倒
し権力をにぎった。その後，皇帝となったナポレオンは，数々の軍事的勝利をか
さねた。ナポレオンは自身の支配下にはいった地域でさまざまな政治的再編成を
おしすすめたが，その一つが，18 世紀のポーランド分割で消滅したポーランド
国家の復活である。プロイセン・ロシアの連合軍を破ったナポレオンは，1807
年に（　2　){㋐　ティルジット条約}を結ばせてポーランド地方にワルシャワ大
公国を建てた。しかし，この国は，ナポレオンの没落とともに消滅，ウィーン会
議のとりきめによってロシア皇帝が君主をかねるポーランド王国が成立した。

　　政治的な独立を失っていた時代にもポーランドでは，文化・学芸の面で優れた
人物が輩出した。自然科学では，フランス人の夫ピエールとともにラジウムの発
見でノーベル物理学賞を受賞したマリ＝キュリーがいる。なお，夫妻がラジウム
とともに発見したポロニウムは，マリの出身地にちなんで命名されたものである。
また，文学の面では，ノーベル文学賞の受賞者となったシェンキェーヴィチがい
る。彼の代表作で 19 世紀末に著わされた『クオ・ヴァディス』は，1 世紀のロー
マ帝国で起きた（　3　){㋐　ディオクレティアヌス}帝によるキリスト教徒迫害
を題材としている。

　　多神教のローマにおいては皇帝もまた神として崇拝の対象となっていた。その
なかでキリスト教徒は唯一神を信仰し，それ以外の神の存在を認めようとしな
かった。これが，彼らに対する迫害の背景であるが，そもそも古代世界において
は，ローマにかぎらず多くの地域で多神教が奉じられていた。

　　古代オリエントでは，エンキ，エンリル，イシュタルなどさまざまな神々が信
仰された。エジプトでも多くの神々があがめられたが，新王国時代には，ナイル
①
下流のデルタ地域にあった首都テーベの守護神アモンの信仰が，伝統的な太陽神
ラーの信仰と結びついてアモン＝ラーとなった。オリエントから地中海をへだて

たギリシアもまた多神教の世界であり，オリンポス 12 神をはじめとする神々が
あがめられた。また，神殿建築にも力が入れられ，前 5 世紀のアテネでは
（　4　）{(ア)　イオニア}式のパルテノン神殿が建造された。

　こうした多神教世界のなかで，唯一神ヤハウェに対する信仰を生み出したのが，
後にユダヤ人と呼ばれるようになるヘブライ人である。古代の地中海東岸のシリ
ア・パレスチナ地方では，セム語系民族の（　5　）{(ア)　アラム}人，フェニキア
人，ヘブライ人などが活動した。このうち（　5　）人は，前 1200 年ころからダ
マスクスを中心に内陸都市間を結ぶ中継貿易に活躍した。このため，（　5　）語
は国際商業で広く使われるようになり，（　5　）文字はヘブライ文字やアラビア
文字など多くの文字の源流となった。これに対し，フェニキア人は地中海貿易に
従事しカルタゴなどの植民都市を建設した。一方，パレスチナに建てられたヘブ
ライ人の王国は，ダヴィデ，ソロモン王のときおおいに繁栄したが，その後イス
ラエル王国とユダ王国に分裂し，両国はあいついで滅亡の運命をたどる。このう
ちユダ王国を滅ぼした新バビロニアのサルゴン 1 世は，住民をバビロンに強制移
　　　　　　　　　　　　　　　②
住させた。このバビロン捕囚といわれる境遇からユダヤ人を救い出したのが，ア
ケメネス朝の（　6　）{(ア)　キュロス 2 世}である。（　6　）は前 6 世紀にイラン
高原のメディア王国，小アジアの（　7　）{(ア)　ヒッタイト}王国をあいついで征
服した後，バビロンを開城し，ユダヤ人を捕囚から解放した。帰国したユダヤ人
は，唯一神ヤハウェの神殿を再興してユダヤ教を確立し，救世主メシアの出現を
待望した。ユダヤ人は，その後，古代ローマによる支配のもとにはいった。

　イタリア半島の中部，ティベル（テヴェレ）川のほとりに建設された都市国家
　　　　　　　　　　　　③
ローマは，中小農民の重装歩兵を軍事力の中心にして勢力拡大を続け，前 2 世紀
には地中海のほぼ全域を支配下に入れたが，征服戦争の過程で農民が没落，貧富
の差が増大した。共和政の基盤が動揺するなか，前 1 世紀にはいると有力者が無
産市民をあつめた私兵を率いて抗争するようになった。閥族派のマリウスと政敵
　　　　　　　　　　　　　　　　　　　　　　　④
のスラの争いなどは，その代表的な例である。こうした内乱を最終的におさめた
のが，オクタウィアヌスであった。ライバルのアントニウスとプトレマイオス朝
のクレオパトラをアクティウムの海戦で破り，ついでプトレマイオス朝を滅ぼし
たオクタウィアヌスのもとで地中海世界は統一された。オクタウィアヌスは，

（　8　）{(ア)　前 37}年に元老院からアゥグストゥスの称号を与えられ，ローマは帝政時代にはいった。このアゥグストゥスの時代，パレスチナの地に生まれたのがイエスである。

　神の国の到来と最後の審判を約束するイエスの言葉を受け入れた人々は，彼こそが救世主メシアであると期待するようになった。ローマに対する反逆者として訴えられたイエスが処刑された後，弟子たちのあいだで彼の復活が信じられるようになり，イエスの死は人間の罪をあがなうための贖罪の死であるという信念が生まれた。こうした考えを基盤として成立したのが，キリスト教である。キリストとは，メシアのギリシア語訳であり，イエスこそがキリストであるという信仰を抱くようになった人々がキリスト教徒である。

　キリスト教は，皇帝による迫害を受けることもあったが，それをのりこえて信者の数を増やし，帝国の統一を維持するうえで無視できない勢力となった。その結果，313 年，（　9　）{(ア)　コンスタンティヌス}帝がミラノ勅令でキリスト教を公認するに至った。一方，キリスト教会の内部で教義をめぐる論争が生じたため 325 年に開催された（　10　）{(ア)　エフェソス}公会議においてアタナシウス派が正統教義とされた。その後，4 世紀後半には「背教者」と呼ばれた（　11　）{(ア)　ウァレリアヌス}帝が古来の多神教の復興をくわだてたが，この試みは実を結ばず，同世紀の末にはキリスト教は国教の地位にのぼった。

　かくしてキリスト教がローマ帝国内で確固とした地盤をきずいていったなか，教義の確立につとめたのが教父と呼ばれるキリスト教思想家たちであり，その一人で 4 世紀から 5 世紀にかけて生きた（　12　）{(ア)　アウグスティヌス}は『告白録』や『神の国』を著わし，後代の神学にも大きな影響を与えた。一方，教会組織の面ではローマ帝政末期にはローマ，コンスタンティノープル，（　13　）{(ア)　ラヴェンナ}など五本山と呼ばれる 5 教会が重要となった。そのなかでもとくに有力であったのが，ローマ教会とコンスタンティノープル教会であり，両者を中心にキリスト教世界は西方のローマ=カトリック圏と東方のギリシア正教圏に分裂していった。

〔語群〕

(イ) 前 27	(ウ) 前 17	(エ) クテシフォン
(オ) コリント	(カ) パリ条約	(キ) 統領政府
(ク) カラカラ	(ケ) ミタンニ	(コ) ダレイオス 1 世
(サ) 総裁政府	(シ) カルケドン	(ス) リディア
(セ) エピクテトス	(ソ) テオドシウス	(タ) ニケーア
(チ) エウセビオス	(ツ) アッカド	(テ) アンティオキア
(ト) アムル	(ナ) ネロ	(ニ) ダレイオス 3 世
(ヌ) ドーリア	(ネ) トラヤヌス	(ノ) アミアンの和約
(ハ) ユリアヌス	(ヒ) トマス=アクィナス	

（　A　）　下線部①・②について，①のみ正しければ(ア)を，②のみ正しければ(イ)を，両方正しければ(ウ)を，両方誤りであれば(エ)をマークしなさい。

（　B　）　下線部③・④について，③のみ正しければ(ア)を，④のみ正しければ(イ)を，両方正しければ(ウ)を，両方誤りであれば(エ)をマークしなさい。

〔Ⅳ〕　次の文の（　1　）～（　8　）に入れるのに最も適当な語句を下記の語群Ⅰから，
　　　　また，（　9　）～（　15　）に入れるのに最も適当な語句を下記の語群Ⅱから選び，
　　　　その記号をマークしなさい。

　　メッカに生まれ育ったムハンマドは，少年時代から隊商に加わって各地を旅し，
　ユダヤ教やキリスト教に接した。彼はアッラーの啓示を受けて，人々にアッラー
　に服従することを説いた。すべての人はアッラーの前で平等であるとするその教
　えは，はじめ貧しい人や若者らに受け入れられた。しかし，富の独占を批判した
　ムハンマドはメッカの大商人から迫害され，622 年にヤスリブ（後のメディナ）に
　移住する。これを（　1　）という。このヤスリブでムスリムの信仰共同体が形成
　され，イスラームの信仰の深化とイスラーム世界の拡大・発展の基礎が形作られ
　た。その後ムハンマドはメッカを征服して，アラビア半島の多くを自らのもとに
　統一した。

　　ムハンマドの死後しばらくの間，ムスリムは合意によってカリフ（後継者・代
　理人）を選び，カリフは異教徒に対する（　2　）を指導した。こうしてアラブ人
　は 7 世紀なかごろにはシリアやエジプトを征服し，イラン人の（　3　）朝を滅ぼ
　した。彼らは征服地の住民から税を徴収したが，イスラームへの改宗を強制する
　ことはなかった。

　　第 4 代カリフの（　4　）が暗殺されると，（　5　）家のムアーウィヤは 661 年
　にカリフとなり，以後世襲制でカリフが引き継がれる（　5　）朝の時代となる。
　このころムスリムは，歴代のカリフを承認する（　6　）派と，（　4　）とその子
　孫のみを支持する（　7　）派に分かれていき，（　7　）派は（　5　）朝カリフ政
　権を認めず，反体制派となっていく。（　5　）朝は 8 世紀初めに東はインダス川
　流域にまで勢力を拡大し，西は北アフリカを征服してイベリア半島に支配を及ぼ
　した。しかし，（　5　）朝は税制などでアラブ人を優遇したため，イラン人など
　の改宗者や（　7　）派の不満をまねき，750 年にアッバース朝に取って代わられ
　た。

　　アッバース朝では，アラブ人に加えてイラン人官僚が活躍するようになり，ま
　たトルコ人捕虜などを改宗させて教育や軍事訓練を施した（　8　）が用いられた。

税制面でもムスリムとしての民族をこえた平等が目指されたため，アッバース朝
はイスラーム帝国と性格づけられている。一方で（　5　）家の一族がイベリア半
島に逃れて新しい国家を建てたので，この地も長らくイスラーム文明の中心の一
つとなった。

〔語群Ⅰ〕（　1　）～（　8　）

(ア) シーア	(イ) スワヒリ	(ウ) マンスール
(エ) ハーシム	(オ) ジハード	(カ) カタリ
(キ) ワズィール	(ク) スンナ	(ケ) ハラージュ
(コ) イマーム	(サ) ヒジュラ	(シ) サーマーン
(ス) ウマル	(セ) ササン	(ソ) イクター
(タ) アリー	(チ) ズィンミー	(ツ) アミール
(テ) マムルーク	(ト) アイバク	(ナ) ウマイヤ
(ニ) メロエ	(ヌ) ムラービト	(ネ) アケメネス

　アッバース朝では，首都（　9　）が東西交易の中心として繁栄したが，9 世紀
以降の国内政治の混乱に加えて，10 世紀に（　7　）派がチュニジアで（　10　）
朝を建て，またイラン方面ではブワイフ朝を建てたこともあって，カリフの実権
は弱体化していく。その後もイスラーム世界は政治的な分裂をくり返したが，異
民族の移住者や改宗者など新しい担い手を次々と社会に組み込んで発展を続けた。
特に 11 世紀以降は中央アジアのトルコ人や北アフリカの先住民である（　11　）
人の改宗が進み，彼らもまたイスラーム社会の重要な担い手となった。
　そうしたなかで，中央アジアから西方に進出したトルコ人が 11 世紀に建てた
（　12　）朝やエジプトに本拠を置いたアイユーブ朝，あるいはモロッコ方面の諸
王朝は地中海北方のキリスト教諸国と激しく争うことになる。また 13 世紀なか
ごろ（　13　）の率いるモンゴル人は（　9　）を攻撃してアッバース朝を滅ぼし，
イランを拠点にイル＝ハン国を建てた。イル＝ハン国のモンゴル人もやがてイス
ラームを受け入れる。同じく 13 世紀なかごろにエジプトで成立した（　8　）朝
はシリア地方も支配して地中海・インド洋交易で栄え，その首都（　14　）は

(9)にかわってイスラーム世界の経済・文化の中心となった。

　イスラームはもともと都市の商人の宗教であり，商業を重んじた。イスラーム世界の都市の中心には市場があり，マスジド(モスク)やマドラサ(学院)，ハンマーム(浴場)などが設けられ，多くの人で賑わった。イスラーム神秘主義に勤しむ(15)やムスリム商人の活動もあって，13 世紀以降にはインドや東南アジア，アフリカ内陸部にもイスラームは広まり，やがてそれらの地域でもイスラームを統治の基盤とする国家が誕生するようになる。

〔語群Ⅱ〕(9)～(15)

(ア) ムワッヒド	(イ) ファーティマ	(ウ) ウラマー
(エ) イスファハーン	(オ) サラディン	(カ) バグダード
(キ) マタラム	(ク) ガザン=ハン	(ケ) フラグ
(コ) スーフィー	(サ) トゥールーン	(シ) サファヴィー
(ス) イドリース	(セ) ダマスクス	(ソ) ベルベル
(タ) グラナダ	(チ) カイロ	(ツ) ベドウィン
(テ) カラハン	(ト) セルジューク	(ナ) スルタン
(ニ) バトゥ	(ヌ) ブハラ	(ネ) アヴァール

2 月 3 日実施分　解答　世界史

I 解答 　1 ―(ノ)　2 ―(シ)　3 ―(ト)　4 ―(ク)　5 ―(コ)　6 ―(ウ)
7 ―(サ)　8 ―(ケ)　9 ―(ヒ)　10―(オ)

◀解　説▶

≪ケルンを中心とするドイツ史≫

1．ケルンはライン地方の中心都市で，ローマの植民市コロニア＝アグリッピネンシスに起源をもつ。

2・3．ゴシック様式は 12 世紀頃北フランスで生まれた建築様式で，ケルン大聖堂やシャルトル大聖堂のほか，フランスのノートルダム大聖堂やアミアン大聖堂も知られる。

6．「1815 年」からウィーン議定書でプロイセンがラインラント（ケルンを含むライン川流域）を獲得したことを想起したい。また「ドイツ関税同盟の結成を主導した」という部分からもプロイセンを導き出せる。

7．ドイツの経済学者で保護関税政策を主張したリストは，歴史学派経済学の先駆者とされる。

9．キリスト教民主同盟は，1945 年にライン地方で旧中央党を中心に結成された。東西ドイツ統一時のコール首相も同党の出身である。東方外交を展開したブラント首相が属する社会民主党と区別したい。

10．パリ協定（1954 年調印，1955 年発効）で主権回復と再軍備が認められた西ドイツは，1955 年に北大西洋条約機構（NATO）に正式加盟した。これに対抗して同年，東側諸国の安全保障機構であるワルシャワ条約機構が設立された。

II 解答 　1 ―(カ)　2 ―(ス)　3 ―(シ)　4 ―(テ)　5 ―(ソ)　6 ―(ウ)
7 ―(セ)

問 1．(ア)　問 2．(イ)　問 3．(エ)

◀解　説▶

≪清末の改革，ベトナムの独立運動≫

2・3．1898 年の改革は戊戌の変法と呼ばれ，公羊学派の康有為や梁啓

超らが光緒帝の支持のもと立憲君主制の樹立を目指したが，西太后ら保守派のクーデタ（戊戌の政変）により失敗した。

4・5．フランスは1883・84年のユエ条約でベトナムを保護国とし，1887年にはフランス領インドシナ連邦の一部とした。日露戦争（1904〜05年）後，ファン＝ボイ＝チャウの提唱で始まったドンズー運動では多くの留学生が日本を訪れたが，1907年の日仏協約以後はフランス政府の要請を受けた日本政府により弾圧された。

7．インドシナ共産党は，1930年2月にベトナム共産党として発足し，同年10月にインドシナ共産党と改称された。オランダ領東インドで結成された，アジア最初の社会主義政党であるインドネシア共産党〔選択肢の(ト)〕と区別する。

問1．(ア)誤文。清朝から広州湾を租借したのはドイツではなくフランス。

問3．(エ)誤文。明の制度を導入し，朱子学を振興したのは陳朝ではなく明軍を撃退して独立した黎朝。独立後の黎朝は明と朝貢関係を結び，関係を深めた。

Ⅲ　解答

1—(サ)　2—(ア)　3—(ナ)　4—(ヌ)　5—(ア)　6—(ア)

7—(ス)　8—(イ)　9—(ア)　10—(タ)　11—(ハ)　12—(ア)

13—(テ)

A—(エ)　B—(ア)

◀解　説▶

≪19世紀のポーランド，古代地中海世界≫

1．ナポレオンはブリュメール18日のクーデタで総裁政府を倒した後，統領政府期には第一統領（のち終身統領）として権力を握り，1804年の国民投票を経て皇帝となった（第一帝政の開始）。

2．ワルシャワ大公国は，ティルジット条約でプロイセンが失った旧ポーランド領に建てられた。プロイセンには莫大な賠償金も課せられ，これ以後プロイセン改革と呼ばれる「上からの近代化」がシュタインとハルデンベルクの主導で行われた。

3．ネロ帝は64年のローマ市大火の犯人としてキリスト教徒を迫害した。キリスト教徒は，ディオクレティアヌス帝の時代にも皇帝崇拝を拒否するとの理由で迫害（303〜313年）された。

解答編

9・10. コンスタンティヌス帝はミラノ勅令でキリスト教を公認したのち，初の公会議であるニケーア公会議を招集した。ここではアタナシウスの説が正統，アリウスの説が異端とされ，アタナシウス派はのちに三位一体説として確立された。

12. 北アフリカ・ヒッポの司教で古代キリスト教最大の教父とされるアウグスティヌスは，青年期はマニ教を信仰したが新プラトン主義などの影響を受けキリスト教に回心した。その回心までの記録が『告白録』である。

13. 五本山は，ローマ・コンスタンティノープル・イェルサレム・アンティオキア・アレクサンドリアの 5 つの教会で，総大司教座が置かれた。

A．①は誤り。テーベが位置するのは，ナイル川下流のデルタ地域ではなくナイル川中流域。②は誤り。ユダ王国を滅ぼした新バビロニアの王はサルゴン 1 世ではなくネブカドネザル 2 世。

B．③は正しい。④は誤り。マリウスは閥族派ではなく平民派の人物。

Ⅳ 解答

1 ―(サ)　2 ―(オ)　3 ―(セ)　4 ―(タ)　5 ―(ナ)　6 ―(ク)
7 ―(ア)　8 ―(テ)　9 ―(カ)　10―(イ)　11―(ソ)　12―(ト)
13―(ケ)　14―(チ)　15―(コ)

◀解　説▶

≪イスラーム世界の成立と拡大≫

1. ヒジュラ（聖遷）が行われた西暦 622 年はイスラーム暦（ヒジュラ暦）元年とされる。イスラーム暦は月の満ち欠けに基づく太陰暦である。

3. ササン朝は，第 2 代正統カリフのウマルの時代のイスラーム軍にニハーヴァンドの戦い（642 年）で敗れ，まもなく滅亡した。

4・7. 第 4 代正統カリフのアリーはクライシュ族ハーシム家の出身で，ムハンマドのいとこにあたり，またムハンマドの娘と結婚した。アリーの子孫にウンマの指導者の地位を求めるのがシーア派で，のちに十二イマーム派（イランの主流派）やイスマーイール派などに分派した。

9. バグダードはティグリス川沿いに位置する都市で，アッバース朝第 2 代カリフのマンスールが建設を開始した。

10・14. シーア派の一分派イスマーイール派が建てたファーティマ朝は，建国当初からカリフを称してアッバース朝のカリフに対抗した。エジプトを征服したのち新都カイロを建設すると，カイロは続くアイユーブ朝・マ

ムルーク朝でも都となり，政治・経済の中心として繁栄した。

11．ベルベル人は北アフリカのマグリブ地方の先住民で，11世紀にムラービト朝，12世紀にムワッヒド朝を建てた。

12．トルコ系王朝のセルジューク朝は11世紀前半にシル川下流域に興り，建国者のトゥグリル＝ベクはアッバース朝の都バグダードに入城してカリフからスルタンの称号を得た。セルジューク朝の小アジア（アナトリア）進出はビザンツ帝国を刺激し，キリスト教徒による十字軍派遣につながった。

❖**講　評**

　Ⅰ．ドイツの都市ケルンを題材とした大問。ケルンの歴史を通してドイツ通史を概観できる。2の建築様式はよく出題されるテーマなので，建築様式の特徴とともに写真を確認しておきたい。

　Ⅱ．列強の進出を受けた時期の中国とベトナムを中心とした大問。両国でどのような近代化政策が取られたか，重要人物や政党名とともに具体的におさえておきたい。

　Ⅲ．古代地中海世界を中心とした大問で，一部フランス革命や19世紀のポーランドに関する設問もある。リード文は長めになっているが，問われているのは基本的事項が多く，得点源としたい大問である。

　Ⅳ．イスラーム世界の成立と拡大を中心とした大問。空欄の前後には明確なヒントがあり，落ち着いて解答したい。イスラーム拡大期については地域ごとの王朝の順番を確実におさえることが重要である。

　教科書の本文を中心とした学習を進め，まずは基本的事項を確実に得点したい。さらに脚注や地図，また文化史対策も忘れずに取り組むことで高得点がねらえる問題となっている。

2月5日実施分　　問題 世界史

（60分）

〔Ⅰ〕 次の文の（　1　）～（　9　）に入れるのに最も適当な語句を下記の語群から選び，その記号をマークしなさい。また，（　A　）の問に答えなさい。

　ヨーロッパ大陸の広大な部分を占めていたカロリング朝フランク王国は，9世紀に3つに分裂した。このうち東フランク（ドイツ）においては，カロリング家が断絶した後，諸侯の選挙で王が選ばれるようになった。（　1　）家の王であったオットー1世は，マジャール人などの異民族を退ける一方で，イタリアにも遠征し，（　2　）年に教皇から皇帝の位を与えられた。これが神聖ローマ帝国の始まりである。神聖ローマ帝国は，19世紀初めにフランス皇帝ナポレオンによって北ドイツ連邦が結成されたのを機に消滅するまで存続することとなる。
①
　一方，西フランク（フランス）においては，10世紀末にカロリング家の血統が断絶し，カペー朝が開かれた。初期のカペー朝の王権の下にある領域は，パリ周辺など狭い地域にかぎられていたが，その後，国王の支配地域が拡大していった。

　11世紀末，（　3　）に位置するクレルモンで開かれた宗教会議において教皇が聖戦を呼びかけたのを機に十字軍の遠征が始まると，第1回十字軍がイェルサレムを占領し，イェルサレム王国をたてた。カペー朝の王たちは，この十字軍の運動に積極的に参加する姿勢を見せ，第2回十字軍にはルイ7世が従軍した。さらにイスラーム勢力によってイェルサレムが奪回されると，フランス王（　4　）が神聖ローマ皇帝やイギリス王などとともに第3回十字軍に参加した。

　（　4　）の時代，フランス国内におけるフランス王権の支配がおよぶ地域は大きく拡大した。12世紀後半に即位したヘンリ2世に始まる（　5　）朝のイギリス国王は，フランス国内に広大な地域を領有していたが，イギリス王ジョンと争った（　4　）は，フランスにおけるジョンの領地の大半を奪ったのである。

　さらに13世紀のフランス王（　6　）は，異端のアルビジョワ派を征服して，

王権のおよぶ範囲を南フランスに拡大する一方で，十字軍にも参加している。十字軍は西ヨーロッパのキリスト教の政治・軍事的な発現形態の一つであったが，その一方，中世には信仰に関わる学問である神学が発展し，13世紀に生きた（　7　）が『神学大全』を著わした。十字軍が結局失敗に終わると，教皇の権威がゆらいでいき，各国の王権のなかには教皇に対抗するものも現れた。1303年には，フランス王（　8　）が自分と対立した教皇（　9　）をとらえて，釈放後，憤死させるアナーニ事件を起こした。その後，フランスでは，カペー朝が1328年に断絶し，ヴァロワ朝が開かれた。
②

〔語群〕

(ア) 922　　　　　　　(イ) 942　　　　　　　(ウ) 962

(エ) ステュアート　　(オ) シュタウフェン　　(カ) フィリップ2世

(キ) イタリア中部　　(ク) フィリップ4世　　(ケ) フランソワ1世

(コ) シャルル7世　　(サ) フランス中部　　(シ) アウグスティヌス

(ス) ザクセン　　　　(セ) アンリ4世　　　　(ソ) トマス=アクィナス

(タ) ノルマン　　　　(チ) イタリア北部　　(ツ) グレゴリウス7世

(テ) ルイ9世　　　　(ト) アンセルムス　　(ナ) プランタジネット

(ニ) テューダー　　　(ヌ) シャルル9世　　(ネ) ホーエンツォレルン

(ノ) ボニファティウス8世　　　　　　　(ハ) インノケンティウス3世

（　A　）下線部①・②について，①のみ正しければ(ア)を，②のみ正しければ(イ)を，両方正しければ(ウ)を，両方誤りであれば(エ)をマークしなさい。

〔Ⅱ〕　次の文の（　A　）〜（　D　）に入れるのに最も適当な語句を下記の語群から選び，その記号をマークしなさい。また，問1〜6に答えなさい。

　アジア人として初めてノーベル賞（文学賞）を受賞したラビンドラナート=タゴールは，ムガル帝国滅亡から3年後の1861年にベンガル州のカルカッタで生を受けた。彼は，詩人としてのみならず，活動家，思想家，作詞・作曲家としても多くの事績を残した，近代インドを代表する世界的な知識人であった。彼の代表作『ギーターンジャリ』は，ベンガル語で書かれたが，タゴール自らが英訳し，アイルランドの詩人で，後に同じくノーベル文学賞を受賞することになるイェイツが寄せた序文とともに出版された。タゴールは，非暴力を掲げた（　A　）が指導者となったインド独立運動を支持したことでも知られるが，かつては彼自身も，1905年にイギリスが発表した（　B　）に反対して，民族運動の最前線に立ったことがあった。知識人としての彼に目を向けると，フランス出身のノーベル文学賞受賞作家で，平和主義，反ファシズムの思想家でもあった（　C　）や，ドイツ生まれのユダヤ系理論物理学者で，相対性理論を打ち立てた（　D　）との親交が注目される。1950年以来歌われ続けている現在のインド国歌はタゴールの作詞であり，現在のバングラデシュの国歌もまた彼の作詞であるが，その採用はこの国が独立した1971年のことであった。

〔語群〕

(ア)　ヘミングウェー	(イ)　トーマス=マン	(ウ)　ネルー
(エ)　ジンナー	(オ)　ローラット法	(カ)　ガンディー
(キ)　プールナ=スワラージ	(ク)　スタインベック	(ケ)　マイヤー
(コ)　チャンドラ=ボース	(サ)　インド統治法	
(シ)　ベンガル分割令	(ス)　ラーム=モーハン=ローイ	(セ)　フロイト
(ソ)　ロマン=ロラン	(タ)　ヘルムホルツ	
(チ)　アインシュタイン	(ツ)　レントゲン	(テ)　コッホ

問 1　下線部①について，その創建者として最も適当なものを次の(ア)～(オ)から一
　　　つ選び，その記号をマークしなさい。

　　　(ア)　ティムール　　　　(イ)　マフムード　　　　(ウ)　シャー=ジャハーン

　　　(エ)　バーブル　　　　　(オ)　アクバル

問 2　下線部②の地域をめぐって現地勢力および西洋列強の間で 1757 年に行わ
　　　れた戦いとして最も適当なものを次の(ア)～(オ)から一つ選び，その記号をマー
　　　クしなさい。

　　　(ア)　シク戦争　　　　　　(イ)　マイソール戦争　　　　(ウ)　マラーター戦争

　　　(エ)　プラッシーの戦い　　(オ)　カーナティック戦争

問 3　下線部③を拠点の一つとしていたのはどの国の東インド会社か。最も適当
　　　なものを次の(ア)～(オ)から一つ選び，その記号をマークしなさい。

　　　(ア)　ドイツ　　　　　　(イ)　イギリス　　　　(ウ)　フランス

　　　(エ)　ポルトガル　　　　(オ)　オランダ

問 4　下線部④について，この受賞は 1923 年のことであるが，この前年にアイ
　　　ルランドにおいて起こった出来事として最も適当なものを次の(ア)～(オ)から一
　　　つ選び，その記号をマークしなさい。

　　　(ア)　ジャガイモ飢饉　　　　　　(イ)　アイルランド併合

　　　(ウ)　アイルランド自由国成立　　(エ)　イースター蜂起

　　　(オ)　アイルランド自治法成立

問 5　下線部⑤の場所として最も適当なものを下の地図中の(ア)～(オ)から一つ選び，
　　　その記号をマークしなさい。

【地図】

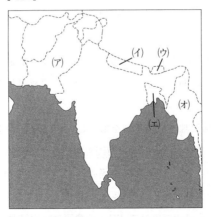

問6　下線部⑥に関し，1970年代前半に起こった出来事として最も適当なもの
　　を次の(ア)〜(オ)から一つ選び，その記号をマークしなさい。

(ア)　ASEAN結成　　　　　　　　　(イ)　シンガポール独立

(ウ)　ベトナム(パリ)和平協定成立　　　(エ)　マレーシア成立

(オ)　ベルリンの壁の建設

〔Ⅲ〕　次の文の（　1　）～（　10　）に入れるのに最も適当な語句を下記の語群から選
　　　び，その記号をマークしなさい。また，問1～5に答えなさい。

　　日本国内には，日本と諸外国との交流の歴史を記念する施設がいくつも存在す
　るが，そのなかには19世紀から20世紀にかけての世界史と関係するものも少な
　くない。

　　1880年代以降，植民地や従属地域を拡大していた列強諸国は，中国での利権
　獲得競争に乗り出していた。おくれた帝国主義国として植民地や勢力圏の再分割
　　　　　　　　　　　　　　　　　①
　を要求していたドイツも，1898年に中国の（　1　）を租借したうえ，（　2　）
　での利権の優先権を清朝に認めさせていた。他方で，（　3　）やグアムを獲得し
　て中国市場への関心を高めていたアメリカ合衆国は，大統領（　4　）のもとで国
　務長官が門戸開放通牒を発して他国を牽制している。

　　19世紀末から20世紀初頭にかけて，清朝末期の中国では，近代国家建設に向
　けての改革がめざされ，その一環として科挙も廃止にいたる。のちの政治家や文
　　　　　　　　　　　　　　　　　　　　②
　化人のなかには，西洋の知識を学ぶために，アジアでいち早く近代化を進めた日
　　　　　　　　　　　　　　　　　　　　　　　　　　　　　　　　　　　　③
　本に留学した人々がいた。仙台医学専門学校に留学した（　5　）もその一人であ
　る。（　5　）は，その後，文学に転じ，『狂人日記』などの小説を著わした。のち
　に中華人民共和国首相となり，第三世界の連携を推進した（　6　）にも日本への
　　　　　　　　　　　　　　　④
　留学経験があり，京都市の嵐山には，（　6　）がこの地を訪問した際によんだ詩
　の記念碑が建てられている。

　　列強諸国の帝国主義的対立は，第一次世界大戦へつながる要因となった。1914
　年にドイツ軍が（　7　）に侵入したことで，イギリスがドイツに宣戦し，戦争は
　ヨーロッパのみならず世界全体を巻き込むようになっていった。ドイツ・オース
　トリアなど同盟国は，フランス・ロシア・イギリスなどの協商国（連合国）とたた
　　　　　　　　　　　　　　⑤
　かった。日本はイギリスとの同盟を口実としてドイツに宣戦し，（　1　）と太平
　洋の（　8　）などのドイツ領を占領した。

　　徳島県鳴門市にある「ドイツ館」は，この時期の日独関係を記念する施設である。
　第一次世界大戦中，鳴門には捕虜となったドイツ人の収容所が設置された。この
　収容所では，捕虜たちに比較的自由な生活が認められていた。彼らはオーケスト

ラを組織して，古典派からロマン派への橋渡しをしたドイツの音楽家（　9　）の交響曲を演奏するなど，地域の人々との交流を深めた。

　日独の利権争いの舞台となった中国は，辛亥革命を経て共和政の中華民国になっていた。第一次世界大戦を好機として対外進出を進めた日本は，1915年，中国に二十一カ条の要求をつきつけ，（　2　）での利権の継承などその多くを受け入れさせた。この利権は，第一次世界大戦後も認められたが，中国人の反日運動を引き起こした。中国に（　2　）の利権が返還されるのは，（　10　）の結果によるものである。

〔語群〕

㈠ フィリピン	㈣ 毛沢東	㈦ 山東地方
㈢ 広州湾	㈤ ノルウェー	㈥ 北ボルネオ
㈮ ロンドン会議	㈧ ベルギー	㈩ 福建地方
㈸ マリアナ諸島	㈹ 魯迅	㈺ パリ講和会議
㈻ ベトナム	㈼ 膠州湾	㈽ 胡適
㈾ タフト	㈿ 遼東半島南部	㊀ 鄧小平
㊁ ベートーヴェン	㊂ インドネシア	㊃ フィジー諸島
㊄ マッキンリー	㊅ 周恩来	㊆ ジョン=ヘイ
㊇ ワシントン会議	㊈ ドビュッシー	㊉ オランダ

問1　下線部①に関連して，第三共和政下フランスの帝国主義の内容として最も適当なものを次の㈠～㈢から一つ選び，その記号をマークしなさい。

　㈠　豊かな中産階層に支えられた銀行が，大量の資本を輸出した。

　㈣　経済力・海軍力の優越を背景として，世界各地に自由貿易を拡大した。

　㈢　「世界政策」の名のもとに大規模な艦隊建設を推進した。

　㈤　植民地側の自治要求に応じつつ，その防衛費を現地に負担させるため，白人系植民地を自治領とした。

問2　下線部②に関連して述べた次の文㈠～㈢のうち，最も適当なものを一つ選

び，その記号をマークしなさい。

(ア)　隋の煬帝は九品中正を廃止し，科挙の制度を創設した。

(イ)　宋代に科挙は官吏登用法として整備され，最終試験として殿試が導入された。

(ウ)　元は科挙を重視し，儒学の古典に通じた士大夫が活躍した。

(エ)　明代から清代にかけては，科挙官僚が輩出するなど成功した家を中心とした形勢戸の勢力が強まった。

問 3　下線部③に関連して述べた次の文(ア)～(エ)のうち，最も適当なものを一つ選び，その記号をマークしなさい。

(ア)　日本政府は，ファン=ボイ=チャウが提唱したドンズー（東遊）運動を支援し，フランスの弾圧要請を拒否してベトナム人の日本留学を促進した。

(イ)　日本に遊学し，福沢諭吉との交流もあった朝鮮の政治家金玉均は，清との関係を重視する漸進的改革をめざした。

(ウ)　日本に亡命していた孫文は，1905 年に東京で革命諸団体を結集し，三民主義を掲げる興中会を組織した。

(エ)　清の体制改革を訴えて光緒帝に登用された康有為と梁啓超は，戊戌の政変で失脚し，日本に亡命した。

問 4　下線部④に関連して，非同盟運動の一翼を担ったエジプトで，革命を成功に導き，エジプト共和国の初代大統領に就任した人物として最も適当なものを次の(ア)～(エ)から一つ選び，その記号をマークしなさい。

(ア)　ナセル　　　(イ)　ムバラク　　　(ウ)　ナギブ　　　(エ)　サダト

問 5　下線部⑤に関連して述べた次の文(ア)～(エ)のうち，最も適当なものを一つ選び，その記号をマークしなさい。

(ア)　ロシア二月革命（三月革命）で成立した臨時政府は，労働者・兵士のソヴィエトと協力し，戦争を休止した。

(イ)　ソヴィエト政権は，反革命政権との内戦中に新経済政策（ネップ）を採用

　　　し，農民から穀物を強制的に徴発した。

　㈦　ソ連では，1964年に実権を握ったコスイギン首相とブレジネフ第一書
　　　記のもとで，自由化が進められた。

　㈡　1991年にエリツィンを大統領とするロシア連邦などからなる独立国家
　　　共同体(CIS)が結成された。

〔Ⅳ〕　次の文を読み，後の問1～15に答えなさい。

　　ユーラシア大陸のほぼ中央部にパミール高原があり，その西側，カスピ海あた
りまでを「中央アジア」とよぶことがある。あるいは，パミール高原以東のタリム
盆地を含めて「中央アジア」とよぶこともある。現在では，この地域にはトルコ系
の人々が多く住んでおり，そのことから，ペルシア語で「トルコ人の土地」を意味
するトルキスタンともいう。

　もともと，現在の中国の甘粛省あたりに（　1　）という遊牧勢力がいたが，紀元
前2世紀初めに匈奴にやぶれると，天山山脈の北側へ移動した。しかし，ここでも
（　2　）に追われ，その結果，アム川上流へうつりすんだ。これを大（　1　）と
いう。

　5世紀中ごろから，アム川とシル川の流域を拠点として，遊牧民の（　3　）が
勢力をのばした。また，モンゴル高原東部には5世紀の初めにモンゴル系の
（　4　）が勢力をつけ，その君主はカガンを称した。（　4　）は5世紀後半には
タリム盆地まで勢力を伸ばすようになる。しかし，5世紀末には（　4　）から自
立したトルコ系の（　5　）という遊牧勢力がモンゴル高原西部からアルタイ山脈
西南部で勢力を伸ばした。こうして（　3　）と（　4　）と（　5　）の三つの遊牧
勢力が，中央ユーラシア（中央アジアや北アジアを包括する広域概念）を三分した
のだった。

　6世紀半ば，（　6　）が急速に勢力を拡大し，（　4　）を倒してモンゴル高原
の支配者となった。（　6　）の勢いは強く，華北にあった北斉と北周を従属させ，
また（　7　）と結んで中央アジアの（　3　）をやぶった。

7 世紀のアラビア半島で誕生したイスラームはしだいに勢力を拡大し，（　8　）の時には東は中央アジア西部にまで及んだ。（　8　）を滅ぼした（　9　）の時代になると，当時の東ユーラシアに君臨していた唐と直接，軍事衝突を起こし，（　10　）の戦いが起きた。その 4 年後，唐の国内で軍人による反乱が起きると，唐の勢力はしだいに中央アジアから撤退し，かわって（　9　）の勢力が浸透していった。

9 世紀後半になると，西トルキスタンに（　11　）が生まれ，10 世紀にはアム川とシル川の間まで支配する王朝に成長した。しかし，10 世紀半ばになると，最初のトルコ系イスラーム王朝である（　12　）が起こり，10 世紀末に（　11　）を滅ぼした。また，シル川下流域にいた（　13　）族がイスラームを受容し，11世紀前半にはホラーサーンに入って（　13　）朝を建てた。その創始者はブワイフ朝を追って（　9　）の都に入城し，（　9　）のカリフからスルタンの称号を授けられた。その後，（　13　）朝はアナトリア半島やシリアの海岸地帯にも進出した。

11 世紀末，アム川下流域では，（　13　）朝のトルコ系の奴隷軍人（マムルーク）
①
の出身者が（　14　）を建て，13 世紀前半に（　15　）に征服されるまで続いた。

問 1　（　1　）と（　2　）に入る語句の組み合わせとして最も適当なものを次の㋐～㋕から一つ選び，その記号をマークしなさい。

　㋐ (1)月氏 (2)大宛　　㋑ (1)夏 (2)大宛　　㋒ (1)月氏 (2)烏孫

　㋓ (1)夏 (2)烏孫　　㋔ (1)月氏 (2)丁零　　㋕ (1)夏 (2)丁零

問 2　（　3　）を（　6　）と結んで破った（　7　）の皇帝を次の㋐～㋓から一つ選び，その記号をマークしなさい。

　㋐ アルダシール 1 世　　㋑ シャープール 1 世

　㋒ ミトラダテス 1 世　　㋓ ホスロー 1 世

問 3　（　4　）と（　5　）に入る語句の組み合わせとして最も適当なものを次の㋐～㋕から一つ選び，その記号をマークしなさい。

　㋐ (4)柔然 (5)突厥　　㋑ (4)突厥 (5)柔然　　㋒ (4)吐谷渾 (5)高車

　㋓ (4)高車 (5)吐谷渾　　㋔ (4)柔然 (5)高車　　㋕ (4)高車 (5)柔然

問4　（　6　）について述べたものとして最も適当なものを次の(ア)〜(エ)から一つ
　　選び，その記号をマークしなさい。

　　(ア)　史上はじめての遊牧民独自の文字をつくった。

　　(イ)　トルコ系のキルギスに攻められ滅んだ。

　　(ウ)　ラサを都とした。

　　(エ)　遊牧民を支配する部族制と農耕民を支配する州県制を用い，二重統治体
　　　　制をしいた。

問5　（　8　）について述べたものとして**誤っているもの**を次の(ア)〜(エ)から一つ
　　選び，その記号をマークしなさい。

　　(ア)　ダマスクスを都とした。

　　(イ)　トゥール・ポワティエ間の戦いでフランク王国に勝利した。

　　(ウ)　アラブ人による異民族(異教徒)支配という統治体制をとった。

　　(エ)　イベリア半島の西ゴート王国を滅ぼした。

問6　（　9　）について述べたものとして**誤っているもの**を次の(ア)〜(エ)から一つ
　　選び，その記号をマークしなさい。

　　(ア)　この王朝は，ムハンマドのおじの子孫が建てた。

　　(イ)　この王朝の都は，第2代カリフによって造営された。

　　(ウ)　この王朝は，第5代カリフの時，最盛期をむかえた。

　　(エ)　この王朝は，一貫してシーア派を擁護した。

問7　（　10　）に入る語句として最も適当なものを次の(ア)〜(エ)から一つ選び，そ
　　の記号をマークしなさい。

　　(ア)　ニハーヴァンド　　(イ)　タラス河畔　　(ウ)　アルベラ　　(エ)　イッソス

問8　（　11　）に入る語句として最も適当なものを次の(ア)〜(エ)から一つ選び，そ
　　の記号をマークしなさい。

　　(ア)　イラン系のガズナ朝　　　(イ)　イラン系のサーマーン朝

　　(ウ)　トルコ系のガズナ朝　　　(エ)　トルコ系のサーマーン朝

問9 （ 12 ）を滅ぼしたものとして最も適当なものを次の(ア)〜(エ)から一つ選び，その記号をマークしなさい。

(ア) ウイグル 　　(イ) 契丹 　　(ウ) 女真 　　(エ) モンゴル

問10 （ 13 ）朝について述べた次の文(ア)〜(エ)のうち，最も適当なものを一つ選び，その記号をマークしなさい。

(ア) この王朝は，シーア派を信奉した。

(イ) この王朝は，ラテン帝国に侵攻した。

(ウ) この王朝は，イェルサレムを支配下においた。

(エ) この王朝は，宮廷でトルコ語を用いた。

問11 下線部①に関連して述べた次の(ア)〜(エ)のうち，最も適当なものを一つ選び，その記号をマークしなさい。

(ア) ゴール朝の奴隷軍人だったアイバクは，奴隷王朝を建てた。

(イ) トルコ系の奴隷軍人だったサラディンは，アイユーブ朝をひらいた。

(ウ) 奴隷軍団が建てたマムルーク朝は，イル=ハン国に敗れた。

(エ) ブワイフ朝は，トルコ系の奴隷軍人が建てた。

問12 （ 14 ）と（ 15 ）に入る語句の組み合わせとして最も適当なものを次の(ア)〜(カ)から一つ選び，その記号をマークしなさい。

(ア) ⒁ファーティマ朝 　　　　　　⒂チンギス=ハン

(イ) ⒁ファーティマ朝 　　　　　　⒂フラグ

(ウ) ⒁ホラズム=シャー（ホラズム）朝 　　⒂チンギス=ハン

(エ) ⒁ホラズム=シャー（ホラズム）朝 　　⒂フラグ

(オ) ⒁ティムール朝 　　　　　　　⒂チンギス=ハン

(カ) ⒁ティムール朝 　　　　　　　⒂フラグ

問13 （ 9 ）が都を置いた場所として最も適当なものを下の地図中の(ア)〜(ク)から一つ選び，その記号をマークしなさい。

問14　（　11　）が都を置いた場所として最も適当なものを下の地図中の(ア)〜(ク)か
　　　ら一つ選び，その記号をマークしなさい。

問15　（　15　）の後継である第2代の大ハンが建設した都の場所として最も適当
　　　なものを下の地図中の(ア)〜(ク)から一つ選び，その記号をマークしなさい。

【地図】

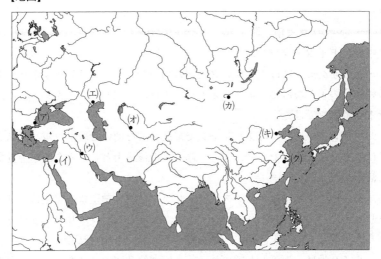

解答 世界史

I 解答

1 ―(ス)　2 ―(ウ)　3 ―(サ)　4 ―(カ)　5 ―(ナ)　6 ―(テ)
7 ―(ソ)　8 ―(ク)　9 ―(ノ)
A ―(イ)

◀解　説▶

≪中世のドイツ・フランス≫

1・2．ザクセン家は東フランク王国の諸侯で，ハインリヒ 1 世がザクセ
ン朝初代の王となった。第 2 代オットー 1 世は，962 年に教皇ヨハネス 12
世より帝冠を受けた。

3．フランス中南部の町クレルモンで宗教会議を開いた教皇ウルバヌス 2
世はフランスの出身で，クリュニー修道院の修道士として教会改革運動で
も活躍した。

4．第 3 回十字軍にはフランス王フィリップ 2 世，神聖ローマ皇帝フリー
ドリヒ 1 世，イギリス王リチャード 1 世が参加した。フィリップ 2 世はイ
ギリス王ジョンから大陸領の大半を奪ったことでも知られる。

6．ルイ 9 世は「聖王」と呼ばれ，第 6 回・第 7 回十字軍を主導したがチ
ュニスで病死した。ルブルックをカラコルムに派遣したことでも知られる。

7．トマス＝アクィナスは中世最大のスコラ学者で，アリストテレス哲学
を導入して普遍論争（唯名論と実在論の対立）を調停した。

A．①は誤り。神聖ローマ帝国は，北ドイツ連邦ではなくライン同盟の結
成を機に消滅した。②は正しい。

II 解答

A ―(カ)　B ―(シ)　C ―(ソ)　D ―(チ)
問 1．(エ)　問 2．(エ)　問 3．(イ)　問 4．(ウ)　問 5．(エ)
問 6．(ウ)

◀解　説▶

≪近現代南アジア史≫

B．1905 年のベンガル分割令はインド人の激しい反対運動を招き，翌
1906 年にはインド国民会議カルカッタ大会で英貨排斥・スワデーシ・ス

ワラージ・民族教育の 4 綱領が採択された。その後ベンガル分割令は 1911 年に撤回された。

C．やや難。ロマン＝ロランはフランスの作家で，代表作は『ジャン＝クリストフ』。両世界大戦期に反戦・平和運動をおこなった。1915 年にノーベル文学賞を受賞。

D．アインシュタインはドイツ生まれのユダヤ系物理学者で，ナチスが政権をとった 1933 年にアメリカに亡命した。第二次世界大戦後は人権擁護運動や国際平和運動を支持し，核兵器廃絶声明の「ラッセル・アインシュタイン宣言」でも知られる。1921 年にノーベル物理学賞を受賞。

問 2．1757 年のプラッシーの戦いでは，クライヴ率いるイギリス東インド会社軍がベンガル太守およびフランス連合軍を破った。

問 4．正解は(ウ)。(ア)ジャガイモ飢饉は 1840 年代半ば。(イ)アイルランド併合は 1801 年。(エ)イースター蜂起は 1916 年。(オ)アイルランド自治法成立は 1914 年。

問 5．正解は(エ)。(ア)はパキスタン。(イ)はネパール。(ウ)はブータン。(オ)はミャンマー。

問 6．正解は(ウ)のベトナム（パリ）和平協定成立（1973 年）。(ア)ASEAN 結成は 1967 年。(イ)シンガポール独立は 1965 年。(エ)マレーシア成立は 1963 年。(オ)ベルリンの壁の建設は 1961 年。

Ⅲ　解答　1—(セ)　2—(ウ)　3—(ア)　4—(ニ)　5—(サ)　6—(ヌ)
7—(ク)　8—(コ)　9—(テ)　10—(ノ)

問 1．(ア)　問 2．(イ)　問 3．(エ)　問 4．(ウ)　問 5．(エ)

◀解　説▶

≪中国を中心とする近現代史≫

1・2．ドイツは，19 世紀末に清朝から山東半島南岸の膠州湾の租借権と山東半島における諸権益を獲得していた。第一次世界大戦が勃発すると日本は膠州湾を占領するとともに，二十一カ条要求で袁世凱政権に対し山東半島のドイツ権益の日本譲渡を要求した。

3．アメリカはアメリカ＝スペイン戦争に勝利し，カリブ海のプエルトリコ，太平洋のフィリピンとグアムを獲得した。

4．共和党のマッキンリー大統領のもと，国務長官ジョン＝ヘイが門戸開

放宣言を発した。

8．やや難。マリアナ諸島は太平洋のミクロネシア西北部の島々で，グアム島，サイパン島などを含む。16世紀にスペイン領となり，1898年のアメリカ＝スペイン戦争を機にグアム島はアメリカ領となり，他の島々はドイツが買収した。

9．「楽聖」と呼ばれるベートーヴェンは古典派からロマン派の時期に活躍し，ナポレオンを題材とした「英雄」や交響曲「第九番」で知られる。

問1．㋐正文。㋑誤文。イギリスの内容。㋒誤文。ドイツの内容。㋓誤文。イギリスの内容。

問2．㋑正文。㋐誤文。九品中正を廃し，科挙の制度を創設したのは隋の煬帝ではなく文帝（楊堅）。㋒誤文。元は科挙を重視したのではなく，科挙を一時廃止した。㋓誤文。形勢戸は，明代から清代ではなく，宋代の新興の地主層のこと。

問3．㋓正文。㋐誤文。日本政府は日仏協約締結後，フランス政府の弾圧要請に応じてドンズー（東遊）運動を取り締まった。㋑誤文。金玉均は日本と結び近代化を進めようとした開化派（独立党）の中心人物で，清との関係を重視していない。㋒孫文が1905年に東京で組織したのは興中会ではなく中国同盟会。

問5．㋓正文。㋐誤文。ロシア二月革命（三月革命）で成立した臨時政府は，労働者・兵士のソヴィエトと対立関係にあり，また戦争（第一次世界大戦）を休止したのではなく継続した。㋑農民から穀物を強制的に徴発したのは，新経済政策（ネップ）ではなく戦時共産主義。㋒コスイギン首相とブレジネフ第一書記のもとでは，制限主権論に基づくブレジネフ＝ドクトリンが出されたように自由化は進められていない。ソ連で自由化が進められるのはゴルバチョフ書記長の時代。

IV 解答 問1．㋒　問2．㋓　問3．㋕　問4．㋐　問5．㋑
問6．㋓　問7．㋑　問8．㋑　問9．㋑　問10．㋒
問11．㋐　問12．㋒　問13．㋒　問14．㋕　問15．㋕

◀解　説▶

≪13世紀までの中央アジア史≫

問3．やや難。モンゴル系の柔然は5〜6世紀にかけてモンゴル高原を支

配し，華北の北魏（鮮卑の国）と対抗した。一方，5 世紀末に柔然から独立し，モンゴル高原西部からアルタイ山脈西南部に勢力をのばしたのがトルコ系の高車で，リード文にあるように高車は東では柔然と，西ではエフタルと対峙し，また北魏と通交した。なお，カガン（可汗）の称号は柔然の他，鮮卑や突厥，ウイグルでも用いられ，柔然より前の匈奴や氐，羌では単于の称号が用いられた。

問 4．空欄 6 はモンゴル高原を支配したトルコ系の突厥。㈠正文。㈡誤文。突厥は 6 世紀後半に東西に分裂し，西突厥は 8 世紀に初めに分裂し，ほかのトルコ系の台頭により滅び，東突厥は 8 世紀半ばにトルコ系のウイグルに滅ぼされた。なお，ウイグルは同じトルコ系のキルギスの攻撃で滅んだ。㈢ラサはモンゴル高原ではなくチベットの都市で，ソンツェン = ガンポが建てた吐蕃の都として繁栄した。㈣部族制と州県制を併用して二重統治体制をしいたのは，契丹が建てた遼や女真が建てた金の時代。

問 5．空欄 8 はウマイヤ朝。㈡誤文。ウマイヤ朝軍は，トゥール・ポワティエ間の戦いで宮宰カール = マルテル率いるフランク王国に勝利したのではなく敗北した。

問 6．空欄 9 はアッバース朝。㈣誤文。アッバース朝はスンナ派の立場に立ち，シーア派を擁護したのではなく弾圧した。

問 9．やや難。空欄 12 はカラハン朝。カラハン朝は 10 世紀半ばに成立した中央アジア初のトルコ系イスラーム王朝で，空欄 11 のイラン系イスラーム王朝のサーマーン朝を滅ぼして勢力を拡大した。11 世紀に各地で王族が割拠したのち，12 世紀にはトルコ系イスラーム王朝のホラズム = シャー朝や，契丹の建てたカラキタイ（西遼）により滅ぼされた。

問 10．空欄 13 はセルジューク朝。㈢正文。㈠誤文。セルジューク朝はシーア派ではなくスンナ派を信奉した。㈡誤文。第 4 回十字軍がラテン帝国（1204〜61 年）を建国した時には，セルジューク朝（1038〜1194 年）はすでに滅びている。㈣誤文。セルジューク朝の宮廷ではトルコ語ではなくペルシア語が用いられた。

問 11．㈠正文。㈡誤文。アイユーブ朝建国者のサラディンは，トルコ系の奴隷軍人ではなくクルド人の武将。㈢誤文。マムルーク朝はイル = ハン国に敗れていない。マムルーク朝のバイバルスは，イル = ハン国建国者のフラグが派遣したモンゴル軍をアインジャールートの戦いで破り，第 5 代

スルタンとなった。㈔誤文。ブワイフ朝は，トルコ系の奴隷軍人ではなくイラン系のシーア派王朝。

問 13. 空欄 9 のアッバース朝の都はティグリス川沿いのバグダード〔地図中の㋒〕。

問 14. 空欄 11 のサーマーン朝の都はソグディアナ地方の中心都市であるブハラ〔地図中の㋔〕。

問 15. 空欄 15 にあたるチンギス＝ハンの後継はオゴタイ＝ハンで，オゴタイ＝ハンはオルホン川沿いにカラコルムを建設して都とした〔地図中の㋕〕。

❖講　評

　Ⅰ．中世のドイツとフランスを中心とした大問。今回問われたフランス王3名（フィリップ2世，ルイ9世，フィリップ4世）は，事績を確実に区別しておきたい。基本的事項が多く，得点源としたい大問である。

　Ⅱ．近現代のインドを中心とした大問。Cのロマン＝ロランはヒントも少なくやや難であったかもしれない。問3の列強におけるインドの拠点に関しては，地図上から選択する問題もよく出題される。

　Ⅲ．清朝末期から第一次世界大戦頃の中国を中心とした大問。2の山東地方，3のフィリピン，8のマリアナ諸島を空欄の前後をヒントに判定できたかで得点差が生じたであろう。正文選択問題は選択肢の文は長めであるが誤りの箇所は明らかなので，落ち着いて判定したい。

　Ⅳ．13 世紀までの中央アジアの歴史を中心とした大問。中央アジア史という学習がおろそかになりがちな範囲であったことに加え，リード文中に空欄が多く，また空欄を明らかにしながら設問に答える必要があったので，全体的に難度が高めであった。諸勢力が活動した時期と地域，敵対関係などについて，教科書の精読を通して理解を深めておきたい。

　基本的な知識で対応できる問題が大半であるが，高得点をねらうためには地理的な理解や現代史対策も必須である。教科書の精読によって理解を深めつつ，地図や資料集も併用して丁寧に学習を進めることを心掛けたい。

2月7日実施分 問題 世界史

（60 分）

〔 I 〕 次の文の（ 1 ）〜（ 10 ）に入れるのに最も適当な語句を下記の語群から選
び，その記号をマークしなさい。

　　前 5 世紀のギリシア世界に生きた（ 1 ）は，（ 2 ）の支配に対するイオニ
ア地方のギリシア人植民市の反乱をきっかけに始まったペルシア戦争を題材に，
『歴史』を著わした。前 1 世紀の共和政期ローマで活躍した弁論家で，『国家論』の
著者でもある（ 3 ）は，（ 1 ）のことを「歴史の父」と呼んだ。

　　前 2 世紀，共和政期ローマで暮らしたギリシア出身の歴史家（ 4 ）は，ポエ
ニ戦争に従軍してカルタゴの滅亡を目の当たりにし，『歴史』のなかで政体循環史
観の立場からローマ興隆の要因を考察した。

　　その後，ローマが帝政期にはいると，『年代記』や『ゲルマニア』を著わした
（ 5 ）などが歴史記述の分野で活躍した。

　　イスラーム世界に目をやると，14 世紀に歴史学者（ 6 ）が『世界史序説』を
著わして，都市と遊牧民との交渉を中心に，王朝興亡の歴史には法則性があるこ
とを論じている。彼の思想は，19 世紀にヨーロッパの学者たちに再発見され，
世界で最初の社会科学者と高く評価された。

　　他方，ヨーロッパ世界では，近世に至ってもなお，救済史観が影響力を保持し
ていた。王権神授説を唱えて，ルイ 14 世に重用されたフランスの神学者
（ 7 ）は，救済史観の色濃い『世界史叙説』を書いている。（ 7 ）の『世界史
叙説』を批判したのが，『哲学書簡』などの著作で知られる思想家ヴォルテールで
ある。彼は『歴史哲学』などの著作を通して，宗教からの歴史の解放を唱えた。ま
た彼は，（ 8 ）らが編纂した『百科全書』にも執筆者として協力している。

　　歴史が科学的な学問となったのは 19 世紀のことで，ドイツの歴史家（ 9 ）
の功績が大きい。（ 9 ）は，厳密な史料批判と客観的な叙述を柱とする近代歴

史学の基礎を築いた。また，『資本論』などを著わしたマルクスは，唯物史観に立脚し，人類の歴史を階級闘争の歴史として提示した。そのマルクスが指導した国際的労働者組織（　10　）は，無政府主義者との対立や，パリ=コミューン後の弾圧の激化により，1876年に解散した。

〔語群〕

　(ア)　イブン=ハルドゥーン　　　(イ)　イブン=バットゥータ

　(ウ)　セネカ　　　　　　　　　(エ)　第1インターナショナル

　(オ)　プルタルコス　　　　　(カ)　セレウコス朝　　　(キ)　ヘロドトス

　(ク)　ディドロ　　　　　　　(ケ)　ポリビオス　　　　(コ)　ルソー

　(サ)　アケメネス朝　　　　　(シ)　タバリー　　　　　(ス)　ランケ

　(セ)　フンボルト　　　　　　(ソ)　リウィウス　　　　(タ)　ササン朝

　(チ)　トリボニアヌス　　　　(ツ)　モンテスキュー　　(テ)　ヘーゲル

　(ト)　タキトゥス　　　　　　(ナ)　ストラボン　　　　(ニ)　コミンテルン

　(ヌ)　ボシュエ　　　　　　　(ネ)　コミンフォルム　　(ノ)　トゥキディデス

　(ハ)　キケロ　　　　　　　　(ヒ)　ホッブズ

〔**Ⅱ**〕　次の文の（　1　）～（　10　）に入れるのに最も適当な語句を下記の語群から選び，その記号をマークしなさい。

　　日露戦争を一つの契機にしてアジア各地で民族の独立や解放を求めるナショナリズムが盛り上がり始めた。インドではすでに1885年にインド（　1　）が開催され，この時の参加者の多くはイギリスのインド支配に協調的であったが，1905年にイギリスが（　2　）の分断をはかる（　3　）を公布すると激しい反対運動が起こった。

　　翌年にカルカッタで開かれた（　1　）では，民族教育，（　4　）（自治獲得），英貨排斥，（　5　）（国産品愛用）の4綱領が決定された。これに対してイギリスは（　6　）の結成を支援し，（　1　）派に対抗させようとした。またイギリスは，インド人を行政に登用するなど，民族運動の鎮静化をはかって懐柔策をとり，1911年には（　3　）を撤回するなどした。

　　第一次世界大戦中，イギリスは民族自決をうたう国際世論に押されてインドに自治を約束した。しかし1919年のインド統治法は実態として自治実現には程遠いものであり，また同時に制定された（　7　）は強圧的な内容であった。同年パンジャーブ地方の（　8　）で開かれた抗議集会でイギリス軍が発砲して多数の死傷者が出たこともあり，インドの人びとは激しく反発した。このようななかでインド民衆を率いたのがガンディーであった。

　　ガンディーは1869年にインド西部のポルバンダルで比較的裕福な家庭に生まれた。18歳でイギリスに留学して弁護士の資格を得，1893年に顧問弁護士の職を得て南アフリカに渡った。彼はその地で弁護士として働くかたわら，在住インド人の人権擁護の運動に身を投じ，（　9　）と呼ばれる非暴力・不服従の闘争戦術を編み出した。

　　第一次世界大戦勃発後の1915年に帰国したガンディーは，当初農民運動を指導していたが，（　7　）施行をきっかけにインド民族運動の指導者として政治の舞台に登場する。彼は（　7　）に抗議して，商店・工場などの全国的な一斉休業（ハルタール）を呼びかけた。民衆はこぞってこれにこたえ，各地の都市や農村に運動が広がった。この第1次非暴力・不服従運動を画期として，民族運動はさらに前進する。

　1930 年，ガンディーは弟子たちとともに 3 週間にわたって 400 キロメートルに及ばんとする徒歩行進を行った。これはインド政庁の（　10　）の専売に関する法律に抗議するものだった。ガンディーは到達した先で民衆の見守るなか，禁令を犯して（　10　）を作り，歓呼の声を浴びた。この非暴力の闘争はインド全土に大きな反響を巻き起こした。

　ガンディーの指導による非暴力抵抗運動はその後も提起され，その呼びかけにインド民衆は続々と参加していった。こうした民衆の力が 1947 年のインドの独立を生みだす原動力になった。

〔語群〕

　㋐　スワデーシ　　　㋑　カリカット　　　㋒　ライヤットワーリー

　㋓　ベンガル分割令　㋔　イスラーム同盟　㋕　サティヤーグラハ

　㋖　国民議会　　　　㋗　イクター　　　　㋘　アムリットサール

　㋙　砂糖　　　　　　㋚　インド共産党

　㋛　イスラーム教徒と仏教徒　　　　　　　㋜　国民公会

　㋝　スワラージ　　　㋞　ヒンドゥー教徒とイスラーム教徒

　㋟　国民会議　　　　㋠　塩

　㋡　仏教徒とヒンドゥー教徒　　　　　　　㋢　酒

　㋣　ラホール　　　　㋤　ザミンダーリー　㋥　デリー

　㋦　ローラット法　　㋧　全インド=ムスリム連盟

〔**Ⅲ**〕 次の文の（　1　）〜（　13　）に入れるのに最も適当な語句を{　}内の㋐ない
し下記の語群から選び，その記号をマークしなさい。また，（　A　）・（　B　）
の問に答えなさい。

　アヘン戦争後の清代中国において，キリスト教の伝道に接した洪秀全は，拝上
帝会なる宗教結社を組織した。洪秀全をキリストの弟とする拝上帝会は，1851
年に太平天国を建てた。1853年に南京を占領した太平天国は，ここを天京と名
づけて首都としたが，その後，指導者間の抗争などによって弱体化，清朝側の攻
勢を前にしだいに追いつめられていった。その際，清朝の正規軍とならんで太平
天国とたたかったのが，曾国藩が組織した湘軍などの郷勇や，ウォードやゴード
ンなど外国人が率いる常勝軍であった。

　ウォードは，1831年にアメリカ合衆国のマサチューセッツ州で生まれた。18
世紀後半，ヨーロッパにおける（　1　）{㋐　オーストリア継承}戦争と並行して
北アメリカではフレンチ＝インディアン戦争と呼ばれる，イギリスとフランスの
植民地戦争がたたかわれた。戦争終結後，イギリスが北アメリカの植民地に対し
て課税強化などをはかると，植民地の人々の不満が高まり，マサチューセッツの
中心都市ボストンでは，茶法に対する住民の怒りがボストン茶会事件を引き起こ
した。こうしたなか，1775年に起こった武力衝突を機に独立戦争が始まり，翌
年7月4日に北アメリカの13植民地の代表は（　2　）{㋐　ニューヨーク}で独
立宣言を発表した。独立側は当初苦戦することもあったが，しだいに優勢となり，
1781年のゲティスバーグの戦いで決定的勝利をおさめ，1783年の（　3　）{㋐
ロンドン}条約で独立を達成した。
　①

　建国初期のアメリカ合衆国では，「ヴァージニア王朝」と称されるようにヴァー
ジニア出身者が大統領職を占めることが多かったが，ウォードが誕生したころに
は，あらたな傾向もみられていた。西部出身で農民や都市の下層民重視をうたっ
て大統領選に当選し，1829年から37年にかけて大統領職にあった（　4　）{㋐
ジャクソン}は，南部をおもな基盤とする民主党の結成をうながす一方で，先住
民の保留地への強制移住政策を行った。1840年代以降，「明白な天命」説が流布
されるなか，西部開拓の動きがさらにすすんだ。アメリカ合衆国は，1846年に
始まったメキシコとの戦争に勝利してカリフォルニアなどを獲得した一方で，
　②

（ 5 ）{(ア) ロシア}との共同管理地域になっていたオレゴンについて，その南半分を交渉で獲得するなどして太平洋岸も領土とするようになった。

　その結果，太平洋のかなたの東アジアとアメリカ合衆国との交流もすすむことになる。日本に来航したペリー提督は，1854 年に<u>日米修好通商条約</u>を結んで日本の開国を導いた。そうしたなか中国におもむいたウォードは，1860 年に中国人商人と謀って太平天国とたたかうための外国人部隊を組織した。これが常勝軍のもとである。1861 年，ウォードの祖国アメリカ合衆国では，連邦から離脱した南部諸州がアメリカ連合国を組織し，（ 6 ）{(ア) ジェファソン＝デヴィス}を大統領に選んで，南北戦争が始まった。北部と（ 7 ）{(ア) ジェームズタウン}を首都とする南部とが激しい戦いを続けるなか，中国名を華爾といったウォードは，1862 年に太平天国との戦いで戦死した。

　翌 1863 年に常勝軍の司令官となったのがゴードンである。ゴードンは 1833 年にイギリスで生まれた。このころのイギリスでは産業革命で生じたさまざまな社会変化に対応する施策がとられていた。その一つが 1832 年の第 1 回選挙法改正であり，<u>腐敗選挙区の廃止</u>などによって選挙区が再編成されるとともに選挙資格も拡大された。

　ゴードンが誕生・幼少期を過ごした 1830〜40 年代，ヨーロッパは，ウィーン体制が動揺・崩壊する変革期に当たっていた。1830 年，フランスで起こった（ 8 ）{(ア) 二月}革命で国王（ 9 ）{(ア) ルイ＝フィリップ}は亡命，かわってオルレアン家の新国王が即位した。この革命の影響は周辺地域にもおよび，ベルギーが（ 10 ）{(ア) オランダ}から独立し，1831 年に立憲王国となった。さらに 1848 年になるとフランスであらたな革命が勃発して第二共和政が発足，あらたに成立した臨時政府には社会主義者の（ 11 ）{(ア) サン＝シモン}も加わった。この革命の影響もまた周辺に波及し，オーストリアではウィーンで起こった蜂起によりメッテルニヒが失脚，ハンガリーで（ 12 ）{(ア) コシュート}の指導下に民族運動が高揚するなどウィーン体制は崩壊した。

　イギリスで軍人としてのキャリアを歩んだゴードンが従軍した戦いの一つがアロー戦争である。アロー号事件を機にイギリスはフランスと共同出兵して清朝を破った。その結果，1860 年に結ばれた北京条約で清朝は天津など 11 港の開港，キリスト教布教の自由などを認め，イギリスに九竜半島南部を割譲した。これら

の成果を得たイギリスやフランスは清朝を援護して太平天国鎮圧に向かうように
なり，その一環として常勝軍の司令官となったゴードンは清と協力して太平天国
を追いつめた。

　1864年に天京が陥落して太平天国が滅ぶと，ゴードンは，チャイニーズ・
ゴードンの異名を得て帰国した。その後，ヨーロッパ諸国によるアフリカ分割が
すすむなか，（　13　）{㋐　エチオピア}でマフディー派の反乱が起こるとゴード
ンはその対処におもむき，1885年戦死をとげた。

　ウォードやゴードンのように太平天国に対する戦いに従事した欧米人がいた一
方，太平天国の側にくみした外国人もいた。後期の太平天国を軍事・政務におい
て支えた忠王，李秀成に協力したイギリス人リンドレーなどがその例であり，リ
ンドレーは帰国後，太平天国を擁護する一書を著わした。

〔語群〕

　㋑　七月　　　　　㋒　十月　　　　　　㋓　スーダン

　㋔　モンロー　　　㋕　イギリス　　　　㋖　グラント

　㋗　ルイ＝ブラン　㋘　マッツィーニ　　㋙　ルイ18世

　㋚　ワシントン　　㋛　ソマリア　　　　㋜　フィラデルフィア

　㋝　ユトレヒト　　㋞　リッチモンド　　㋟　スペイン

　㋠　パリ　　　　　㋡　リー　　　　　　㋢　トマス＝ジェファソン

　㋣　ヨークタウン　㋤　七年　　　　　　㋥　オーストリア

　㋦　スペイン継承　㋧　フランス　　　　㋨　シャルル10世

　㋩　フーリエ　　　㋪　コシューシコ

（　A　）下線部①・②について，①のみ正しければ㋐を，②のみ正しければ㋑
を，両方正しければ㋒を，両方誤りであれば㋓をマークしなさい。

（　B　）下線部③・④について，③のみ正しければ㋐を，④のみ正しければ㋑
を，両方正しければ㋒を，両方誤りであれば㋓をマークしなさい。

〔**Ⅳ**〕　次の文の（　1　）～（　10　）に入れるのに最も適当な語句を{　　}内の(ア)～(エ)
　　　から選び，その記号をマークしなさい。また，問 1 ～ 5 について，それぞれ答え
　　　なさい。

　　唐代を代表する詩人李白は，豪放で幻想的な詩風から「詩仙」と称えられる。西
域で生まれたともいわれる李白は，幼少期に蜀の地に移住，長じて後は中国各地
を遊歴し，数多くの名詩を残した。ひと所に定まらない生涯を送ったことから，
「旅の詩人」とも呼ばれる。

　　科挙を受験しなかった李白は，742 年に訪れた都（　1　）{(ア)　洛陽　(イ)　長
安　(ウ)　咸陽　(エ)　開封}で高官であった賀知章の知遇を得たことで初めて官途
に就くことができた。時の皇帝（　2　）{(ア)　太宗　(イ)　高宗　(ウ)　玄宗　(エ)
則天武后}のもとで翰林供奉として仕えたが，ほどなくして宦官の高力士らと対
立して失脚し，都を追われた。再び放浪の生活に入った李白は，年下の詩人で後
世「詩聖」と称される杜甫と出会い親交を深めている。

　　755 年に勃発した（　3　）{(ア)　黄巣の乱　(イ)　永嘉の乱　(ウ)　三藩の乱　(エ)
安史の乱}の混乱のなか，李白は江西の廬山に隠棲する。廬山は古来数多の文人
墨客をひきつけた名山で，「女史箴図」の作者とされる（　4　）{(ア)　顧愷之　(イ)
董其昌　(ウ)　呉道玄　(エ)　閻立本}も「廬山図」を残している。李白は，（　2　）
の子で粛宗の弟である永王に請われ，廬山を下りてその軍に投じることとなる。
その後，（　5　）{(ア)　吐蕃　(イ)　キルギス　(ウ)　新羅　(エ)　ウイグル}の援軍を
得た粛宗が（　3　）の鎮圧を進めるなか，反目していた弟永王を反乱軍とみなし
討伐すると，永王のもとにいた李白も連座して流罪となる。しかし，配流の途上
で赦免され，その後は 762 年に病死するまで各地を放浪したと伝えられる。

　　写真 1 は，現存する唯一の李白による真筆の書といわれる「上陽台帖」である。
多くの文人や権力者，美術蒐集家による愛蔵を経て，現在は北京の故宮博物院に
所蔵されている。歴代の所有者のなかには，「風流天子」の異名を持つ北宋の
（　6　）{(ア)　孝文帝　(イ)　欽宗　(ウ)　昭明太子　(エ)　徽宗}がおり，自ら題跋を
書き入れている。（　6　）は宮中の画院を充実させ，自らも画家として（　7　）
{(ア)　文人画　(イ)　院体画　(ウ)　細密画　(エ)　北宗画}を大成させた。

　　清代にこの「上陽台帖」を愛蔵した乾隆帝も詩作や書画を愛好した。1750 年に

帝の御選で編まれた『唐宋詩醇』には，李白の詩375首が収録されている。乾隆帝は「上陽台帖」に複数の鑑蔵印（鑑識収蔵したことを示す印）を捺しているが，その中には<u>乾隆帝の傘寿(80歳)の記念に作られた「八 徴 耄念之寶」</u>や，1795年に帝位
　　　　　　③
を譲った後に使われた<u>「太上皇帝之寶」</u>の印影もみられる。
　　　　　　　　　④

　清朝滅亡後，清朝皇室が所有していた宝物の中には流出し散逸してしまうものも多かったが，貴重な文化遺産を海外に流出させまいと努めた人々がいた。その一人が書画蒐集家の張伯駒で，李白の「上陽台帖」の他，西晋時代の文学者で，西晋の内乱である（　8　）{(ア)　赤眉の乱　(イ)　八王の乱　(ウ)　靖康の変　(エ)　靖難の役}で非業の死をとげた陸機の真跡といわれる「平復帖」など，貴重な書画を買い取り大切に保存した。これらの書画は新中国成立後，1956年頃に当時国家主席であった（　9　）{(ア)　劉少奇　(イ)　林彪　(ウ)　鄧小平　(エ)　毛沢東}に寄贈された後，1958年に故宮博物院に移されたという。この頃，（　9　）は急激な社会主義建設を目指す（　10　）{(ア)　プロレタリア文化大革命　(イ)　改革・開放政策　(ウ)　社会主義市場経済　(エ)　大躍進政策}をすすめるも失敗し，李白がかつて隠棲した廬山において<u>1959年</u>に開かれた会議で厳しく批判されることとなる。
　　　　　　　　　　　　　⑤

［写真1］

問1　下線部①について述べた次の文(ア)～(エ)のうち，**誤っているもの**を一つ選び，その記号をマークしなさい。

　　(ア)　前漢は武帝の時代に，匈奴を撃退してタリム盆地のオアシス都市にまで支配を広げた。

　　(イ)　後漢の張騫は西域に派遣され，西方の事情を中国に伝えた。

(ウ) 唐の高宗は西域に勢力圏を広げ，征服地に都護府を置いた。

(エ) 18世紀半ばにジュンガルを滅ぼして東トルキスタン全域を占領した清は，その地を「新疆」と名づけた。

問2　下線部②に関連して，蜀の中心都市として最も適当なものを次の(ア)〜(エ)から一つ選び，その記号をマークしなさい。

(ア) 成都　　　(イ) 平城　　　(ウ) 洛陽　　　(エ) 建業

問3　下線部③に関連して，乾隆帝の傘寿の祝賀のために1792年にイギリスから派遣され，翌年熱河で乾隆帝に謁見した使者として最も適当なものを次の(ア)〜(エ)から一つ選び，その記号をマークしなさい。

(ア) フェルビースト　　　(イ) アマースト　　　(ウ) マカートニー

(エ) ラッフルズ

問4　下線部④に関連して，太上皇帝となった中国史上の皇帝に，明の英宗（正統帝）がいる。次の文(ア)〜(エ)のうち，英宗が太上皇帝であった1450年代の出来事として**適切でないもの**を一つ選び，その記号をマークしなさい。

(ア) カスティリャ王国とアラゴン王国が統合されてスペイン王国が成立した。

(イ) コンスタンティノープルが陥落し，ビザンツ帝国が滅亡した。

(ウ) ヨーロッパで百年戦争が終結した。

(エ) ベトナムは黎朝の支配下にあった。

問5　下線部⑤に関連して，1959年はチベットのダライ=ラマ14世が亡命した年でもある。ダライ=ラマ14世の亡命先の当時の指導者として最も適当なものを次の(ア)〜(エ)から一つ選び，その記号をマークしなさい。

(ア) フルシチョフ　　　(イ) ナセル　　　(ウ) アイゼンハワー

(エ) ネルー

2 月 7 日実施分　　解答　世界史

I　解答

1 —(キ)　2 —(サ)　3 —(ハ)　4 —(ケ)　5 —(ト)　6 —(ア)
7 —(ヌ)　8 —(ク)　9 —(ス)　10—(エ)

◀解　説▶

≪歴史家の歩み≫

1．古代ギリシアの歴史家ヘロドトスは，ペルシア戦争を題材とした『歴史』を著した。

2．アケメネス朝のダレイオス 1 世の支配に対して起こったイオニア植民市の反乱を，アテネが支援したことをきっかけにペルシア戦争が始まった。

3．ヘロドトスを「歴史の父」と呼んだローマの弁論家キケロは，『国家論』『義務論』など多くの著作を残した。

4．ローマのスキピオ家に従ってポエニ戦争に参加したポリビオスは，その経験などをもとにローマの勝利を考察し，政体循環史観の立場から『歴史』を著した。

6．イスラーム世界の歴史学者イブン＝ハルドゥーンは，著書『世界史序説』において，王朝変遷の法則性を都市と遊牧民の関係から考察した。

7．『世界史叙説』を著したフランスの神学者ボシュエは，ルイ 14 世に仕え王権神授説を主張した。

10．マルクスの指導のもとロンドンで結成された第 1 インターナショナルは，パリ＝コミューン後の各国での弾圧などにより，1876 年に正式に解散した。

II　解答

1 —(タ)　2 —(ソ)　3 —(エ)　4 —(セ)　5 —(ア)　6 —(ネ)
7 —(ヌ)　8 —(ケ)　9 —(カ)　10—(チ)

◀解　説▶

≪インドの民族運動≫

2・3．ヒンドゥー教徒とイスラーム教徒の対立をインド統治に利用しようとしたイギリスは，1905 年にベンガル分割令を公布したが，激しい反英運動が起こったため，1911 年にこの法令を撤回した。

解答編

7・8．第一次世界大戦後，反英運動弾圧のためにイギリスのインド政庁
が令状なしの逮捕・裁判手続きなしの投獄を認めるローラット法を制定す
ると，インド各地で反対運動が起こった。これに対してパンジャーブ州ア
ムリットサール市では，抗議集会にイギリス軍が発砲して多数の死傷者を
出した（アムリットサール事件）。

9．南アフリカでインド人移民に対する差別と闘うために非暴力・不服従
運動を展開したガンディーは，この運動・理念を「サティヤーグラハ」と
名付け，のちにインドでもこの運動を展開した。

10．1930 年，インド政庁の塩の専売に対する抗議行動として，ガンディ
ーは「塩の行進」と呼ばれる非暴力・不服従運動を展開した。

III **解答**　　1 ―(ナ)　2 ―(ス)　3 ―(チ)　4 ―(ア)　5 ―(カ)　6 ―(ア)
　　　　　　　7 ―(ソ)　8 ―(イ)　9 ―(ノ)　10―(ア)　11―(ク)　12―(ア)
13―(エ)
A ―(イ)　B ―(イ)

━━━━━━━ ◀解　説▶ ━━━━━━━

≪ウォード，ゴードンと19世紀の世界≫

2．トマス＝ジェファソンが中心となって起草した独立宣言は，アメリカ
独立戦争中の1776年にフィラデルフィアで発表された。

4．西部出身のジャクソン大統領（任1829〜37年）の時代に民主主義が
進展（ジャクソニアン＝デモクラシー）したが，一方で先住民に対しては
強制移住法が制定された。また，彼の支持者により民主党が結成された。

5．オレゴンは1818年以降アメリカ・イギリスの共同管理地であったが，
1846年の両国の協定により北緯49度線以南をアメリカ領とした。

7．南部諸州はアメリカ連合国を組織して南北戦争を戦ったが，首都リッ
チモンド陥落後まもなく降伏した。

10．ウィーン会議によりオランダ領となった南ネーデルラント（ベルギ
ー）は，1830年のフランス七月革命の影響を受けて独立を宣言した。

11．フランス二月革命（1848年）により第二共和政が発足したが，この
とき成立した臨時政府には社会主義者のルイ＝ブランなども入閣し，国立
作業場の設立などを進めた。

12．フランス二月革命の影響により起こったドイツ三月革命でオーストリ

アのメッテルニヒが失脚。この動揺のなか，オーストリア支配下のハンガリーではコシュートが民族運動を指導したが，まもなく鎮圧された。

13. 中国で常勝軍を率いて太平天国の乱の鎮圧に活躍したゴードンは，スーダンでマフディー派の反乱の鎮圧にあたったが戦死した。

A. ①誤り。アメリカ独立戦争では，1781年のヨークタウンの戦いで植民地側が決定的な勝利をおさめた。ゲティスバーグの戦いは，南北戦争中の1863年に北軍が南軍に勝利した戦い。②正しい。

B. ③誤り。日本に来航したペリーは1854年に日米和親条約を結び，下田・箱館を開港させるなど日本を開国に導いた。その後，1858年に結ばれた日米修好通商条約で日本は領事裁判権などを認めた。④正しい。

IV 解答

1—(イ)　2—(ウ)　3—(エ)　4—(ア)　5—(エ)　6—(エ)
7—(イ)　8—(イ)　9—(エ)　10—(エ)
問1．(イ)　問2．(ア)　問3．(ウ)　問4．(ア)　問5．(エ)

◀解　説▶

≪李白と中国≫

1・2．李白は玄宗に仕えた唐代の詩人で，杜甫らとも交流があった。よって「742年に訪れた都」とは唐の都長安である。

3・5．唐は玄宗時代に起こった安史の乱（755～763年）によって混乱したが，次の粛宗がトルコ系遊牧民ウイグルの援助を得て反撃に転じた。反乱は次の代宗のときに鎮圧された。

6・7．芸術家を保護し「風流天子」と呼ばれた北宋の皇帝徽宗は，自らも写実的な院体画の画家として『桃鳩図』などの作品を残した。

9・10．1958年から始まる第2次五カ年計画において，中国の毛沢東国家主席は人民公社を柱とする大躍進政策を掲げたが，生産効率が悪化して失敗した。彼はその後の廬山会議で大躍進政策の失敗を批判された。

問1．(イ)誤り。張騫は前漢の武帝の命により西域に派遣された。

問3．やや難。傘寿の祝賀のために乾隆帝に謁見したイギリスの使者マカートニーは，このとき自由貿易の実現を要求したが認められなかった。

問4．(ア)不適。カスティリャ王国とアラゴン王国が統合されてスペイン王国が成立したのは1479年。

問5．正解は(エ)。1959年のチベット反乱が中華人民共和国政府によって

鎮圧されると，ダライ＝ラマ 14 世はネルーが首相を務めるインドへと亡命した。

㋐フルシチョフはソ連，㋑ナセルはエジプト，㋒アイゼンハワーはアメリカの指導者なので該当しない。

２月３日実施分　　問題　数学

◀総合情報学部（２教科型英数方式）を除く▶

（60 分）

〔**I**〕　数列 $\{a_n\}$ を

$$a_1 = 1, \quad na_{n+1} = 3(n+1)a_n + 2^n n(n+1) \quad (n = 1,\ 2,\ 3,\ \cdots\cdots)$$

で定める。次の　□　をうめよ。

$b_n = \dfrac{a_n}{2^n n}$ とおくとき，b_{n+1} を b_n を用いて表すと，

$$b_{n+1} = \boxed{①}\ b_n + \boxed{②}$$

となる。この漸化式は

$$b_{n+1} + \boxed{③} = \boxed{④}\left(b_n + \boxed{③}\right)$$

と変形できて，数列 $\left\{b_n + \boxed{③}\right\}$ は公比 $\boxed{④}$ の等比数列となる。

よって，$b_n = \boxed{⑤}$ であり，$a_n = n\left(\boxed{⑥}\right)$ となる。

〔Ⅱ〕　次の　◯◯◯◯◯　をうめよ。ただし，◯②◯　は a の式で，◯③◯　は a の 1 次式で，その他は数値でうめよ。

　　$a > 1$ を満たす定数に対して，2 つの曲線 $y = x^2 - ax - a$ と $y = ax^2 + 3x$ が異なる 2 点で交わるような a の値の範囲は，$1 < a < \dfrac{\boxed{①}}{3}$ である。この範囲の a に対して，2 点を結ぶ直線の傾き t は，a を用いて，$t = \boxed{②}$ と表される。$\boxed{②}$ を変形すると，

$$t = -\left(\boxed{③} + \frac{\boxed{④}}{\boxed{③}}\right) - 2$$

と表される。t は $a = \boxed{⑤}$ のとき，最大値 $\boxed{⑥}$ をとる。

〔Ⅲ〕　関数

$$f(x) = 10^{\frac{x}{50}} - 4 \cdot 10^{\frac{x}{100}} - 3 \cdot 10^{-\frac{x}{100}} + 12 \cdot 10^{-\frac{x}{50}}$$

について，次の問いに答えよ。

(1)　$t = 10^{\frac{x}{100}}$ とおくとき，$10^{\frac{x}{50}} f(x)$ を t についての多項式で表せ。

(2)　方程式 $f(x) = 0$ を満たす実数 x をすべて求めよ。

(3)　不等式 $f(x) < 0$ を満たす整数 x の個数を求めよ。ただし，$\log_{10} 2 = 0.3010$，$\log_{10} 3 = 0.4771$ とする。

◀総合情報学部（2教科型英数方式）▶

（90分）

〔Ⅰ〕 点 O を △ABC の外心とし，$\overrightarrow{\mathrm{OA}} = \vec{a}$, $\overrightarrow{\mathrm{OB}} = \vec{b}$, $\overrightarrow{\mathrm{OC}} = \vec{c}$ とおく。また，点 H を $\overrightarrow{\mathrm{OH}} = \vec{a} + \vec{b} + \vec{c}$ により定める。

(1) 内積 $\overrightarrow{\mathrm{BH}} \cdot \overrightarrow{\mathrm{AC}}$, $\overrightarrow{\mathrm{AH}} \cdot \overrightarrow{\mathrm{BC}}$, $\overrightarrow{\mathrm{CH}} \cdot \overrightarrow{\mathrm{AB}}$ はすべて零であることを示せ。

(2) △ABC が鋭角三角形であるとき，等式 $|\overrightarrow{\mathrm{AH}}| = 2|\vec{a}|\cos \angle \mathrm{BAC}$ が成り立つことを示せ。

(3) H が O と一致するとき，△ABC は正三角形であることを示せ。

〔Ⅱ〕 位置 O から位置 P_i（$i = 1, 2, 3, \cdots, n$）に向かってそれぞれ1本ずつ，合計 n 本の経路が放射状に延びている。最初，位置 O にいるロボットは等確率でひとつの経路を選んでいずれかの位置 P_i に移動するものとする。$P_1, P_2, \cdots\cdots, P_n$ のうちの k 箇所の位置には扉があり，ロボットは移動した位置に扉があるかどうかをセンサーによって確率的に検知することができる。扉が実際にある場合に扉センサーが反応する確率は0.8であり，扉がないのに反応する確率は0.1であるとする。次の問いに答えよ。

(1) ロボットが扉のある位置に移動する確率を求めよ。

(2) ロボットの扉センサーが反応しているとき，ロボットが扉のある位置に移動している確率を求めよ。

(3) 扉のある k 箇所のうちの s 箇所だけには扉の向こう側に宝物がある。ロボッ

トが最初の位置 O にいるときに宝物を見つける確率と，ロボットの扉センサー

が反応しているときに宝物を見つける確率をそれぞれ求めよ。

〔Ⅲ〕 $(x+1)^n$ を x^2+x-2 で割った余りを $a_n x + b_n$（ $n=1,\ 2,\ 3,\ \cdots\cdots$ ）とする。次の ☐☐☐ をうめよ。

(1) a_{n+1} と b_{n+1} をそれぞれ $a_n,\ b_n$ で表すと，$a_{n+1}=$ ① a_n+ ② b_n，$b_{n+1}=$ ③ a_n+ ④ b_n となる。

(2) $c_n = a_n + pb_n$ とおくとき，数列 $\{c_n\}$ が等比数列となる p の値をすべて求めると，$p=$ ⑤ である。

(3) 数列 $\{a_n\}$，$\{b_n\}$ の一般項は，それぞれ $a_n=$ ⑥ ，$b_n=$ ⑦ である。

〔Ⅳ〕 次の ☐☐☐ をうめよ。

(1) 周囲の長さが L であるような正 n 角形 Ω の面積を S_n とする。L と n を用いて Ω の一辺の長さを表せば ① となり，Ω の中心と頂点を結ぶ線分の長さは ② となる。よって，$\dfrac{L^2}{S_n}=$ ③ $\tan\dfrac{\pi}{n}$ が成り立つ。

(2) xy 平面内に，原点を中心とし半径が r の円 C と，点 $A(a,\ b)$ において直交している2直線 $\ell,\ m$ がある。A が C の内部（周を含まない）にあるための必要十分条件は ④ $<r^2$ である。

　　この条件が成り立つとき，C と ℓ の共有点を P，Q とし，C と m の共有点を R，S とすれば，等式 $PR^2+PS^2+QR^2+QS^2=$ ⑤ r^2 が成り立つ。

2月3日実施分　　　　解答 数学

◀総合情報学部（2教科型英数方式）を除く▶

I **解答** ① $\dfrac{3}{2}$　② $\dfrac{1}{2}$　③ 1　④ $\dfrac{3}{2}$　⑤ $\left(\dfrac{3}{2}\right)^n - 1$　⑥ $3^n - 2^n$

◀解　説▶

≪2項間漸化式≫

$$na_{n+1} = 3(n+1)a_n + 2^n n(n+1)$$

の両辺を $2^{n+1}n(n+1)$ で割ると

$$\frac{a_{n+1}}{2^{n+1}(n+1)} = \frac{3}{2} \cdot \frac{a_n}{2^n n} + \frac{1}{2}$$

$$b_n = \frac{a_n}{2^n n} \quad \cdots\cdots ⓐ$$

とおくと

$$b_{n+1} = \frac{3}{2}b_n + \frac{1}{2} \quad →①,②$$

両辺に 1 を足して

$$b_{n+1} + 1 = \frac{3}{2}(b_n + 1) \quad →③,④$$

数列 $\{b_n + 1\}$ は公比 $\dfrac{3}{2}$ の等比数列となり

$$初項 \ b_1 + 1 = \frac{a_1}{2 \cdot 1} + 1 = \frac{1}{2} + 1 = \frac{3}{2}$$

これより $\quad b_n + 1 = \dfrac{3}{2}\left(\dfrac{3}{2}\right)^{n-1} = \left(\dfrac{3}{2}\right)^n$

よって $\quad b_n = \left(\dfrac{3}{2}\right)^n - 1 \quad →⑤$

ⓐより $\quad a_n = 2^n n b_n = 2^n n\left\{\left(\dfrac{3}{2}\right)^n - 1\right\} = n(3^n - 2^n) \quad →⑥$

II **解答** ① $5+2\sqrt{13}$ 　② $-\dfrac{a^2+3}{a-1}$ 　③ $a-1$

④ 4 　⑤ 3 　⑥ -6

━━━━━━━━━━━━◀解　説▶━━━━━━━━━━━━

≪2つの放物線の2交点を通る直線の傾きの最大値，相加平均と相乗平均
の大小関係≫

$$\begin{cases} y=x^2-ax-a & \cdots\cdots ⓐ \\ y=ax^2+3x & \cdots\cdots ⓑ \end{cases}$$

を連立して 　$x^2-ax-a=ax^2+3x$

すなわち 　$(a-1)x^2+(a+3)x+a=0$ 　$\cdots\cdots ⓒ$

2つの曲線が異なる2点で交わるような a の値の範囲はⓒを満たす異な
る2つの実数 x があることである。

$a>1$ を満たすので $a-1>0$ より，ⓒは x の2次方程式である。ⓒの判別
式を D とすると

$$\begin{aligned} D &= (a+3)^2-4a(a-1) \\ &= -(3a^2-10a-9)>0 \end{aligned}$$

これより

$$\frac{5-2\sqrt{13}}{3}<a<\frac{5+2\sqrt{13}}{3}$$

よって，$a>1$ であるから

$$1<a<\frac{5+2\sqrt{13}}{3} \quad →①$$

ⓐより 　$x^2=y+ax+a$

これをⓑへ代入して 　$y=a(y+ax+a)+3x$

すなわち 　$(a-1)y=-(a^2+3)x-a^2$

両辺を $a-1$ (>0) で割って

$$y=-\frac{a^2+3}{a-1}x-\frac{a^2}{a-1}$$

これが2点を通る直線の方程式であるから，傾き t は

$$t=-\frac{a^2+3}{a-1} \quad →②$$

$$=-\frac{(a-1)(a+1)+4}{a-1}$$

$$= -\left(a+1+\frac{4}{a-1}\right)$$

$$= -\left(a-1+2+\frac{4}{a-1}\right)$$

$$= -\left(a-1+\frac{4}{a-1}\right)-2 \quad \rightarrow ③, \, ④$$

これより $a-1+\dfrac{4}{a-1}$ が最小のときに t は最大になる。

$a-1>0,\; \dfrac{4}{a-1}>0$ より相加平均と相乗平均の大小関係を用いて

$$a-1+\frac{4}{a-1} \geqq 2\sqrt{(a-1)\cdot\frac{4}{a-1}} = 2\sqrt{4} = 4$$

等号が成り立つのは　　$a-1=\dfrac{4}{a-1}$

$$(a-1)^2 = 4$$

$a-1>0$ なので　　$a-1=2$

$\quad \therefore \quad a=3$

このことから $a-1+\dfrac{4}{a-1}$ の最小値は 4

よって，t は $a=3$ のとき

最大値 $-4-2=-6 \quad \rightarrow ⑤, \, ⑥$

をとる。

別解 ②　ⓐ，ⓑの異なる 2 点の交点の x 座標を α，β とすると，ⓒの解が α，β なので解と係数の関係を用いて

$$\alpha+\beta = -\frac{a+3}{a-1} \quad \cdots\cdots ⓓ$$

2 つの交点はⓑ上にあるので $(\alpha, \; a\alpha^2+3\alpha)$，$(\beta, \; a\beta^2+3\beta)$ と表せるので，その 2 点を通る直線の傾き t は

$$t = \frac{a\beta^2+3\beta-(a\alpha^2+3\alpha)}{\beta-\alpha} = \frac{a(\beta^2-\alpha^2)+3(\beta-\alpha)}{\beta-\alpha}$$

$$= a(\alpha+\beta)+3$$

$$= -\frac{a(a+3)}{a-1}+3 \quad (\because \quad ⓓ)$$

$$= -\frac{a(a+3)-3(a-1)}{a-1}$$

$$= -\frac{a^2+3}{a-1}$$

Ⅲ 解答

(1) $f(x) = 10^{\frac{x}{50}} - 4\cdot10^{\frac{x}{100}} - 3\cdot10^{-\frac{x}{100}} + 12\cdot10^{-\frac{x}{50}}$

について

$$10^{\frac{x}{50}}f(x) = 10^{\frac{x}{50}}\left(10^{\frac{x}{50}} - 4\cdot10^{\frac{x}{100}} - 3\cdot10^{-\frac{x}{100}} + 12\cdot10^{-\frac{x}{50}}\right)$$

$$= 10^{\frac{x}{50}+\frac{x}{50}} - 4\cdot10^{\frac{x}{50}+\frac{x}{100}} - 3\cdot10^{\frac{x}{50}-\frac{x}{100}} + 12\cdot10^{\frac{x}{50}-\frac{x}{50}}$$

$$= 10^{\frac{4x}{100}} - 4\cdot10^{\frac{3x}{100}} - 3\cdot10^{\frac{x}{100}} + 12$$

$$t = 10^{\frac{x}{100}} \quad\cdots\cdots\text{①}$$

とおくと

$$10^{\frac{x}{50}}f(x) = t^4 - 4t^3 - 3t + 12 \quad\cdots\cdots\text{(答)}$$

$$= t^3(t-4) - 3(t-4)$$

$$= (t-4)(t^3-3)$$

$$= (t-4)\left(t-3^{\frac{1}{3}}\right)\left(t^2+3^{\frac{1}{3}}t+3^{\frac{2}{3}}\right)$$

$10^{\frac{x}{50}} \neq 0$ より

$$f(x) = \frac{\left(t^2+3^{\frac{1}{3}}t+3^{\frac{2}{3}}\right)}{10^{\frac{x}{50}}}(t-4)\left(t-3^{\frac{1}{3}}\right) \quad\cdots\cdots\text{②}$$

t が実数のとき

$$t^2+3^{\frac{1}{3}}t+3^{\frac{2}{3}} = \left(t+\frac{3^{\frac{1}{3}}}{2}\right)^2 + \frac{3}{4}\cdot3^{\frac{2}{3}} > 0$$

(2) $f(x) = 0$ のとき $10^{\frac{x}{50}} > 0$ なので②より

$$(t-4)\left(t-3^{\frac{1}{3}}\right) = 0$$

すなわち　　$t=4$ または $t=3^{\frac{1}{3}}$

$t=4$ のとき①から $10^{\frac{x}{100}} = 4$ より

$$\frac{x}{100} = \log_{10}4$$

$$\therefore\quad x = 200\log_{10}2$$

$t=3^{\frac{1}{3}}$ のとき①から $10^{\frac{x}{100}}=3^{\frac{1}{3}}$ より

$$\frac{x}{100}=\log_{10}3^{\frac{1}{3}}$$

$$\therefore\quad x=\frac{100}{3}\log_{10}3$$

よって　　$x=200\log_{10}2,\ \dfrac{100}{3}\log_{10}3$　……(答)

(3)　$f(x)<0$ のとき $10^{\frac{x}{50}}>0$ なので②より

$$(t-4)(t-3^{\frac{1}{3}})<0$$

すなわち　　$3^{\frac{1}{3}}<t<4$

①から　　$3^{\frac{1}{3}}<10^{\frac{x}{100}}<4$

各辺に底が 10 の対数をとり

$$\log_{10}3^{\frac{1}{3}}<\log_{10}10^{\frac{x}{100}}<\log_{10}4$$

$$\frac{1}{3}\log_{10}3<\frac{x}{100}<2\log_{10}2$$

$$\frac{100}{3}\log_{10}3<x<200\log_{10}2$$

$\log_{10}3=0.4771,\ \log_{10}2=0.3010$ なので

$$\frac{100}{3}\cdot0.4771<x<200\cdot0.3010$$

すなわち　　$15.9\cdots<x<60.2$

よって，$f(x)<0$ を満たす整数 x は

$$x=16,\ 17,\ \cdots,\ 60\ \text{の 45 個}\quad……(答)$$

━━━━━◀解　説▶━━━━━

≪指数関数と多項式，方程式・不等式と常用対数≫

(1)　指数法則「$a^p\cdot a^q=a^{p+q}$，$(a^p)^q=a^{pq}$」を用いて変形する。$10^{\frac{x}{50}}f(x)$ は t の 4 次式になるが，$t=4$ を代入すると 0 になるので因数定理から $(t-4)$ を因数にもつことがわかり，因数分解もできる。(2)・(3)はこのことを利用して求めることができる。

(2)　$f(x)=0$ とすると，(1)より実数 t の値がわかり，置きかえた式から実数 x の値が求まる。

(3) $f(x)<0$ とすると，(1)より t の値の範囲がわかり，x の範囲もわかる。対数の近似値が与えられているので，整数 x の範囲もわかり，個数も求まる。

❖講　評

出題形式は例年通り記述式が1題，空所補充が2題の大問3題のセットとなっている。

Ⅰは数列の2項間漸化式から一般項を求める問題で，置きかえの方針も書いてあるので難しくはない。過去の問題にも漸化式の出題があったので，対策をたてていた受験生は完答できただろう。

Ⅱは2つの放物線が異なる2点で共有点をもち，その2点を通る直線の傾きの最大値を求める問題で，式が分数になり，慣れていないと手が止まってしまったかもしれない。傾き t を a で表すのに，2点の共有点を直接求めるのでは大変な計算になってしまうので，〔解答〕では連立して x^2 を消して直線の方程式を導いた。〔別解〕のように共有点の x 座標を α, β のように置いて解と係数の関係を考えてもよい。t は分数になるが，分子の a^2+3 を分母の $a-1$ で割って変形することができる。③の空所が2つあり同じ式が入ることがわかり，-2 が問題に書いてあるので，なんとか式変形してほしい。最後は相加平均と相乗平均の大小関係を用いるとよい。

Ⅲは指数関数 $f(x)$ を考察する問題で，(1)で表した t についての4次の多項式が因数分解できることに気づくかどうかで(2)・(3)のできは決まる。x の値については対数を用いることになるが，難しい変形はない。

解きにくい問題もあるが，標準問題が中心である。普段からの学習量で差がつくほどよい難易度になっている。計算量は少なめではあるが，ケアレスミスをしてしまいそうな問題もあり油断はできない。例年，数学Ⅱは図形と方程式や指数・対数関数など，数学Bは数列などの分野がよく出題されているが，様々な分野から出題されるので，合格するには全分野を万遍なく学習しておく必要がある。

◀総合情報学部（2教科型英数方式）▶

$\mathbf{I}$ 【解答】 点 O を △ABC の外心とし，$\overrightarrow{\mathrm{OA}}=\vec{a}$，$\overrightarrow{\mathrm{OB}}=\vec{b}$，$\overrightarrow{\mathrm{OC}}=\vec{c}$ とおくので，△ABC の外接円の半径を R として

$$|\vec{a}|=|\vec{b}|=|\vec{c}|=R$$

と表せる。また

$$\overrightarrow{\mathrm{OH}}=\vec{a}+\vec{b}+\vec{c}$$

(1)
$$\overrightarrow{\mathrm{BH}}=\overrightarrow{\mathrm{OH}}-\overrightarrow{\mathrm{OB}}=\vec{a}+\vec{c},\quad \overrightarrow{\mathrm{AH}}=\overrightarrow{\mathrm{OH}}-\overrightarrow{\mathrm{OA}}=\vec{b}+\vec{c},$$
$$\overrightarrow{\mathrm{CH}}=\overrightarrow{\mathrm{OH}}-\overrightarrow{\mathrm{OC}}=\vec{a}+\vec{b},\quad \overrightarrow{\mathrm{AC}}=\overrightarrow{\mathrm{OC}}-\overrightarrow{\mathrm{OA}}=\vec{c}-\vec{a},$$
$$\overrightarrow{\mathrm{BC}}=\overrightarrow{\mathrm{OC}}-\overrightarrow{\mathrm{OB}}=\vec{c}-\vec{b},\quad \overrightarrow{\mathrm{AB}}=\overrightarrow{\mathrm{OB}}-\overrightarrow{\mathrm{OA}}=\vec{b}-\vec{a},$$

これより

$$\overrightarrow{\mathrm{BH}}\cdot\overrightarrow{\mathrm{AC}}=(\vec{c}+\vec{a})\cdot(\vec{c}-\vec{a})=|\vec{c}|^2-|\vec{a}|^2=R^2-R^2=0$$
$$\overrightarrow{\mathrm{AH}}\cdot\overrightarrow{\mathrm{BC}}=(\vec{c}+\vec{b})\cdot(\vec{c}-\vec{b})=|\vec{c}|^2-|\vec{b}|^2=R^2-R^2=0$$
$$\overrightarrow{\mathrm{CH}}\cdot\overrightarrow{\mathrm{AB}}=(\vec{b}+\vec{a})\cdot(\vec{b}-\vec{a})=|\vec{b}|^2-|\vec{a}|^2=R^2-R^2=0$$

よって，内積 $\overrightarrow{\mathrm{BH}}\cdot\overrightarrow{\mathrm{AC}}$，$\overrightarrow{\mathrm{AH}}\cdot\overrightarrow{\mathrm{BC}}$，$\overrightarrow{\mathrm{CH}}\cdot\overrightarrow{\mathrm{AB}}$ はすべて零である。

（証明終）

(2)　△ABC が鋭角三角形であるとき

$$\angle\mathrm{BAC}=\theta \quad \left(0<\theta<\frac{\pi}{2}\right)$$

と表せて，$\overset{\frown}{\mathrm{BC}}$ の円周角と中心角の関係を用いて

$$\angle\mathrm{BOC}=2\angle\mathrm{BAC}=2\theta$$

これより

$$\vec{b}\cdot\vec{c}=|\vec{b}||\vec{c}|\cos 2\theta$$
$$=R^2(2\cos^2\theta-1)$$
$$|\overrightarrow{\mathrm{AH}}|^2=|\vec{b}+\vec{c}|^2$$
$$=|\vec{b}|^2+2\vec{b}\cdot\vec{c}+|\vec{c}|^2$$
$$=R^2+2R^2(2\cos^2\theta-1)+R^2$$
$$=4R^2\cos^2\theta$$

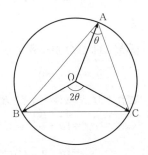

$0 < \theta < \dfrac{\pi}{2}$ なので $\cos\theta > 0$

$$|\overrightarrow{AH}| = 2R\cos\theta$$
$$= 2|\vec{a}|\cos\angle BAC$$

よって，示された。 （証明終）

(3) H と O が一致するとき，$\overrightarrow{OH} = \vec{0}$ であるから

$$\vec{a} + \vec{b} + \vec{c} = \vec{0}$$

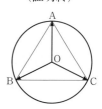

このとき，△ABC の重心を G とすると

$$\overrightarrow{OG} = \dfrac{\vec{a} + \vec{b} + \vec{c}}{3} = \vec{0}$$

これより，O と G も一致し，O は △ABC の内部にあるので，△ABC は鋭角三角形である。

このことから

$$|\overrightarrow{AH}| = |\overrightarrow{AO}| = R$$

(2)で示したことより

$$R = 2R\cos\angle BAC$$

$\cos\angle BAC = \dfrac{1}{2}$ であるから $\angle BAC = \dfrac{\pi}{3}$

(2)と同様に示して

$$|\overrightarrow{BH}| = 2|\vec{b}|\cos\angle ABC, \quad |\overrightarrow{CH}| = 2|\vec{c}|\cos\angle ACB$$

も成り立つので $\angle ABC = \angle ACB = \dfrac{\pi}{3}$

よって，△ABC の内角はすべて $\dfrac{\pi}{3}$ であるから，△ABC は正三角形である。 （証明終）

別解 H と O が一致するとき，$\overrightarrow{OH} = \vec{0}$ であるから

$$\vec{a} + \vec{b} + \vec{c} = \vec{0}$$

これより $\vec{c} = -(\vec{a} + \vec{b})$

$$|\vec{c}|^2 = |\vec{a} + \vec{b}|^2$$
$$= |\vec{a}|^2 + 2\vec{a}\cdot\vec{b} + |\vec{b}|^2$$

$$R^2 = R^2 + 2\vec{a} \cdot \vec{b} + R^2$$

$$\therefore \quad \vec{a} \cdot \vec{b} = -\frac{R^2}{2}$$

同様にして　　　$\vec{a} \cdot \vec{b} = \vec{b} \cdot \vec{c} = \vec{c} \cdot \vec{a} = -\dfrac{R^2}{2}$

このとき

$$|\overrightarrow{AB}|^2 = |\vec{b} - \vec{a}|^2 = |\vec{b}|^2 - 2\vec{a} \cdot \vec{b} + |\vec{b}|^2$$

$$= R^2 - 2\left(-\frac{R^2}{2}\right) + R^2$$

$$= 3R^2$$

$$\therefore \quad |\overrightarrow{AB}| = \sqrt{3}\,R$$

同様にして　　$|\overrightarrow{AB}| = |\overrightarrow{BC}| = |\overrightarrow{CA}| = \sqrt{3}\,R$

よって，AB＝BC＝CA であるから，△ABC は正三角形である。

━━━━━━━━━◀解　説▶━━━━━━━━━

≪三角形の外心と垂心，平面ベクトルの内積・大きさ≫

(1)　点 O は △ABC の外心なので，$|\vec{a}| = |\vec{b}| = |\vec{c}|$ である。〔解答〕では △ABC の外接円の半径を R として，$|\vec{a}| = |\vec{b}| = |\vec{c}| = R$ とした。同じことを 3 回繰り返すことになるが，内積が零になることは計算で示せる。なお，H は △ABC の垂心である。

(2)　△ABC が鋭角三角形なので，円周角と中心角の関係を用いるとよい。

(3)　外心 O は △ABC の重心とも一致することから △ABC の内部にあることがわかるので，△ABC は鋭角三角形である。このことから(2)の結果が利用できる。ちなみに，O が △ABC の外部にあれば，△ABC は鈍角三角形である。

Ⅱ　**解答**　(1)　位置 O にいるロボットが等確率で P_1，P_2，…，P_n のいずれかの位置に移動し，そのうち，k 箇所の位置に扉があるので，ロボットが扉のある位置に移動する確率は

$$\frac{k}{n} \quad \cdots\cdots(答)$$

(2)　ロボットの扉センサーが反応しているとき，ロボットが扉のある位置

に移動している確率は, 扉が実際にある場合に反応する確率が 0.8 であり, 扉がないときに反応する確率が 0.1 であることから

$$\frac{\dfrac{k}{n}\times 0.8}{\dfrac{k}{n}\times 0.8+\dfrac{n-k}{n}\times 0.1}=\frac{0.8k}{0.7k+0.1n}$$

$$=\frac{8k}{7k+n} \quad \cdots\cdots(答)$$

(3) ロボットが最初の位置 O にいるときに宝物を見つける確率は, 宝物がある位置に移動し, かつ扉センサーが反応すればよいので

$$\frac{s}{n}\times 0.8=\frac{4s}{5n} \quad \cdots\cdots(答)$$

ロボットの扉センサーが反応しているときに宝物を見つける確率は, (2)よりロボットの扉センサーが反応しているとき, ロボットが扉のある位置に移動している確率が $\dfrac{8k}{7k+n}$ で, かつその後に宝物を見つける確率が $\dfrac{s}{k}$ であることから

$$\frac{8k}{7k+n}\times\frac{s}{k}=\frac{8s}{7k+n} \quad \cdots\cdots(答)$$

━━━━━━ ◀解 説▶ ━━━━━━

≪ロボットの移動と確率, 条件付き確率≫

(1) n 個の位置 P_1, P_2, $\cdots$, P_n のうち, k 箇所に扉があることから確率は求まる。

(2) n 個の位置 P_1, P_2, $\cdots$, P_n のうち, k 箇所に扉があり, $n-k$ 箇所に扉がないことに注意して, センサーが反応している条件のもとでロボットが扉のある位置に移動している条件付き確率を求めればよい。センサーが反応するのは, 扉がある場合とない場合のいずれかであることから, 確率は求まる。

(3) センサーが反応している条件のもとで考えられる状況は①扉がない ②扉があって宝物がない ③扉があって, 宝物もある の 3 つに分けられる。扉があったとき $\dfrac{s}{k}$ の確率で宝物があるから(2)で求めた確率に $\dfrac{s}{k}$ をかければ確率は求まる。

（注）　なお，ロボットが扉のある位置に移動し，扉センサーが反応しているときのみ，扉の向こう側の宝物を見つけることができると考えた。

III　**解答**　(1)① 0　② 1　③ 2　④ 1　(2)⑤ $-\dfrac{1}{2}$, 1

(3)⑥ $\dfrac{2^n-(-1)^n}{3}$　⑦ $\dfrac{2^{n+1}+(-1)^n}{3}$

◀解　説▶

≪多項式の余り，連立漸化式≫

(1)　$(x+1)^n$ を x^2+x-2 で割った余りを a_nx+b_n とするので，商を $Q_n(x)$ として

$$(x+1)^n=(x^2+x-2)Q_n(x)+a_nx+b_n$$

と表せる。

$$\begin{aligned}(x+1)^{n+1}&=(x+1)(x+1)^n\\&=(x+1)\{(x^2+x-2)Q_n(x)+a_nx+b_n\}\\&=(x^2+x-2)(x+1)Q_n(x)+a_nx^2+(a_n+b_n)x+b_n\\&=(x^2+x-2)(x+1)Q_n(x)+a_n(x^2+x-2)\\&\qquad\qquad\qquad\qquad\qquad+b_nx+2a_n+b_n\\&=(x^2+x-2)\{(x+1)Q_n(x)+a_n\}+b_nx+2a_n+b_n\end{aligned}$$

$(x+1)^{n+1}$ を x^2+x-2 で割った余りについて

$$a_{n+1}x+b_{n+1}=b_nx+2a_n+b_n$$

よって

$$\begin{cases}a_{n+1}=b_n\\b_{n+1}=2a_n+b_n\end{cases}\quad\to①\sim④$$

(2)　$c_n=a_n+pb_n$ とおくとき，数列 $\{c_n\}$ を公比が r の等比数列になるとすると，すべての自然数 n に対して

$$c_{n+1}=rc_n$$

と表される。

$$\begin{aligned}c_{n+1}&=a_{n+1}+pb_{n+1}=b_n+p(2a_n+b_n)\\&=2pa_n+(p+1)b_n\\rc_n&=ra_n+rpb_n\end{aligned}$$

となるので

$$\begin{cases} r=2p \\ rp=p+1 \end{cases}$$

r を消して $\quad 2p^2=p+1$

$\qquad\qquad (p-1)(2p+1)=0$

よって $\quad p=-\dfrac{1}{2},\ 1 \quad\to⑤$

$p=-\dfrac{1}{2}$ ならば $\quad r=-1,\ p=1$ ならば $\quad r=2$

(3) $x+1$ を x^2+x-2 で割った余りは $a_1 x+b_1$ であるから

$\qquad a_1=1,\ b_1=1$

(2)より

$$\begin{cases} a_{n+1}-\dfrac{1}{2}b_{n+1}=-\left(a_n-\dfrac{1}{2}b_n\right) \\ a_{n+1}+b_{n+1}=2(a_n+b_n) \end{cases}$$

数列 $\left\{a_n-\dfrac{1}{2}b_n\right\}$ は初項が $a_1-\dfrac{1}{2}b_1=1-\dfrac{1}{2}=\dfrac{1}{2}$, 公比が -1 の等比数列

であるから

$\qquad a_n-\dfrac{1}{2}b_n=\dfrac{1}{2}(-1)^{n-1} \quad\cdots\cdots ⓐ$

数列 $\{a_n+b_n\}$ は初項が $a_1+b_1=1+1=2$, 公比が 2 の等比数列であるから

$\qquad a_n+b_n=2^n \quad\cdots\cdots ⓑ$

ⓑ－ⓐ として $\quad \dfrac{3}{2}b_n=2^n-\dfrac{1}{2}(-1)^{n-1}$

よって $\quad b_n=\dfrac{2^{n+1}+(-1)^n}{3} \quad\to⑦$

ⓐから $\quad a_n=\dfrac{2^n-(-1)^n}{3} \quad\to⑥$

別解 $\quad (x+1)^n=(x+2)(x-1)Q_n(x)+a_n x+b_n$

と表せるので, $x=-2,\ 1$ として

$$\begin{cases} (-1)^n=-2a_n+b_n \\ 2^n=a_n+b_n \end{cases}$$

よって　　$a_n = \dfrac{2^n-(-1)^n}{3}$,　$b_n = \dfrac{2^{n+1}+(-1)^n}{3}$

Ⅳ 解答

(1)① $\dfrac{L}{n}$　② $\dfrac{L}{2n\sin\dfrac{\pi}{n}}$　③ $4n$

(2)④ a^2+b^2　⑤ 8

◀解　説▶

≪正 n 角形の周の長さと面積，円と直交する 2 つの弦と等式≫

(1)　正 n 角形 Ω の一辺の長さは周囲の長さ L を n 等分して

$$\dfrac{L}{n}　\to ①$$

Ω の中心を O とし，隣り合う頂点を A，B とし，線分 AB の中点を M とすると

$$\angle\text{AOM}=\dfrac{1}{2}\angle\text{AOB}=\dfrac{1}{2}\cdot\dfrac{2\pi}{n}=\dfrac{\pi}{n}$$

$$\angle\text{OMA}=\dfrac{\pi}{2}$$

$$\text{AM}=\dfrac{1}{2}\text{AB}=\dfrac{1}{2}\cdot\dfrac{L}{n}=\dfrac{L}{2n}$$

OA＝OB＝r として，△OAM から

$$\text{OA}\sin\angle\text{AOM}=\text{AM}$$

より

$$r\sin\dfrac{\pi}{n}=\dfrac{L}{2n}$$

よって　　$r=\dfrac{L}{2n\sin\dfrac{\pi}{n}}　\to②$

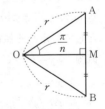

Ω の面積 S_n は，Ω を中心 O を頂点とする面積の等しい三角形に分割することを考えて，△OAB の面積の n 個分より

$$S_n = n\cdot\dfrac{1}{2}\text{OA}\cdot\text{OB}\sin\angle\text{AOB}=\dfrac{1}{2}nr^2\sin\dfrac{2\pi}{n}$$

$$=\dfrac{1}{2}\cdot\dfrac{nL^2}{4n^2\sin^2\dfrac{\pi}{n}}\cdot2\sin\dfrac{\pi}{n}\cos\dfrac{\pi}{n}$$

$$= \frac{L^2\cos\frac{\pi}{n}}{4n\sin\frac{\pi}{n}} = \frac{L^2}{4n\tan\frac{\pi}{n}}$$

よって $\dfrac{L^2}{S_n} = 4n\tan\dfrac{\pi}{n}$ →③

(2) 点 A$(a,\ b)$ が原点を中心とし半径が r の円 C の内部にあるための必要十分条件は

$$a^2 + b^2 < r^2 \quad →④$$

これが成り立つとき，C と l の共有点を P，Q とし，C と m の共有点を R，S とすれば，2 直線 l, m が直交しているので

$$\angle PAR = \angle RAQ = \angle QAS = \angle SAP = \frac{\pi}{2}$$

△APR，△ARQ，△AQS，△ASP にそれぞれ三平方の定理を用いて

$$PR^2 + PS^2 + QR^2 + QS^2$$
$$= AP^2 + AR^2 + AR^2 + AQ^2 + AQ^2 + AS^2 + AS^2 + AP^2$$
$$= 2(AP^2 + AQ^2 + AR^2 + AS^2) \quad \cdots\cdots ⓐ$$

ここで，原点を O$(0,\ 0)$，l が x 軸に平行，m が y 軸に平行となるような xy 平面を設定し，$C : x^2 + y^2 = r^2$，A$(a,\ b)$ とし，点 P の x 座標は点 Q の x 座標よりも大きく，点 R の y 座標は点 S の y 座標よりも大きいとしても求める値は変わらない。

直線 $l : y = b$ と C の式を連立して

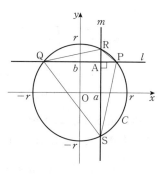

$$x = \pm\sqrt{r^2 - b^2}$$
$$P(\sqrt{r^2 - b^2},\ b),\ Q(-\sqrt{r^2 - b^2},\ b)$$
$$AP = \sqrt{r^2 - b^2} - a$$
$$AQ = a - (-\sqrt{r^2 - b^2}) = \sqrt{r^2 - b^2} + a$$

これより

$$AP^2 + AQ^2 = (\sqrt{r^2 - b^2} - a)^2$$
$$+ (\sqrt{r^2 - b^2} + a)^2$$
$$= 2(r^2 - b^2 + a^2) \quad \cdots\cdots ⓑ$$

直線 $m : x = a$ と C の式を連立して

$$y = \pm\sqrt{r^2 - a^2}$$

$\mathrm{R}(a,\ \sqrt{r^2-a^2}\,),\ \mathrm{S}(a,\ -\sqrt{r^2-a^2}\,)$

$\mathrm{AR}=\sqrt{r^2-a^2}-b$

$\mathrm{AS}=b-(-\sqrt{r^2-a^2}\,)=\sqrt{r^2-a^2}+b$

$\mathrm{AR}^2+\mathrm{AS}^2=(\sqrt{r^2-a^2}-b)^2+(\sqrt{r^2-a^2}+b)^2$

$\qquad\qquad=2(r^2-a^2+b^2)\quad\cdots\cdots$ⓒ

ⓑ, ⓒより　　$\mathrm{AP}^2+\mathrm{AQ}^2+\mathrm{AR}^2+\mathrm{AS}^2=4r^2$

よって，ⓐから

$\qquad\mathrm{PR}^2+\mathrm{PS}^2+\mathrm{QR}^2+\mathrm{QS}^2=8r^2\quad\rightarrow$⑤

別解　⑤　円 C 上に点 T を線分 ST が直径になるようにとる。

$\qquad\angle\mathrm{SQT}=\angle\mathrm{SAP}=\dfrac{\pi}{2}$

$\qquad\angle\mathrm{STQ}=\angle\mathrm{SPA}\quad(\because\ \overset{\frown}{\mathrm{QS}}$ の円周角$)$

2 角が等しいので　　△SQT∽△SAP

QS：ST＝AS：SP なので

$\qquad\mathrm{ST}\cdot\mathrm{AS}=\mathrm{QS}\cdot\mathrm{SP}$

ST＝$2r$ なので

$\qquad2r\mathrm{AS}=\mathrm{QS}\cdot\mathrm{SP}$

両辺を 2 乗して

$\qquad4r^2\mathrm{AS}^2=\mathrm{QS}^2\cdot\mathrm{SP}^2$

$\qquad\qquad=(\mathrm{AS}^2+\mathrm{AQ}^2)(\mathrm{AS}^2+\mathrm{AP}^2)$

$(\because\ $△AQS, △APS に三平方の定理$)$

$\qquad\qquad=\mathrm{AS}^4+(\mathrm{AP}^2+\mathrm{AQ}^2)\mathrm{AS}^2+(\mathrm{AP}\cdot\mathrm{AQ})^2$

$\qquad\qquad=\mathrm{AS}^4+(\mathrm{AP}^2+\mathrm{AQ}^2)\mathrm{AS}^2+(\mathrm{AR}\cdot\mathrm{AS})^2$

$\qquad\qquad\qquad\qquad\qquad(\because\ $方べきの定理$)$

$\qquad\qquad=(\mathrm{AS}^2+\mathrm{AP}^2+\mathrm{AQ}^2+\mathrm{AR}^2)\mathrm{AS}^2$

ゆえに $\mathrm{AP}^2+\mathrm{AQ}^2+\mathrm{AR}^2+\mathrm{AS}^2=4r^2$

よって，ⓐから

$\qquad\mathrm{PR}^2+\mathrm{PS}^2+\mathrm{QR}^2+\mathrm{QS}^2=8r^2$

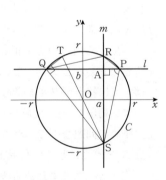

❖講　評

　出題形式は記述式が2題，空所補充が2題の大問4題のセットとなっている。

　Ⅰは垂心と外心が一致する三角形は正三角形になることを示す問題である。(2)を用いて示すことができるが，△ABC が鋭角三角形となることが言えないと用いることができない。なお，(2)を用いずに〔別解〕のように示すこともできる。難しい問題ではないが差がついたかもしれない。

　Ⅱは題意を理解するのに苦労する設定であるが，条件付き確率の問題だと気づけば標準的な問題である。

　Ⅲは整式の除法の問題で，余りを求める問題である。連立漸化式を設定して一般項を求めればよいが，漸化式を立式することに慣れていないと難しかったかもしれない。ただ，漸化式を立式しなくても x^2+x-2 $=(x+2)(x-1)$ と因数分解できるので，〔別解〕のように $x=-2$，1 を代入して a_n，b_n を直接求めることもできる。

　Ⅳは小問が2つであるが易しくはない。(1)は対称性から正 n 角形 Ω を外接する円の中心を頂点の1つとする三角形に n 等分して1つの三角形で考えるとよい。(2)は最後の⑤が難しい。有名な性質を知っていればすぐに答えが出せる問題であるが，知らないと難問である。〔解答〕は座標を利用した。〔別解〕のように幾何で導くこともできる。試験場では，穴埋めの問題なので，求める値が a，b に無関係になると割り切って，点 A を原点にして四角形 PRSQ を正方形として，PR＝RQ＝QS＝SP $=\sqrt{2}\,r$ から答えを埋める抜け道を考えてもよいのかもしれない。

　易しい問題と解きにくい問題が混在しているが，全体的には標準的なセットになっている。計算量は多くはないが，難しい問題もあるので解ける問題から手を動かしていくとよい。2023年度は図形と方程式，三角関数，数列，ベクトル，確率の分野を中心に出題されたが，様々な分野から出題されることが予想されるので，合格するには全分野を万遍なく学習しておく必要がある。

2月5日実施分　　問題　数学

（60 分）

〔 I 〕　次の □ を数値でうめよ。

　　曲線 $y = x^2$ を C_1 とおき，点 $P(1, 0)$ から C_1 に引いた傾きが正の接線の接点を Q とすると，Q の x 座標は ① である。さらに，O を原点，a, b を定数とし，曲線 $y = ax^3 + bx$ を C_2 とおく。C_2 が点 P，Q を通るとき，$a =$ ② ，$b =$ ③ である。

　　このとき，C_1 と C_2 の交点のうち O，Q と異なるものを R とすると，R の x 座標は ④ である。さらに，C_1 と C_2 で囲まれた図形のうち，x 座標が 0 以上となる部分の面積を S_1，x 座標が 0 以下となる部分の面積を S_2 とすると，$S_1 =$ ⑤ ，$S_2 =$ ⑥ である。

〔**Ⅱ**〕次の　□　をうめよ。

　1辺の長さが1の正四面体 OABC において，辺 OA を 1 : 2 に内分する点を D，辺 OB の中点を E，辺 AC の中点を F とする。また，3 点 D，E，F が定める平面を α とする。$\overrightarrow{OA} = \vec{a}$，$\overrightarrow{OB} = \vec{b}$，$\overrightarrow{OC} = \vec{c}$ とおくとき，ベクトル $\overrightarrow{DE}$，$\overrightarrow{DF}$ はそれぞれ $\vec{a}$，$\vec{b}$，$\vec{c}$ の全部または一部を用いて

$$\overrightarrow{DE} = \boxed{\quad ① \quad}, \quad \overrightarrow{DF} = \boxed{\quad ② \quad}$$

と表される。よって，平面 α 上にある点 G は，実数 s，t を用いて

$$\overrightarrow{DG} = s\overrightarrow{DE} + t\overrightarrow{DF}$$

と表されるので，

$$\overrightarrow{OG} = \frac{\boxed{\quad ③ \quad}}{6}\vec{a} + \boxed{\quad ④ \quad}\vec{b} + \frac{t}{2}\vec{c}$$

となる。よって，平面 α と辺 BC の交点を H とすると，

$$\overrightarrow{OH} = \boxed{\quad ⑤ \quad}\vec{b} + \boxed{\quad ⑥ \quad}\vec{c}$$

と表される。

〔**Ⅲ**〕　下図のように，2辺の長さがaとbである長方形に，半径r_1の円O_1と半径r_2の円O_2が内接しているとする。ただし，$0 < b \leqq a < 2b$とする。

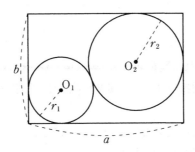

(1)　$x = r_1 + r_2$とおくとき，三平方の定理を用いてxが満たす2次方程式をaとbを用いて表せ。

(2)　$r_1 + r_2$をaとbを用いて表せ。

(3)　円O_1の面積と円O_2の面積の和をSとおいたとき，Sをa, bとr_1を用いて表せ。

(4)　Sの最小値をaとbを用いて表せ。

2 月 5 日実施分　　　解答 数学

I 解答 ① 2　② $\dfrac{2}{3}$　③ $-\dfrac{2}{3}$　④ $-\dfrac{1}{2}$　⑤ $\dfrac{4}{3}$　⑥ $\dfrac{1}{32}$

◀解　説▶

≪2 次関数と 3 次関数のグラフで囲まれた図形の面積≫

$$C_1 : y = x^2$$

点 P$(1,\ 0)$ から C_1 に引いた傾きが正の接線を l とし，接点を Q$(t,\ t^2)$ とすると，l の傾きは $y' = 2x$ より

$$2t$$

これが正になるので

$$2t > 0 \quad \therefore \quad t > 0$$

$$l : y = 2t(x - t) + t^2$$

$$= 2tx - t^2$$

l は点 P$(1,\ 0)$ を通るので

$$0 = 2t - t^2$$

$$t(t - 2) = 0$$

$t > 0$ なので

$$t = 2$$

よって，点 Q の x 座標は 2　→①

$$C_2 : y = ax^3 + bx$$

C_2 が点 P$(1,\ 0)$, Q$(2,\ 4)$ を通るとき

$$\begin{cases} 0 = a + b \\ 4 = 8a + 2b \end{cases}$$

よって　　$a = \dfrac{2}{3}$, $b = -\dfrac{2}{3}$　→②, ③

これより　　$C_2 : y = \dfrac{2}{3}x^3 - \dfrac{2}{3}x$

C_1 と C_2 の式を連立して

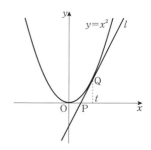

$$x^2=\frac{2}{3}x^3-\frac{2}{3}x$$

$$\frac{1}{3}x(x-2)(2x+1)=0$$

$$\therefore\ x=-\frac{1}{2},\ 0,\ 2$$

よって，R の x 座標は

$$-\frac{1}{2}\ \to④$$

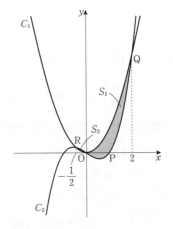

$$S_1=\int_0^2\left\{x^2-\left(\frac{2}{3}x^3-\frac{2}{3}x\right)\right\}dx$$

$$=\int_0^2\left(-\frac{2}{3}x^3+x^2+\frac{2}{3}x\right)dx$$

$$=\left[-\frac{x^4}{6}+\frac{x^3}{3}+\frac{x^2}{3}\right]_0^2$$

$$=\frac{4}{3}\ \to⑤$$

$$S_2=\int_{-\frac{1}{2}}^0\left\{\left(\frac{2}{3}x^3-\frac{2}{3}x\right)-x^2\right\}dx$$

$$=\int_{-\frac{1}{2}}^0\left(\frac{2}{3}x^3-x^2-\frac{2}{3}x\right)dx$$

$$=\left[\frac{x^4}{6}-\frac{x^3}{3}-\frac{x^2}{3}\right]_{-\frac{1}{2}}^0$$

$$=\frac{1}{32}\ \to⑥$$

Ⅱ 解答 ① $-\frac{1}{3}\vec{a}+\frac{1}{2}\vec{b}$　② $\frac{1}{6}\vec{a}+\frac{1}{2}\vec{c}$

③ $2-2s+t$　④ $\frac{s}{2}$　⑤ $\frac{2}{3}$　⑥ $\frac{1}{3}$

◀解　説▶

≪四面体と位置ベクトル≫

$$\overrightarrow{OA}=\vec{a},\ \overrightarrow{OB}=\vec{b},\ \overrightarrow{OC}=\vec{c}$$

辺 OA を 1:2 に内分する点を D，辺 OB の中点を E，辺 AC の中点を F

とするので

$$\overrightarrow{\mathrm{OD}}=\frac{1}{3}\vec{a}$$

$$\overrightarrow{\mathrm{OE}}=\frac{1}{2}\vec{b}$$

$$\overrightarrow{\mathrm{OF}}=\frac{1}{2}\vec{a}+\frac{1}{2}\vec{c}$$

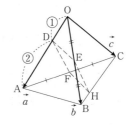

よって

$$\overrightarrow{\mathrm{DE}}=\overrightarrow{\mathrm{OE}}-\overrightarrow{\mathrm{OD}}=-\frac{1}{3}\vec{a}+\frac{1}{2}\vec{b}　\rightarrow ①$$

$$\overrightarrow{\mathrm{DF}}=\overrightarrow{\mathrm{OF}}-\overrightarrow{\mathrm{OD}}=\frac{1}{6}\vec{a}+\frac{1}{2}\vec{c}　\rightarrow ②$$

平面 α 上にある点 G は，実数 s，t を用いて

$$\overrightarrow{\mathrm{DG}}=s\overrightarrow{\mathrm{DE}}+t\overrightarrow{\mathrm{DF}}$$

と表されるので

$$\overrightarrow{\mathrm{OG}}=\overrightarrow{\mathrm{OD}}+\overrightarrow{\mathrm{DG}}$$

$$=\overrightarrow{\mathrm{OD}}+s\overrightarrow{\mathrm{DE}}+t\overrightarrow{\mathrm{DF}}$$

$$=\frac{1}{3}\vec{a}+s\left(-\frac{1}{3}\vec{a}+\frac{1}{2}\vec{b}\right)+t\left(\frac{1}{6}\vec{a}+\frac{1}{2}\vec{c}\right)$$

$$=\frac{2-2s+t}{6}\vec{a}+\frac{s}{2}\vec{b}+\frac{t}{2}\vec{c}　\rightarrow ③，④$$

となる。

平面 α と辺 BC の交点を H とすると，H は平面 α 上にあるので実数 s，t を用いて

$$\overrightarrow{\mathrm{OH}}=\frac{2-2s+t}{6}\vec{a}+\frac{s}{2}\vec{b}+\frac{t}{2}\vec{c}　\cdots\cdots ⓐ$$

と表すことができる。

H は辺 BC 上にあるので，実数 u を用いて

$$\overrightarrow{\mathrm{OH}}=(1-u)\vec{b}+u\vec{c}　\cdots\cdots ⓑ$$

と表すことができる。

ⓐ，ⓑより $\vec{a}$，$\vec{b}$，$\vec{c}$ は同一平面上にないので

$$\begin{cases} \dfrac{2-2s+t}{6}=0 \\[2mm] \dfrac{s}{2}=1-u \\[2mm] \dfrac{t}{2}=u \end{cases}$$

ゆえに　　$s=\dfrac{4}{3},\ t=\dfrac{2}{3},\ u=\dfrac{1}{3}$

よって，ⓑより

$$\overrightarrow{\mathrm{OH}}=\frac{2}{3}\vec{b}+\frac{1}{3}\vec{c} \quad \rightarrow ⑤,\ ⑥$$

III 解答

(1)　$x=r_1+r_2$ とおく。

右図のように長方形の 4 頂点を A，B，C，D，2 円 O_1，O_2 の中心を O_1，O_2 とすると

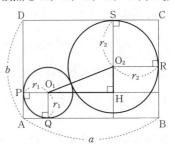

　　　　$AB=CD=a,\ AD=BC=b$

　　　　$O_1O_2=r_1+r_2=x$

円と長方形との接点を P，Q，R，S とすると

　　　　$PO_1=QO_1=r_1,\ RO_2=SO_2=r_2$

直線 PO_1 と直線 SO_2 の交点を H とすると

　　　　$O_1H=AB-(PO_1+RO_2)$

　　　　　　$=a-(r_1+r_2)=a-x$

　　　　$O_2H=AD-(QO_1+SO_2)$

　　　　　　$=b-(r_1+r_2)=b-x$

$\triangle O_1O_2H$ に三平方の定理を用いて

　　　　$O_1O_2{}^2=O_1H^2+O_2H^2$

であるから

　　　　$x^2=(a-x)^2+(b-x)^2$

よって　　$x^2-2(a+b)x+a^2+b^2=0$　……(答)

(2)　(1)で求めた x の 2 次方程式を解くと

　　　　$x=a+b\pm\sqrt{(a+b)^2-(a^2+b^2)}=a+b\pm\sqrt{2ab}$

円の半径は長方形の一辺の長さより短いので $r_1 + r_2 < a + b$ であるから

$\quad x < a + b$

ゆえに　　$x = a + b - \sqrt{2ab}$

よって　　$r_1 + r_2 = a + b - \sqrt{2ab}$　……(答)

(3)　円 O_1 の面積と円 O_2 の面積の和を S とおくと

$\quad S = \pi r_1{}^2 + \pi r_2{}^2 = \pi(r_1{}^2 + r_2{}^2)$

ここで，$r_1 + r_2 = a + b - \sqrt{2ab} = c$　……① とおくと

$\quad r_2 = c - r_1$

$\quad r_1{}^2 + r_2{}^2 = r_1{}^2 + (c - r_1)^2 = 2r_1{}^2 - 2cr_1 + c^2$　……②

$\qquad\qquad = 2r_1{}^2 - 2(a + b - \sqrt{2ab})r_1 + (a + b - \sqrt{2ab})^2$

よって

$\quad S = \pi\{2r_1{}^2 - 2(a + b - \sqrt{2ab})r_1 + (a + b - \sqrt{2ab})^2\}$　……(答)

(4)　②より

$$r_1{}^2 + r_2{}^2 = 2r_1{}^2 - 2cr_1 + c^2 = 2\left(r_1 - \frac{c}{2}\right)^2 + \frac{c^2}{2}$$

ここで，r_1 のとりうる最大の値は，$b \leqq a$ なので，円 O_1 が長方形の 3 つの辺に接する場合で $\dfrac{b}{2}$，r_2 がとりうる最大の値も同様で $\dfrac{b}{2}$，r_1 が最小になる値は r_2 が最大の値 $\dfrac{b}{2}$ をとるときで，(2)より r_1 がとる最小の値は $c - \dfrac{b}{2}$ である。

これより，r_1 のとりうる値の範囲は

$$c - \frac{b}{2} \leqq r_1 \leqq \frac{b}{2}$$

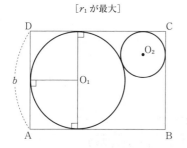

[r_1 が最大]

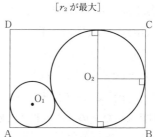

[r_2 が最大]

$$\frac{c}{2}-\left(c-\frac{b}{2}\right)=\frac{b-c}{2}=\frac{b-(a+b-\sqrt{2ab}\,)}{2}=\frac{-a+\sqrt{2ab}}{2}$$

$$(\sqrt{2ab}\,)^2-a^2=2ab-a^2=a(2b-a)>0\quad\cdots\cdots③\quad(0<a<2b\ より)$$

より

$$\frac{c}{2}-\left(c-\frac{b}{2}\right)>0$$

よって　　$\dfrac{c}{2}>c-\dfrac{b}{2}$

また

$$\frac{b}{2}-\frac{c}{2}=\frac{b-(a+b-\sqrt{2ab}\,)}{2}=\frac{-a+\sqrt{2ab}}{2}>0\quad(③より)$$

よって，$\dfrac{c}{2}<\dfrac{b}{2}$ だから

$$c-\frac{b}{2}<\frac{c}{2}<\frac{b}{2}$$

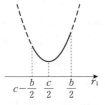

よって，$r_1=\dfrac{c}{2}$ のとき，${r_1}^2+{r_2}^2$ の最小値は $\dfrac{c^2}{2}$ にな

る。

ゆえに，S の最小値は

$$\frac{\pi(a+b-\sqrt{2ab}\,)^2}{2}\quad\cdots\cdots(答)$$

別解　　$S=\pi({r_1}^2+{r_2}^2)$

$\qquad\quad=\pi\{(r_1+r_2)^2-2r_1r_2\}$

$\qquad\quad=\pi\{c^2-2r_1r_2\}$

S が最小になるのは r_1r_2 が最大になる場合である。

$r_1>0,\ r_2>0$ より相加平均と相乗平均の大小関係を用いて

$$r_1+r_2\geqq2\sqrt{r_1r_2}$$

が成り立ち

$$c\geqq2\sqrt{r_1r_2}$$

両辺は正であり，両辺を 2 乗して 4 で割ると

$$\frac{c^2}{4}\geqq r_1r_2$$

等号が成り立つのは $r_1=r_2=\dfrac{c}{2}$ の場合である。

このことから $r_1 r_2$ の最大値は $\dfrac{c^2}{4}$

よって，S の最小値は

$$\pi\left\{c^2 - 2 \cdot \dfrac{c^2}{4}\right\} = \pi\dfrac{c^2}{2} = \dfrac{\pi(a+b-\sqrt{2ab}\,)^2}{2}$$

■──────── ◀解　説▶ ────────

≪長方形に内接する2円の面積の和，2次関数の最小値≫

⑴　2円 O_1，O_2 は外接するので，中心間の距離が半径の和に一致する。円は長方形の辺とも接するので，中心と接点を結ぶ線分の長さは半径で，その線分は辺に直交する。このことから中心を結ぶ線分を斜辺とする直角三角形を作り，三平方の定理を用いるとよい。

⑵　⑴で立式した x が満たす2次方程式を解くだけである。解の公式を用いるとよい。解は2つ求まるが，半径の和 $r_1 + r_2$ の範囲を考えると1つに定まる。

⑶　⑵の結果から r_2 を r_1 で表して，変形するだけである。〔解答〕では式が煩雑になるので，$a+b-\sqrt{2ab} = c$ とおいて変形した。

⑷　⑶より S は r_1 の2次関数なので，平方完成してグラフをイメージすると最小値は求まる。r_1 の範囲は2つの円 O_1，O_2 を動かしてみるとわかる。対称性から r_1，r_2 のとりうる値の範囲は同じで，一方の円の半径を大きくすると他方の円の半径は小さくなることから，r_1 の値を最小から最大の値をとるように動かすとき，r_2 の値は最大から最小の値をとるように動くので，その途中で $r_1 = r_2$ になることがあり，そのとき S は最小値をとる。なお，⑶の誘導を無視して，相加平均と相乗平均の大小関係を用いる〔別解〕もある。

❖講　評

　出題形式は例年通り記述式が1題，空所補充が2題の大問3題のセットとなっている。

　Ⅰは放物線 C_1 と3次関数で表された曲線 C_2 のグラフの交点を求め，2つの曲線で囲まれた2つの部分の面積を求める問題である。交点の x 座標は式を連立して方程式を立てると求まる。面積は定積分の計算をするだけであるが，穴埋めの問題で部分点はないので計算ミスをしないよ

うにしたい。標準的な問題なので完答したい。

　Ⅱは空間ベクトルの問題で，問題文の流れに沿ってベクトルで表していけばよい。平面 α 上にある点の表し方も書いてあるので，方針に迷いはない。点 H は平面 α 上にあるので，$\overrightarrow{OH}$ は問題にある $\overrightarrow{OG}$ と同じように表せる。また，点 H は辺 BC 上にあるので，⑤と⑥の値の和は1である。空間ベクトルは苦手な受験生が多いが，この問題は標準レベルなので完答を狙いたい。

　Ⅲは文字 a と b があり，式が複雑になるので難しかったかもしれない。(1)から手が止まると厳しいが，問題文に「三平方の定理を用いて」と書いてあるので，直角三角形を作ってみるとよい。r_1+r_2 は一定の値となり，その関係式から r_2 を消すと，S は r_1 の2次関数とわかる。それに気づけば，定義域に注意してグラフをイメージすれば S の最小値は求まる。記述の問題なので(4)の S が最小値をとるような r_1 があることをきちんと説明しておきたい。

　解きにくい問題もあるが，標準問題が中心である。普段からの学習量で差がつくほどよい難易度になっている。計算量は少なめではあるが，ケアレスミスをしてしまいそうな問題もあり油断はできない。数学Ⅱは微・積分法など，数学 B はベクトルなどの分野がよく出題されているが，様々な分野から出題されるので，合格するには全分野を万遍なく学習しておく必要がある。他の日程の問題も同じ形式なので演習しておくとよい。

2月7日実施分　問題 数学

（60分）

〔I〕 m を正の定数とし，$y = mx - 1$ で定められる直線 ℓ と，$y = x^2$ で定められる曲線 C を考える。このとき，以下の　□□□　をうめよ。ただし，　②　は m と t の式で，その他は m の式でうめよ。

ℓ と C が共有点をもたないような m の値の範囲は　①　である。以下，条件　①　の下で考える。点 $\mathrm{P}(t,\ t^2)$ と ℓ の距離 d は　②　と表され，$t =$　③　のとき，d は最小値　④　をとる。また，x 座標が　③　となる点における C の接線の傾きは　⑤　となる。

〔Ⅱ〕 次の [　　　　] をうめよ。

p, q を実数とし，複素数 z に関する方程式

$$z^2 + p\bar{z} + q = 0 \quad \cdots\cdots(*)$$

を考える。ここで，$\bar{z}$ は z の共役な複素数を表す。z の実部を x，虚部を y とする。p, q, x, y を用いて，$(*)$ の左辺の実部と虚部を表すと，それぞれ [　①　]，[　②　] となる。

例えば，$p = 2$, $q = 1$ とすると，$(*)$ は異なる [　③　] 個の解をもち，実数解は [　④　]，虚数解は [　⑤　] である。

pq 平面の部分集合

$$\{(p, q) \mid 2 < p < 4, \ (*) \text{は異なる 4 個の解をもつ}\}$$

を D とする。D とその境界が定める図形の面積は [　⑥　] である。

〔Ⅲ〕 平行四辺形 OABC において，$\angle \mathrm{OCA} = 90°$ とする。$\overrightarrow{\mathrm{OA}} = \vec{a}$, $\overrightarrow{\mathrm{OC}} = \vec{c}$ とおき，$|\vec{a}| = \sqrt{13}$, $|\vec{c}| = 1$ とする。点 C から対角線 OB に下ろした垂線を CD とおく。次の問いに答えよ。

(1) $\vec{a}$ と $\vec{c}$ の内積 $\vec{a} \cdot \vec{c}$ を求めよ。

(2) ベクトル $\overrightarrow{\mathrm{CD}}$ を $\vec{a}$ と $\vec{c}$ で表せ。

(3) 辺 CD の長さを求めよ。

2 月 7 日実施分

解答　数学

I　**解答**　①$0<m<2$　②$\dfrac{t^2-mt+1}{\sqrt{m^2+1}}$　③$\dfrac{m}{2}$

④$\dfrac{4-m^2}{4\sqrt{m^2+1}}$　⑤m

◀解　説▶

≪直線と放物線の位置関係，点と直線の距離の最小値，接線の傾き≫

$$l:y=mx-1\quad(m>0)$$
$$C:y=x^2$$

l と C の式を連立して　　$mx-1=x^2$

すなわち　　$x^2-mx+1=0$

l と C が共有点をもたない条件は，この x の 2 次方程式が実数解をもたないことであるから，判別式を D として

$$D=m^2-4=(m+2)(m-2)<0$$

これより　　$-2<m<2$

$m>0$ であるから

　　$0<m<2$　→①

この下で，点 $\mathrm{P}(t,\ t^2)$ と

$l:mx-y-1=0$ の距離 d は

$$d=\frac{|mt-t^2-1|}{\sqrt{m^2+(-1)^2}}$$
$$=\frac{|-(t^2-mt+1)|}{\sqrt{m^2+1}}$$

$\mathrm{P}(t,\ t^2)$ は $y>mx-1$ の領域にあるので

　　$t^2>mt-1$

すなわち　　$t^2-mt+1>0$

よって

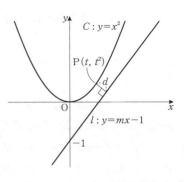

$$d = \frac{t^2 - mt + 1}{\sqrt{m^2+1}} \quad \rightarrow ②$$

$$= \frac{\left(t - \dfrac{m}{2}\right)^2 - \dfrac{m^2}{4} + 1}{\sqrt{m^2+1}}$$

d は $t = \dfrac{m}{2}$ のとき，最小値 $\dfrac{-\dfrac{m^2}{4} + 1}{\sqrt{m^2+1}} = \dfrac{4 - m^2}{4\sqrt{m^2+1}}$ をとる。 $\rightarrow ③, ④$

x 座標が $\dfrac{m}{2}$ となる点における C の接線の傾きは $y' = 2x$ より

$$2 \cdot \frac{m}{2} = m \quad \rightarrow ⑤$$

II　解答　① $x^2 - y^2 + px + q$　② $2xy - py$　③ 3

④ -1　⑤ $1 \pm 2i$　⑥ $\dfrac{56}{3}$

◀解　説▶

《複素数に関する方程式の解の個数，図形の面積》

z の実部を x，虚部を y とするので，x と y は実数であり

$$z = x + yi$$

(＊)の左辺は

$$z^2 + p\bar{z} + q = (x + yi)^2 + p(x - yi) + q$$
$$= x^2 - y^2 + px + q + (2xy - py)i$$

$x^2 - y^2 + px + q$，$2xy - py$ はともに実数であるから，実部と虚部はそれぞれ

$$x^2 - y^2 + px + q, \quad 2xy - py \quad \rightarrow ①, ②$$

$p = 2$，$q = 1$ とすると，(＊)は

$$x^2 - y^2 + 2x + 1 + (2xy - 2y)i = 0$$

$x^2 - y^2 + 2x + 1$，$2xy - 2y$ は実数であるから

$$\begin{cases} x^2 - y^2 + 2x + 1 = 0 & \cdots\cdots ⓐ \\ 2xy - 2y = 0 & \cdots\cdots ⓑ \end{cases}$$

ⓑから　$2y(x - 1) = 0$

これより　　　$y=0$ または $x=1$

(i)$y=0$ のとき ⓐ は $x^2+2x+1=0$ となり

　　　　$(x+1)^2=0$

すなわち　　$x=-1$

(ii)$x=1$ のとき ⓐ は $1-y^2+2+1=0$ となり

　　　$y^2=4$

すなわち　　$y=\pm 2$

よって，解は $z=-1,\ 1\pm 2i$ の異なる 3 個であり，実数解は -1，虚数解は $1\pm 2i$ となる。　→③～⑤

(＊)の左辺は，実部が 0 かつ虚部が 0 より

$$\begin{cases} x^2-y^2+px+q=0 & \cdots\cdots ⓒ \\ 2xy-py=0 & \cdots\cdots ⓓ \end{cases}$$

ⓓから　　$y(2x-p)=0$

これより　　$y=0$ または $x=\dfrac{p}{2}$

(i)$y=0$ のとき ⓒ は

　　　$x^2+px+q=0$　$\cdots\cdots ⓔ$

(ii)$x=\dfrac{p}{2}$ のとき ⓒ は $\dfrac{p^2}{4}-y^2+\dfrac{p^2}{2}+q=0$ となり

　　　$y^2=\dfrac{3p^2+4q}{4}$　$\cdots\cdots ⓕ$

(＊)が異なる 4 個の解をもつ条件は，ⓔを満たす異なる 2 つの実数 x があり，かつⓕを満たす 0 以外の異なる 2 つの実数 y があることである。

ⓔの判別式を D_1 とすると

　　　$D_1=p^2-4q>0$

すなわち　　$q<\dfrac{p^2}{4}$

ⓕから　　$\dfrac{3p^2+4q}{4}>0$

すなわち　　$q>-\dfrac{3}{4}p^2$

ゆえに，D は

$$\begin{cases} 2 < p < 4 \\ q < \dfrac{p^2}{4} \\ q > -\dfrac{3}{4}p^2 \end{cases}$$

D とその境界が定める図形は右図の網か
け部分であるから，求める面積を S とす
ると

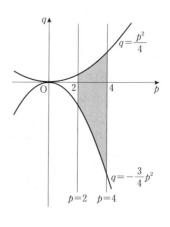

$$S = \int_2^4 \left\{ \frac{p^2}{4} - \left(-\frac{3}{4}p^2 \right) \right\} dp$$

$$= \int_2^4 p^2 dp$$

$$= \left[\frac{p^3}{3} \right]_2^4$$

$$= \frac{64 - 8}{3}$$

$$= \frac{56}{3} \quad \to ⑥$$

Ⅲ　解答　$\overrightarrow{OA} = \vec{a}$, $\overrightarrow{OC} = \vec{c}$ とおき　$|\vec{a}| = \sqrt{13}$, $|\vec{c}| = 1$

(1)　$\overrightarrow{CA} = \overrightarrow{OA} - \overrightarrow{OC} = \vec{a} - \vec{c}$

$\overrightarrow{OC} \cdot \overrightarrow{CA} = \vec{c} \cdot (\vec{a} - \vec{c}) = \vec{a} \cdot \vec{c} - |\vec{c}|^2$

$\qquad\qquad = \vec{a} \cdot \vec{c} - 1$

$\angle OCA = 90°$ より $\overrightarrow{OC} \perp \overrightarrow{CA}$ であるから

$\overrightarrow{OC} \cdot \overrightarrow{CA} = 0$

よって，$\vec{a} \cdot \vec{c} - 1 = 0$ であるから

$\vec{a} \cdot \vec{c} = 1$　……(答)

(2)　平行四辺形 OABC において

$\overrightarrow{OB} = \overrightarrow{OA} + \overrightarrow{OC} = \vec{a} + \vec{c}$

点 D は対角線 OB 上にあるから，実数 k を用いて

$$\overrightarrow{OD}=k\overrightarrow{OB}=k(\vec{a}+\vec{c})$$

と表せる。

$$\overrightarrow{CD}=\overrightarrow{OD}-\overrightarrow{OC}=k(\vec{a}+\vec{c})-\vec{c}$$

$$=k\vec{a}+(k-1)\vec{c}\ \ \cdots\cdots\text{ⓐ}$$

$$\overrightarrow{CD}\cdot\overrightarrow{OB}=\{k\vec{a}+(k-1)\vec{c}\}\cdot(\vec{a}+\vec{c})$$

$$=k|\vec{a}|^2+(2k-1)\vec{a}\cdot\vec{c}+(k-1)|\vec{c}|^2$$

$$=13k+(2k-1)+(k-1)$$

$$=16k-2$$

$\overrightarrow{CD}\perp\overrightarrow{OB}$ であるから　　$\overrightarrow{CD}\cdot\overrightarrow{OB}=0$

ゆえに，$16k-2=0$ であるから　　$k=\dfrac{1}{8}$

よって，ⓐから

$$\overrightarrow{CD}=\dfrac{1}{8}\vec{a}-\dfrac{7}{8}\vec{c}\ \ \cdots\cdots\text{(答)}$$

(3)　$|\overrightarrow{CD}|^2=\left|\dfrac{1}{8}(\vec{a}-7\vec{c})\right|^2$

$$=\dfrac{1}{64}(|\vec{a}|^2-14\vec{a}\cdot\vec{c}+49|\vec{c}|^2)$$

$$=\dfrac{1}{64}(13-14+49)=\dfrac{48}{64}$$

$$=\dfrac{3}{4}$$

よって，$|\overrightarrow{CD}|=\dfrac{\sqrt{3}}{2}$ であるから，辺 CD の長さは　　$\dfrac{\sqrt{3}}{2}$　$\cdots\cdots$(答)

別解　$|\overrightarrow{OB}|^2=|\vec{a}+\vec{c}|^2=|\vec{a}|^2+2\vec{a}\cdot\vec{c}+|\vec{c}|^2=13+2+1=16$

これより　　$|\overrightarrow{OB}|=4$

(2)より $k=\dfrac{1}{8}$ なので $\overrightarrow{OD}=\dfrac{1}{8}\overrightarrow{OB}$ となることから

$$|\overrightarrow{OD}|=\dfrac{1}{8}|\overrightarrow{OB}|=\dfrac{1}{8}\cdot4=\dfrac{1}{2}$$

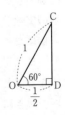

$\triangle OCD$ は $\angle ODC=90°$ の直角三角形であり，OC$=1$，

OD$=\dfrac{1}{2}$ より OC：OD$=2：1$であるから $\angle DOC=60°$ となる。

よって   CD＝OCsin60°＝$\dfrac{\sqrt{3}}{2}$

━━━━━━━ ◀解　説▶ ━━━━━━━

≪平行四辺形とベクトル，垂直条件，垂線の長さ≫

⑴ $\overrightarrow{OC}$ と $\overrightarrow{CA}$ が垂直であることから，内積 $\overrightarrow{OC}\cdot\overrightarrow{CA}$ が 0 になることがわかり，内積 $\vec{a}\cdot\vec{c}$ は求まる。

⑵ 点 D が対角線 OB 上にあることと，$\overrightarrow{CD}$ と $\overrightarrow{OB}$ が垂直であることから，内積 $\overrightarrow{CD}\cdot\overrightarrow{OB}$ が 0 になることがわかり，このことから立式する。

⑶ 辺 CD の長さは⑵で求めたベクトルの大きさを 2 乗して，内積を利用すると求まる。〔別解〕のように，三角比から求めることもできる。

❖講　評

　出題形式は例年通り記述式が 1 題，空所補充形式が 2 題の大問 3 題となっている。

　Ⅰ は放物線上に点 P をとり，点 P と直線の距離の最小値を求める問題である。点と直線の距離の公式をきちんと使うことができれば難しくない。d は t の 2 次関数になることから最小値は平方完成をしてグラフをイメージするとよい。最後に求めた接線の傾きは l の傾きと同じになる。これは，距離 d が最小になる場合は接線と直線 l が平行になることからもわかる。

　Ⅱ は複素数の方程式の解の個数に関する問題である。複素数の実部，虚部，共役複素数が何かがわかっていないと立式できない問題である。与えられた方程式（＊）の解の個数は左辺の実部と虚部がともに 0 になることを考えればよいが，実数解と虚数解がある。D は（＊）が異なる 4 個の解をもつ条件を考えるが，2 つの 2 次方程式がそれぞれ異なる 2 つの実数解をもつことを考えるとよい。実数解が 2 個，虚数解が 2 個で 4 個になる。D を不等式で表せば，面積は積分の計算で求まる。

　Ⅲ は平面ベクトルの問題である。垂直な 2 つのベクトルは内積が 0 になることを考えれば，答えは求まる。

　解きにくい問題もあるが，標準問題が中心である。普段からの学習量で差がつくような難易度になっている。定義がきちんとわかっていない

と手が出ない問題もあり油断はできない。例年，図形と方程式や高次方程式などの数学Ⅱ，ベクトルなどの数学Bの分野がよく出題されているが，様々な分野から出題されるので，合格するには全分野を満遍なく学習しておく必要がある。

2022 年度

問題と解答

2月3日実施分　　問題 日本史

（60分）

〔Ⅰ〕次の(A)～(D)の各文の（ 1 ）～（ 10 ）に入れるのに最も適当な語句を下記の
語群から選び，その記号をマークしなさい。

(A) 江戸時代には，交通網の整備が進んだ。まず，大量の物資の運搬には水上交
通が適していたことから，17世紀はじめには河川舟運の整備が積極的に行われ
た。京都の豪商（ 1 ）による富士川の整備，高瀬川の開削はその一例である。
海上交通では，出羽酒田を起点として江戸に至る東廻り海運・大坂に至る西廻り
海運のルートが整備されたことで，全国規模のネットワークが整うこととなった。
　陸上交通では，幕府によって積極的な街道・宿駅の整備が進められ，江戸を
起点とする東海道・中山道・甲州道中・日光道中・奥州道中の五街道，それに
連なる脇街道（脇往還）など，江戸と京都，大坂の三都，そして全国の城下町を
結ぶ，網の目状の街道が形成された。街道上には関所が設けられたが，主な関
所として，東海道の箱根，中山道の（ 2 ），甲州道中の小仏などがある。ま
た，主な街道には2～3里おきに宿駅が置かれ，大名や公家，幕府役人らが宿
泊する本陣や脇本陣，人馬や荷物を継ぎ替える（ 3 ）などが設けられた。

(B) 18世紀に入り，海運業の隆盛に伴い全国市場が確立するようになると，都
市民や農民に原料や資金を前貸しし，加工賃を支払って，商品を引き取る
（ 4 ）が広くみられるようになる。その後，19世紀に入り庶民の生活が向
上し，消費物資の需要が増加してくると，これにあわせて先進地域からの技術
をもとにした商品作物の栽培や様々な手工業が各地で盛んになった。特に織物
業においては，農業から離れた奉公人を賃金労働者として集め，生産の各工程
に数名ずつを配置して就業させる形態もみられるようになった。天保期（1830～
44年）頃には，（ 5 ）の絹織物業や大坂周辺の綿織物業などでもこの形態が
導入されている。

(C)　1858 年に締結した日米修好通商条約に従って，新たに開港場に定められた
（　6　）・神奈川（横浜）・兵庫（神戸）・長崎には，条約を締結した国の人々が
居住し，貿易を行うための外国人居留地や雑居地が設けられた。先行して開
港した箱館・横浜・長崎では貿易が開始され，日本からは生糸・茶・蚕卵紙・
海産物などが輸出された。一方，諸外国からは毛織物・綿織物などの繊維製
品や，鉄砲・艦船などの軍需品が輸入された。当初の貿易は大幅な輸出超過と
なり，その影響で国内の物価が高騰したほか，安価な綿織物の大量輸入により，
国内の綿織物業は大きな影響を受けることとなった。そのため，幕府は五品江
戸廻送令を出して重要輸出品である生糸・呉服・水油・雑穀・（　7　）につい
て，開港場への直送を禁じ，江戸問屋を経由するよう命じた。

(D)　政府による官営事業の払い下げや，松方財政のもとでの貨幣・金融制度の整
備により，紡績業・鉄道業・鉱山業などを中心に，会社の設立が進んだ。繊維
産業では，1883 年に開業した（　8　）が，蒸気機関を動力とするイギリス製
紡績機械による大規模操業に成功すると，同様の紡績会社の設立が相次ぎ，紡
績業は重要な輸出産業となった。日清戦争後には，重工業の基盤である鉄鋼の
国産化を目的として官営の（　9　）が設立されている。また，社会資本として
の鉄道の整備も全国で進んだ。1881 年設立の日本最初の私鉄会社である
（　10　）会社の成功を受けて，民営鉄道も次々と建設され，1889 年には官営
の営業キロ数を上まわった。

〔語群〕

(ア)　新居	(イ)　新潟	(ウ)　富岡製糸場
(エ)　日本鉄道	(オ)　鐘淵紡績会社	(カ)　日本製鋼所
(キ)　問屋場	(ク)　工場制手工業	(ケ)　山陽鉄道
(コ)　長崎製鉄所	(サ)　河村瑞賢	(シ)　栗橋
(ス)　関西鉄道	(セ)　碓氷	(ソ)　煙草
(タ)　蠟	(チ)　下田	(ツ)　旅籠
(テ)　紙	(ト)　奈良	(ナ)　桐生
(ニ)　八幡製鉄所	(ヌ)　久留米	(ネ)　機械制大工業

　(ノ)　大阪紡績会社　　　(ハ)　角倉了以　　　(ヒ)　運上所

　(ヌ)　茶屋四郎次郎　　　(ヘ)　問屋制家内工業　　　(ホ)　浦賀

〔Ⅱ〕　次の文の（　1　）～（　10　）に入れるのに最も適当な語句を下記の語群から選び，その記号をマークしなさい。

　　桓武天皇が派遣した遣唐使は中国からさまざまな文物を持ち帰ったが，そのなかの一つに茶や喫茶の風習がある。日本に天台宗を伝えた（　1　）や，本格的な密教を伝えた空海は，茶や喫茶に関する漢詩や書簡を残しており，嵯峨天皇の時代以降，仏寺を中心に喫茶が流行したが，広く定着するには至らなかった。

　　京都・建仁寺を創建した（　2　）は，本格的に中国から日本へ茶をもたらした僧としても知られている。彼は鎌倉幕府3代将軍の（　3　）が「宿酔」（二日酔い）で苦しんだとき，一服の茶とともに『喫茶養生記』を献じたとされる。茶は元来，薬効の一種とされていた。鎌倉時代後期には，各地で茶の栽培が進み，茶は少しずつながらも普及していった。その後，茶寄合も各地で行われ，茶の産地の違いを飲み分ける闘茶が流行した。

　　『太平記』には，有力守護の一人でバサラ大名として知られる（　4　）が，1366年に将軍邸での花見を欠席したその日に，京都西郊の大原野で大規模な茶会を楽しんだとあり，桜の高木の前に真鍮の花瓶を置いて桜の高木を立花に見立て，大きな香炉に大量の名香を一気に焚きあげ，中国からの美術工芸品で飾り立てたと記されている。

　　（　5　）の書斎である慈照寺東求堂同仁斎にみられる書院造が広まると，次に「書院の茶」と呼ばれる茶の喫茶法が形を整えていった。

　　その後，同朋衆に師事する傍ら一休宗純に参じた（　6　）が出て簡素な小座敷，茶道具のなかに禅の精神的な深さを見出す侘茶を生みだした。

　　侘茶はその後，千利休によって茶の湯の儀礼が定められ，茶道として確立した。このころ輸入された中国製や東南アジア製の陶磁器も茶道具として使用された。また，（　7　）で諸大名が連れ帰った朝鮮人陶工たちが日本国内で陶磁器生産を始め，毛利氏の（　8　）や島津氏の薩摩焼など上質な茶碗が生産されるようになっ

た。江戸時代に入ると，京都の上層町衆で，「（ 9 ）」を制作した本阿弥光悦も上質な楽焼の茶碗を残した。元禄期には上絵付法をもとにした色絵を大成し京焼の祖となった（ 10 ）が，「色絵吉野山図茶壺」などの優雅な作品を多数制作した。

〔語群〕

(ア) 源頼家	(イ) 道元	(ウ) 円仁
(エ) 有田焼	(オ) 足利義教	(カ) 武野紹鴎
(キ) 三浦の乱	(ク) 藤原頼経	(ケ) 今川貞世
(コ) 佐々木導誉	(サ) 尾形乾山	(シ) 萩焼
(ス) 足利義満	(セ) 源実朝	(ソ) 酒井田柿右衛門
(タ) 八橋蒔絵螺鈿硯箱	(チ) 細川頼之	(ツ) 法然
(テ) 野々村仁清	(ト) 最澄	(ナ) 足利義政
(ニ) 文永・弘安の役	(ヌ) 鑑真	(ネ) 舟橋蒔絵硯箱
(ノ) 片輪車螺鈿蒔絵手箱	(ハ) 文禄・慶長の役	(ヒ) 池坊専慶
(フ) 栄西	(ヘ) 平戸焼	(ホ) 村田珠光

〔Ⅲ〕　次の(A)～(D)の各史料に関する問1～問15について，(ア)～(ウ)の中から最も適当な語句を選び，その記号をマークしなさい。

(A)　倭人は（　a　）の東南大海の中に在り，山島に依りて国邑を為す。旧百余国。漢の時朝見する者あり。今，使訳通ずる所三十国。郡より倭に至るには，海岸に循ひて水行し，韓国を歴て，乍は南し乍は東し，その北岸狗邪韓国に到る七千余里。始めて一海を度る千余里。対馬国に至る。其の大官を卑狗と曰ひ，副を卑奴母離と曰ふ。（中略）亦南一海を渡る千余里，名づけて瀚海と曰ふ。一大国に至る。（中略）亦一海を渡る千余里，末盧国に至る。（中略）東南陸行五百里にして，伊都国に到る。（中略）世々王あるも，皆女王国に統属す。郡使の往来常に駐まる所なり。東南奴国に至る百里。（中略）東行不弥国に至る百里。（中略）南，投馬国に至る水行二十日。（中略）南，邪馬壹国に至る，女王の都する所なり。水行十日陸行一月。

問1　史料文中の（　a　）に入る語句はどれか。
　　　(ア)　楽浪　　(イ)　帯方　　(ウ)　玄菟

問2　この史料の出典はどれか。
　　　(ア)　『魏志』倭人伝　　(イ)　『後漢書』東夷伝　　(ウ)　『漢書』地理志

問3　この史料が述べていることをまとめた文として，正しいものはどれか。
　　　(ア)　女王国に送られた中国の使節と交渉した倭人諸国は100余国であった。
　　　(イ)　女王国に派遣された中国の使節は伊都国を経由しない場合があった。
　　　(ウ)　女王国までの経路上には対馬国・一大国・末盧国・奴国などがあった。

(B)　池辺の大宮に天下治しめしし天皇大御身労づき賜ひし時，歳は丙午に次る年，大王天皇と太子とを召して誓願し賜ひ，「我が大御病大平ならむと欲坐が故に，将に寺を造りて薬師の像を作り仕へ奉らむ」と詔したまふ。然るに当時崩じ賜ひて造り堪へずありしかば，小治田の大宮に天下治しめしし大王天皇及び東宮聖王，大命を受け賜はりて歳は丁卯に次れる年に仕へ奉る。
①
②

問4 下線部①の「小治田の大宮に天下治しめしし大王天皇」とは誰のことか。

　㈠ 欽明天皇　　㈡ 用明天皇　　㈢ 推古天皇

問5 下線部②の「東宮聖王」が没したのは西暦何年か。

　㈠ 622年　　㈡ 632年　　㈢ 642年

問6 この史料は次のどの仏像の光背に刻まれた銘文か。

　㈠ 薬師寺金堂薬師如来像　　㈡ 法隆寺金堂薬師如来像

　㈢ 元興寺薬師如来像

問7 この史料が述べている丙午年と丁卯年の間に起きた出来事はどれか。

　㈠ 最初の遣隋使を派遣した。

　㈡ 新羅が加耶（任那）を滅ぼした。

　㈢ 犬上御田鍬が唐に派遣された。

(C)（天平十五年）冬十月辛巳，詔して曰く，「（中略）粤に天平十五年歳次癸未十月十五日を以て，菩薩の大願を発して，盧舎那仏の金銅像一軀を造り奉る。国銅を尽して象を鎔し，大山を削りて以て堂を構へ，広く法界に及ぼして朕が知識と為し，遂に同じく利益を蒙らしめ，共に菩提を致さしむ。夫れ天下の富を有つ者は朕なり。天下の勢を有つ者も朕なり。この富勢を以て，この尊像を造る。事や成り易き，心や至り難き。（中略）もし更に，人情に一枝の草，一把の土を持ちて像を助け造らむと願ふ者有らば，恣に聴せ。（中略）」と。

問8 下線部③の「知識」は，この史料ではどのような意味で用いられているか。

　㈠ ある物事について認識し，理解していること。

　㈡ 疫病から逃れるために，仏教を篤く信仰すること。

　㈢ 造寺造仏に私財を寄進して協力する人や集団のこと。

問9 下線部④の「朕」とは誰のことか。

　㈠ 元正天皇　　㈡ 聖武天皇　　㈢ 孝謙天皇

問10　この史料の出典はどれか。

　　(ア)『日本書紀』　　(イ)『続日本紀』　　(ウ)『日本後紀』

問11　この史料によって造立が開始された盧舎那仏は，のちに平城京東郊の寺院に移されて，完成の日を迎えた。この寺院に現在も安置されている奈良時代の仏像はどれか。

　　(ア)　西金堂八部衆像　　(イ)　南大門金剛力士像　　(ウ)　法華堂執金剛神像

(D)　(元慶八年六月)五日甲午，勅して曰く「(中略) <u>太政大臣藤原朝臣</u>⑤，先の御世々々より，天下を済ひ助け，朝政を総て摂ね奉仕れり。(中略) 今日より官庁に坐して就きて万政を領行ひ，入りては朕が躬を輔け，出でては百官を総ぶべし。奏すべきの事，下すべきの事，必ず先づ諮り稟けよ。朕将に垂拱して成を仰がんとす」と。

問12　下線部⑤の「太政大臣藤原朝臣」とは誰のことか。

　　(ア)　藤原基経　　(イ)　藤原良房　　(ウ)　藤原時平

問13　この勅が出されたときの天皇は誰か。

　　(ア)　文徳天皇　　(イ)　清和天皇　　(ウ)　光孝天皇

問14　この史料の出典はどれか。

　　(ア)『日本三代実録』　　(イ)『日本文徳天皇実録』　　(ウ)『続日本後紀』

問15　この勅が出されたときの状況を述べた文として，正しいものはどれか。

　　(ア)　幼少の天皇が即位したさいに，藤原氏は政務を代行することを命じられた。

　　(イ)　老齢の天皇が即位したさいに，藤原氏は政務を統括することを命じられた。

　　(ウ)　成人の天皇が即位したさいに，藤原氏は政務に関与することを禁止された。

〔**Ⅳ**〕　次の写真①〜⑤を見て，(A)〜(E)の各文の（　1　）〜（　15　）について，{(ア)〜(ウ)}の中から最も適当な語句を選び，その記号をマークしなさい。

(A)　写真①は，法隆寺に伝わる国宝（　1　）{(ア)　木画紫檀棊局　(イ)　玉虫厨子　(ウ)　橘夫人念持仏}で，入母屋造りの屋根を戴く宮殿部と台座部（須弥座部と台脚）からなり，宮殿部の扉や壁面，須弥座部などには，漆絵と密陀絵（油絵）を併用した彩絵が施されている。宮殿部の内部には，金銅押出仏が隙間なく貼られている。この遺品は，飛鳥時代の建築がほとんど現存しない今日，当時の建築様式や瓦葺の技法について，有益な情報を伝えている。同時期の図像には，厩戸王の没後に妃の橘大郎女が製作させた，現存するわが国最古の刺繍製品の断片である（　2　）{(ア)　薬師寺　(イ)　中宮寺　(ウ)　興福寺}の国宝「天寿国繡帳」がある。また，法隆寺金堂の内部の壁面（外陣）には大小12面の壁画が描かれていたが，昭和24年（1949）の漏電事故により焼損した。このうち，6号壁画の勢至菩薩・観音菩薩像は，インドのグプタ美術の代表的壁画が遺る（　3　）{(ア)　アジャンター　(イ)　エレファンタ　(ウ)　エローラ}石窟の壁画との類似性がみられる。

(B)　写真②は，衣川が北上川に注ぐ地を見おろす丘陵の上にある（　4　）{(ア)　中尊寺　(イ)　毛越寺　(ウ)　無量光院}金色堂の中央壇と壇上の諸仏である。この寺は奥州江刺郡豊田館から磐井郡平泉に館を移した藤原（　5　）{(ア)　秀衡　(イ)　清衡　(ウ)　基衡}の創建で，金色堂の棟木に書かれた銘文から天治元年（1124）に建立されたことがわかる。奥州藤原氏は金や馬匹などの交易により京都文化を移入するとともに北方との交易も行い，当時，辺境の地とみなされたこの地に，3代約100年に及ぶ独自の文化を繁栄させた。金色堂の内部は，南海産のヤコウ貝を素材にした（　6　）{(ア)　蒔絵　(イ)　象嵌　(ウ)　螺鈿}技法の宝相華文や，その他の漆工，金工など平安時代工芸の粋を集めた造形で荘厳されている。近年では柳之御所遺跡の発掘調査が進み，ここが「平泉館」と呼ばれた政庁跡と考えられるようになるなど，確認されたさまざまな遺構や出土品から，都市平泉の実像が明らかになりつつある。

⒞　写真③は，西本願寺の境内東南隅の庭園滴翠園にある国宝の（　7　）
　　{(ア)　観音堂　(イ)　御影堂　(ウ)　飛雲閣}で，滄浪池に臨んで建てられた3層の
　　楼閣建築である。外観は左右非対称で，屋根や軒の形に変化をもたせ，多彩な
　　形状の窓を配置した軽妙な意匠に特徴がある。この建物は，聚楽第に創建され
　　た建物を現在地に移築したという。その時期は元和年間（1615〜23），寛永年間
　　（1624〜44）とも伝わるが，移築を確実に裏付ける資料はみつかっていない。聚
　　楽第は豊臣秀吉が全国支配を目的に京都に築いた城郭で，天正14年（1586）に
　　平安京大内裏跡の内野に築造を開始した。また，京都市北区紫野にある臨済宗
　　の（　8　）{(ア)　大徳寺　(イ)　天龍寺　(ウ)　東福寺}唐門も，聚楽第の遺構と伝
　　えられる。国宝の唐門は，切妻造，檜皮葺き，前後が軒唐破風の四脚門である。
　　なお，この寺院は宗峰妙超が赤松則村の帰依を受けて堂を建てたことに始まる。
　　天正10年（1582），（　9　）{(ア)　柴田勝家　(イ)　豊臣秀吉　(ウ)　織田信雄}が
　　本能寺の変で落命した織田信長の葬儀をこの寺で執り行ったことでも知られる。

⒟　写真④は，（　10　）{(ア)　歌川広重　(イ)　喜多川歌麿　(ウ)　葛飾北斎}の風景
　　版画「富嶽三十六景」中の1点，横大判錦絵の「神奈川沖浪裏」であるが，従来に
　　比較して視点を下げた画面構成には，西欧画法の影響がうかがえる。この風景
　　版画のシリーズは好評を博して10点の追加作品も制作されたが，やがて西欧に
　　渡って盛んに複製画が製作されるようになり，最も鑑賞されている日本美術作品
　　の一つとなった。なお，「神奈川沖浪裏」中の渦巻く大波の中で，漕手が懸命に櫓
　　にしがみつく姿が描かれる3艘の船は，押送船と称される木造の快速船である。
　　押送船は関東近海の新鮮な魚，その中でも相模湾で漁獲され，江戸っ子が初物
　　として特に好んだ（　11　）{(ア)　カツオ　(イ)　ブリ　(ウ)　マグロ}を運搬したこと
　　で知られる。あえて旬の前の初物を食することは，江戸っ子にとって「いき」な
　　行為であった。また，これより少し前の時期には，写生画や文人画などに優れた
　　画家が出た。写生画では国宝の「雪松図屏風」や重要文化財の「藤花図屏風」など
　　を制作した（　12　）{(ア)　円山応挙　(イ)　田能村竹田　(ウ)　谷文晁}，文人画で
　　は国宝の「十便十宜図」を手分けして描いた池大雅と与謝蕪村などが活躍した。

⒠　写真⑤は，竹久夢二が大正 8 年(1919)ごろに制作した「（　13　）」{㋐　黒き
猫　㋑　黒船屋　㋒　斑猫}で，いわゆる夢二式美人画の代表作とされ，現在
は竹久夢二伊香保記念館に所蔵される。竹久夢二は明治 42 年(1909)，最初の
画集である『夢二画集　春の巻』を刊行したが，これが一般大衆の間で人気を博
し，時代の寵児となった。同時期の日本画では，岡倉天心を中心に創設された
日本美術院に加わり，水墨画の傑作「生々流転」(東京国立近代美術館蔵)を制作
した（　14　）{㋐　鏑木清方　㋑　土田麦僊　㋒　横山大観}や，「炎舞」(山種
美術館蔵)を描いた速水御舟などが活躍した。また，西洋画では聖護院洋画研
究所(のちの関西美術院)で浅井忠に学んだ後，渡仏してルノワールに師事し，
「紫禁城」(大原美術館蔵)を制作した（　15　）{㋐　岸田劉生　㋑　佐伯祐三
㋒　梅原龍三郎}などが活躍した。竹久夢二は，日本画壇や西洋画壇が細分化
されつつ確立していく時期に，これらの潮流とは全く関係しないところで創作
活動を実践していた人物の 1 人であった。

写真①

写真②

写真③

写真④

写真⑤

2 月 3 日実施分　　　解答　日本史

I　解答
1 ―(ハ)　2 ―(セ)　3 ―(キ)　4 ―(ヘ)　5 ―(ナ)　6 ―(イ)
7 ―(タ)　8 ―(ノ)　9 ―(ニ)　10―(エ)

◀解　説▶

≪近世・近代の交通と産業≫

1．江戸時代，水上交通の整備に尽力した人物に角倉了以がいた。彼は富士川・高瀬川のほかにも大堰川（保津川）や賀茂川の水路開発も行った。なお，安治川を整備した人物は(サ)河村瑞賢（瑞軒）である。

2．中山道の関所は碓氷と木曽福島におかれた。(ア)新居は東海道の関所，(シ)栗橋は奥州・日光道中の関所であった。

3．問屋場は宿駅において公用旅行者などの荷物を運ぶ人馬の継ぎ替えや荷物・書状の継ぎ送りを行った施設である。

5．絹織物の産地として，京都の西陣，上野の桐生，下野の足利などがあった。

7．生糸・呉服・水油・雑穀・蠟を，江戸の問屋を経由させることを命じた五品江戸廻送令は，在郷商人や外国商人の反対で，あまり効果がなかった。

8．渋沢栄一によって設立され，1883 年に操業開始した大阪紡績会社は，蒸気を動力とするイギリス製のミュール紡績機（のちアメリカ製のリング紡績機）を用いて，1 万錘規模の大規模経営に成功した。

9．官営八幡製鉄所は，日清戦争の賠償金を用いて設立され，ドイツの技術を導入して操業された。

10．日本鉄道会社は 1881 年に華族が出資して設立された。この会社は 1891 年に上野・青森間を全通させた。

II　解答
1 ―(ト)　2 ―(フ)　3 ―(セ)　4 ―(コ)　5 ―(ナ)　6 ―(ホ)
7 ―(ハ)　8 ―(シ)　9 ―(ネ)　10―(テ)

◀解　説▶

≪古代～近世の茶の歴史≫

２．栄西は京都の建仁寺のほかに鎌倉の寿福寺の開山でもある。『喫茶養生記』のほかに禅の本質を説いた『興禅護国論』も著した。

５．足利義政が建てた東山山荘は，彼の死後慈照寺となった。彼はここに㈻足利義満にならって銀閣を建てた。

６．村田珠光は，一休宗純に学び，「茶禅一味」の精神にもとづく侘茶を創始した。その後㈭武野紹鷗が侘茶をさらに簡素化した。

７・８．文禄・慶長の役，つまり朝鮮出兵の際に大名が連れ帰った朝鮮人陶工によって陶磁器が生産された。これをお国焼という。毛利氏の萩焼，島津氏の薩摩焼，鍋島氏の㈓有田焼などがその代表である。

９．本阿弥光悦は寛永期の文化に属する人物で，蒔絵や書道，陶芸など多才であった。舟橋蒔絵硯箱は彼の代表作である。㈪八橋蒔絵螺鈿硯箱は尾形光琳の作品である。

10．京焼の祖である野々村仁清は，元禄文化に属する。弟子に尾形光琳の弟の尾形乾山がいる。

Ⅲ　**解答**　問１．㈤　問２．㈠　問３．㈦　問４．㈦　問５．㈠
　　　　　　　問６．㈤　問７．㈠　問８．㈦　問９．㈤　問10．㈤
問11．㈦　問12．㈠　問13．㈦　問14．㈠　問15．㈤

◀解　説▶

≪古代の史料問題≫

㈎問１・問２．邪馬台国についての記述がある『魏志』倭人伝（正式な書物名は『三国志』）は，３世紀の倭国の様子を記している。楽浪郡の一部を割いて設置された帯方郡に卑弥呼は難升米を派遣した。

問３．㈠誤文。史料の１～２行目に「旧百余国。漢の時朝見する者あり。今，使訳通ずる所三十国」とあるので，邪馬台国が存在した３世紀に中国の使節と交渉した倭人諸国は 30 国であった。

㈤誤文。史料の７行目に「伊都国に到る」とあるので，邪馬台国に至る途中で伊都国を経由することがわかる。

㈏問４．この史料が初見なら難問である。推古天皇は豊浦宮で即位し，小墾田宮で死去した。史料なので表記が異なるが「小治田の大宮」で推古天

皇であると判断する。

問5．東宮とは皇太子を指す言葉である。ここから「東宮聖王」は推古天皇を補佐した厩戸王であると判断する。彼は622年に死去した。なお，推古天皇は628年に死去した。

問6．推古朝であるとわかっていれば飛鳥文化に属する法隆寺金堂薬師如来像は判断できる。㋐薬師寺金堂薬師如来像は白鳳文化，㋒元興寺薬師如来像は弘仁・貞観文化に属する。

問7．丙午年が586年，丁卯年が607年であるのだが，この問題も推古朝の時代にあった出来事を選ぶ問題であると判断する。㋐正しい。最初の遣隋使は600年に派遣された。㋑誤り。新羅が加耶を滅ぼしたのは562年のことであった。㋒誤り。犬上御田鍬が唐に派遣されたのは630年のことである。

(C)問8．この史料における「知識」とは，造寺造仏のために金品などを寄進すること，または寄進する者を指す言葉である。

問10．この史料は743年に出された大仏造立の詔である。『続日本紀』では文武天皇から桓武天皇までの出来事が記されている。つまり，奈良時代はすべて記されている。

問11．盧舎那仏は東大寺の本尊である。㋐八部衆像は興福寺所蔵である。このうちの阿修羅像は有名で，教科書などにも写真が載っているので確認しておきたい。㋑南大門にある金剛力士像は鎌倉文化に属するので題意の「奈良時代」と合わない。

(D)この史料は多くの受験生にとって未見史料であると思われる。元慶という元号に注目し，880年代前半あたりであることを考える。

問12・問13・問15．887年から888年にかけて阿衡の紛議が起きた。藤原基経が関白に任じられる際に，勅書に「阿衡」に任ずるとあり，そのため基経が出仕しなくなった事件であった。宇多天皇が勅書の非を認め撤回した。(D)は宇多天皇の父である光孝天皇が55歳で即位した際に，基経を関白に任じたときの史料で，宇多天皇は父の遺言に従って基経を関白にした。

問14．『日本三代実録』は清和・陽成・光孝天皇の三代の時代を記した歴史書である。

Ⅳ　解答　　1 ―(イ)　2 ―(イ)　3 ―(ア)　4 ―(ア)　5 ―(イ)　6 ―(ウ)

7 ―(ウ)　8 ―(ア)　9 ―(イ)　10 ―(ウ)　11 ―(ア)　12 ―(ア)

13 ―(イ)　14 ―(ウ)　15 ―(ウ)

出典追記：写真② © 中尊寺

━━━━━━◀解　説▶━━━━━━

≪古代～近代の文化財の問題≫

2．中宮寺に残る天寿国繡帳は，厩戸王の妃の 橘 大 郎 女（たちばなのおおいらつめ）が厩戸王が往生した天寿国のありさまを著した刺繡である。

3．法隆寺金堂壁画は，インドのアジャンター壁画や中国の敦煌（とんこう）の壁画の影響がみられる。

6．螺鈿（らでん）とは夜光貝などの貝殻の輝いた部分を薄くすり減らし，器物にはめ込む技法である。

7・8．西本願寺の書院と飛雲閣は，桃山文化の代表的な建築物である。西本願寺書院は伏見城の，飛雲閣は大徳寺唐門とともに聚楽第の遺構と言われる。

10．19 世紀，旅の流行とともに風景画が流行した。なかでも『富嶽三十六景』の作者である葛飾北斎と，『東海道五十三次』や『名所江戸百景』の作者である(ア)歌川広重が，代表的な浮世絵師である。

12．円山応挙は，西洋の遠近法の手法を取り入れた 18 世紀の絵師で，『雪松図屛風』がその代表作である。

14．横山大観は，資金難で活動を休止していた日本美術院の復興に尽力した人物である。代表作には「生々流転」のほかには「無我」がある。

15．梅原龍三郎は安井曽太郎と並び大正・昭和初期における代表的な洋画家である。北京をしばしば訪れて「紫禁城」や「北京秋天」などの作品を描いた。

❖講　評

　Ⅰは江戸時代と明治時代初期の交通と産業についての知識・理解を問う。2の関所や5の絹織物業の産地でミスが出そうだが，全問正解を目指したい。

　Ⅱは平安時代～江戸時代の茶の歴史についての知識・理解を問う。4は詳細な知識を求められているものの，その他は基本的知識を問う文化史の問題である。

　Ⅲは「『魏志』倭人伝」「法隆寺造営」「大仏造立の詔」「事実上の関白」の史料4点を用いた出題。問3は史料の内容をきちんと読み取れれば正解できる。(B)の「法隆寺造営」と(D)の「事実上の関白」はおそらく多くの受験生にとっては初見の史料であると思われる。詳細な知識がないと時代を特定できずに難しい。合否のポイントとなる大問なので，詳細な知識まで把握できるような丹念な学習をしておきたい。(C)は頻出史料なので全問正解を目指したい。

　Ⅳは古代～近代の視覚資料を用いた文化史の出題である。4・7・8・11は詳細な知識を求められているし，6・13・15なども文化史の学習が足りなかった者は苦戦したかもしれない。文化史も丹念な学習をしておく必要がある。

（60 分）

〔Ⅰ〕　次の(A)・(B)の各文の（　1　）～（　10　）に入れるのに最も適当な語句を下記の
　　　語群から選び，その記号をマークしなさい。

(A)　平安時代中期には，浄土教の影響をうけた仏教美術の作品が盛んに作られた。
　　藤原頼通は宇治の別荘を寺とし，阿弥陀堂に定朝作の阿弥陀如来像を安置させ
　　た。定朝作の阿弥陀如来像はその後ながく仏像の規範となり，日野資業が創建
　　した（　1　）の阿弥陀如来像など，各地の仏像に定朝様の影響が広まった。奥
　　州の平泉では，藤原（　2　）が浄土式庭園をもつ毛越寺を完成させた。また豊
　　後には，九州最古の阿弥陀堂として富貴寺大堂があり，ここにも定朝様の阿弥
　　陀如来坐像が安置されている。絵画では高野山有志八幡講所蔵の「（　3　）」が
　　ある。これは恵心僧都源信筆と伝えられ，もとは比叡山にあったとされている。
　　　1164 年に平清盛は，後白河上皇の命を受けて院御所である法住寺殿の隣に
　　壮大な寺院を創建した。本堂内には千手観音坐像のほかに千体の千手観音立像
　　を安置している。この本堂は 1249 年に焼失したが，1266 年に再建された。現
　　在，（　4　）の名で知られている。また，1164 年には平清盛ら一門が，一門
　　の繁栄を願って安芸国一の宮である（　5　）に法華経や阿弥陀経などの写経を
　　奉納している。

(B)　1180 年に平清盛の五男である（　6　）が南都を焼討ちし，興福寺と東大寺は，
　　伽藍のほとんどを焼失した。東大寺大仏殿の盧舎那仏像（奈良の大仏）は，奈良
　　時代の（　7　）天皇の時に開眼供養が行われたが，この南都焼討ちによって大
　　仏の大半が失われた。東大寺の再建にあたっては，入宋後に帰国した（　8　）
　　が勧進上人として尽力し，盧舎那仏像は 1185 年に再建を果たした。1203 年に
　　は南大門金剛力士像が完成した。南大門は大陸的な特徴をもった（　9　）の建

築様式が採用されている。また金剛力士像の製作には，東大寺僧形八幡神像を作った仏師や興福寺無著・世親像を作った（　10　）などが当たり，その姿勢にはそれまでの金剛力士像にない形式が採用されている。

〔語群〕

(ア)　孝謙	(イ)　吉備津神社	(ウ)　秀衡
(エ)　醍醐寺	(オ)　禅宗様	(カ)　平重衡
(キ)　法然	(ク)　聖衆来迎図	(ケ)　無量光院
(コ)　康勝	(サ)　明恵	(シ)　三十三間堂
(ス)　運慶	(セ)　扇面古写経	(ソ)　観心寺
(タ)　湛慶	(チ)　重源	(ツ)　屏風土代
(テ)　厳島神社	(ト)　折衷様	(ナ)　平重盛
(ニ)　清衡	(ヌ)　聖武	(ネ)　基衡
(ノ)　元正	(ハ)　法界寺	(ヒ)　大山祇神社
(フ)　浄瑠璃寺	(ヘ)　平忠盛	(ホ)　大仏様

〔Ⅱ〕　次の(A)〜(D)の各文の（　1　）〜（　10　）に入れるのに最も適当な語句を下記の語群から選び，その記号をマークしなさい。

(A)　1858（安政5）年に，幕府がアメリカをはじめとする欧米諸国との間に締結した通商条約は，列国の領事裁判権を認め，日本に関税自主権が認められないなど，不平等な内容を含むものであった。この外交課題を引き継いだ明治政府は，1871（明治4）年に，条約改正の予備交渉と，進んだ欧米の制度や文化の視察を目的として，右大臣（　1　）ら総勢107名に及ぶ使節団を欧米諸国に派遣した。使節団は，条約改正に関する成果は上げられなかったが，視察を通じて多くを学び日本に持ち帰った。

　続く外務卿寺島宗則による交渉では，アメリカの合意は得られたものの，イギリスやドイツの反対により失敗に終わった。ついで外務卿となった（　2　）は，条約改正を成功させるためには欧米の制度や風俗・文化を取り入れる必要

があるとして，積極的な欧化政策を推進した。

(B)　1886(明治19)年に起きた(　3　)は，領事裁判権撤廃の必要性を痛感させ
ることとなった。条約改正交渉の最大の壁はイギリスであったが，ロシアが東
アジアへの進出をはかるようになると，これに危機感をいだき，条約改正に応
じる姿勢を見せはじめる。1890年，領事裁判権の撤廃にしぼって交渉に臨ん
だ外務大臣(　4　)は，イギリスの同意を得ることに成功した。
　　(　4　)は1891年に，大津事件の責任を取って外務大臣を辞任するが，
1894年，第2次伊藤博文内閣の外務大臣陸奥宗光のもとで，領事裁判権の撤
廃・相互対等の最恵国待遇・関税率の引き上げなどを定めた(　5　)の調印に
こぎつけた。その後，他の欧米諸国との間にも同様の改正条約を締結した。さ
らに，1911年には外務大臣小村寿太郎のもとで，関税自主権の回復が実現した。

(C)　1951(昭和26)年，サンフランシスコで開かれた講和会議において，日本は
サンフランシスコ平和条約と日米安全保障条約(安保条約)に調印した。平和条
約は国会承認を経て1952年4月28日に発効し，日本の主権は回復した。しか
し，沖縄・奄美，小笠原の各諸島に対するアメリカの施政権は継続された。ま
た，安保条約により，アメリカ軍の日本駐留が認められ，1952年には安保条
約の細目について(　6　)が締結された。
　　1957年に成立した第1次(　7　)内閣は日米安全保障条約の改定交渉を進
め，1960年に日米相互協力及び安全保障条約(新安保条約)に調印する。この
条約は，アメリカの日本防衛義務を明確にするとともに，引き続き在日米軍基
地の設置を認めるものであり，社会党，共産党，労働組合，全日本学生自治会
総連合，多数の一般市民による大規模な反対デモが行われた。これを安保闘争
とよぶ。
　　1964年に成立した第1次佐藤栄作内閣は，非核三原則を掲げて，アメリカ
との領土返還交渉を行い，1968年に小笠原諸島の返還に成功した。また，沖
縄についても，1969年11月のアメリカ合衆国(　8　)大統領との会談で声明
が発表され，1971年の沖縄返還協定調印を経て，翌年日本への復帰が実現し
ている。

(D)　1990（平成2）年のイラクのクウェート侵攻に対し，国連決議を背景に，アメ
　　リカを中心とする多国籍軍はイラクへの武力制裁を実施する。これを（　9　）
　　といい，日本は多国籍軍に対し，多額の戦費支援を行った。また，停戦後，機
　　雷除去を目的に海上自衛隊の掃海部隊をペルシア湾に派遣したが，自衛隊の海
　　外派遣は違憲であるとの批判も噴出した。

　　　その後，1992年には宮澤喜一内閣が自衛隊の海外派遣を可能にする（　10　）
　　協力法を成立させ，自衛隊を停戦監視要員などとしてカンボジアに派遣した。
　　その後，モザンビーク，ザイール（コンゴ民主共和国），ゴラン高原などにも自
　　衛隊を派遣するようになった。

〔語群〕

(ア)	山県有朋	(イ)	大隈重信	(ウ)	日米地位協定
(エ)	岸信介	(オ)	日米相互防衛援助協定	(カ)	日英和親条約
(キ)	日英修好通商条約	(ク)	伊藤博文	(ケ)	ノルマントン号事件
(コ)	井上馨	(サ)	日英通商航海条約	(シ)	鳩山一郎
(ス)	日米行政協定	(セ)	レーガン	(ソ)	三条実美
(タ)	ノモンハン事件	(チ)	大久保利通	(ツ)	トルーマン
(テ)	西園寺公望	(ト)	湾岸戦争	(ナ)	PKO
(ニ)	中東戦争	(ヌ)	ODA	(ネ)	池田勇人
(ノ)	PKF	(ハ)	ニクソン	(ヒ)	岩倉具視
(フ)	青木周蔵	(ヘ)	江華島事件	(ホ)	イラク戦争

〔**Ⅲ**〕　次の(A)～(D)の各史料に関する問1～問15について，(ア)～(ウ)の中から最も適当
　　　な語句を選び，その記号をマークしなさい。

(A)　去々年の兵乱以後，諸国の（　②　）郷保に補せらるる所の地頭，沙汰の条々
　①
一　得分の事

　　　右，宣旨の状の如くば，仮令，田畠各拾一町の内，十町は領家国司の分，
　一丁は地頭の分，広博狭小を嫌はず，此の率法を以て免給の上，（　③　）は段
　別に五升を充て行はるべしと云々。尤も以て神妙。但し此の中，本自将軍家
　の御下知を帯し，地頭たるの輩の跡，没収の職として，改補せらるる所々に
　於いては，得分縦ひ減少すと雖も，今更加増の限りに非ず。是れ旧儀に依る
　べきの故なり。加之，新補の中，本司の跡，得分尋常の地に至っては，又
　以て成敗に及ばず。只得分無き所々を勘注し，宣下の旨を守って計らひ充て
　しむべきなり。(中略)
　　　　　　1223
　　　　貞応二年七月六日　　　　　　　　　　　　　　　　前陸奥守判
　　　　　　相模守殿
　　　　　　　④
　　　　　　　　　　　　　　　　　　　　　　　　　　（『新編追加』）

問1　下線部①は何という事件を指すか。
　　　(ア)　平治の乱　　　(イ)　承久の乱　　　(ウ)　中先代の乱

問2　（　②　）に入る語句は何か。
　　　(ア)　庄園　　　(イ)　免田　　　(ウ)　国衙領

問3　（　③　）に入る語句は何か。
　　　(ア)　国役　　　(イ)　加徴　　　(ウ)　正作

問4　この文書は執権北条義時から下線部④「相模守殿」(北条時房)に宛てて出
　　　されたものである。この時期北条時房が就任していた職は何か。
　　　(ア)　六波羅探題　　　(イ)　関東申次　　　(ウ)　評定衆

(B) 凡そ京の町人，浜の商人，<u>鎌倉</u>の誂へ物，宰府の交易，室・（　⑥　）の船
　　　　　　　　　⑤
頭，淀・河尻の刀禰，大津・坂本の馬借，（　⑦　）・白河の車借，泊々の借上
げ，湊々の替銭，浦浦の問丸，（　⑧　）を以てこれを進上し，俶載に任せて
これを運送す。

　　　　　　　　　　　　　　　　　　　　　　　　　　　　　　　（『庭訓往来』）

問5　この史料は鎌倉時代の産業と交通の発達を記したものである。下線部⑤
　　「鎌倉」への物資搬入のために1232年に幕府の許可を得て勧進によって造
　　られた施設はどこか。

　　　(ア)　和賀江島　　　(イ)　六浦津　　　(ウ)　朝比奈切通

問6　（　⑥　）の港は平氏の日宋貿易で繁栄し西国の流通拠点であった。この
　　地はどこか。

　　　(ア)　安濃津　　　(イ)　兵庫　　　(ウ)　三国

問7　（　⑦　）に入る京都の南に位置する交通の要衝はどこか。

　　　(ア)　江口　　　(イ)　水無瀬　　　(ウ)　鳥羽

問8　（　⑧　）に入る信用取引の方法は何か。

　　　(ア)　銭納　　　(イ)　頼母子　　　(ウ)　割符

(C)　契約す　一族一揆子細の事

　　右，元弘以来，一族同心せしむるに依り，将軍家より恩賞に預かり，当知行相
違無き者なり。爰に去年の秋比より，<u>両殿御不和の間，世上今に静謐に属さず。</u>
　　　　　　　　　　　　　　　　　　⑨
而るに或は<u>宮方</u>と号し，或は<u>将軍家</u>并びに<u>錦少路殿</u>方と称し，国人等所存 <u>区</u>
　　　　　⑩　　　　　　　　　⑪　　　　　　⑫　　　　　　　　　　まちまち
たりと雖も，此の一族に於いては，武家御恩に浴するの上は，争か彼の御恩
　　　　　　　　　　　　　　　　　　　　　　　　　　　いかで
を忘れ奉るべきや，然らば早く御方に於いて軍忠を致し，弓箭の面目を末代
　　　　　　　　　　　　　　　　　　　　　　　　　　きゅうせん
に揚げんと欲す。此の上は更に二心有るべからざるか。向後此の状に背かば，
衆中に於いて内談を加へ，所存を申さるべし。(中略)
　　1351
　　貞和七年十月二日　　　　　　　　　　　　　　藤原俊清(花押)(連署者略)

　　　　　　　　　　　　　　　　　　　　　　　　　　　　　（山内首藤家文書）

問9　この史料は14世紀の内乱期における国人の動向を記したものである。
　　　下線部⑨「両殿御不和…」に起因する内乱は何とよばれたか。
　　　(ア)　明徳の乱　　(イ)　観応の擾乱　　(ウ)　正中の変

問10　下線部⑩について，この時の南朝方の中心は誰か。
　　　(ア)　後村上天皇　　(イ)　後光厳天皇　　(ウ)　後醍醐天皇

問11　下線部⑪は足利尊氏のことである。尊氏のもとで執事として権勢をふるった人物は誰か。
　　　(ア)　高師直　　(イ)　今川貞世　　(ウ)　細川頼之

問12　下線部⑫は誰か。
　　　(ア)　足利基氏　　(イ)　足利義詮　　(ウ)　足利直義

(D)　宗易の云く，小座敷の茶の湯は，第一仏法を以て修行得道する事也。家居の
　　結構，食事の珍味を 楽 とするは俗世の事也。家ハもらぬほど，食事ハ飢ぬほ
　　どにてたる事也。是仏の教，茶の湯の本意也。水を運び，薪をとり，湯をわか
　　し，茶をたてゝ，仏にそなへ，人にもほどこし，吾ものむ，花をたて香をたく，
　　ミなミな仏祖の行ひのあとを学ぶ也。

　　　　　　　　　　　　　　　　　　　　　　　　　　　　　　(『南方録』)

問13　この史料は侘茶について述べたもので，下線部⑬「宗易」は千利休のことである。このなかでは，華美な茶会を批判して仏道修行としての茶の湯と閑寂な草庵の茶を主張している。この精神を表した利休作と伝えられる茶室がのこる場所はどこか。
　　　(ア)　妙喜庵　　(イ)　慈照寺　　(ウ)　醍醐寺三宝院

問14　千利休は一方で豊臣秀吉に仕えた。1587年に秀吉が庶民も招き大規模に開催した茶会が行われた場所はどこか。
　　　(ア)　伏見　　(イ)　北野　　(ウ)　堺

問15　武士の中には，茶の湯を熱心に学び師範として活躍する者もいた。江戸
　　　幕府の作事奉行として名古屋城・二条城などの工事を担当し，作庭でも有
　　　名な人物は誰か。

　　　(ア)　小堀遠州　　　(イ)　古田織部　　　(ウ)　織田有楽斎

〔Ⅳ〕　次の(A)～(G)の各文の（　1　）～（　8　）について，最も適当な語句を{(ア)～(ウ)}
　　　の中から選び，その記号をマークしなさい。また，各文の下線部はどの時期に起
　　　こった出来事か，下記の年表の(あ)～(お)から選び，その記号をマークしなさい。

　(A)　前太政大臣の藤原道長は，（　1　）{(ア)　後一条天皇　(イ)　朱雀天皇　(ウ)　三
　　　条天皇}の中宮として，三女の威子を入内させた。その宴の席で道長は，「此の
　　　世をば我が世とぞ思ふ望月の　かけたることも無しと思へば」の和歌を詠んだ
　　　と（　2　）{(ア)　藤原行成　(イ)　藤原公任　(ウ)　藤原実資}が日記に記した。

　(B)　円仁は，結果として最後となった遣唐使の一員として，唐に渡った。各地で
　　　顕密両教を学んで帰国し，天台宗の密教化に影響を与えた。その旅行の様子を
　　　記したのが，『（　3　）』{(ア)入唐求法巡礼行記　(イ)　参天台五台山記　(ウ)　行
　　　歴抄}である。

　(C)　現世利益を求める信仰と並んで，現世の不安から逃れようとする浄土教も流
　　　行した。空也は京の市で「南無阿弥陀仏」（念仏）の功徳(くどく)を説き，市聖とよばれた。
　　　彼が創建した道場に由来する（　4　）{(ア)　建仁寺　(イ)　知恩院　(ウ)　六波羅
　　　蜜寺}に残る鎌倉時代の肖像彫刻には，念仏を唱えて布教する姿がよく表され
　　　ている。源信の『往生要集』も貴族たちに広く読まれ，釈迦の死後，次第に仏法
　　　が衰えるという末法思想も広がって，ある年に末法の世に入ると考えられた。

　(D)　一国の統治を国司に委ね，代わりに一定額の納入物を確保する方式へ変換し
　　　たため，私利私欲に走る者が出てきた。尾張国では，郡司と百姓たちが国守の
　　　（　5　）{(ア)　藤原元命　(イ)　源頼光　(ウ)　藤原陳忠}が非法な徴税や不法行為
　　　を行っているとして，太政官に 31 箇条にわたる訴え状を提出した。

(E)　伊治公呰麻呂の反乱で多賀城が陥落すると，東北地方は30年以上も戦争があいついだ。その間，律令政府は紀古佐美，大伴弟麻呂，坂上田村麻呂を将軍に任命して大軍を派遣し，坂上田村麻呂は鎮守府を（　6　）{(ｱ)　徳丹城　(ｲ)　志波城　(ｳ)　胆沢城}に移した。しかし，この戦争は都づくりとともに国家財政や民衆にとって大きな負担であったので，いったん打ち切ることになったが，その後，文室綿麻呂を征夷将軍に任命して大軍が送られた。

(F)　国司と対立した藤原玄明を支援し，平将門は常陸国に兵を進めた。一族の争いが次第に拡大し，周辺の国々の国府を攻め落として東国を支配し，新皇と名乗った。これに対し，律令政府は軍勢を送ったが，その到着前に一族の平貞盛は（　7　）{(ｱ)　藤原忠文　(ｲ)　源経基　(ｳ)　藤原秀郷}と協力して将門を破った。

(G)　摂関政治が中断したため，醍醐天皇は親政を行い，荘園新設の禁止や班田制の励行，諸法令の体系化などを行った。文化面でも，正史の『（　8　）』{(ｱ)　続日本後紀　(ｲ)　日本三代実録　(ｳ)　日本紀略}が完成し，紀友則や紀貫之らに命じて勅撰和歌集の『古今和歌集』を編纂させた。

《年表》

794年	平安京に遷都
	(あ)
866年	応天門の変
	(い)
914年	意見封事十二箇条の進上
	(う)
969年	安和の変
	(え)
1019年	刀伊の入寇
	(お)
1086年	白河上皇，院政を開始

2 月 5 日実施分 　　　　　**解答** 日本史

I 　**解答**

1 —(ハ)　2 —(ウ)　3 —(ク)　4 —(シ)　5 —(テ)　6 —(カ)

7 —(ア)　8 —(チ)　9 —(ホ)　10—(ス)

◀解　説▶

≪平安時代中期～鎌倉時代の仏教美術≫

1．法界寺は 1051 年に日野資業によって創建された日野氏の氏寺である。

2．毛越寺は奥州藤原氏 2 代目の藤原基衡により再興，3 代目の藤原秀衡により完成されたという。火災によって焼失し，浄土庭園のみを残す。

3．来迎図とは臨終の際に阿弥陀仏が極楽浄土から迎えに来る様子を描いた絵であり，高野山聖衆来迎図がその代表である。

4．蓮華王院は 1164 年に平清盛が建立に尽力した後白河上皇の寺院である。焼失したが，俗に三十三間堂と言われる本堂のみ再建された。

5．安芸国にあった厳島神社は，安芸守であった平清盛との結びつきをきっかけとして平氏一族から崇敬を受けた。

7．聖武天皇が造立の詔を出した大仏は，(ヌ)聖武天皇の娘である孝謙天皇のときの 752 年に開眼供養が行われ，聖武太上天皇も参加した。

9．東大寺南大門の建築様式である大仏様は，雄大で豪放な力強さのある建築様式である。

10．法相宗の寺院である興福寺の北円堂にある無著・世親像は運慶による作品である。無著と世親は兄弟で，4 世紀から 5 世紀頃にインドで法相教学を確立した僧である。

II 　**解答**

1 —(ヒ)　2 —(コ)　3 —(ケ)　4 —(フ)　5 —(サ)　6 —(ス)

7 —(エ)　8 —(ハ)　9 —(ト)　10—(ナ)

◀解　説▶

≪近代・現代の外交史≫

1．岩倉具視は 1871 年に右大臣となり，同年条約改正の特命全権大使として米欧を訪問した。

2．寺島宗則の後に外務卿となった人物は井上馨である。彼が採用した極

端な欧化政策や外国人法官の任用は，政府内外から批判された。

3．ノルマントン号事件は，1886年に紀州沖でノルマントン号が沈没し日本人船客25人が溺死した事件である。イギリス人乗組員は全員脱出した。領事裁判で乗組員が全員無罪となると，日本国民が憤慨し再度裁判となり，船長は禁固3カ月の有罪となった。

4・5．外務大臣青木周蔵のときに，イギリスが条約改正に対する態度を軟化させた。条約改正が達成されそうな折に大津事件が起きたため，青木周蔵は外務大臣を辞任した。その後彼は外相陸奥宗光のもとで駐英公使となり，日英通商航海条約に調印した。

6．日米行政協定によって，日本が基地を無償提供することや防衛分担金を負担することが定められた。

8．1969年から1974年まで大統領であったニクソンと佐藤栄作首相との交渉によって，1971年に沖縄返還協定が調印され，翌年沖縄が日本に復帰した。

9・10．1990年にイラクがクウェートに侵攻した湾岸戦争が起きると，日本はイラクに対し編制された多国籍軍へ130億ドルもの財政支援を行ったが，国際的な評価は低かった。そのため人的支援による国際貢献を行うことを意図してPKO協力法が成立した。これにより国連が行うPKO（平和維持活動）に限って，自衛隊を海外派遣することが決まり，最初にカンボジアに派遣された。

Ⅲ **解答** 問1．(イ)　問2．(ア)　問3．(イ)　問4．(ア)　問5．(ア)
問6．(イ)　問7．(ウ)　問8．(ウ)　問9．(イ)　問10．(ア)
問11．(ア)　問12．(ウ)　問13．(ア)　問14．(イ)　問15．(ア)

◀解　説▶

≪中世・近世の史料問題≫

(A)問1．新補率法の史料である。史料の下から2行目の貞応二年のところに「1223年」とある。1221年に承久の乱が起きた。

問2．地頭は荘園・公領（国衙領）ごとに設置された。史料における郷保は公領のことを表す。公領は郡・郷・保などの行政区画に分割されていた。よって，②には庄園（＝荘園）が当てはまる。

問3．新補率法の一つに段別（1段あたり）5升の加徴米があった。史料

での記述は加徴のみなので，注意が必要である。

問 4．北条時房は，甥の泰時とともに承久の乱において京都を攻めた大将となり，そのまま初代六波羅探題をつとめた。

(B)問 5．史料は『庭訓往来』の一部分である。鎌倉の海は遠浅であったため，鎌倉幕府は遠い東京湾側の(イ)六浦津（むつらのつ）を利用し，朝比奈切通を通って物資を搬入した。1232 年に北条泰時の許可で鎌倉の海に和賀江島という人工の島が作られ船を停泊させたため，物資の搬入が容易になった。

問 7．平安京へ運ぶ物資は，大阪湾から淀川をさかのぼり，淀や鳥羽で陸揚げされた。その後ここからは車借が都まで輸送を行った。

問 8．現金を用いず，割符と呼ばれる手形を用いた遠隔地間の信用取引を為替（替銭・替米）という。

(C)問 9．「貞和七年」のところに「1351 年」とあることから，この内乱は観応の擾乱であると判断する。

問 10．後醍醐天皇は 1339 年に崩御した。その後，後村上天皇が即位し 1368 年まで在位した。

問 12．観応の擾乱では，まず高師直と足利直義が対立し，高師直の死後は足利尊氏と足利直義が対立した。足利直義が毒殺されると内乱は一応収束したが，その後も尊氏派，旧直義派，南朝派に分かれて戦いは続いた。

(D)問 13．妙喜庵は京都にある禅宗寺院で，ここに千利休は待庵という茶室を作った。

問 14．豊臣秀吉は九州平定を終えた 1587 年に北野神社で大規模な茶会を開き，庶民にも参加を呼びかけた。

問 15．茶人でもあり，江戸幕府から作事奉行に任命された人物は小堀遠州である。(イ)古田織部は茶人でありながら，織部焼の生産を指導した人物である。

IV　解答

1 ―(ア)　2 ―(ウ)　3 ―(ア)　4 ―(ウ)　5 ―(ア)　6 ―(ウ)
7 ―(ウ)　8 ―(イ)

(A)―(え)　(B)―(あ)　(C)―(お)　(D)―(え)　(E)―(あ)　(F)―(う)　(G)―(い)

━━━━━━━━ ◀解　説▶ ━━━━━━━━

≪古代・中世の年表による総合問題≫

1．藤原道長の娘のうち，彰子は一条天皇に，妍子（けんし）は三条天皇に，威子は

後一条天皇にそれぞれ嫁いだ。

4．六波羅蜜寺は空也が創建した寺院である。この寺院が所蔵する空也上人像は，運慶の第四子の康勝の作品である。

5．藤原元命は強欲な受領の代表である。988 年に「尾張国郡司百姓等解」によって訴えられ，国司を解任された。

6．坂上田村麻呂は 802 年に胆沢城を築城し，のちに蝦夷の族長阿弖流為を降伏させた。翌年にはさらに北方に志波城も築いた。胆沢城には鎮守府が移され，蝦夷征討の拠点となった。

7．平将門を滅ぼした人物は，父の平国香を平将門に滅ぼされた平貞盛と，下野の押領使であった藤原秀郷である。この天慶の乱により，中央政府の無力と地方武士の実力が明らかとなった。

8．醍醐天皇の治世に，六国史の最後となる『日本三代実録』が編纂された。清和天皇・陽成天皇・光孝天皇の三代を記述している。

(A)威子が入内したのは 1018 年である。

(B)円仁が乗船した最後の遣唐使は 838 年に派遣された。

(C)1052 年に末法の世が訪れると思われていた。翌年に藤原頼通が平等院鳳凰堂を建立した。

(D)藤原元命が訴えられたのは 988 年のことであった。

(E)文室綿麻呂は 811 年に嵯峨天皇の命で蝦夷征討に派遣された。すなわち，866 年の応天門の変より前の出来事である。

(F)平将門や藤原純友による承平・天慶の乱は 939 年から 941 年にかけて起きた。このときの天皇は朱雀天皇で，摂政をつとめたのは藤原忠平である。まだ藤原北家による他氏排斥の時代であった。

(G)醍醐天皇の治世は 897 年から 930 年までであった。901 年に菅原道真の左遷と『日本三代実録』の編纂，902 年に延喜の荘園整理令と最後の班田，905 年に『古今和歌集』の編纂と，900 年代に重要事項が続いた。なお，914 年の三善清行による意見封事十二箇条の進上も醍醐天皇になされた。

❖講　評

　Ⅰは平安時代中期〜鎌倉時代の仏教美術についての出題である。基本的事項に加えて，1・2・7・10 などはやや詳細な知識が求められている。文化史の学習時間をしっかり確保しておきたい。

　Ⅱは近代・現代の外交史についての出題である。基本的事項が多いが，9・10 は 1990 年代以降を問う問題であり，戦後史を 1990 年代以降まできちんと学習していたかどうかがポイントとなる。

　Ⅲは「新補率法」『庭訓往来』「観応の擾乱」「千利休」の史料 4 点を用いた出題。(A)・(B)は史料の学習を丹念にした者は見たことがあった史料であると思われる。問 5・問 7 は難問。(C)・(D)はおそらく初見の史料であろう。(C)の問題は年代を見定めて冷静に解答したい。(D)の問題は設問文から答えを導き出せる。問 15 は難問。

　Ⅳは古代・中世についての総合問題である。空所補充については基本的事項が多いので，全問正解を目指したい。年表を用いた時期判定問題は，(A)・(B)など，年表の区切り方が解答を難しくしている問題もある。そのため西暦まで学習しておくことに越したことはないが，学習の仕方としては，大まかに何世紀に起きた出来事なのか，あるいはどの天皇のときの出来事なのかというところまで丁寧に意識しておくと，このような問題に対応できる。

2月7日実施分　　　問題 日本史

（60 分）

〔Ⅰ〕　次の(A)〜(J)の各文の（　1　）〜（　10　）に入れるのに最も適当な語句を下記の
　　　語群から選び，その記号をマークしなさい。

　　(A)　幕末の開港後，日本と海外との金銀比価の違いから 10 万両以上の金貨が海
　　　外に流出した。そのため，幕府は金貨の品質を落とす（　1　）貨幣改鋳を行っ
　　　て，国内からの金の流出を防止した。

　　(B)　新貨条例により金本位制を導入した明治新政府は，新紙幣など不換紙幣に代
　　　わる兌換銀行券を発行させるため，アメリカの制度にならい，（　2　）を中心
　　　に国立銀行条例を制定した。

　　(C)　政府は日清戦後経営の一環として，特定分野に資金を供給する特殊銀行を設
　　　立した。1897 年に設立された（　3　）銀行は，農・工業の改良や発展を図る
　　　ために長期貸付を行った。

　　(D)　金融恐慌以降，五大銀行が金融資本としての地位を高めた。五大銀行の一つ
　　　に数えられた（　4　）銀行は，江戸時代に別子銅山の経営で富を築いた豪商の
　　　系譜を引いている。

　　(E)　金輸出再禁止後の日本経済は（　5　）へ移行した。円相場の大幅な下落は輸
　　　出を急増させ，安価な日本製品の輸出攻勢は，欧米列強からソーシャル・ダン
　　　ピングと非難された。

(F) 第3次吉田内閣は，ドッジ=ラインに基づいて1ドル＝（ 6 ）円の単一為替レートを定め，日本経済を国際経済にリンクさせ，円の価値の安定と国際競争力の向上を図ろうとした。

(G) 第二次世界大戦後の世界経済は，アメリカ主導の自由貿易体制の下で発展した。日本は，朝鮮特需により経済が復興する中，1952年に国際通貨体制を支える基幹的組織である（ 7 ）に加盟した。

(H) 高度経済成長期には，都市銀行が系列企業への融資を通じて（ 8 ）を形成した。その特色としては，株式の相互の持ち合いや，社長会などによる人的結合があげられる。

(I) 日本が経済大国になった1980年代は，円高基調により貿易黒字が増大し，欧米諸国との貿易摩擦が生じた。とくにアメリカとの（ 9 ）をめぐる摩擦は，ジャパン=バッシングを高めた。

(J) 平成不況では地価や株価の暴落による不良資産が発生し，大量の不良資産を保有する金融機関の経営が悪化した。1995年頃から住宅金融専門会社の破綻が続き，1997年には（ 10 ）銀行が破綻した。

〔語群〕

(ア)	日本興業	(イ)	308	(ウ)	銀本位制
(エ)	財閥	(オ)	三井	(カ)	五代友厚
(キ)	ＧＡＴＴ	(ク)	日本勧業	(ケ)	企業集団
(コ)	繊維製品	(サ)	ＩＭＦ	(シ)	三菱
(ス)	日本長期信用	(セ)	管理通貨制度	(ソ)	安政
(タ)	岩崎弥太郎	(チ)	360	(ツ)	自動車
(テ)	横浜正金	(ト)	万延	(ナ)	日本債券信用
(ニ)	金銀複本位制	(ヌ)	北海道拓殖	(ネ)	住友
(ノ)	310	(ハ)	渋沢栄一	(ヒ)	新興財閥
(フ)	文久	(ヘ)	農産物	(ホ)	ＯＥＣＤ

〔Ⅱ〕次の(A)〜(G)の各文の（　1　）〜（　10　）に入れるのに最も適当な語句を下記の
　　　語群から選び，その記号をマークしなさい。

(A)　院政期に，京都郊外の白河の地に天皇家によって営まれた「勝」がつく六つの
　　御願寺は，六勝寺と総称される。なかでも白河天皇が発願し，高大な八角九重
　　塔で知られるのは法勝寺である。寺地は藤原氏代々の別業(別荘)の地を，藤原
　　師実が献上したもので，彼は，宇治に平等院鳳凰堂を建立した藤原（　1　）の
　　息子であった。寺地の南半は現在，京都市動物園となっており，発掘調査に
　　よって塔やその周囲の池跡などが見つかっている。また，関白藤原忠通の近衛
　　殿で近衛天皇が崩御して数年の後，建物は天皇の御願寺である（　2　）に移築
　　され，九体阿弥陀堂に改修された。（　2　）は六勝寺の中で最後に造立された
　　寺である。

(B)　後白河上皇を武力で支えて昇進をとげた平清盛は，上皇の命により（　3　）
　　を長寛2年(1164)に造進した。母屋正面の柱間の数が33あることで知られる
　　現在の本堂は，火災の後，文永3年(1266)に再建されたものであり，それまで
　　の日本の伝統的な建築様式である（　4　）による，鎌倉時代の京都における数
　　少ない現存する建物である。

(C)　院政期には浄土教の思想が深化した。山城国内に建立された（　5　）に現存
　　唯一の九体阿弥陀堂がのこる。堂内に祀られる九体阿弥陀如来像もまた現存す
　　る唯一のものである。また浄土信仰は全国に広がった。これを示すのは地方に
　　のこる阿弥陀堂の存在である。大分県の国東半島にある（　6　）は，九州におけ
　　る現存最古の建物である。堂内の柱や壁，天井などには華麗な彩色画が描かれる。

(D)　室町幕府8代将軍の足利義政が隠退後に営んだ東山殿は，義政の死後，慈照
　　寺となった。庭間に点在していた複数の建物のうち，義政の時代にさかのぼる
　　建物が2棟現存する。一つは通称「銀閣」と呼ばれる観音殿，もう一つは持仏堂
　　としてたてられた建物で，四畳半の書斎をもつ（　7　）である。

(E) 織田信長の弟である織田有楽斎は，侘茶を大成した千利休に茶の湯を学び，有楽流をひらいた。京都建仁寺の正伝院に建てたとされる茶室（ 8 ）は，東京にある三井家の屋敷などへの移築をへて，現在は愛知県犬山市に現存する。腰貼りに古暦を用いた壁や，竹を密に配置した有楽窓，円形の下地窓といった特徴をもつ。

(F) 徳川幕藩体制が安定するとともに花開いたのは寛永期の文化である。装飾が豊かで豪華な建物や，伝統的な様式を強く意識した建物があらわれたことで知られるが，由緒・格式のある建物の移築によって寺院の復興・整備がなされたことも見逃せない。9世紀後半に光孝天皇の勅願により着工し，宇多天皇によって落成した仁和寺は，応仁の乱などで荒廃したが，寛永年間より行われた再建工事では，内裏の正殿である（ 9 ）が移築され金堂となっている。

(G) 後陽成天皇の弟八条宮智仁親王が創建し，さらに皇子の智忠親王が増築・整備したのは，京都西南郊外にたつ数寄屋造の別邸（ 10 ）である。古書院や楽器の間・新御殿などが雁行型に連なる御殿群とともに，広大な回遊式庭園には松琴亭や月波楼・笑意軒など御茶屋の建物が点在する。

〔語群〕

(ア) 大仏様	(イ) 中尊寺金色堂	(ウ) 正倉院
(エ) 最勝寺	(オ) 師通	(カ) 清水寺
(キ) 東求堂	(ク) 如庵	(ケ) 禅宗様
(コ) 白水阿弥陀堂	(サ) 富貴寺大堂	(シ) 清涼殿
(ス) 浄瑠璃寺	(セ) 延勝寺	(ソ) 待庵
(タ) 忠実	(チ) 紫宸殿	(ツ) 飛雲閣
(テ) 舎利殿	(ト) 蓮華王院	(ナ) 修学院離宮
(ニ) 円勝寺	(ヌ) 和様	(ネ) 六義園
(ノ) 大乗院	(ハ) 桂離宮	(ヒ) 毛越寺
(フ) 頼通	(ヘ) 大極殿	(ホ) 同仁斎

〔**Ⅲ**〕 次の(A)〜(C)の各史料に関する問1〜問15について，(ア)〜(ウ)の中から最も適当な語句を選び，その記号をマークしなさい。

(A) （養老七年四月）辛亥，太政官奏すらく，「頃者，百姓漸く多くして，田池窄狭なり。望み請ふらくは，天下に勧め課せて，田疇を開闢かしめん。其の新たに溝池を造り，開墾を営む者有らば，多少を限らず，給ひて三世に伝へしめん。若し旧き溝池を逐はば，其の一身に給せん」と。奏可す。

問1 この史料は，養老7年に出された土地政策に関する法令であるが，養老年間に起きた出来事はどれか。
　　(ア) 多賀城の設置　　(イ) 律令の撰定　　(ウ) 『古事記』の撰進

問2 この史料の法令が発布されたときの天皇は誰か。
　　(ア) 聖武天皇　　(イ) 孝謙天皇　　(ウ) 元正天皇

問3 この前年に口分田不足や税収不足に対応しようと，百万町歩の開墾計画が出されているが，このときの政権中枢にあった人物は誰か。
　　(ア) 長屋王　　(イ) 藤原不比等　　(ウ) 橘諸兄

問4 この史料の内容を述べた文として，誤っているものはどれか。
　　(ア) 既存の溝や池を利用して開墾した場合には，開発した本人の子一代に限って所有を認める。
　　(イ) 最近は人口が増えて口分田が不足しているため，民間の開墾を勧めている。
　　(ウ) 新たに溝や池を造って開墾した場合には，三代目までの所有を認める。

問5 この史料の出典は何か。
　　(ア) 『日本書紀』　　(イ) 『日本後紀』　　(ウ) 『続日本紀』

(B) 摂政太政大臣に万機を関白せしむる詔を賜ふ
①

詔したまはく，「朕凉徳を以て茲に乾符を奉ず。鳳扆に臨みて薄氷を履むが如く，龍軒を撫して淵水を渉るが若し。太政大臣の保護扶持に非ざるよりは，何ぞ宝命を黄図に恢め，旋機を紫極に正しうするを得むや。嗚呼，三代政を摂り，一心に忠を輸す。先帝聖明にして，其の摂録を仰ぐ。朕の冲眇②たる，重ぬるに孤煢を以てす。其れ万機の巨細，百官己に総べ，皆太政大臣に関白し，然る後に奏下すること一に旧事の如くせよ。主者施行せよ」と。

仁和三年十一月廿一日

(『政事要略』)

問6　この史料は，宇多天皇の即位の際の詔であるが，下線部①の「摂政太政大臣」とは誰か。

　　(ア) 藤原基経　　(イ) 藤原良房　　(ウ) 藤原忠平

問7　下線部①の人物は関白就任を一度辞退し，宇多天皇が再度出した詔の内容に対し，抗議しこれを撤回させた。この勅書を起草したために，その責任を追及された人物は誰か。

　　(ア) 伴健岑　　(イ) 藤原佐世　　(ウ) 橘広相

問8　下線部②の「三代」に含まれない天皇は誰か。

　　(ア) 陽成天皇　　(イ) 仁明天皇　　(ウ) 清和天皇

問9　この史料にみられるように，当時藤原北家は天皇家との結びつきを強め，しだいに勢力をのばしていった。この北家興隆の基礎を築いたのは，嵯峨天皇の親任を得て蔵人頭になり，天皇家とも姻戚関係を結んだ人物であるが，誰か。

　　(ア) 藤原仲麻呂　　(イ) 藤原房前　　(ウ) 藤原冬嗣

問10　下線部①の人物の死後，藤原氏を外戚としない宇多天皇は摂政・関白を
　　　おかず，学者出身の政治家を登用し親政をおこなった。この親政を何とい
　　　うか。

　　　㋐　天暦の治　　　㋑　寛平の治　　　㋒　延喜の治

(C)　（前略）天下ヲ 治 給 コト十四年。太子ニユヅリテ尊号アリ。世ノ政ヲハジ
　　　　　　　　おさめたまう
　　　　　③
　　メテ院中ニテシラセ給。後ニ出家セサセ給テモ猶ソノマヽニテ御一期ハゴ
　　　　　　　　　　　　　　　　　　　　　　　　　　　おんいちご
　　サセマシヽヽキ。

　　　オリキニテ世ヲシラセ給コト昔ハナカリシナリ。（中略）主上ヲサナクオハ
　　シマス時ハヒトヘニ執柄ノ政ナリキ。宇治ノ大臣ノ世トナリテ（中略）後三条
　　　　　　　　　　しつぺい
　　院，坊ノ御時ヨリアシザマニオボシメスヨシキコエテ，（中略）践祚ノ時 即
　　　　　　　　　　　　　　　　　　　　　　　　　　　　せんそ　　すなわち
　　関白ヲヤメテ宇治ニコモラレヌ。弟ノ二条ノ教通ノ大臣，関白セラレシハコト
　　　　　　　　　　　　　　　④
　　ノ外ニ其権モナクオハシキ。マシテ此御代ニハ院ニテ政ヲキカセ給ヘバ，執柄
　　ハタヾ職ニソナハリタルバカリニナリヌ。サレドコレヨリ又フルキスガタハ一
　　変スルニヤ侍ケン。執柄世ヲオコナハレシカド，宣旨・官符ニテコソ天下ノ事
　　ハ施行セラレシニ，此御時ヨリ院宣・庁御下文ヲオモクセラレシニヨリテ在位
　　ノ君又位ニソナハリ給ヘルバカリナリ。世ノ末ニナレルスガタナルベキニヤ。
　　　　　　　　　　　　　　　　　　⑤

問11　この史料は，太子(皇太子)に譲位後も上皇が政務を主導する制度が始
　　　まったことを記したものであるが，下線部③の「太子」とはのちの何天皇か。

　　　㋐　崇徳天皇　　　㋑　近衛天皇　　　㋒　堀河天皇

問12　下線部④の「二条ノ教通ノ大臣」の父は誰か。

　　　㋐　藤原道長　　　㋑　藤原頼通　　　㋒　藤原伊周

問13　白河上皇の時代には，伊賀の荘園を寄進したのを機に，北面の武士にな
　　　るなど，平氏が院に接近しているが，この平氏は誰か。

　　　㋐　平忠盛　　　㋑　平正盛　　　㋒　平貞盛

問14　下線部⑤にある,「世ノ末ニナレルスガタ」の説明として, 正しいものは
　　　どれか。

　　(ア)　院宣や院庁下文の尊重によって天皇や摂関の地位が低下したこと。

　　(イ)　院の近臣から台頭した武士の世が始まったこと。

　　(ウ)　院の周辺に荘園の寄進が集中したこと。

問15　この史料は, 北畠親房が南北朝時代に著した歴史書で, 南朝の正統性を
　　　主張するものであるが, 何か。

　　(ア)　『職原抄』　　　(イ)　『梅松論』　　　(ウ)　『神皇正統記』

〔**IV**〕　次の(A)〜(E)の各文の(　1　)〜(　10　)について, 下記の語群の中から最も適
　　当な語句を選び, その記号をマークしなさい。また, 各文の下線部の出来事はど
　　の時期に起こったものか, 下記の年表の㈠〜㈤から選び, その記号をマークしな
　　さい。

(A)　(　1　)は岩倉使節団に随行し,『米欧回覧実記』の編集も担当した。後に
　　『大日本編年史』の執筆にあたり, 帝国大学教授となったが,「神道は祭天の古
　　俗」と論じたことが咎められて, 大学の職を追われた。

　　　昭和期においては, 美濃部達吉の憲法学説で, 政党内閣制の理論的支柱で
　　あった天皇機関説が, 陸軍, 右翼などの攻撃を受け, 政府の国体明徴声明に
　　よって否定された。また, 東京帝国大学教授で, 植民地政策の研究者であった
　　(　2　)も, 政府の大陸政策を批判するなどして辞職を余儀なくされた。津田
　　左右吉は,『古事記』や『日本書紀』に文献学の見地から批判を加え, 古代史の
　　科学的な解明に功績を挙げていたが, 右翼の標的とされ, 津田の著書である
　　『神代史の研究』などが発売禁止の行政処分を受けた。この行政処分は, 神武天
　　皇の即位から2600年を迎えたとして, 政府が記念式典を開いた年に行われた。

(B)　2019年,「百舌鳥・古市古墳群」が世界文化遺産に登録された。この古墳群
　　の特徴としては, 大阪平野の南部に巨大な前方後円墳を含む多様な古墳が密集

していることなどが挙げられる。墳丘の長さでみると，現在，（　3　）陵とさ
れる大仙陵古墳（大山古墳）の486メートルが最長である。2021年7月の世界
遺産委員会では，「北海道・北東北の縄文遺跡群」の世界文化遺産登録が決定さ
れた。この遺跡群を構成する資産の一つに三内丸山遺跡がある。三内丸山遺跡
からは，県営野球場建設に先立つ発掘調査で縄文時代の巨大建造物の遺構が発
見された。

　　世界記憶遺産（世界の記憶）としては，2011年に「山本作兵衛コレクション」
が日本から初めて登録された。このコレクションは，山本が描いた炭坑記録画
などによって構成される。山本の炭坑記録画は，彼自身も50年にわたって働
いた（　4　）の生活や風俗を伝えるものである。

(C)　原子力政策では，原子力基本法に基づいて，（　5　）の東海村に日本原子力
　　研究所が設けられた。翌年には，日本原子力研究所の原子炉に原子の火が灯っ
　　た。電力会社は政府の支援を受けて各地に原子力発電所を建設していった。宇
　　宙開発の分野では，人工衛星スプートニク1号を打ち上げたソ連や，宇宙船ア
　　ポロ11号による人類初の月面着陸を成し遂げたアメリカに遅れをとっていたが，
　　（　6　）での日本万国博覧会の開催と同年には，国産初の人工衛星「おおすみ」
　　の打ち上げに成功した。南極観測では，国際地球観測年の事業の一環として，
　　観測船「宗谷」が南極に派遣され，昭和基地での越冬観測を実施した。

(D)　近代産業の発展に伴って賃金労働者が増加していった。産業革命期に入ると，
　　工場労働者は待遇の改善や賃金の引き上げを求めてストライキを起こすように
　　なり，労働組合期成会，さらには鉄工組合などの労働組合も結成された。労働
　　組合期成会には，キリスト教徒で，後にロシアに渡り，日本共産党の結成を指
　　導する（　7　）も参加した。政府は，治安警察法によって労働運動を取り締ま
　　る一方で，工場法の制定にも着手した。制定された工場法は，15人以上を使
　　用する工場などを適用範囲とし，少年・女性の就業時間の限度を（　8　）時間
　　とするなど，きわめて不充分な内容であった。こうしたなかで，東京朝日新聞
　　社社会部の元記者の鈴木文治によって友愛会が創立された。友愛会は労働組合
　　の全国組織として発展していった。

(E)　自然主義の文学が後退する一方で，多くの作家が現れ，文壇は活況を呈した。
　　（　9　）は，現実の矛盾と理知的に向き合う新思潮派として，芥川龍之介らと
　　ともに活躍した。後に通俗小説を手掛けるようになった（　9　）は，自ら文藝
　　春秋社を設立して，『文藝春秋』を創刊した。同誌には，芥川，直木三十五らが
　　作品を発表した。直木の代表作としては『（　10　）』がある。やがて『文藝春秋』
　　は『中央公論』『改造』と並ぶ総合雑誌として成長していく。芥川と直木の没後，
　　文藝春秋社によって芥川賞と直木賞が創設された。

〔語群〕

(ア)　応神天皇	(イ)　南国太平記	(ウ)　南原繁
(エ)　筑豊炭田	(オ)　安部磯雄	(カ)　福島県
(キ)　10	(ク)　山本有三	(ケ)　片山潜
(コ)　東京都	(サ)　履中天皇	(シ)　田口卯吉
(ス)　高野房太郎	(セ)　穂積八束	(ソ)　14
(タ)　矢内原忠雄	(チ)　高島炭鉱	(ツ)　仁徳天皇
(テ)　鳴門秘帖	(ト)　12	(ナ)　永井荷風
(ニ)　大内兵衛	(ヌ)　愛知県	(ネ)　大菩薩峠
(ノ)　静岡県	(ハ)　菊池寛	(ヒ)　大阪府
(フ)　三池炭鉱	(ヘ)　茨城県	(ホ)　久米邦武

《年表》

1894 年	日英通商航海条約調印
	(あ)
1919 年	ヴェルサイユ条約調印
	(い)
1939 年	日米通商航海条約廃棄通告
	(う)
1956 年	国際連合加盟
	(え)
1978 年	日中平和友好条約調印
	(お)
2000 年	九州・沖縄サミット開催

2月7日実施分　　　解答　日本史

I　解答　　1 —(ト)　2 —(ハ)　3 —(ク)　4 —(ネ)　5 —(セ)　6 —(チ)
　　　　　　　7 —(サ)　8 —(ケ)　9 —(ツ)　10—(ヌ)

◀解　説▶

≪近現代の貨幣と銀行の歴史≫

1．幕末，金銀比価問題によって金貨（小判）の流出が問題となると，幕府は万延小判を鋳造（万延貨幣改鋳）して対応したが，むしろ物価が上昇し，攘夷運動に拍車がかかった。

2．渋沢栄一は国立銀行条例制定に尽力したほか，大阪紡績会社の設立など500以上の企業に関わり，「近代日本経済の父」といわれる。

3．やや難問。日本勧業銀行は1897年に設立された特殊銀行で，農・工業の改良のための長期貸付を行った。日本興業銀行は1902年に設立された特殊銀行で，重工業育成のために長期資金を供給し，また外資導入を促進させる役割を担った。

4．江戸時代に別子銅山を経営した住友家は，のちの住友財閥の母体となった。

5．犬養毅内閣の蔵相高橋是清は，内閣成立と同時に金輸出再禁止を実施し，管理通貨制度に移行した。これにより政府が適当と思われる通貨供給量を決定することとなった。

7．IMF（国際通貨基金）は，ドルを基軸通貨として各国の通貨がドルと固定相場を取る国際通貨体制（IMF体制）の安定化のために設立された。日本は1952年にIMFに加盟し，同年世界銀行（国際復興開発銀行）にも加盟した。

8．1960年代に日本が開放経済体制に移行すると，銀行を中心に企業集団が形成され，株式の持合いなどを行って結束し，国際競争の激化に対応した。三井・三菱・住友・芙蓉・三和・第一勧銀が六大企業集団といわれた。

9．1980年代に，自動車の対米輸出が急増すると，アメリカの自動車産業が打撃を受けたため，日本車を叩き壊して抗議するなどの行動であるジ

ャパン＝バッシングが行われた。

10．難問。バブル経済がはじけた後の平成不況によって，1997 年に北海道拓殖銀行と山一証券，1998 年に日本債券信用銀行と日本長期信用銀行が破綻した。

II 解答

1 ―(フ)　2 ―(セ)　3 ―(ト)　4 ―(ヌ)　5 ―(ス)　6 ―(サ)
7 ―(キ)　8 ―(ク)　9 ―(チ)　10―(ハ)

◀解　説▶

≪中世・近世の建築史≫

2．難問。六勝寺の最後は近衛天皇による延勝寺である。六勝寺の最初は白河天皇による法勝寺，次いで堀河天皇による尊勝寺が造立された。

3・4．平清盛は後白河上皇に蓮華王院を寄進した。この本堂は俗に三十三間堂といい，和様建築の代表である。

5．難問。現存唯一の九体阿弥陀堂があるのは京都府にある浄瑠璃寺である。

6．大分県にある富貴寺大堂は九州最古の阿弥陀堂である。

7．慈照寺の代表的な建物は銀閣のほかに東求堂があり，東求堂の一室同仁斎は書院造の典型例といわれる。

8．難問。織田有楽斎の茶室である如庵は，千利休の茶室である妙喜庵にある待庵とともに，茶室建築の代表である。

9．難問。「内裏の正殿」は紫宸殿である。仁和寺の金堂は，1613 年に造営された紫宸殿を寛永年間（1624〜44 年）に移築したものである。

10．数寄屋造の代表的建築物は，八条宮智仁親王（桂宮）の別邸である桂離宮と，後水尾上皇の別邸である修学院離宮である。

III 解答

問 1．(イ)　問 2．(ウ)　問 3．(ア)　問 4．(ア)　問 5．(ウ)
問 6．(ア)　問 7．(ウ)　問 8．(イ)　問 9．(ウ)　問 10．(イ)
問 11．(ウ)　問 12．(ア)　問 13．(イ)　問 14．(ア)　問 15．(ウ)

◀解　説▶

≪古代・中世の史料問題≫

(A)三世一身法の史料

問 1．養老年間の他の出来事として，718（養老 2）年に養老律令が藤原

不比等によって撰定されたことが挙げられる。

問2・問3．722 年の百万町歩の開墾計画や，723 年の三世一身法が出されたときには元正天皇のもと長屋王が政権を担当していた。

問4．三世一身法では，既存の溝や池を利用して開墾した場合は，開発した本人一代に限り所有を認めた。

問5．三世一身法の出典は，奈良時代の基本史料である『続日本紀』である。文武天皇から桓武天皇までの事績が記されている。

(B)藤原基経を関白に任ずる詔の史料

問6．宇多天皇の即位の際に関白に任じられた人物は藤原基経であった。これは宇多天皇の父である光孝天皇の遺言に基づくものであった。

問7．宇多天皇が再度出した関白の詔の文言の中に「阿衡」の文字があったため，藤原基経が出仕しなくなるという阿衡の紛議が起きた。そのため宇多天皇は詔を撤回し，文書を起草した橘広相を処罰した。

問8．やや難問。藤原基経は清和天皇の治世において蔵人頭となり，養父の藤原良房とともに清和天皇を補佐した。その後基経は陽成天皇の摂政，また光孝天皇の事実上の関白となった。

問10．宇多天皇による親政を寛平の治という。菅原道真が遣唐使の派遣停止を進言したのは，894（寛平6）年のことであった。

(C)白河上皇による院政開始の史料

問11．白河天皇は 1086 年に幼少の堀河天皇に譲位した後も，院に院庁を開いて政治の実権を握り，院政を開始した。

問12．「弟ノ二条ノ教通」とあることから，後三条天皇が践祚，すなわち即位したときに「関白ヲヤメテ宇治ニコモラレ」た人物の弟であることがわかる。関白を辞めた人物は藤原頼通なので，頼通の父である藤原道長が正解である。

問13．白河上皇に接近し北面の武士となった人物は，平清盛の祖父にあたる平正盛である。正盛の子忠盛は，鳥羽上皇に仕え，瀬戸内海の海賊を討伐したことで院への昇殿を許された。

問14．史料の下から3行目に「執柄（摂政・関白）世ヲオコナハレシカド，宣旨・官符ニテコソ天下ノ事ハ施行セラレシニ」とあり，摂関政治期においても天皇の命令である宣旨や，太政官の命令である官符によって政治を行ってきたと書かれている。しかし院政においては「院宣・庁御下文

ヲオモクセラレ」とあり，院宣や院庁下文によって政治が行われ，「在位
ノ君」（天皇）が地位に就いているだけで実権を失ったことが「世ノ末ニ
ナレルスガタ」であると記している。

問15.『神皇正統記』は，北畠親房が後醍醐天皇の死後，次の後村上天皇
に歴史を伝えるために記したもので，南朝の正統性を主張している。

IV **解答**　1 ―(ホ)　2 ―(タ)　3 ―(ツ)　4 ―(エ)　5 ―(ヘ)　6 ―(ヒ)
　　　　　　7 ―(ケ)　8 ―(ト)　9 ―(ハ)　10―(イ)

(A)―(う)　(B)―(お)　(C)―(え)　(D)―(あ)　(E)―(い)

◀解　説▶

≪近現代の年表による総合問題≫

1.『米欧回覧実記』は久米邦武が編集を行った。

2. 植民地研究を行った矢内原忠雄は，『帝国主義下の台湾』において，
日本の植民地政策を批判した。また，論文「国家の理想」が反戦思想とし
て右翼から攻撃され，教授を自発的に退職した（矢内原事件）。

3. 大仙陵古墳は仁徳天皇陵とされてきたが，仁徳天皇が亡くなった年と
古墳の完成年とを照合して不整合な面があり，確定はしていない。

4. 難問。山本作兵衛は筑豊炭田の記録を絵として描いた。炭鉱が急速に
近代化する様子が描かれている。

5. 1955 年制定の原子力基本法に基づいて，翌年茨城県東海村に原子力
研究所が設置された。

6. 1970 年に大阪で日本万国博覧会が開催された。

8. 工場法は12歳未満を就労禁止とした上で，15歳未満の少年と女性の
就業時間を12時間とし，また彼らの深夜業を禁じた。しかし同法は15人
以上の工場に適用するという制限があった。

9. 菊池寛は芥川龍之介とならぶ新思潮派の人物で，『文藝春秋』を創刊
した。

10. 難問。直木三十五の代表作として『南国太平記』がある。

(A)『神代史の研究』が発売禁止となったのは，紀元二千六百年記念式典が
行われた 1940 年のことであった。

(B)やや難問。三内丸山遺跡における巨大建造物の遺構の発見は，1992 年
であった。

(C)やや難問。日本原子力研究所の原子炉が点火されたのは，1957 年であった。

(D)友愛会は 1912 年に創立された。

(E)難問。芥川賞と直木賞が創設されたのは，1935 年であった。

2月3日実施分　　問題　世界史

（60 分）

〔Ⅰ〕　次の文の（　1　）～（　10　）に入れるのに最も適当な語句を，{　　}内の(ｱ)ないし下記の語群から選び，その記号をマークしなさい。

　　フランク王国では，カール大帝の死後，王国の相続をめぐって争いが起こり，（　1　）{(ｱ)　8 世紀}のヴェルダン条約とメルセン条約によって王国は 3 つに分裂した。そのうち，東フランク王国（ドイツ）では，（　2　）{(ｱ)　カロリング}朝第 2 代の王が，侵入するウラル語系の（　3　）{(ｱ)　フン人}を撃退するなど威信を高め，962 年に教皇からローマ皇帝の位を与えられた。また彼は，聖職者の任命権を確保して，教会組織を王権の統制下においた。

　　世俗権力の影響を受けた教会では，聖職売買などさまざまな弊害も生じるようになった。これに対し，（　4　）{(ｱ)　イタリア}中東部のクリュニー修道院を中心に改革運動が起こった。教皇（　5　）{(ｱ)　インノケンティウス 3 世}はこの改革をおし進め，聖職者の任命権を教会の手に移して，教皇権を強化しようとした。ドイツ国王（　6　）{(ｱ)　オットー 1 世}は改革を無視しようとしたため，（　5　）は彼を破門した。王位の維持が困難になった（　6　）は，1077 年，（　7　）{(ｱ)　イタリア}北部のカノッサで（　5　）に謝罪した。

　　こうした改革運動ののちも，教会の腐敗を糾弾する声は後を絶たなかった。12 世紀にはシトー修道会が清貧を唱え，13 世紀にはアッシジの（　8　）{(ｱ)　ベネディクトゥス}らが托鉢修道会をはじめた。12～13 世紀は，教会建築にとっても転換点だった。この頃あらわれたゴシック様式は，（　9　）{(ｱ)　ドーム屋根とモザイク壁画}を特徴とする。教会付属学校を母体に大学が生まれたのもこの頃で，最古の大学といわれるボローニャ大学は（　10　）{(ｱ)　神学}で有名であった。

〔語群〕

(イ) 7 世紀	(ウ) 9 世紀	(エ) 10 世紀
(オ) グレゴリウス 1 世	(カ) フランス	(キ) グレゴリウス 7 世
(ク) 医学	(ケ) ウルバヌス 2 世	(コ) マジャール人
(サ) ドミニコ	(シ) アヴァール人	(ス) 数学
(セ) カール 4 世	(ソ) 法学	(タ) ドイツ
(チ) ベルナルドゥス	(ツ) スペイン	(テ) 尖頭アーチと高い塔
(ト) シュタウフェン	(ナ) ザクセン	(ニ) ハインリヒ 4 世
(ヌ) フランチェスコ	(ネ) 厚い壁と半円アーチ	
(ノ) ノルマン人		

〔Ⅱ〕　次の文の（　1　）～（　6　）に入れるのに最も適当な語句を，{　　}内の(ア)～
(エ)から選び，その記号をマークしなさい。また，問 1～問 4 について，それぞれ
答えなさい。

　カンボジアといえばアンコール゠ワットを思い浮かべる人も多いだろう。しか
し，現在に至るまでの歴史はあまり知られていない。アンコール゠ワットは，12
世紀にスールヤヴァルマン 2 世によって（　1　）{(ア)　大乗仏　(イ)　ヒンドゥー
(ウ)　上座部仏　(エ)　イスラーム}教の寺院として建造された。スールヤヴァルマ
ン 2 世は，南シナ海交易圏への出口を求めて，ベトナム中部の独立国（　2　）
{(ア)　チャンパー　(イ)　パガン　(ウ)　ラーンサーン　(エ)　シュリーヴィジャヤ}や
ベトナム北部の李朝に侵攻したことでも知られている。また，当時のカンボジア
　　　　　　　　①
は文化面でインドの強い影響を受けており，サンスクリット語の叙事詩『マハー
　　　　　　　　　　　　　　　　　　　　　②
バーラタ』はアンコール゠ワットの回廊でも浮彫りとして描かれている。15 世紀
前半，タイ人の王朝の圧迫を受け，カンボジアの勢力はアンコールからメコン川
流域に中心を移した。その後，東南アジア大陸部で普及した（　3　）{(ア)　大乗
仏　(イ)　ヒンドゥー　(ウ)　上座部仏　(エ)　イスラーム}教がカンボジアでも広ま
ると，アンコール゠ワットは（　3　）教の寺院に改修された。現在も，アンコー
ル゠ワットは（　3　）教の寺院である。

　アジア域内で海上交易が活発化した17世紀には，カンボジアも積極的な交易をおこなった。多くの<u>日本商人</u>がカンボジアに渡航し，中にはアンコール=ワッ
③
トを訪れた者もいた。18世紀以降，カンボジアはタイやベトナムの攻撃を受け，19世紀前半にアンコール=ワットはタイの（　4　）{(ア)　タウングー　(イ)　ス
コータイ　(ウ)　ラタナコーシン　(エ)　アユタヤ}朝の支配下に入る。19世紀後半から20世紀前半にかけて東南アジア諸国が欧米諸国によって植民地化されるなか，（　4　）朝だけは独立を維持する。しかしカンボジアを保護国化した（　5　）
{(ア)　イギリス　(イ)　フランス　(ウ)　中国　(エ)　オランダ}の圧力を受けて領土を割譲させられ，アンコール=ワットが位置する地域も20世紀初頭に（　5　）の手に渡った。

　カンボジアは第二次世界大戦後に独立したものの，内戦が勃発し，1976年にアンコール=ワットは<u>民主カンプチア</u>の支配下に入った。しかし民主カンプチア
④
は（　6　）{(ア)　アメリカ合衆国　(イ)　中国　(ウ)　タイ　(エ)　ベトナム}による侵攻をうけて1979年に崩壊し，その亡命政府がアンコール=ワットを拠点として（　6　）が建てた政権に抵抗したため，遺跡は多大な被害を受けた。1990年代初頭にようやくカンボジア和平が実現すると，アンコール=ワットの修復が進められた。

問1　下線部①に関して，李朝に関する記述として最も適当なものを以下の(ア)〜
　　(エ)の中から選び，その記号をマークしなさい。

　　(ア)　中国から儒教や仏教を取り入れた。

　　(イ)　元の遠征軍を撃退した。

　　(ウ)　国号として越南を使用した。

　　(エ)　首都を現在のホーチミン市に置いた。

問2　下線部②に関して，サンスクリット語を公用語とするなどインドの古典文
　　化を完成させた王朝として最も適当なものを以下の(ア)〜(エ)の中から選び，そ
　　の記号をマークしなさい。

　　(ア)　ガズナ朝　　　　(イ)　クシャーナ朝　　　　(ウ)　グプタ朝

　　(エ)　サータヴァーハナ朝

問3　下線部③に関して，17世紀の日本の海上貿易に関する記述として**誤って**
いるものを以下の(ア)〜(エ)の中から選び，その記号をマークしなさい。

(ア)　日本の銀と中国の生糸の貿易は，16世紀から17世紀にかけて大きな利
益をあげた。

(イ)　オランダは日本・中国間の貿易をおこなうため，台湾に拠点を築いた。

(ウ)　朱印船の主な渡航先は中国と朝鮮半島だった。

(エ)　1630年代に日本人の海外渡航は禁止された。

問4　下線部④に関して，民主カンプチアの指導者として最も適当なものを以下
の(ア)〜(エ)の中から選び，その記号をマークしなさい。

(ア)　シハヌーク　　　　(イ)　ホー=チ=ミン　　　　(ウ)　ヘン=サムリン

(エ)　ポル=ポト

〔III〕　次の文の（　1　）〜（　10　）に入れるのに最も適当な語句を下記の語群Iから，
また，（　A　）〜（　E　）に入れるのに最も適当な語句を下記の語群IIから選び，
その記号をマークしなさい。

　1830年にフランスでは，パリで民衆が蜂起し，自由主義者のルイ=フィリップ
が新国王として迎えられた。この革命はヨーロッパ各地に波及したが，ポーラン
ドやイタリアなどの蜂起は鎮圧された。この報を受けて，ポーランド出身の作曲
家（　A　）は，練習曲「革命」を作曲している。彼は，人間の感情の解放と躍動す
る個性を重視した（　1　）の作曲家である。

　ポーランドは16世紀に強大となった国家だが，（　2　）が断絶すると国内の
対立が深まった。このことは，隣接する3つの大国による干渉を招き，複数回に
わたるポーランド分割の結果，（　3　）年には国家消滅に至った。この間，アメ
リカ独立革命に参加した経験を持つ（　B　）らの義勇軍による抵抗も失敗し，
ポーランドは第一次世界大戦終結後まで他国による支配のもとにおかれることに
なる。

　19世紀後半になると，ポーランドを分割した3国のうち，（　4　）では皇帝

（　C　）が農奴解放などの改革を進めていた。これに乗じて（　4　）支配下の
ポーランドでは，1863 年から翌年にかけて，民族主義者による独立運動が再燃
したものの，失敗に終わった。同地で生まれ育った人物の一人にマリ=キュリー
がいる。彼女はフランス人の夫とともに，（　5　）を発見した功績で，1903 年
にノーベル賞を受賞した。

　ポーランドは，第一次世界大戦後に独立を果たしたが，国内の議会政治は安定
せず，独立運動の指導者（　D　）がクーデタで実権を掌握した。この間に共和国
が成立していたドイツでは，ポーランド出身のユダヤ人（　E　）らを指導者とす
る（　6　）に属した人々が，社会主義革命を主張して 1919 年 1 月にベルリンで
蜂起したが，すぐに鎮圧された。

　1939 年になると，ドイツがポーランドに対し，国際連盟の管理下にあった
（　7　）の返還などを要求した。ポーランドはこれを拒否したが，（　8　）を締
結して力を得たドイツは，同年 9 月にポーランドへ西部から侵攻を開始した。こ
れを契機として第二次世界大戦が始まった。ポーランドは，東部からも他国の侵
攻を受けて敗北し，再び分割の憂き目にあった。戦後のポーランドは，社会主義
陣営の一角を担い，1955 年に設立された安全保障機構（　9　）にも加盟してい
る。しかし，翌年には（　10　）で生活改善と民主化を要求する暴動が起こった。

〔語群 I 〕（　1　）～（　10　）

(ア) フィウメ	(イ) 選挙王制	(ウ) 日独伊三国同盟
(エ) ワルシャワ条約機構	(オ) ダンツィヒ	(カ) 遺伝の法則
(キ) オーストリア	(ク) 1785	(ケ) ラインラント
(コ) ロマン主義音楽	(サ) ブルボン朝	(シ) ラジウム
(ス) 社会民主党	(セ) 独ソ不可侵条約	
(ソ) 北大西洋条約機構	(タ) 1790	
(チ) ヤゲウォ(ヤゲロー)朝	(ツ) 古典派音楽	(テ) ロシア
(ト) X 線	(ナ) スパルタクス団	(ニ) プロイセン
(ヌ) バロック音楽	(ネ) ポズナニ	
(ノ) 経済相互援助会議	(ハ) プラハ	(ヒ) 1795

〔語群Ⅱ〕(A)～(E)

(ア) コシュート　　　　　　　(イ) アレクサンドル 2 世

(ウ) ホルティ　　　　　　　　(エ) シューベルト

(オ) ピウスツキ　　　　　　　(カ) ラ=ファイエット

(キ) ショパン　　　　　　　　(ク) フランツ=ヨーゼフ 1 世

(ケ) ローザ=ルクセンブルク　　(コ) ベートーヴェン

(サ) ゴムウカ　　　　　　　　(シ) エーベルト

(ス) コシューシコ(コシチューシコ)　　(セ) アレクサンドル 1 世

(ソ) シュトレーゼマン

〔**Ⅳ**〕 次の文の(1)～(15)に入れるのに最も適当な語句を,{ 　 }内の(ア)～
(ウ)から選び, その記号をマークしなさい。

　　モンゴル帝国は様々な宗教に対して寛容であったといわれる。モンゴル帝国第
4 代の大ハンであった(1){(ア) モンケ (イ) オゴタイ (ウ) グユク}の母親
は(2){(ア) アリウス派 (イ) アルビジョワ派 (ウ) ネストリウス派}キリス
ト教を熱心に信仰していたといわれ, (1)の同母弟でイラン・イラク方面に
(3){(ア) キプチャク=ハン国 (イ) イル=ハン国 (ウ) チャガタイ=ハン国}
を建てた(4){(ア) フラグ (イ) ジュチ (ウ) バトゥ}もその影響で(2)
を保護し, ヨーロッパのキリスト教諸国やローマ教皇庁と使節を交換していた。
(1)の時代にフランス国王(5){(ア) フィリップ 2 世 (イ) シャルル 7 世
(ウ) ルイ 9 世}の使者としてモンゴル帝国の都(6){(ア) カラコルム (イ) サ
マルカンド (ウ) アルマリク}を訪れた(7){(ア) ルブルック (イ) プラノ=
カルピニ (ウ) モンテ=コルヴィノ}は, 当時の(6)に「いろいろ異なった民
族に属する異教の寺院が 12, イスラームの礼拝堂が 2 つ, 教会が 1 つ」あったこ
とを報告している。

　　(1)や(4)の同母兄弟で 1260 年に第 5 代の大ハンに即位したフビライ
は, 帝国の重心を東方に移して今の北京がある場所を都に定め(8){(ア) 燕
京 (イ) 上都 (ウ) 大都}と命名し, 国名を大元と称した。(9){(ア) 西夏

㈠　南宋　㈢　金}を滅ぼして中国全土を支配した大元では，中国の伝統的な官僚制度を採用したが，実質的な政策決定はモンゴル人による首脳部が握った。大元において財務官僚として重用された中央アジア・西アジア出身の人々は（　10　）{㈠　回民　㈡　南人　㈢　色目人}と呼ばれたが，彼らの多くは（　11　）{㈠　マニ　㈡　ユダヤ　㈢　イスラーム}教徒であったため，大元の時代に中国で（　11　）教がしだいに広まった。

　また，フビライは大ハン即位前からチベット仏教サキャ派の教主（　12　）{㈠　ダライ=ラマ　㈡　パスパ　㈢　ツォンカパ}を尊崇し，大ハン即位後に国師（のちに帝師）に任じたほか，公用文字の作成も委ねるなど重用した。それから約300年後，フビライの子孫であるアルタン=ハンは，偉大な祖先であるフビライに倣（なら）ってチベット仏教を保護し，チベット仏教黄帽派の指導者に帰依（きえ）した。アルタン=ハンのもとで南モンゴルにつくられた城郭都市で，現在も内モンゴル自治区の中心都市である（　13　）{㈠　ウランバートル　㈡　キャフタ　㈢　フフホト}には，アルタンとその子孫が建立したチベット仏教寺院が多数現存する。その後，17世紀半ばに成立した清朝の歴代皇帝は，中国王朝の皇帝であるのみならず，モンゴル帝国のハンの伝統を継ぐ北方遊牧社会の君主でもあったため，やはりフビライやアルタンに倣（なら）ってチベット仏教を手厚く保護した。18世紀半ばに清朝の最大領域を築く皇帝（　14　）{㈠　乾隆帝　㈡　康熙帝　㈢　雍正帝}は，北京城内にチベット仏教の学問僧院である雍和宮を建立した。この雍和宮はもともと，先代皇帝である（　15　）{㈠　乾隆帝　㈡　康熙帝　㈢　雍正帝}が即位前に居住していた王府で，（　15　）在位中は行宮として使用していたのを，（　14　）が学問僧院として改築させたものである。

2 月 3 日実施分　　　解答 世界史

I 解答　1 —(ウ)　2 —(ナ)　3 —(コ)　4 —(カ)　5 —(キ)　6 —(ニ)
　　　　　7 —(ア)　8 —(ヌ)　9 —(テ)　10—(ソ)

◀解　説▶

≪叙任権闘争，中世西欧文化≫

1．ヴェルダン条約は 843 年，メルセン条約は 870 年に締結。

3．ザクセン朝第 2 代のオットー 1 世は，レヒフェルトの戦い（955 年）でマジャール人を撃退した。カール大帝が討ったアヴァール人との混同に注意。

5〜7．教皇グレゴリウス 7 世は皇帝による聖職叙任を聖職売買とみなし，反発した皇帝ハインリヒ 4 世を破門した。皇帝は教皇の滞在する北イタリアのカノッサで謝罪した（カノッサの屈辱，1077 年）。この叙任権闘争は 1122 年のヴォルムス協約で妥結がなされた。

8．フランチェスコは中部イタリアのアッシジの生まれ。スペインのドミニコが創設したドミニコ修道会も托鉢修道会である。

9．12 世紀頃，北フランスで生まれたゴシック様式は尖塔アーチや高い塔，ステンドグラスを特徴とし，フランスのアミアン大聖堂やドイツのケルン大聖堂が代表。なお，ビザンツ様式はドーム屋根とモザイク壁画を，ロマネスク様式は厚い壁と列柱，小さな窓を特徴とする。

II 解答　1 —(イ)　2 —(ア)　3 —(ウ)　4 —(ウ)　5 —(イ)　6 —(エ)
　　　　　問 1．(ア)　問 2．(ウ)　問 3．(ウ)　問 4．(エ)

◀解　説▶

≪アンコール゠ワットの歴史≫

2．チャンパーは 2 世紀末にチャム人がベトナム中部に建てた国家。南方のカンボジアや北方のベトナム王朝と抗争した。

3．東南アジアではビルマ・タイ・カンボジアなど大陸部で上座部仏教（南伝仏教），スマトラ・ジャワなど島嶼部で大乗仏教（北伝仏教）が普及した。

4．「19 世紀前半」とあるので，18 世紀後半に成立して現在まで続くラタナコーシン（チャクリ）朝と判断できる。

6・問4　1976 年，ポル＝ポトが民主カンプチア（カンボジア）を樹立。親中国策をとり，住民の大量虐殺を行った。1979 年にベトナム軍がカンボジアに侵攻し，ポル＝ポト政権は崩壊した。

問1．㋐正解。

㋑誤り。李朝は元ではなく北宋軍を撃退した。

㋒誤り。李朝の国号は越南ではなく大越（ダイベト）。19 世紀初頭に成立した阮朝が越南に変えた。

㋓誤り。李朝の首都は現在のホーチミン市ではなくハノイ（昇竜）。

問2．グプタ朝期の文化では，サンスクリット文学の代表であるカーリダーサの『シャクンタラー』や，アジャンター石窟寺院・エローラ石窟寺院などが知られる。

問3．㋒誤文。朱印船の主な渡航先は中国と朝鮮半島ではなく東南アジア。タイのアユタヤやフィリピンのマニラには日本町がつくられた。

Ⅲ　解答

1 ―㋙　2 ―㋤　3 ―㋪　4 ―㋘　5 ―㋛　6 ―㋅
7 ―㋔　8 ―㋜　9 ―㋓　10―㋧
A ―㋖　B ―㋚　C ―㋑　D ―㋕　E ―㋘

◀解　説▶

≪ポーランド近現代史≫

1．ロマン主義は 19 世紀前半を中心とする思潮で，「キオス島の虐殺」や「民衆を導く自由の女神」を描いたフランスの画家ドラクロワ，ギリシア独立戦争に参加したイギリスの詩人バイロンなども知られる。

2．ヤゲウォ（ヤゲロー）朝は，1386 年にリトアニア大公ヤゲウォとポーランド女王が結婚して成立。15 世紀初頭にはドイツ騎士団を破り，全盛期を現出した。

3．ポーランド分割は第1回が 1772 年（露・普・墺による），第2回が 1793 年（露・普），第3回が 1795 年（露・普・墺）に行われた。

7．ダンツィヒは現在のポーランドのグダンスク。ポーランド分割でプロイセン領となり，その後，第一次世界大戦後のヴェルサイユ条約で国際連盟管理下の自由市となった。

8．独ソ不可侵条約は第二次世界大戦開戦直前の 1939 年 8 月に結ばれた。

9．1955 年，パリ協定の発効で西ドイツが NATO（北大西洋条約機構）に加盟すると，対抗した東側諸国はソ連を中心に同年ワルシャワ条約機構を結成した。

10．スターリン死後の「雪どけ」の中，1956 年にポーランドのポズナニやハンガリーのブダペストで反ソ暴動が起こった。

IV 解答　1 —(ア)　2 —(ウ)　3 —(イ)　4 —(ア)　5 —(ウ)　6 —(ア)　7 —(ア)　8 —(ウ)　9 —(イ)　10—(ウ)　11—(ウ)　12—(イ)　13—(ウ)　14—(ア)　15—(ウ)

◀解　説▶

≪モンゴル帝国，チベット仏教≫

1・2．ネストリウス派キリスト教は 7 世紀以降中国でも布教され，唐では景教と呼ばれた。モンゴル帝国時代にもその信仰は続き，モンケのハン位即位を後押しした彼の母も信仰していたとされる。

3・4．フラグはモンケ＝ハンの命で西アジア遠征を行い，1258 年にアッバース朝を滅ぼしてイル＝ハン国を建てた。第 2 代オゴタイ＝ハンの命でヨーロッパ遠征を行ったのち，キプチャク＝ハン国を建てたバトゥと区別したい。

7．モンケ＝ハンに会見したルブルックはフランチェスコ会修道士。グユク＝ハンに会見したプラノ＝カルピニや中国最初のカトリック布教者となったモンテ＝コルヴィノもフランチェスコ会修道士である。

9．フビライは 1271 年に国号を「大元」としたのち，1276 年に南宋の都臨安を占領した。

12．パスパは，フビライの命を受けてチベット文字を基にパスパ文字を作成した。

13．やや難。フフホトは内モンゴル自治区の中心都市。建設者のアルタン＝ハンはチベット仏教の最高指導者にダライ＝ラマの称号を贈った人物。

14．乾隆帝はジュンガルを滅ぼし，新疆を藩部に加えるなどして清朝の最大領域を築いた。

❖講　評

Ⅰ．叙任権闘争と中世西欧文化を中心とする大問。代表的な教会建築については建築様式とその写真を確認しておきたい。

Ⅱ．アンコール゠ワットを題材としてカンボジアの歴史を問う大問。東南アジア史はやや手薄になりがちであるので注意したい。2のチャンパー，6のベトナムを判断できたかで得点差が生じたであろう。正誤問題は基本的知識で対応できる。

Ⅲ．19世紀から第二次世界大戦後のポーランドの歴史を中心とした大問。〔語群Ⅱ〕(ス)のコシューシコや(オ)のピウスツキのほか，第二次世界大戦後の東欧史に関連する重要人物を整理しておきたい。

Ⅳ．モンゴル帝国とそれに関わるチベット仏教を中心とした大問。2のネストリウス派と13のフフホトはやや判断に迷うが，他の語句選択問題で確実に得点したい。チベット仏教に関する知識は明・清代の中国史と併せて理解することが重要。

教科書の本文を中心とした学習を進め，まずは基本的事項を確実に得点したい。おろそかになりがちな現代史への対策も必須である。さらに，脚注や地図，また文化史対策も怠らずに取り組むことで高得点がねらえる。

2月5日実施分　問題 世界史

（60分）

〔Ⅰ〕 次の文の（　1　）～（　10　）に入れるのに最も適当な語句を下記の語群から選び，その記号をマークしなさい。

19世紀から20世紀初頭にかけてA・B両国の間で繰り広げられた中央アジアをめぐる覇権抗争は，植民地獲得競争の空白地帯であった中央アジアをチェスの盤上に見立て，「グレート・ゲーム」とも呼ばれる。

A・Bの間のグレート・ゲームにおいて，両者が特に争ったのは（　1　）であった。Aは（　1　）に進出することで，トルキスタンをおさえて南下しようとするBに対抗しようとし，2度にわたる侵攻ののち，1880年に（　1　）を保護国とした。また，イラン高原もグレート・ゲームにおけるA・B両国の角逐の場であった。19世紀，イランの（　2　）朝は，Bと（　3　）地方をめぐって，Aとは（　1　）北西部のヘラートをめぐって争い敗北し，両国への従属化が進んだ。

一方，A・Bは同時期に極東においても抗争を激化させたことから，（　4　）も重要な駒の一つとしてゲームの行方に影響を与えた。19世紀末以降，（　5　）での権益をめぐってBとはげしく対立していた（　4　）は，1902年にAと同盟を結んで対抗し，（　6　）も（　4　）を支援する立場をとった。その後1904年にはBとの間で戦争が勃発し，（　4　）優位の戦況の中で講和の気運が高まると，Aと（　6　）は（　4　）の中国東北部における独占的支配を警戒し，（　6　）の大統領（　7　）の調停で（　8　）条約が結ばれた。

すでに世界における覇権的地位に陰りが見えていたAと，上記敗戦によって東アジア進出を妨げられバルカン進出に転じたBは，1907年に和解して（　9　）を結んだ。この（　9　）では，イランにおける両国の勢力範囲が定められ，（　1　）はAの勢力範囲とされた。また，A・Bともに接近を試みていた（　10　）については中国の宗主権を認め，内政不干渉とすることが確認された。この（　9　）成立により，A・Bの間のグレート・ゲームは一応の終止符が打たれた。

〔語群〕

(ア) サファヴィー	(イ) ドイツ	(ウ) 台湾
(エ) 山東	(オ) イギリス	(カ) ヴィッテ
(キ) ポーツマス	(ク) チベット	(ケ) アメリカ合衆国
(コ) 日本	(サ) 朝鮮	(シ) アフガニスタン
(ス) カシミール	(セ) 英仏協商	(ソ) トリアノン
(タ) 英露協商	(チ) ベトナム	(ツ) トルコマンチャーイ
(テ) カージャール	(ト) カフカス	(ナ) コーカンド=ハン国
(ニ) インド	(ヌ) セオドア=ローズヴェルト	
(ネ) ロイド=ジョージ	(ノ) ロシア	(ハ) イリ
(ヒ) パフレヴィー	(フ) 露仏同盟	

〔Ⅱ〕 次の文の（　1　）～（　9　）に入れるのに最も適当な語句を，{　}内の(ア)ない
いし下記の語群から選び，その記号をマークしなさい。また，（　A　）の問に答
えなさい。

　ヨーロッパ人が到来する以前のアメリカ大陸では，ユカタン半島でマヤ文明が
①
栄えたほか，（　1　）{(ア)　テノチティトラン}を首都とするアステカ王国，
（　2　）{(ア)　チチェン=イツァ}を首都とするインカ帝国などの国家がきずかれ
ていたが，（　3　）{(ア)　15 世紀後半}にアステカ王国，インカ帝国が相次いで
征服されるなど，アメリカ大陸の諸地域は次々とヨーロッパ勢力の支配のもとに
はいっていった。新大陸のスペイン領では，先住民の保護とキリスト教化を条件
に先住民と土地の支配を植民者に委託する（　4　）{(ア)　エンコミエンダ}制がと
られたが，その後，大農園制に移行した。
　カリブ海から中米，南アメリカにかけての地域では，19 世紀末よりアメリカ
合衆国の影響力が強まっていった。（　5　）{(ア)　ジェファソン}大統領の時代の
1898 年におこったアメリカ=スペイン戦争に勝利した合衆国は，もともとスペイン
領であったハイチに対し財政や外交に制限を加えるプラット条項をおしつけ，保護
②
国化した。その後，中米諸国に武力干渉する「棍棒外交」や，（　6　）{(ア)　タフト}

大統領時代の中米や中国への投資を推進する「ドル外交」などの政策がとられた。

　第二次世界大戦後，冷戦構造が確立していくなかで，アメリカ合衆国の影響が強かったラテンアメリカ諸国では，独自の路線を模索する動きも見られるようになった。その一つがアルゼンチンで，1946年に大統領となった（　7　）{(ア)　バティスタ}は，反米的な民族主義を掲げて社会改革をおしすすめた。その後，アルゼンチンは1982年にフォークランド（マルビナス）諸島の領有をめぐって（　8　）{(ア)　フランス}との戦争に突入し，敗北する。（　9　）{(ア)　ペルー}では，1970年にアジェンデを首班とする左翼連合政権が成立したが，その後軍部のクーデタで打倒された。

〔語群〕

(イ)　16世紀前半	(ウ)　16世紀後半	(エ)　テオティワカン
(オ)　リマ	(カ)　ウィルソン	(キ)　ペロン
(ク)　チャビン	(ケ)　クスコ	(コ)　ブラジル
(サ)　イギリス	(シ)　アシエンダ	(ス)　マッキンリー
(セ)　ケネディ	(ソ)　チリ	(タ)　フアレス
(チ)　フランクリン=ローズヴェルト		(ツ)　オランダ

（　A　）　下線部①・②について，①のみ正しければ(ア)を，②のみ正しければ(イ)を，両方正しければ(ウ)を，両方誤りであれば(エ)をマークしなさい。

〔Ⅲ〕 次の文の（ 1 ）～（ 15 ）に入れるのに最も適当な語句を，{ }内の(ア)，
(イ)ないし下記の語群から選び，その記号をマークしなさい。

　朝鮮は 1392 年に建国し，高麗の都のあった（ 1 ）{(ア) 平壌 (イ) 開城}に
代わって漢城を新たな都に定めた。朝鮮は（ 2 ）{(ア) 元 (イ) 明}と君臣関係
を結びつつ，（ 3 ）{(ア) 里甲制 (イ) 佃戸}や朱子学など，中国の制度や思想
を積極的に取り入れ，整備していった。朱子学は，これを大成させた朱熹の生き
た時代にちなんで（ 4 ）{(ア) 唐 (イ) 宋}学とも呼ばれる。朱子学は高麗の後
期以降，士大夫層に受容されていった。彼らは土地と奴婢の所有，役の免除など
の特権を持っており，朝鮮時代以降，（ 5 ）{(ア) 郷紳 (イ) 形勢戸}と呼ばれ
る特権階層を形成するようになった。

　朱子学の特徴の一つに，礼に基づいた細かな日常生活の規範が挙げられる。こ
れらを実践し，官僚への道を進むことが（ 5 ）の理想とされたが，中には官職
に就かず学者として生を終える者もいた。このように朝鮮の支配層が中国文化に
傾倒していく時勢にあって，王の主導のもと，（ 6 ）{(ア) 朝鮮語 (イ) 満洲
語}を表現するために「訓民正音」がつくられたことは，特筆に値する。

　16 世紀になると，（ 5 ）らは，学説や地縁などの違いから次第に派閥を形
成するようになり，政治の主導権をめぐって対立するようになった。これは
（ 7 ）{(ア) 門閥政治 (イ) 党争}とも呼ばれ，王位継承にも影響を及ぼすなど，
政治的な疲弊の原因ともなった。

　16 世紀末には，豊臣秀吉が派遣した大軍が朝鮮に侵入した。朝鮮はこの大軍
を（ 2 ）の援軍や朝鮮水軍の活躍などによって撃退したが，郷村と呼ばれる地
方社会の秩序は大きく破壊された。この戦争を，朝鮮半島では（ 8 ）{(ア) 文
禄・慶長の役 (イ) 後期倭寇}と呼ぶ。

　17 世紀前半，朝鮮は度重なる清の武力侵入に屈し，君臣関係を結ぶことに
なった。この君臣関係に対し，（ 2 ）への義理を捨てる行為であるとして反発
する朝鮮の知識人も多かった。彼らは満洲族を夷狄と見なし，朝鮮こそが中国文
化を正統に継承するという（ 9 ）{(ア) 小中華 (イ) 民族主義}の意識を次第に
抱くようになった。これは朱子学が説く（ 10 ）{(ア) 滅満興漢 (イ) 知行合一}

の理論や身分秩序に基づく考え方であったが，同時に朱子学の礼的秩序を厳格化し，荒廃した郷村社会を復興するための動機づけという側面もあった。

　朝鮮社会は 18 世紀にかなりの復興を遂げたが，19 世紀には，国王の外戚となった者とその一族が政治の要職に就き，権力を独占するようになった。政権は次第に腐敗し，地方で没落する（　5　）や農民への負担が増加した結果，（　11　）{(ｱ)　洪秀全　(ｲ)　洪景来}の乱のような知識人・農民の蜂起が頻発した。

　こうした社会の不安・不満の受け皿となったのが東学である。東学は，かつて新羅の都があった（　12　）{(ｱ)　平城　(ｲ)　釜山}出身の崔済愚が創始し，（　13　）{(ｱ)　儒教　(ｲ)　道教}と同義で用いられた「西学」に対抗するという意味が込められていた。またこのころから朝鮮は欧米諸国からの開国要求を受けるようになった。政治の実権をにぎっていた（　14　）{(ｱ)　高宗　(ｲ)　金玉均}は朱子学以外の思想を禁じ，外国勢力の排斥に努めたが，王妃閔氏の一族に権力を奪われた。韓国では現在も先祖祭祀や親族間の礼儀作法などが実践されているが，一般家庭におけるそれは，（　15　）{(ｱ)　金大中　(ｲ)　朴正熙}大統領が 1969 年に出した，朱子学で定めた冠婚葬祭を現代風に簡素化した「家庭儀礼準則」に基づいている。

〔語群〕

(ｳ)　モンゴル語	(ｴ)　科挙	(ｵ)　李承晩	(ｶ)　キリスト教
(ｷ)　摂政	(ｸ)　張勉	(ｹ)　大院君	(ｺ)　純宗
(ｻ)　仁川	(ｼ)　壬辰・丁酉倭乱		(ｽ)　全琫準
(ｾ)　大義名分	(ｿ)　均田制	(ﾀ)　仏教	(ﾁ)　靖康の変
(ﾂ)　慶州	(ﾃ)　両班	(ﾄ)　遼	

〔Ⅳ〕 次の文の（ 1 ）～（ 10 ）に入れるのに最も適当な語句を下記の語群から選び，その記号をマークしなさい。また，下線部①～⑤に関する問1～5に答えなさい。

　1871年から73年にかけて，日本から総勢100名をこえる使節団が，欧米12カ国をめぐる視察旅行を行った。この使節団の副使の一人には，晩年に初代韓国統監として日本の韓国支配を推進した（ 1 ）もいた。

　北アメリカ大陸の大西洋岸にイギリスが建設した13植民地の代表は，1776年に（ 2 ）で独立宣言を発表し，のちにアメリカ合衆国が成立した。使節団が最初に訪れたのはこの国であった。19世紀後半になると，南北戦争を経て社会の
①
変化と経済発展が大きく進みつつあるなかで，大陸国家として太平洋への関心が高まっていたアメリカは，日本と国交を樹立したのち，1867年にロシアから（ 3 ）を買収した。

　アメリカの視察後ヨーロッパに渡った一行は，イギリスでその工業力を見せつけられた。当時のイギリスは，政治的には保守党と自由党の二大政党による議会政治が定着していた。使節団の滞在中の首相は自由党の（ 4 ）であった。（ 4 ）はかつて1840年に起こったアヘン戦争を批判したこともあるが，植民
②
地支配の拡大によって帝国を発展させるという点では保守党政権と変わらず，1882年に（ 5 ）を事実上の保護国とした。

　使節団が訪れる直前のフランスでは，ナポレオン3世が国内産業の育成を進め，
③
外征にも積極的だったが，1870年にプロイセンとの戦いに敗れ，臨時政府が成立していた。この戦争の結果，フランスは（ 6 ）を失うことになり，これに憤激したパリの民衆が蜂起してパリ＝コミューンを樹立した。しかし，臨時政府側は（ 7 ）の指導によって，コミューン政府を倒した。使節団の一行はパリ＝コミューン崩壊の一年半後，1872年の年末にパリを訪れて，大統領となっていた（ 7 ）と会見している。

　1873年に入り，フランスを離れた使節団は，ベルギーで国王レオポルド2世に謁見した。彼はのちにアフリカへの進出を積極的に進め，1885年に私的植民地として（ 8 ）を領有したが，非人道的な経営が国際的に批判された。使節団は次に訪れたオランダでも国王に謁見している。
④

　1873年3月に使節団の一行は，成立直後のドイツ帝国で宰相ビスマルクと会見した。1862年にプロイセンの首相になったビスマルクは，富国強兵政策を通じてドイツの統一を主導した。帝国の成立後は，宰相として独裁的な権力をふるい，（　9　）を標的とした文化闘争を展開している。日本の国家建設のモデルをドイツに求めるよう忠告したビスマルクは，使節団一行に強い印象を与えた。

　その後，使節団はロシアなどを視察したのち，イタリアを訪れて国王ヴィットーリオ=エマヌエーレ2世に謁見している。イタリアでは，1861年に王国が成立していたが，1870年に（　10　）を占領したことで国家統一が実現していた。

　使節団は，その本来の目的である欧米諸国との<u>不平等条約改正</u>の予備交渉を果
　　　　　　　　　　　　　　　　　　　　　　　　　　⑤
たすことはできなかったが，各国の国家制度や産業技術を視察した経験は，その後の日本の歴史に大きな影響を与えることになる。

〔語群〕

　㋐　シベリア　　　　　㋑　ボストン　　　　　㋒　岩倉具視

　㋓　グラッドストン　　㋔　インド　　　　　　㋕　アルザス・ロレーヌ

　㋖　オーストラリア　　㋗　大久保利通　　　　㋘　フィラデルフィア

　㋙　エジプト　　　　　㋚　ディズレーリ　　　㋛　ラインラント

　㋜　伊藤博文　　　　　㋝　コンゴ自由国　　　㋞　ヴェネツィア

　㋟　ティエール　　　　㋠　アラスカ　　　　　㋡　オレンジ自由国

　㋢　社会主義運動　　　㋣　ワシントン　　　　㋤　ケープ植民地

　㋥　プロテスタント　　㋦　ローマ教皇領　　　㋧　カリフォルニア

　㋨　カトリック　　　　㋩　ギゾー　　　　　　㋪　ルール

問1　下線部①に関連して，『アンクル=トムの小屋』を著わし，アメリカ合衆国北部の奴隷解放運動の高揚に影響を与えた作家として最も適当な人物を次の㋐～㋓から一つ選び，その記号をマークしなさい。

　㋐　ホーソン　　　㋑　ストウ　　　㋒　ホイットマン

　㋓　ヴィクトル=ユゴー

問2　下線部②に関連して，この戦争の結果，清朝がイギリスとの間で結んだ条

約の内容として最も適当なものを次の(ア)〜(エ)から一つ選び，その記号をマークしなさい。

(ア)　外国公使の北京駐在を認めた。

(イ)　上海など 5 港の開港を認めた。

(ウ)　九竜半島南部の割譲を認めた。

(エ)　中国人の信仰の自由と内地におけるキリスト教布教を認めた。

問3　下線部③に関連して，この人物の事績として最も適当なものを次の(ア)〜(エ)から一つ選び，その記号をマークしなさい。

(ア)　メキシコに出兵し，オーストリア皇帝の弟をメキシコ皇帝にすえた。

(イ)　オスマン帝国下のアルジェリアへの遠征を実行した。

(ウ)　銀行家など一部の富裕層のみを支持基盤とした。

(エ)　オーストリアと密約を結び，1859 年にサルデーニャ王国と戦った。

問4　下線部④に関連して述べた次の文(ア)〜(エ)のうち，最も適当なものを一つ選び，その記号をマークしなさい。

(ア)　オランダは 1581 年にスペインと休戦条約を結んだことで，独立を事実上勝ちとった。

(イ)　1623 年のアンボイナ事件を転機として，オランダはフランスの勢力をインドネシアから締め出した。

(ウ)　1688 年にオランダ総督のウィレム 3 世はイギリスへ招かれ，翌年に妻とともにイギリス王位についた。

(エ)　第一次世界大戦後，オランダ領東インドではスカルノがインドネシア共産党を結成し，独立運動を主導した。

問5　下線部⑤に関連して述べた次の文(ア)〜(エ)のうち，最も適当なものを一つ選び，その記号をマークしなさい。

(ア)　1569 年にメフメト 2 世がフランス商人に公認したことで始まるカピチュレーションは，19 世紀にヨーロッパ諸国のオスマン帝国進出の特権として利用された。

　㋑　1858 年に結ばれた日米修好通商条約では，日本の関税自主権を認めた。

　㋒　1876 年に結ばれた日朝修好条規では，釜山，仁川，元山の開港と日本
　　の領事裁判権を認めた。

　㋓　1894 年に結ばれた下関条約では，清が日本に通商上の特権付与や開港
　　場での企業の設立を認めた。

2 月 5 日実施分

解答 世界史

I 解答

1 ―(シ)　2 ―(テ)　3 ―(ト)　4 ―(コ)　5 ―(サ)　6 ―(ケ)

7 ―(ヌ)　8 ―(キ)　9 ―(タ)　10―(ク)

◀解　説▶

≪19 ～ 20 世紀初頭の英露関係≫

文中の国Aはイギリス，Bはロシア。

1．イギリスは 2 度のアフガン戦争を経て，1880 年にアフガニスタンを保護国とした。しかし，1919 年の第 3 次アフガン戦争後，独立を承認した。

2．カージャール朝は 1796 年成立のトルコ系王朝。19 世紀に列強が進出する中，バーブ教徒の乱やタバコ＝ボイコット運動が起こった。

3．やや難。カフカス地方は黒海とカスピ海に挟まれた地域。イランとロシアの係争の地となり，19 世紀前半にロシア領となった。

4・5．「1902 年」から日英同盟を想起し，日本と判断する。日本は義和団事件後，朝鮮支配を巡りロシアとの対立を深め，日露戦争にいたった。

8．ポーツマスはアメリカ合衆国の都市。条約時の日本全権は小村寿太郎でロシアはウィッテであった。日本は朝鮮での優越権や遼東半島南部の租借権などを得た。

9・10．英露協商ではイラン北部をロシア，南東部をイギリスの勢力範囲とした。なお，アフガニスタンについてはイギリスの勢力範囲とし，チベットについては両国不干渉とする取り決めもなされたことに留意しておこう。

II 解答

1 ―(ア)　2 ―(ケ)　3 ―(イ)　4 ―(ア)　5 ―(ス)　6 ―(ア)

7 ―(キ)　8 ―(サ)　9 ―(ソ)

A ―(ア)

◀解　説▶

≪16 ～ 20 世紀の中南米諸国≫

3．アステカ王国は 1521 年にスペインのコルテスに，インカ帝国は 1533

年に同じくスペインのピサロによって滅ぼされた。

4．エンコミエンダ制の下で先住民が激減する中，17 世紀以降アシエンダ制と呼ばれる大農園制に移行した。

5．マッキンリー大統領はアメリカ＝スペイン戦争中にハワイを併合した。国務長官ジョン＝ヘイによる門戸開放宣言もこの時代。

6．セオドア＝ローズヴェルト大統領の「棍棒外交」，タフト大統領の「ドル外交」のほか，民主党のウィルソン大統領の「宣教師外交」も知られる。

8．フォークランド（マルビナス）戦争でアルゼンチンに勝利したときのイギリス首相は保守党のサッチャー。

9．チリのアジェンデ政権がアメリカの支援を受けた軍部のクーデタで倒れると，軍人のピノチェトが大統領に就任した。

A．①は正しい。②は誤り。アメリカ合衆国はハイチではなく，キューバにプラット条項をおしつけた。

Ⅲ　解答　　1—(イ)　2—(イ)　3—(エ)　4—(イ)　5—(テ)　6—(ア)
　　　　　　　7—(イ)　8—(シ)　9—(ア)　10—(セ)　11—(イ)　12—(ツ)
13—(カ)　14—(ケ)　15—(イ)

◀解　説▶

≪朝鮮王朝の歴史≫

2．1392 年に李成桂（太祖）が建国した朝鮮は，当初，明を君主とする冊封関係を結んだ。

3．科挙は高麗時代に導入され，朝鮮王朝期に盛んになった。里甲制は明の洪武帝が始めた村落行政制度。

4．宋学（朱子学）は，『太極図説』を著した北宋の周敦頤に始まり，南宋の朱熹が大成した。

5．両班は高麗・朝鮮王朝時代の特権階層で，文官（文班）・武官（武班）を総称した。

6．「訓民正音」は，第 4 代国王の世宗が制定した朝鮮語を書写する文字。のちハングル（偉大な文字）と呼ばれた。

8．豊臣秀吉の朝鮮出兵は，朝鮮では壬辰・丁酉倭乱，日本では文禄・慶長の役と呼ばれる。朝鮮では亀甲船を用いた李舜臣が活躍し，万暦帝代の

明の援軍も得た。

10. 大義名分論は北宋の欧陽脩や司馬光が唱え，朱熹が『資治通鑑綱目』で強調した。また，朱子学では「性即理」の思想や四書が重視された。

11. 洪景来は元官僚で，不平官僚と結び農民を指導して反乱を起こした。

13. 「西学」（キリスト教）に対抗した東学は，儒教・仏教・道教を融合したもの。政府により禁止されたが信仰は広がり，1894年には全琫準ら東学幹部が指導する東学の乱（甲午農民戦争）が起こった。

14. 大院君は高宗の父で，摂政として対外鎖国政策を実施。閔氏に権力を奪われた後，壬午軍乱で一時政権につくが，介入した清軍に捕らえられた。

15. やや難。リード文からだけだと判断しづらいが，1961年の韓国軍部クーデタで李承晩に代わった朴正煕が，1965年に佐藤栄作内閣と日韓基本条約を結んだことから，1969年時点の大統領であると判断したい。

Ⅳ 解答　1─(ス)　2─(ケ)　3─(チ)　4─(エ)　5─(コ)　6─(カ)
　　　　　7─(タ)　8─(セ)　9─(ノ)　10─(ヌ)
問1．(イ)　問2．(イ)　問3．(ア)　問4．(ウ)　問5．(ウ)

◀解　説▶

≪岩倉使節団に関する歴史≫

1. 伊藤博文は1909年にハルビンで安重根により暗殺された。翌1910年，日本は韓国を併合し，寺内正毅を総督とする朝鮮総督府を設置した。

2. フィラデルフィアはペンシルヴェニア植民地の中心都市。

4. グラッドストンはパーマストン外相の対中国政策を批判し，アヘン戦争開戦反対の演説を行ったことで知られる。1868年以降，4度首相を務め，教育法の制定（1870年）や第3回選挙法改正（1884年）のほか，アイルランド問題に取り組んだ。

6. ドイツ領となったアルザス・ロレーヌは，その後，第一次世界大戦後のヴェルサイユ条約でフランス領となった。

8. コンゴ自由国は，1884～85年にドイツのビスマルクの提唱で開かれたベルリン会議（ベルリン＝コンゴ会議）で成立した。

9. カトリック教徒は南ドイツに多く，中央党を組織してビスマルクに抵抗した。

10. イタリアはプロイセン＝フランス戦争（1870～71年）に乗じてロー

マ教皇領を占領。以後1929年のラテラノ条約までイタリアとローマ教皇庁の対立が続いた。

問2．アヘン戦争の講和は南京条約（1842年）。⑴正解。

㋐・㋒・㋓誤り。外国公使の北京駐在やキリスト教の内地布教の自由は，アロー戦争（1856〜60年）の講和である天津条約（1858年）の内容。1860年の北京条約ではこれらの項目が確認され，さらに九竜半島南部のイギリスへの割譲が決まった。

問3．㋐正解。

⑴誤り。アルジェリアへの遠征を実行したのはシャルル10世。

㋒誤り。ナポレオン3世の支持基盤は資本家・労働者・農民など幅広かった。

㋓誤り。ナポレオン3世はサルデーニャ王国のカヴールとプロンビエールの密約（1858年）を結び，翌年オーストリアと開戦した。

問4．㋒正文。

㋐誤文。1581年にネーデルラント連邦共和国の樹立が宣言され，1609年のスペインとの和約によりオランダが事実上独立した。独立の国際的承認は1648年のウェストファリア条約による。

⑴誤文。オランダはアンボイナ事件で，フランスではなくイギリスの勢力をインドネシアから締め出した。

㋓誤文。スカルノが結成したのは，インドネシア共産党ではなくインドネシア国民党。

問5．㋒正文。

㋐誤文。カピチュレーションを最初に公認したのは，メフメト2世ではなくセリム2世。

⑴誤文。日米修好通商条約では日本の関税自主権が認められなかった。

㋓誤文。日清戦争の講和である下関条約が結ばれたのは1895年。

❖講　評

　Ⅰ．19 〜 20 世紀初頭の英露関係を中心とした大問。両国間では，イ
ランだけではなく 1 のアフガニスタンや 10 のチベットを巡る攻防もあ
ったことに注意が必要である。

　Ⅱ．16 〜 20 世紀までの中南米諸国を中心とした大問。19 世紀以降に
ついてはアメリカ合衆国の外交政策との関連を押さえることが重要。ま
た，現代史の重要人物もよく問われるので確認しておきたい。

　Ⅲ．朝鮮王朝の歴史を中心とした大問。空所の語句は基本的な知識で
対応できる。14 の大院君と閔氏勢力の関係，諸外国の動向は頻出であ
る。15 はリード文のヒントでは解答を導きづらかったかもしれない。

　Ⅳ．岩倉使節団が訪れた諸国に関連する大問。4 のグラッドストンと
下線部に対応する正誤問題で得点差が生じたであろう。清朝が諸外国と
締結した条約の内容，ナポレオン 3 世の事績は詳細を確認しておきたい。

　基本的な知識で対応できる問題が大半であるが，高得点をねらうため
には地理的な理解や文化史対策も必須である。教科書の精読によって理
解を深めつつ，地図や資料集も併用して丁寧に学習を進めることを心が
けたい。

２月７日実施分　　問題　世界史

（60分）

〔Ⅰ〕次の文の（　1　）～（　10　）に入れるのに最も適当な語句を下記の語群から選び，その記号をマークしなさい。

　冷戦終結後，新たな国際秩序が模索されるなか，各地で経済協力を主眼とした地域統合の動きが見られた。アメリカ合衆国，カナダ，メキシコによるNAFTAや東南アジア諸国連合加盟10カ国によるAFTAなどがその例である。

　一方，第二次世界大戦後，米ソの狭間で影響力を低下させていたヨーロッパでは，それより前から地域統合の動きが進展していた。1952年に石炭・鉄鋼資源の共同利用や地域協力を目的にフランス，西ドイツ，イタリア，（　1　），オランダ，ルクセンブルクによる（　2　）が，また1958年にはヨーロッパの共同市場化と共通経済政策を推進するために（　3　）が発足しており，さらにEURATOMが設立され，これら3組織は1967年に（　4　）に統合された。その後加盟国は増加し，1992年，加盟12カ国はオランダの（　5　）の地で通貨や安全保障，司法などでの協力を軸とする条約に合意し，翌年EUが発足した。EUの本部は（　1　）の首都に置かれている。EUは国家主権の象徴ともいえる通貨についても多くの困難を乗り越えて条約調印に至り，1999年に単一通貨ユーロが導入された。

　また，安全保障の面でも，第二次世界大戦後，ソ連の東欧諸国への影響力が増すなか，西側諸国間の協力が見られた。（　6　），フランス，（　1　），オランダ，ルクセンブルクの西欧5カ国は，1948年に西ヨーロッパ連合条約（ブリュッセル条約）を結び，翌年にはアメリカ合衆国を含めた西側12カ国の集団安全保障機構である（　7　）が結成された。西側諸国と東側諸国の対立を軸とする冷戦は，その後，緊張の先鋭化と平和共存をめざす動きをくりかえしながら続いたが，1985年にゴルバチョフがソ連共産党の書記長に就任すると大きな転機が生じた。

1987 年に米ソの首脳会談で中距離核兵器の全廃が合意されるなど緊張緩和が進んだ結果，1989 年にはソ連軍が（　8　）から撤退した。同年末には，ゴルバチョフとアメリカ合衆国の（　9　）大統領は地中海の（　10　）島で首脳会談を開催し，冷戦の終結を宣言した。その後，アメリカ合衆国が，2001 年の同時多発テロ事件（9.11 事件）の後，（　8　）を軍事攻撃してターリバーン政権を打倒し，2003 年にはイラク戦争を開始するなど冷戦終結後のあらたな時代に対応した軍事外交方針をとりはじめると，ＥＵもまたアメリカ合衆国から相対的に自立した安全保障を模索しはじめた。

　ＥＵは 2000 年代になると中・東欧やバルト諸国にも拡大し，トルコとともに加盟交渉開始が決定されたクロアティアが 2013 年に正式加盟してその時点で加盟国は 28 カ国になった。こうしてＥＵの拡大は続いたが，加盟国間の経済格差は容易に解消されず，農業問題や財政問題，労働移動・失業問題，移民・難民問題など課題が山積しており，それらの解決が容易でないことは 2020 年に現実となった（　6　）の脱退が如実に物語っている。しかしながら，ＥＵによるヨーロッパ統合の試みは，二つの大戦への反省に立って従来の国民国家を越えた政治統合を実現しようとする壮大な実験として注目される。

〔語群〕

㈠ ハーグ	㈪ ＮＡＴＯ	㈫ クレタ	㈬ パキスタン
㈭ スペイン	㈮ イラン	㈯ ＥＥＣ	㈰ アムステルダム
㈱ ＷＴＯ	㈲ ベルギー	㈳ マルタ	㈴ ＭＥＴＯ
㈵ ＥＣ	㈶ スイス	㈷ ＯＰＥＣ	㈸ イギリス
㈹ ＳＥＡＴＯ	㈺ レーガン	㈻ シチリア	
㈼ マーストリヒト		㈽ オーストリア	
㈾ ブッシュ	㈿ ギリシア	㋀ アフガニスタン	
㋁ ＥＦＴＡ	㋂ ＥＣＳＣ	㋃ カーター	

〔Ⅱ〕　次の文の（　1　）～（　6　）に入れるのに最も適当な語句を{　　}内の㈠～㈢
　　　から選び，その記号をマークしなさい。また，下線部A～Dの場所を地図の㈠～
　　　㈦の中から選び，その記号をマークしなさい。

　　（　1　）{㈠　道教　㈡　仏教　㈢　儒教}の祖とされる孔子は，山東省の曲阜
　　　　　　　　　　　　　　　　　　　　　　　　　　　　A
の出身で，礼や仁を重んじ，徳治主義による政治を唱えた。その思想は東アジア
に影響を与え，各地域で孔子を祀る廟が設けられた。廟とは，主に死者の霊（魂）
を祀る施設を指し，東アジアの廟は，死者の肉体を埋葬する墓とは別に設けられ
ることが多かった。

　　朝鮮では，高麗において最初に文廟，すなわち孔子の廟が設けられ，中国や朝
鮮の聖賢を祀った。朝鮮王朝(李朝)においては，都のあった（　2　）{㈠　漢城
　　　　　　　　　　　　　　　　　　　　　　　　　　　　B
㈡　平壌　㈢　開城}に文廟が設けられ，現在も祭祀が行われている。

　　ベトナムのハノイにある文廟には，15世紀以降，この地を都に定めた
（　3　）{㈠　黎　㈡　陳　㈢　李}朝時代に立てられた石碑が残されている。ま
た阮朝も，都のあった（　4　）{㈠　ダナン　㈡　フエ　㈢　サイゴン}の郊外に
　　　　　　　　　　　　　C
文廟を設け，科挙の合格者の名を刻んだ石碑を立てた。

　　日本では江戸時代以降，（　5　）{㈠　朱子学　㈡　科挙　㈢　国学}を重んじ
た幕府や一部の諸大名が孔子の廟を設け，祭祀を行っていた。

　　15世紀前半に（　6　）{㈠　中山王　㈡　好太王　㈢　藩王}によって統一さ
れた琉球は，東シナ海や南シナ海を介した中継貿易を盛んに行う一方，中国の文
　　　D
化を取り入れ，17世紀には至聖廟を設けて祭祀を行った。

【地図】

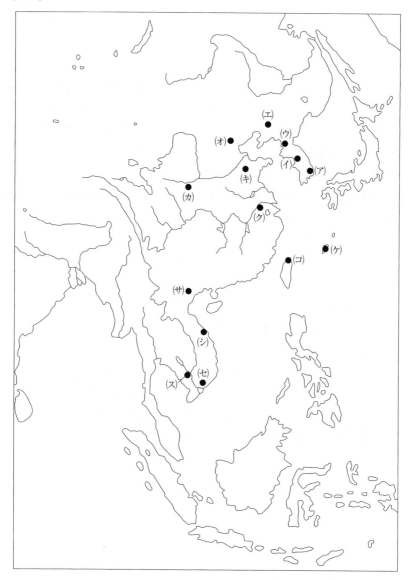

〔**Ⅲ**〕　次の文の（　1　）～（　9　）に入れるのに最も適当な語句を下記の語群Ⅰから，
　　　（　A　）～（　F　）に入れるのに最も適当な語句を下記の語群Ⅱから選び，その
　　　記号をマークしなさい。

　17世紀から18世紀初めにかけて，西欧では躍動的で劇的な表現を特徴とする
（　1　）美術が広がった。なかでもフランドル派の画家（　2　）は，三十年戦争
に参戦したフランス王（　A　）の母后マリ＝ド＝メディシスの宮殿を飾る，彼女の
一代記を制作するなど，国際的に活躍した。外交官としても活動した（　2　）は，
「女官たち」などの作品で知られるスペインの宮廷画家（　3　）とも親交をもった。
（　2　）の門弟で，肖像画家として名を高めたのが（　4　）である。彼はイギリ
スに渡って宮廷画家となり，1649年に議会派によって処刑されることになる
（　B　）などの肖像画を多数描いた。

　18世紀前半からフランス革命にかけて，フランスを中心に展開したのが繊細
優美な（　5　）美術である。「雅宴画」を確立した（　6　）が代表的画家である。
建築では，（　C　）家のプロイセン王フリードリヒ2世がポツダムに建てたサン
スーシ宮殿が名高い。『哲学書簡（イギリス便り）』を書いた思想家（　D　）は，フ
リードリヒ2世に招かれ，サンスーシ宮殿で過ごしている。

　18世紀末から19世紀の初めには，格調の高さと均整を重んじる絵画が盛んと
なる。その代表的画家の（　7　）は，（　E　）年に皇帝となったナポレオンの戴
冠式の場面を描いている。19世紀初めには，人間の感情の解放と躍動する個性
の尊重を説く（　8　）絵画も生まれた。フランスの画家（　9　）は，国王
（　F　）が亡命した七月革命を目撃し，そのときの体験をもとに「民衆を導く自
由の女神」を描いた。

〔語群Ⅰ〕（　1　）～（　9　）

- (ア) ゴシック
- (イ) ベラスケス
- (ウ) 写実主義
- (エ) ロココ
- (オ) ロマン主義
- (カ) バロック
- (キ) ワトー
- (ク) モネ
- (ケ) ドラクロワ
- (コ) レンブラント
- (サ) ファン=ダイク
- (シ) デューラー
- (ス) エル=グレコ
- (セ) ルノワール
- (ソ) ミレー
- (タ) ブリューゲル
- (チ) 古典主義
- (ツ) ダヴィド
- (テ) ロマネスク
- (ト) ゴヤ
- (ナ) 自然主義
- (ニ) ルーベンス
- (ヌ) ゴッホ
- (ネ) 印象派
- (ノ) ファン=アイク兄弟

〔語群Ⅱ〕（　A　）～（　F　）

- (ア) ホーエンツォレルン
- (イ) 1799
- (ウ) ルイ15世
- (エ) ロック
- (オ) ジェームズ2世
- (カ) ルソー
- (キ) チャールズ1世
- (ク) ダランベール
- (ケ) ザクセン
- (コ) シュタウフェン
- (サ) ルイ13世
- (シ) チャールズ2世
- (ス) モンテスキュー
- (セ) 1804
- (ソ) クロムウェル
- (タ) 1801
- (チ) ジェームズ1世
- (ツ) シャルル10世
- (テ) ルイ18世
- (ト) ルイ14世
- (ナ) アンリ4世
- (ニ) ヴォルテール
- (ヌ) 1814
- (ネ) ルイ=フィリップ
- (ノ) ハプスブルク

〔Ⅳ〕　次の文の（　1　）～（　7　）に入れるのに最も適当な語句を下記の語群Ⅰから，
　　　また，（　8　）～（　15　）に入れるのに最も適当な語句を下記の語群Ⅱから選び，
　　　その記号をマークしなさい。

　　15世紀前後の世界を見渡すと，アジアではモンゴル帝国の支配のあとをうけ
　て14世紀以来新しい帝国が生まれていた。アジアの西部では（　1　）朝がサマ
　ルカンドを中心に隆盛し，中央アジアから西アジア，さらには黒海方面にも版図
　を広げた。15世紀初頭に（　1　）は死去し，この国家の勢力はしだいに停滞に
　むかうが，15世紀をつうじて東西交通の要所を支配した。その王族のひとり
　（　2　）は16世紀前半にアフガニスタンを経てインドに進出し，新たな国家を
　建設する。
　　（　1　）朝と同じころ，東アジアでは（　3　）朝が成立していた。15世紀初
　頭，（　4　）帝は積極的な海外政策をとり，近隣に朝貢・交易をうながし，
　（　3　）朝を東アジアの世界帝国にしようとした。（　5　）の7次にもわたる大
　航海もその試みの一環といえ，（　5　）の船団の一部はペルシア湾や東アフリカ
　にまで至った。
　　また，主に朝鮮半島から中国東南沿岸では（　6　）の海賊・私貿易活動がみら
　れ，東南アジアではムスリム商人が活動し，ジャワやスマトラのイスラーム化が
　進んでいた。アフリカの南端をまわるインド航路を開拓して東方に現れた
　（　7　）は，やがてこのような世界に参入する。

〔語群Ⅰ〕（　1　）～（　7　）

㈠ 華僑	㈡ 鄭和	㈢ 清	㈣ オランダ
㈤ 永楽	㈥ ムガール	㈦ ティムール	㈧ セルジューク
㈨ 夷狄	㈩ スペイン	㈲ フラグ	㈱ 明
㈹ 建文	㈺ バーブル	㈻ 元	㈼ ポルトガル
㈽ 鄭成功	㈾ アクバル	㈿ 康熙	㋐ 倭寇

　ヨーロッパ世界では，東ローマ帝国の首都コンスタンティノープルが 1453 年に（　8　）によって陥落し，キリスト教世界の東の中心がイスラーム勢力の支配下に置かれることになった。これは世界史の大きな変動を印象づける出来事であった。（　8　）の支配はバルカン半島や黒海北岸にまで及び，さらに 16 世紀にはハンガリーの多くを支配下におさめ，1529 年にハプスブルク家の拠点都市であった（　9　）を包囲するに至る。（　8　）の興隆は地中海世界にも変化をうながし，東方貿易に従事して栄えたヴェネツィアや（　10　）などの北イタリアの海港都市はその活動を制約される。

　一方，イスラーム勢力が支配していたイベリア半島では，（　11　）とよばれるキリスト教徒による支配回復の動きが拡大していった。14 世紀末から地歩をかためていた（　7　）は，1415 年，（　12　）の参画のもとで海峡の対岸にあるムスリムの拠点セウタを占領し，その後の海外進出の第一歩とした。イベリア半島のイスラーム勢力の最後の拠点（　13　）が陥落するのは（　14　）年である。この年は（　10　）出身のコロンブスが，（　7　）の隣国の女王（　15　）の援助を得て西インド諸島に到達した年でもある。

〔語群Ⅱ〕（　8　）～（　15　）

- (ア) 1492
- (イ) マルグレーテ
- (ウ) ウィーン
- (エ) イサベル
- (オ) ローマ
- (カ) トレド
- (キ) 東方植民
- (ク) ファーティマ朝
- (ケ) 1498
- (コ) ジョアン 2 世
- (サ) オスマン帝国
- (シ) レコンキスタ
- (ス) ジェノヴァ
- (セ) エリザベス 1 世
- (ソ) コルドバ
- (タ) アウクスブルク
- (チ) 1488
- (ツ) ベオグラード
- (テ) 開墾運動
- (ト) エンリケ
- (ナ) マムルーク朝
- (ニ) グラナダ
- (ヌ) ミラノ
- (ネ) フェルナンド

2月7日実施分　　解答 世界史

I　解答

1 ―(コ)　2 ―(ハ)　3 ―(キ)　4 ―(ス)　5 ―(ト)　6 ―(タ)
7 ―(イ)　8 ―(ネ)　9 ―(ニ)　10―(サ)

◀解　説▶

≪第二次世界大戦後のヨーロッパの地域統合≫

1・2．フランスの外相シューマンの提案により，石炭・鉄鋼資源の共同利用などを目的とするヨーロッパ石炭鉄鋼共同体（ECSC）が，フランス，西ドイツ，イタリア，ベネルクス3国（ベルギー・オランダ・ルクセンブルク）の6カ国で 1952 年に発足した。

3・4．ヨーロッパ石炭鉄鋼共同体（ECSC）・ヨーロッパ経済共同体（EEC）・ヨーロッパ原子力共同体（EURATOM）が発展的に統合され，1967 年にヨーロッパ共同体（EC）が成立した。

5．1992 年にオランダで結ばれたマーストリヒト条約に基づいて，翌年にヨーロッパ連合（EU）が発足した。

6・7．1948 年のチェコスロヴァキアでの共産党政権成立（チェコスロヴァキア＝クーデタ）に危機感を抱いたイギリス，フランス，ベネルクス3国の西欧5カ国は，同年に西ヨーロッパ連合条約（ブリュッセル条約）を結んだ。翌 49 年，これにアメリカなどが加わり北大西洋条約機構（NATO）へと拡大した。

II　解答

1 ―(ウ)　2 ―(ア)　3 ―(ア)　4 ―(イ)　5 ―(ア)　6 ―(ア)
A ―(キ)　B ―(イ)　C ―(シ)　D ―(ケ)

◀解　説▶

≪孔子廟と東アジア≫

2・B．朝鮮王朝の都がおかれた漢城（漢陽）は，現在の大韓民国の首都ソウルで，地図中の(イ)に位置する。

3．やや難。永楽帝（位 1402〜24 年）の進出により明の支配下にあったベトナムでは，帝の死後，明軍を退けてハノイを都とする黎朝が成立した。

4・C．やや難。阮朝の都がおかれたフエ（ユエ）はベトナム中部の都市

解答編

で，地図中⒮に位置する。

5．大義名分などを唱える朱子学は，明代の中国や朝鮮王朝（李朝），江戸時代の日本などで重んじられた。

6．15 世紀前半の琉球では，北山・南山を征服した中山王の尚巴志が琉球王国を建てた。

Ⅲ　解答

1 ―㋕　2 ―㋥　3 ―㋑　4 ―㋚　5 ―㋓　6 ―㋖
7 ―㋡　8 ―㋔　9 ―㋘
A ―㋚　B ―㋖　C ―㋐　D ―㋥　E ―㋜　F ―㋡

◀解　説▶

≪17〜19 世紀のヨーロッパ美術≫

2・A．やや難。外交官としても活躍したフランドル派の画家ルーベンスは，ルイ 13 世の母后を描いた『マリ＝ド＝メディシスの生涯』など，数多くの作品を残した。

3．『女官たち（ラス＝メニーナス）』などの作品で知られるスペインの宮廷画家ベラスケスは，外交官として訪れたルーベンスと親交をもった。

4・B．やや難。ルーベンスの助手を務めたフランドル派の肖像画家ファン＝ダイクは，のちにイギリスの宮廷画家として活躍し，チャールズ 1 世の肖像画などを残した。

5・6．繊細優美なロココ美術を代表するフランスの画家ワトーは，屋外での男女の戯れを描く「雅宴画」と呼ばれるジャンルを確立した。代表作は『シテール島への巡礼』。

C．啓蒙専制君主として知られるフリードリヒ 2 世はホーエンツォレルン家のプロイセン王で，ロココ様式のサンスーシ宮殿をベルリン郊外のポツダムに建設した。

7．古典主義絵画で知られるフランスのダヴィドは，ナポレオンの首席画家としても活躍し，『ナポレオンの戴冠式』や『サン＝ベルナール峠を越えるナポレオン』などを残した。

8・9・F．ロマン主義絵画を代表するフランスの画家ドラクロワは，七月革命を題材に『民衆を導く自由の女神』を描いた。1830 年のフランス七月革命では，ブルボン家の国王シャルル 10 世がイギリスに亡命し，オルレアン家のルイ＝フィリップが国王に即位した。

Ⅳ 解答

1―(キ)　2―(セ)　3―(シ)　4―(オ)　5―(イ)　6―(ト)
7―(タ)　8―(サ)　9―(ウ)　10―(ス)　11―(シ)　12―(ト)
13―(ニ)　14―(ア)　15―(エ)

━━━━━━ ◀解　説▶ ━━━━━━

≪15 世紀の世界≫

2．ティムールの子孫であったバーブルは，16 世紀前半にロディー朝を破ってインドにムガル帝国を建国した。

3～5．明の永楽帝（位 1402～24 年）は，朝貢貿易拡大を目的にイスラーム教徒の宦官である鄭和を南海遠征に向かわせた。その船団の一部は東アフリカのマリンディにまで至った。

7．ポルトガルのヴァスコ＝ダ＝ガマは，アフリカ南端の喜望峰を経由して東アフリカのマリンディに到達。その後，イスラーム教徒の案内で 1498 年にインドのカリカットに到達した。

8．オスマン帝国のメフメト 2 世は 1453 年にコンスタンティノープルを攻略し，東ローマ帝国（ビザンツ帝国）を滅ぼした。

10．東方貿易により繁栄した北イタリアの海港都市ヴェネツィアとジェノヴァは，中世には貿易の覇権をめぐって互いに争った。

12．ポルトガルの「航海王子」エンリケは，ジブラルタル海峡に面したアフリカ西北端の都市セウタを攻略（1415 年）するなど，アフリカ西岸部の探検に参画して大航海時代の先駆的役割を果たした。

13・14．ナスル朝の都グラナダの陥落（1492 年）により，イベリア半島で展開されたレコンキスタが完了した。

2月3日実施分　　問題 数学

（60 分）

〔 I 〕 $a^5 = 1$ を満たす複素数 a で，実部と虚部がともに正であるものを以下のようにして求める。次の □ をうめよ。

$x^5 - 1$ を $x - 1$ で割ると，商は □① ，余りは 0 である。$t = x + \dfrac{1}{x}$ とおき，$\dfrac{\boxed{①}}{x^2}$ を t の式で表すと，

$$\frac{\boxed{①}}{x^2} = \boxed{②}$$

である。さらに， □② $= 0$ となる t の値は □③ である。

よって，$a + \dfrac{1}{a}$ は実数である。さらに，a の実部と虚部がともに正であるから，$a + \dfrac{1}{a}$ の値は □④ である。したがって，a の実部は □⑤ ，虚部は $\dfrac{\sqrt{\boxed{⑥}}}{4}$ である。

〔Ⅱ〕　座標平面上の点 P は，原点 $(0, 0)$ から出発し，1 つのさいころを投げて，3 以上の目が出れば x 軸の正の方向に 1 だけ進み，2 以下の目が出れば y 軸の正の方向に 1 だけ進むものとする。例えば，さいころを 2 回投げたとき，1 回目に 4 の目が出て，2 回目に 1 の目が出たとすると，P は $(0, 0)$ から $(1, 0)$ に進んだ後，$(1, 1)$ に進む。次の　　　　　をうめよ。

(1)　さいころを 2 回投げたとき，P が $(2, 0)$ にある確率は　①　である。

(2)　さいころを 4 回投げたとき，P が $(1, 3)$ にある確率は　②　である。

(3)　さいころを 6 回投げたとき，P が $(2, 4)$ にある確率は　③　である。

(4)　さいころを 8 回投げたとき，P が $(4, 1)$ を通って $(6, 2)$ にある確率は　④　である。

(5)　さいころを 8 回投げたとき，P が $(2, 2)$ を通らずに $(3, 5)$ にある確率は

$$\dfrac{2^{\boxed{⑤}}}{3^{\boxed{⑥}}}$$ である。

〔Ⅲ〕　負の実数 s および正の実数 t に対して，xy 平面上の 3 点 $\mathrm{A}(s, 0)$，$\mathrm{B}(0, s)$，$\mathrm{P}\left(t, \dfrac{1}{t}\right)$ を考える。次の問いに答えよ。

(1)　P から x 軸に下ろした垂線を PH とし，$\alpha = \angle\mathrm{APH}$，$\beta = \angle\mathrm{BPH}$ とおく。$\tan\alpha$，$\tan\beta$ を s，t の式で表せ。

(2)　$\tan\angle\mathrm{APB}$ を $\tan\angle\mathrm{APB} = \dfrac{F}{G}$ と表す。ただし，F，G は s と t についての 4 次の多項式であり，G の定数項は 1 である。F，G を求めよ。

(3)　$\angle\mathrm{APB} = 45°$ となる t が 2 個存在するとき，t^2 を s の式で表せ。また，そのときの s のとりうる値の範囲を求めよ。

2 月 3 日実施分　解答 数学

I **解答** ① $x^4+x^3+x^2+x+1$　② t^2+t-1

③ $\dfrac{-1\pm\sqrt{5}}{2}$　④ $\dfrac{\sqrt{5}-1}{2}$　⑤ $\dfrac{\sqrt{5}-1}{4}$　⑥ $2\sqrt{5}+10$

◀解　説▶

≪1 の 5 乗根，高次方程式，複素数≫

$$x^5-1=(x-1)(x^4+x^3+x^2+x+1)$$

x^5-1 を $x-1$ で割ると，商は $x^4+x^3+x^2+x+1$，余りは 0　→①

$t=x+\dfrac{1}{x}$ とおくと

$$\frac{x^4+x^3+x^2+x+1}{x^2}=x^2+x+1+\frac{1}{x}+\frac{1}{x^2}$$

$$=\left(x+\frac{1}{x}\right)^2+x+\frac{1}{x}-1$$

$$=t^2+t-1　→②$$

$t^2+t-1=0$ となる t の値は　　$t=\dfrac{-1\pm\sqrt{5}}{2}$　→③

$x^5-1=0$ の解の 1 つが α であるから　　$\alpha+\dfrac{1}{\alpha}=\dfrac{-1\pm\sqrt{5}}{2}$

α の実部を p，虚部を q とおくと，これらは正であることから

$$\alpha=p+qi\quad(p>0,\ q>0)$$

と表せる。

$$\frac{1}{\alpha}=\frac{1}{p+qi}=\frac{p-qi}{(p+qi)(p-qi)}=\frac{p-qi}{p^2+q^2}$$

であることから

$$\alpha+\frac{1}{\alpha}=p\left(1+\frac{1}{p^2+q^2}\right)+q\left(1-\frac{1}{p^2+q^2}\right)i$$

$\alpha+\dfrac{1}{\alpha}$ は実数なので虚部が 0 であることと，$q>0$ であることから

$$1 - \frac{1}{p^2 + q^2} = 0$$

すなわち $p^2 + q^2 = 1$ ……ⓐ

これより $\alpha + \dfrac{1}{\alpha} = 2p > 0$

$\alpha + \dfrac{1}{\alpha}$ は正であるから

$$\alpha + \frac{1}{\alpha} = \frac{-1 + \sqrt{5}}{2} \quad \to ④$$

$2p = \dfrac{-1 + \sqrt{5}}{2}$ であるから $p = \dfrac{\sqrt{5} - 1}{4} \quad \to ⑤$

ⓐより

$$q^2 = 1 - p^2$$
$$= 1 - \left(\frac{\sqrt{5} - 1}{4} \right)^2$$
$$= \frac{2\sqrt{5} + 10}{16}$$

$q > 0$ であるから $q = \dfrac{\sqrt{2\sqrt{5} + 10}}{4} \quad \to ⑥$

別解 ⑤・⑥ $\alpha + \dfrac{1}{\alpha} = \dfrac{-1 + \sqrt{5}}{2}$

両辺に 2α をかけて $2\alpha^2 + 2 = (-1 + \sqrt{5})\alpha$

すなわち $2\alpha^2 - (\sqrt{5} - 1)\alpha + 2 = 0$

したがって

$$\alpha = \frac{\sqrt{5} - 1 \pm \sqrt{-(2\sqrt{5} + 10)}}{4} = \frac{\sqrt{5} - 1}{4} \pm \frac{\sqrt{2\sqrt{5} + 10}}{4} i$$

よって，α の実部は $\dfrac{\sqrt{5} - 1}{4}$，虚部は $\dfrac{\sqrt{2\sqrt{5} + 10}}{4}$

Ⅱ **解答** (1) ① $\dfrac{4}{9}$ (2) ② $\dfrac{8}{81}$ (3) ③ $\dfrac{20}{243}$

(4) ④ $\dfrac{320}{2187}$ (5) ⑤ 8 ⑥ 8

━━━━━━ ◀解　説▶ ━━━━━━

≪1 つのさいころを投げたときの動点の移動する確率≫

x 軸の正方向に 1 だけ進むことを X, y 軸の正方向に 1 だけ進むことを Y と表すことにする。

1 つのさいころを投げての動点 P の移動は

出た目	点の移動	確率
3 以上	x 軸の正方向に 1 だけ進む（X）	$\dfrac{2}{3}$
2 以下	y 軸の正方向に 1 だけ進む（Y）	$\dfrac{1}{3}$

⑴　さいころを 2 回投げたとき，P が $(2, 0)$ にある確率は X が 2 回となることから

$$\frac{2}{3} \cdot \frac{2}{3} = \frac{4}{9} \quad \rightarrow ①$$

⑵　さいころを 4 回投げたとき，P が $(1, 3)$ にある確率は X が 1 回，Y が 3 回となることから

$$_4\mathrm{C}_1 \frac{2}{3} \cdot \left(\frac{1}{3}\right)^3 = \frac{8}{81} \quad \rightarrow ②$$

⑶　さいころを 6 回投げたとき，P が $(2, 4)$ にある確率は X が 2 回，Y が 4 回となることから

$$_6\mathrm{C}_2 \left(\frac{2}{3}\right)^2 \left(\frac{1}{3}\right)^4 = \frac{20}{243} \quad \rightarrow ③$$

⑷　さいころを 8 回投げたとき，P が $(4, 1)$ を通って $(6, 2)$ にある確率は，さいころを 5 回投げて X が 4 回，Y が 1 回となり，かつ，さいころを 3 回投げて X が 2 回，Y が 1 回となることから

$$_5\mathrm{C}_4 \left(\frac{2}{3}\right)^4 \cdot \frac{1}{3} \times {}_3\mathrm{C}_2 \left(\frac{2}{3}\right)^2 \cdot \frac{1}{3} = \frac{320}{2187} \quad \rightarrow ④$$

⑸　さいころを 8 回投げたとき，P が $(3, 5)$ にある確率を p とすると，X が 3 回，Y が 5 回となることから

$$p = {}_8\mathrm{C}_5 \left(\frac{2}{3}\right)^3 \left(\frac{1}{3}\right)^5 = \frac{448}{3^8}$$

さいころを 8 回投げたとき，P が $(2, 2)$ を通って $(3, 5)$ にある確率を q とすると，さいころを 4 回投げて X が 2 回，Y が 2 回となり，かつ，

さいころを 4 回投げて X が 1 回，Y が 3 回となることから

$$q = {}_4C_2\left(\frac{2}{3}\right)^2\left(\frac{1}{3}\right)^2 \times {}_4C_1\frac{2}{3}\cdot\left(\frac{1}{3}\right)^3 = \frac{192}{3^8}$$

よって，さいころを 8 回投げたとき，P が $(2, 2)$ を通らずに $(3, 5)$ にある確率は

$$p - q = \frac{448 - 192}{3^8} = \frac{2^8}{3^8} \quad \to \text{⑤, ⑥}$$

III **解答** $A(s, 0), B(0, s) \ (s<0), \ P\left(t, \dfrac{1}{t}\right) \ (t>0)$

(1) P から x 軸に下ろした垂線を PH と
し，$\alpha = \angle APH$ とおくと，$\angle PHA = 90°$
であるから

$$\tan\alpha = \frac{AH}{PH} = \frac{t - s}{\dfrac{1}{t}}$$

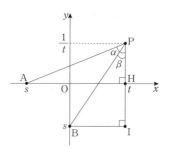

$\beta = \angle BPH$ とおき，点 B から直線 PH へ
下ろした垂線を BI とすると，$\angle BIP = 90°$
であるから

$$\tan\beta = \frac{BI}{PI} = \frac{t}{\dfrac{1}{t} - s}$$

よって

$$\tan\alpha = t(t - s), \quad \tan\beta = \frac{t^2}{1 - st} \quad \cdots\cdots(\text{答})$$

(2) $\angle APB = \angle APH - \angle BPH = \alpha - \beta$ であることから

$$\tan\angle APB = \tan(\alpha - \beta) = \frac{\tan\alpha - \tan\beta}{1 + \tan\alpha\tan\beta}$$

$$= \frac{t(t - s) - \dfrac{t^2}{1 - st}}{1 + t(t - s)\cdot\dfrac{t^2}{1 - st}}$$

$$= \frac{t(t - s)(1 - st) - t^2}{1 - st + t^3(t - s)}$$

$$= \frac{-st^3+s^2t^2-st}{t^4-st^3-st+1}$$

F, G は s と t についての 4 次の多項式で，G の定数項は 1 として

$\tan\angle\mathrm{APB}=\dfrac{F}{G}$ と表すので

$$F=-st^3+s^2t^2-st, \quad G=t^4-st^3-st+1 \quad \cdots\cdots(\text{答})$$

(3)　$\angle\mathrm{APB}=45°$ となる条件は $\tan\angle\mathrm{APB}=1$ であることから，(2)より

$$F=G$$

つまり　　$-st^3+s^2t^2-st=t^4-st^3-st+1$

t について整理して　　$t^4-s^2t^2+1=0$

ゆえに　　$t^2=\dfrac{s^2\pm\sqrt{s^4-4}}{2}$

これを満たす正の実数 t が 2 個存在するので，根号の中は正であるから

$$s^4-4=(s^2+2)(s^2-2)=(s^2+2)(s+\sqrt{2}\,)(s-\sqrt{2}\,)>0$$

$s<0$ に注意して　　$s<-\sqrt{2}$

このとき

$$(s^2)^2-(\sqrt{s^4-4}\,)^2=s^4-(s^4-4)=4>0$$

なので　　$(s^2)^2>(\sqrt{s^4-4}\,)^2$

$s^2>0$，$\sqrt{s^4-4}>0$ であるから　　$s^2>\sqrt{s^4-4}$

すなわち，t^2 は異なる 2 つの正の値 $\dfrac{s^2+\sqrt{s^4-4}}{2}$，$\dfrac{s^2-\sqrt{s^4-4}}{2}$ をとり，

正の実数 t は 2 個存在する。

よって

$$t^2=\frac{s^2\pm\sqrt{s^4-4}}{2} \quad (s<-\sqrt{2}\,) \quad \cdots\cdots(\text{答})$$

━━━━━━━　◀解　説▶　━━━━━━━

≪正接の加法定理，複 2 次の方程式≫

(1)　直角三角形の比から正接（タンジェント）の値は求まる。

(2)　(1)の結果を利用して，正接の加法定理を用いる。

(3)　t について整理すると，複 2 次の方程式になる。$t^2=u$ とおくと

$u^2-s^2u+1=0$ となり，u の 2 次方程式になる。解の公式を用いることで

t^2 を s の式で表すことができる。実数 t が 2 個存在するが，$t>0$ である
ことから正の実数 t が 2 個存在するので，t^2 が異なる 2 つの正の値をとる。
これらは異なる 2 つの実数なので根号（ルート）の中は $s^4-4>0$ である
ことから，s のとりうる値の範囲は求まる。このとき，$s<0$ であることに
注意する。

❖講　評

　出題形式は例年通り記述式が 1 題，空所補充形式が 2 題の大問 3 題と
なっている。

　Ⅰは 1 の 5 乗根のうち，実部と虚部が正の虚数を求める問題である。
穴埋めをしていくと答えは導けるが，後半の変形は慣れていないと手が
止まってしまうかもしれない。実は数学Ⅲの複素数平面を学習していれ
ば有利な問題で，$\alpha=\cos\dfrac{\pi}{5}+i\sin\dfrac{\pi}{5}$ であり，α と $\dfrac{1}{\alpha}$ は共役な関係に
なっている。

　Ⅱは 1 つのさいころを投げて，出た目により点 P が移動する確率を
求める問題である。さいころを 1 回投げるときの確率を考え，反復試行
の確率を考えていけばよいだけなので，確率が苦手でなければ，点が取
りやすい問題である。

　Ⅲは座標平面において，正接（タンジェント）の値について考察する
問題である。直角三角形の比を考え，加法定理を利用するとよい。(2)は
式が煩雑になるが落ち着いて計算したい。(3)は複 2 次の方程式になるの
で，2 次方程式の応用と思えば難しくはない。

　2022 年度 2 月 3 日実施分は方程式に関する問題が多く出題されてい
る。解きにくい問題もあるが，標準問題が中心である。普段からの学習
量で差がつくような難易度になっている。計算量は少なめではあるが，
ケアレスミスをしてしまいそうな問題もあり油断はできない。例年，三
角関数がよく出題されているが，さまざまな分野から出題されるので，
合格するには全分野を満遍なく学習しておく必要がある。

2月5日実施分　　問題　数学

(60 分)

〔 I 〕 a, b を実数とする。このとき，$f(x) = x^2 - ax - b$ とおき，2次方程式 $f(x) = 0$ を考える。次の問いに答えよ。

(1) $f(x) = 0$ が $x = -1$ および $x = 2$ を解にもつときの a, b の値を求めよ。

(2) $f(x) = 0$ が $x = -1$ を重解にもつときの a, b の値を求めよ。

(3) $f(x) = 0$ が $x = 2$ を重解にもつときの a, b の値を求めよ。

(4) $f(x) = 0$ が2つの異なる実数解をもち，それらが -1 より大きく，2より小さくなるような点 (a, b) の存在する領域を解答欄の座標平面に図示せよ。

〔(4)の解答欄〕

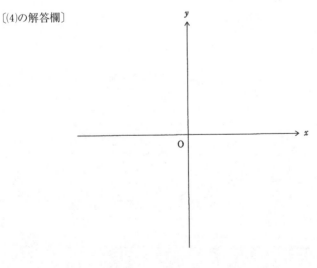

〔Ⅱ〕 次の　　　　　を数値でうめよ。

$t > 0$ とし，曲線 $y = x^3 - 2x$ 上の点で x 座標が t であるものを P とおく。O を原点とすると，線分 OP の長さの2乗は $\mathrm{OP}^2 = t^6 - 4t^4 + \boxed{①} \, t^2$ である。さらに，$k > 0$ とし，$\mathrm{OP}^2 = k$ となる t の個数を n とする。$n = 1$ となるのは，$0 < k < \boxed{②}$ または $k > \boxed{③}$ のときである。また，$n = 2$ となるときの t^2 の値は

$$t^2 = \frac{2}{3}, \quad \boxed{④}, \quad \boxed{⑤}, \quad \boxed{⑥}$$

である。ただし，

$$\frac{2}{3} < \boxed{④} < \boxed{⑤} < \boxed{⑥}$$

である。

〔Ⅲ〕 $\triangle$OAB において，$\overrightarrow{\text{OA}} = \vec{a}$, $\overrightarrow{\text{OB}} = \vec{b}$ とおく。また，$0 < p < 1$, $0 < q < 1$ とし，辺 OA を $p : (1-p)$ に内分する点を P，辺 OB を $(1-q) : q$ に内分する点を Q とする。さらに，辺 AB の中点を R とし，線分 PQ と線分 OR の交点を S とする。次の □ をうめよ。

　まず，$\overrightarrow{\text{OR}} = \dfrac{1}{2}\vec{a} + \dfrac{1}{2}\vec{b}$ である。また，$\text{PS} : \text{SQ} = r : (1-r)$ とおき，$\overrightarrow{\text{OS}}$ を $\vec{a}$, $\vec{b}$ および p, q, r を用いて表すと，

$$\overrightarrow{\text{OS}} = \boxed{①}\ \vec{a} + \boxed{②}\ \vec{b}$$

となる。よって，r を p, q の式で表すと，$r = \boxed{③}$ となる。さらに，相加平均と相乗平均の大小関係より，不等式

$$\frac{|\overrightarrow{\text{OR}}|}{|\overrightarrow{\text{OS}}|} = \frac{1}{2}\left(\frac{1}{\boxed{④}} + \frac{1}{\boxed{⑤}} \right) \geqq \sqrt{\frac{1}{\boxed{④} \times \boxed{⑤}}}$$

が成り立つ。ただし，$\boxed{④}$ は p の式で，$\boxed{⑤}$ は q の式でうめよ。

　p, q が

$$\left(\boxed{④} \right)^2 + \left(\boxed{⑤} \right)^2 = 1$$

を満たすとする。このとき，$\boxed{④} \times \boxed{⑤}$ の最大値は $\boxed{⑥}$ である。さらに，$\boxed{④} \times \boxed{⑤}$ が最大となるとき，上の不等式において等号が成り立つ。よって，$|\overrightarrow{\text{OS}}|$ は $p = \dfrac{\boxed{⑦}}{2}$ のときに最大となる。

解答 数学

I **解答** $f(x)=x^2-ax-b$ $(a,\ b$ は実数$)$

(1) $f(x)=0$ が $x=-1$ および $x=2$ を解にもつとき
$$f(x)=(x+1)(x-2)=x^2-x-2$$
よって $a=1,\ b=2$ ……(答)

別解 $f(-1)=0$ かつ $f(2)=0$ を満たすので
$$\begin{cases} 1+a-b=0 \\ 4-2a-b=0 \end{cases}$$
よって $a=1,\ b=2$

(2) $f(x)=0$ が $x=-1$ を重解にもつとき
$$f(x)=(x+1)^2=x^2+2x+1$$
よって $a=-2,\ b=-1$ ……(答)

(3) $f(x)=0$ が $x=2$ を重解にもつとき
$$f(x)=(x-2)^2=x^2-4x+4$$
よって $a=4,\ b=-4$ ……(答)

(4) $f(x)=0$ が2つの異なる実数解をもち，それらが -1 より大きく，2より小さくなることの条件は，$y=f(x)$ と $y=0$ （x 軸）のグラフが $-1<x<2$ の範囲に異なる2つの共有点をもつことである。

$$f(x)=x^2-ax-b$$
$$=\left(x-\frac{a}{2}\right)^2-\frac{a^2}{4}-b$$

$f\left(\dfrac{a}{2}\right)=-\dfrac{a^2}{4}-b<0$ であるから

$$b>-\frac{a^2}{4} \quad ……①$$

$f(-1)=1+a-b>0$ であるから

$$b < a+1 \quad \cdots\cdots ②$$

$f(2)=4-2a-b>0$ であるから

$$b < -2a+4 \quad \cdots\cdots ③$$

$y=f(x)$ のグラフの軸：$x=\dfrac{a}{2}$ が $-1<x<2$ に位置するから

$$-1 < \frac{a}{2} < 2 \quad \text{すなわち} \quad -2 < a < 4 \quad \cdots\cdots ④$$

①かつ②かつ③かつ④より，点 $(a,\ b)$ の存在する領域は網かけ部分（境界線含まず）となる。

解答編

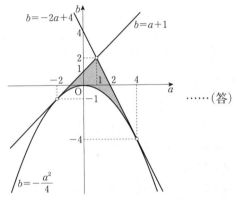

                                          ……（答）

■■■■■■ ◀解　説▶ ■■■■■■

≪2次方程式の解の配置，領域の図示≫

(1) $f(-1)=0$ かつ $f(2)=0$ であることと，$f(x)$ は x^2 の係数が 1 の 2 次式であることから，$f(x)=(x+1)(x-2)$ と表せて，$a,\ b$ は求まる。〔別解〕のように関係式を 2 つ立式して連立して求めることもできる。

(2) $x=-1$ を重解にもつことと，$f(x)$ が x^2 の係数が 1 の 2 次式であることから $f(x)=(x+1)^2$ と表せて $a,\ b$ は求まる。

(3) (2)と同様に $a,\ b$ は求まる。

(4) $f(x)=0$ が $-1<x<2$ の異なる 2 つの実数解をもつ条件を考える。

解の公式から解は $x=\dfrac{a \pm \sqrt{a^2+4b}}{2}$ と求まるが，この先が厳しい。ここでは，〔解答〕のように $y=f(x)$ のグラフを考えるとよい。グラフは下に凸なので，端点の符号は $f(-1)>0,\ f(2)>0$ であり，頂点の y 座標は

負であるから $f\left(\dfrac{a}{2}\right)<0$ であるが，これは $f(x)=0$ の判別式が正である

ことと同じである。さらに，軸が $-1<x<2$ に位置する。これらに注意
して $(a,\ b)$ の条件を図示する。領域は境界線を含まないことに注意する。
なお，(1)，(2)，(3)で求めた $(a,\ b)$ は境界線の交点や接点になっている。

Ⅱ **解答** ① 5 　② $\dfrac{50}{27}$ 　③ 2 　④ 1 　⑤ $\dfrac{5}{3}$ 　⑥ 2

◀解　説▶

≪線分の長さ，複3次の方程式の実数解の個数≫

曲線 $y=x^3-2x$ 上の点で x 座標が t $(t>0)$ であるものを P とおくので

$\qquad$ P$(t,\ t^3-2t)$

$\qquad$ OP$^2=t^2+(t^3-2t)^2$

$\qquad\qquad =t^6-4t^4+5t^2$ 　→①

$k>0$ とし，OP$^2=k$ とすると 　$t^6-4t^4+5t^2=k$

これを満たす t の個数が n である。

このとき，$t^2=s$ とすると

$\qquad s^3-4s^2+5s=k$

となるが，$s>0$ となる1つの s の値に対して，$t>0$ となる1つの t の値
が決まるので，$s>0$ となる s の個数が n と一致する。

$\qquad f(s)=s^3-4s^2+5s$

とおくと 　$f(s)=k$

$\qquad f'(s)=3s^2-8s+5$

$\qquad\qquad =(s-1)(3s-5)$

$f(s)$ の $s>0$ における増減は右の表の
ようになる。

s	(0)	$\cdots$	1	$\cdots$	$\dfrac{5}{3}$	$\cdots$
$f'(s)$		$+$	0	$-$	0	$+$
$f(s)$	(0)	↗	2	↘	$\dfrac{50}{27}$	↗

$n=1$ となるのは，$y=f(s)$ と $y=k$ のグラフが $s>0$ でただ1つの共有点
をもつことから

$\qquad 0<k<\dfrac{50}{27}$ または $k>2$ 　→②，③

$n=2$ となるのは，$y=f(s)$ と $y=k$ のグラフが $s>0$ でちょうど2つの共

有点をもつことから

$$k=\frac{50}{27}\ \text{または}\ k=2$$

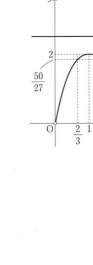

$k=\dfrac{50}{27}$ ならば，$f(s)=\dfrac{50}{27}$ として

$$s^3-4s^2+5s-\frac{50}{27}=0$$

すなわち　　$\left(s-\dfrac{5}{3}\right)^2\left(s-\dfrac{2}{3}\right)=0$

ゆえに　　　$s=\dfrac{2}{3},\ \dfrac{5}{3}$

$k=2$ ならば，$f(s)=2$ として

$$s^3-4s^2+5s-2=0$$

すなわち　　$(s-1)^2(s-2)=0$

ゆえに　　　$s=1,\ 2$

よって，$n=2$ となるときの $t^2\ (=s)$ の値は小さい順に

$$\frac{2}{3},\ 1,\ \frac{5}{3},\ 2\quad \to ④\sim⑥$$

Ⅲ　解答　①$p(1-r)$　②$r(1-q)$　③$\dfrac{p}{p-q+1}$　④p

⑤$1-q$　⑥$\dfrac{1}{2}$　⑦$\sqrt{2}$

━━━━━━◀解　説▶━━━━━━

≪内分点の位置ベクトル，相加平均と相乗平均の大小関係≫

△OAB において　　$\overrightarrow{\mathrm{OA}}=\vec{a},\ \overrightarrow{\mathrm{OB}}=\vec{b}$

辺 OA を $p:(1-p)$ に内分する点を P とするので

$$\overrightarrow{\mathrm{OP}}=p\vec{a}\quad(0<p<1)$$

辺 OB を $(1-q):q$ に内分する点を Q とするので

$$\overrightarrow{\mathrm{OQ}}=(1-q)\vec{b}\quad(0<q<1)$$

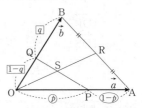

線分 AB の中点を R とするので

$$\overrightarrow{OR}=\frac{1}{2}\vec{a}+\frac{1}{2}\vec{b}$$

PS : SQ=r : $(1-r)$ とおくと

$$\overrightarrow{OS}=(1-r)\overrightarrow{OP}+r\overrightarrow{OQ}$$

$$=p(1-r)\vec{a}+r(1-q)\vec{b} \quad \to ①, ②$$

$\overrightarrow{OS}/\!/\overrightarrow{OR}$ であるから

$$p(1-r) : r(1-q)=1 : 1$$

すなわち $\quad p(1-r)=r(1-q)$

よって $\quad r=\dfrac{p}{p-q+1} \quad ③$

このとき, $1-r=\dfrac{p-q+1-p}{p-q+1}=\dfrac{1-q}{p-q+1}$ であるから

$$\overrightarrow{OS}=\frac{p(1-q)}{p-q+1}\vec{a}+\frac{p(1-q)}{p-q+1}\vec{b}$$

$$=\frac{2p(1-q)}{p-q+1}\left(\frac{1}{2}\vec{a}+\frac{1}{2}\vec{b}\right)$$

$$=\frac{2p(1-q)}{p-q+1}\overrightarrow{OR}$$

これより

$$|\overrightarrow{OS}|=\frac{2p(1-q)}{p-q+1}|\overrightarrow{OR}|$$

$(\because \ 0<p<1, \ 0<q<1 \ より \quad p(1-q)>0, \ p-q+1>0)$

$\dfrac{1}{p}>0, \ \dfrac{1}{1-q}>0$ なので, 相加平均と相乗平均の大小関係を用いて

$$\frac{|\overrightarrow{OR}|}{|\overrightarrow{OS}|}=\frac{p-q+1}{2p(1-q)}=\frac{1}{2}\cdot\frac{(1-q)+p}{p(1-q)}$$

$$=\frac{1}{2}\left(\frac{1}{p}+\frac{1}{1-q}\right)\geqq\sqrt{\frac{1}{p(1-q)}} \quad \cdots\cdots ⓐ \quad \to ④, ⑤$$

等号が成り立つのは $\quad \dfrac{1}{p}=\dfrac{1}{1-q}$

すなわち $\quad p=1-q$

$p, \ q$ が

$$p^2 + (1-q)^2 = 1 \quad \cdots\cdots ⓑ$$

を満たすとすると，相加平均と相乗平均の大小関係を用いて

$$\frac{1}{2}\{p^2 + (1-q)^2\} \geqq \sqrt{p^2(1-q)^2}$$

すなわち　　$\dfrac{1}{2} \geqq p(1-q)$

等号が成り立つのは　　$p^2 = (1-q)^2$

ⓑから　　$p = 1-q = \dfrac{\sqrt{2}}{2}$

よって，$p(1-q)$ の最大値は　　$\dfrac{1}{2}$　→⑥

$p(1-q)$ が最大値をとるとき，ⓐの不等式において等号が成り立つ。

すなわち　　$\dfrac{|\overrightarrow{\mathrm{OR}}|}{|\overrightarrow{\mathrm{OS}}|} \geqq \sqrt{\dfrac{1}{p(1-q)}} \geqq \sqrt{2}$

2つの等号が成り立つのはいずれも　　$p = 1-q = \dfrac{\sqrt{2}}{2}$

$|\overrightarrow{\mathrm{OR}}|$ は正の定数であるから，$\dfrac{|\overrightarrow{\mathrm{OR}}|}{|\overrightarrow{\mathrm{OS}}|}$ が最小値 $\sqrt{2}$ をとるときに $|\overrightarrow{\mathrm{OS}}|$ は最大となる。

よって，$|\overrightarrow{\mathrm{OS}}|$ は $p = \dfrac{\sqrt{2}}{2}$ のときに最大となる。　→⑦

別解　⑥　$\begin{aligned}p(1-q) &= \sqrt{p^2(1-q)^2}\\ &= \sqrt{p^2(1-p^2)} \quad (\because \ ⓑ)\\ &= \sqrt{-p^4 + p^2}\\ &= \sqrt{-\left(p^2 - \dfrac{1}{2}\right)^2 + \dfrac{1}{4}}\end{aligned}$

$0 < p^2 < 1$ より　　$p^2 = \dfrac{1}{2}$

つまり $p = \dfrac{\sqrt{2}}{2}$ のとき，$p(1-q)$ の最大値は

$$\sqrt{\dfrac{1}{4}} = \dfrac{1}{2}$$

このとき，ⓑから $1-q=\dfrac{\sqrt{2}}{2}$ なので，ⓐの不等式において等号が成り立つ。

❖講　評

　出題形式は例年通り記述式が1題，空所補充形式が2題の大問3題となっている。

　Ⅰは2次方程式の解に関する問題である。(1)，(2)，(3)までは易しいので完答できるだろう。(4)は解の配置問題であるが，$y=f(x)$ と $y=0$（x 軸）のグラフの共有点を考えるとよい。$f(x)$ は2次関数なので，$y=f(x)$ のグラフの頂点の y 座標（判別式）の符号，端点の符号，軸の位置がポイントである。条件を不等式で表し，領域を図示するが，境界線を正しく図示し，領域を決めるとよい。最後は境界線を含まないことも言及しておきたい。

　Ⅱは座標平面の問題であるが，OP^2 は2点間の距離の2乗なのですぐに求まる。$\mathrm{OP}^2=k$ とすると t の6次方程式になり，その正の実数解の個数を調べる。$t^2=s$ のようにすると s の3次方程式 $f(s)=k$ になる。実数解の個数は，いわゆる定数分離と呼ばれる手法で $y=f(s)$ と $y=k$ のグラフの共有点の個数を調べるとよい。本問では $t>0$ であるから正の s の個数と正の t の個数は等しい。
$n=2$ となるのは，$y=f(s)$ と $y=k$ のグラフが接点と交点の2つの共有点をもつ場合で，その s 座標を求めるとよい。$t^2=\dfrac{2}{3}$ と問題文に書いてあるので，ケアレスミスも防げるだろう。

　Ⅲは平面ベクトルの問題と2つの変数 p，q に関する関数の最大値を考える問題である。前半のベクトルは p と q の立式で煩雑になるが，難しくないのでミスせず正答したい。後半は，問題文に書いてある通りに変形すると答えは導ける。そこにある相加平均と相乗平均の大小関係を確認すると

$$a>0,\ b>0\ ならば\qquad \frac{1}{2}(a+b)\geqq\sqrt{ab}$$

$$（等号が成り立つのは\ a=b）$$

である。

$p(1-q)$ の最大値を求めるのが難しかったかもしれないが，〔別解〕のように p の2次関数の最大値を求める方法でも解ける。ただ，問題文に「上の不等式において等号が成り立つ」と書いてあるので，$p=1-q$ として強引に空所を埋めることができてしまう抜け道もある。

　中には解きにくい問題もあるが，標準問題が中心である。2022年度2月5日実施分はどの大問も前半に易しい問題，後半に難しい問題が並ぶ形になっていた。普段からの学習量で差がつくような難易度になっている。計算量は少なめではあるが，ケアレスミスをしてしまいそうな問題もあり油断はできない。

2月7日実施分　　　　問題　数学

（60 分）

〔Ⅰ〕　$-\dfrac{1}{2} < p < \dfrac{1}{2}$ とする。△OAB において，辺 AB 上の点 P を

$$AB : BP = 2 : (1 + 2p)$$

となるようにとる。このとき，P を通り直線 OB に平行な直線と辺 OA の交点を C とする。また，直線 CP 上の点 D を，P が線分 CD の中点となるようにとる。さらに，$\overrightarrow{OA} = \vec{a}$，$\overrightarrow{OB} = \vec{b}$ とおく。次の ☐ をうめよ。

$\overrightarrow{OP}$ および $\overrightarrow{OD}$ を $\vec{a}$, $\vec{b}$ および p を用いて表すと，それぞれ

$$\overrightarrow{OP} = \left(\boxed{①} \right)\vec{a} + \left(\boxed{②} \right)\vec{b},$$

$$\overrightarrow{OD} = \left(\boxed{①} \right)\vec{a} + \left(\boxed{③} \right)\vec{b}$$

である。さらに，$|\vec{a}| = 2$，$|\vec{b}| = \sqrt{3}$，$\vec{a} \cdot \vec{b} = 1$ とする。このとき，$|\overrightarrow{OD}|^2$ を p の式で表すと，$|\overrightarrow{OD}|^2 = \boxed{④}$ である。よって，$|\overrightarrow{OD}|$ は $p = \boxed{⑤}$ のとき，最小値 $\boxed{⑥}$ をとる。

〔Ⅱ〕　次の 　　　　　 をうめよ。ただし，　④　，　⑤　は k の多項式でう

めよ。

次のように定められた数列 $\{a_n\}$ を考える。
$$a_1 = \frac{3}{2}, \quad a_{n+1} = -a_n + \frac{2n+3}{(n+1)(n+2)} \quad (n = 1, 2, 3, \cdots\cdots)$$
数列 $\{b_n\}$ を
$$b_n = a_n - \frac{1}{n+1} \quad (n = 1, 2, 3, \cdots\cdots)$$
により定めると，$b_1 = \boxed{①}$ であり，b_{n+1} は b_n を用いて，$b_{n+1} = \boxed{②}$

と表される。よって，$\{b_n\}$ の一般項は $b_n = \boxed{③}$ となる。

さらに，$k = 1, 2, 3, \cdots\cdots$ とすると，a_{2k-1} は k を用いて，$a_{2k-1} = \dfrac{\boxed{④}}{2k}$

と表される。また，a_{2k} は k を用いて，$a_{2k} = \dfrac{\boxed{⑤}}{2k+1}$ と表される。したがって，

$\{a_n\}$ の初項から第 $2k$ 項までの積は k を用いて，$a_1 a_2 \cdots\cdots a_{2k} = \boxed{⑥}$ と表

される。

〔Ⅲ〕　次の問いに答えよ。

(1) $0 < x < \dfrac{\pi}{2}$, $0 < y < \dfrac{\pi}{2}$ の範囲で，$x^2 = \pi y$ かつ $\cos(x+y) = 0$ となる

x, y を求めよ。

(2) $0 < x < \dfrac{\pi}{2}$, $0 < y < \dfrac{\pi}{2}$ の範囲で，不等式
$$(\pi y - x^2)\cos(x+y) > 0$$

の表す領域を解答欄の座標平面に図示せよ。

2 月 7 日実施分

解答 数学

Ⅰ **解答** ① $\dfrac{1}{2}+p$ ② $\dfrac{1}{2}-p$ ③ $1-2p$ ④ $12p^2-8p+5$

⑤ $\dfrac{1}{3}$ ⑥ $\dfrac{\sqrt{33}}{3}$

◀解 説▶

≪三角形と平面ベクトル，ベクトルの大きさの最小値≫

点 P は線分 AB を $(1-2p):(1+2p)$ に
内分するので

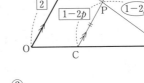

$$\overrightarrow{OP}=\frac{(1+2p)\overrightarrow{OA}+(1-2p)\overrightarrow{OB}}{(1-2p)+(1+2p)}$$

$$=\frac{1+2p}{2}\vec{a}+\frac{1-2p}{2}\vec{b}$$

$$=\left(\frac{1}{2}+p\right)\vec{a}+\left(\frac{1}{2}-p\right)\vec{b} \quad \to①，②$$

直線 OB と直線 CP は平行なので

$$OA:OC=BA:BP=2:(1+2p)$$

であるから

$$\overrightarrow{OC}=\frac{1+2p}{2}\vec{a}=\left(\frac{1}{2}+p\right)\vec{a}$$

また，$OB:CP=AB:AP=2:(1-2p)$，$\vec{b}/\!/\overrightarrow{CP}$ であるから

$$\overrightarrow{CP}=\frac{1-2p}{2}\vec{b}$$

点 P は線分 CD の中点であるから

$$\overrightarrow{CD}=2\overrightarrow{CP}=2\cdot\frac{1-2p}{2}\vec{b}=(1-2p)\vec{b}$$

ゆえに

$$\overrightarrow{OD}=\overrightarrow{OC}+\overrightarrow{CD}$$

$$=\left(\frac{1}{2}+p\right)\vec{a}+(1-2p)\vec{b} \quad \to③$$

$|\vec{a}|=2$, $|\vec{b}|=\sqrt{3}$, $\vec{a}\cdot\vec{b}=1$ とするとき

$$|\overrightarrow{OD}|^2=\left|\left(\frac{1}{2}+p\right)\vec{a}+(1-2p)\vec{b}\right|^2$$

$$=\left(\frac{1}{2}+p\right)^2|\vec{a}|^2+2\left(\frac{1}{2}+p\right)(1-2p)\vec{a}\cdot\vec{b}+(1-2p)^2|\vec{b}|^2$$

$$=4\left(\frac{1}{2}+p\right)^2+2\left(\frac{1}{2}+p\right)(1-2p)+3(1-2p)^2$$

$$=12p^2-8p+5 \quad\rightarrow④$$

$$=12\left(p-\frac{1}{3}\right)^2+\frac{11}{3}$$

$-\dfrac{1}{2}<p<\dfrac{1}{2}$ であるから，$|\overrightarrow{OD}|$ は $p=\dfrac{1}{3}$ のとき最小値 $\sqrt{\dfrac{11}{3}}=\dfrac{\sqrt{33}}{3}$ をとる。　→⑤，⑥

別解　③　$\overrightarrow{OP}=\overrightarrow{OC}+\overrightarrow{CP}$ であり，$\overrightarrow{OC}\parallel\vec{a}$，$\overrightarrow{CP}\parallel\vec{b}$ であるから

$$\overrightarrow{OC}=\left(\frac{1}{2}+p\right)\vec{a},\ \overrightarrow{CP}=\left(\frac{1}{2}-p\right)\vec{b}$$

点 P は線分 CD の中点であるから

$$\overrightarrow{CD}=2\overrightarrow{CP}=2\left(\frac{1}{2}-p\right)\vec{b}=(1-2p)\vec{b}$$

よって

$$\overrightarrow{OD}=\overrightarrow{OC}+\overrightarrow{CD}=\left(\frac{1}{2}+p\right)\vec{a}+(1-2p)\vec{b}$$

Ⅱ　**解答**　①1　②$-b_n$　③$(-1)^{n-1}$　④$2k+1$
　　　　　　　⑤$-2k$　⑥$(-1)^k$

◀解　説▶

≪2 項間漸化式，数列の積≫

$$a_1=\frac{3}{2}$$

$$a_{n+1}=-a_n+\frac{2n+3}{(n+1)(n+2)} \quad (n=1,\ 2,\ 3,\ \cdots)\ \cdots\cdots ※$$

$$b_n=a_n-\frac{1}{n+1} \quad (n=1,\ 2,\ 3,\ \cdots)\ \cdots\cdots ⍟$$

⍟で $n=1$ として

$$b_1 = a_1 - \frac{1}{2} = \frac{3}{2} - \frac{1}{2} = 1 \quad \to ①$$

✽において

$$\frac{2n+3}{(n+1)(n+2)} = \frac{(n+2)+(n+1)}{(n+1)(n+2)} = \frac{1}{n+1} + \frac{1}{n+2}$$

であるから，✽は　　$a_{n+1} = -a_n + \frac{1}{n+1} + \frac{1}{n+2}$

すなわち　　$a_{n+1} - \frac{1}{n+2} = -\left(a_n - \frac{1}{n+1}\right)$

#から　　$b_{n+1} = -b_n \quad \to ②$

数列 $\{b_n\}$ は初項が $b_1 = 1$，公比が -1 の等比数列であるから

$$b_n = (-1)^{n-1} \quad \to ③$$

#より　　$a_n = (-1)^{n-1} + \frac{1}{n+1} \quad \cdots\cdots \#'$

$k = 1, 2, 3, \cdots$ とすると，#' で $n = 2k-1$ として

$$a_{2k-1} = (-1)^{2(k-1)} + \frac{1}{2k} = 1 + \frac{1}{2k} = \frac{2k+1}{2k} \quad \to ④$$

また，#' で $n = 2k$ として

$$a_{2k} = (-1)^{2k-1} + \frac{1}{2k+1} = -1 + \frac{1}{2k+1} = \frac{-2k}{2k+1} \quad \to ⑤$$

したがって

$$a_{2k-1} a_{2k} = \frac{2k+1}{2k} \cdot \frac{-2k}{2k+1} = -1 \quad (k = 1, 2, 3, \cdots)$$

ゆえに，$a_1 a_2 = -1$，$a_3 a_4 = -1$，$\cdots$ となることから

$$a_1 a_2 \cdots\cdots a_{2k-1} a_{2k} = a_1 a_2 \cdot a_3 a_4 \cdots\cdots a_{2k-1} a_{2k}$$
$$= \underbrace{(-1) \cdot (-1) \cdots\cdots (-1)}_{k \text{ 個}}$$
$$= (-1)^k \quad \to ⑥$$

III **解答** (1) $0 < x < \frac{\pi}{2}$，$0 < y < \frac{\pi}{2}$ の範囲で

$$\begin{cases} x^2 = \pi y & \cdots\cdots ⓐ \\ \cos(x+y) = 0 & \cdots\cdots ⓑ \end{cases}$$

$0 < x+y < \pi$ であるから，ⓑより　　　$x+y = \dfrac{\pi}{2}$

これより　　　$y = \dfrac{\pi}{2} - x$　……ⓑ′

ⓑ′をⓐへ代入して　　　$x^2 = \pi\left(\dfrac{\pi}{2} - x\right)$

すなわち　　　$x^2 + \pi x - \dfrac{\pi^2}{2} = 0$

この x の2次方程式を解くと

$$x = \frac{-\pi \pm \sqrt{3\pi^2}}{2} = \frac{-1 \pm \sqrt{3}}{2}\pi$$

$0 < x < \dfrac{\pi}{2}$ であるから　　　$x = \dfrac{-1+\sqrt{3}}{2}\pi$

ⓑ′から　　　$y = \dfrac{\pi}{2} - \dfrac{-1+\sqrt{3}}{2}\pi = \dfrac{2-\sqrt{3}}{2}\pi$

よって　　　$x = \dfrac{-1+\sqrt{3}}{2}\pi$, $y = \dfrac{2-\sqrt{3}}{2}\pi$　……(答)

(2)　$0 < x < \dfrac{\pi}{2}$, $0 < y < \dfrac{\pi}{2}$ の範囲で，不等式

$$(\pi y - x^2)\cos(x+y) > 0　……(*)$$

を満たす条件は

$$\begin{cases} \pi y - x^2 > 0 \\ \cos(x+y) > 0 \end{cases} \quad \text{または} \quad \begin{cases} \pi y - x^2 < 0 \\ \cos(x+y) < 0 \end{cases}$$

$0 < x+y < \pi$ であるから

$$\begin{cases} y > \dfrac{x^2}{\pi} \\ 0 < x+y < \dfrac{\pi}{2} \end{cases} \quad \text{または} \quad \begin{cases} y < \dfrac{x^2}{\pi} \\ \dfrac{\pi}{2} < x+y < \pi \end{cases}$$

2つの境界線 $y = \dfrac{x^2}{\pi}$, $x+y = \dfrac{\pi}{2}$ の交点を A とすると，(1)より

$$A\left(\frac{-1+\sqrt{3}}{2}\pi, \ \frac{2-\sqrt{3}}{2}\pi\right)$$

よって，(*)の表す領域を図示すると次図の網かけ部分（境界線は含まず）となる。

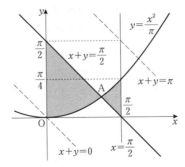

━━━━━━━━━◀ 解　説 ▶━━━━━━━━━

≪三角関数を含む連立方程式，不等式と領域≫

(1)　2 式を連立して，x, y の範囲に注意して x, y を求めればよい。

(2)　一般に $XY>0$ となる条件は $\begin{cases} X>0 \\ Y>0 \end{cases}$ または $\begin{cases} X<0 \\ Y<0 \end{cases}$ であることから

不等式の表す領域を考えるとよい。(1)で求めた x, y は境界線の交点である。

❖講　評

　出題形式は例年通り記述式が 1 題，空所補充形式が 2 題の大問 3 題となっている。

　Ⅰは平面ベクトルの問題で，平行線から比がわかるので，$\overrightarrow{\text{OD}}$ は $\vec{a}$, $\vec{b}$ で表すことができる。$|\overrightarrow{\text{OD}}|^2$ の大きさは内積から計算できて，p の 2 次関数になるので，平方完成すると最小値は求まる。最後は $|\overrightarrow{\text{OD}}|^2$ の最小値ではなく，$|\overrightarrow{\text{OD}}|$ の最小値なので，答えを $\dfrac{11}{3}$ とせず，$\sqrt{\dfrac{11}{3}}$ または $\dfrac{\sqrt{33}}{3}$ とすること。

　Ⅱは数列の問題で，2 項間漸化式から一般項と積を求める問題である。分数がある複雑な漸化式であるが，おきかえの方針も書いてあるので難しくはない。b_n の漸化式をつくり，一般項 b_n を求め，a_n を求めるとよい。最後の積は難しいが，a_{2k-1} と a_{2k} を k で表しており，それらの積 $a_{2k-1}a_{2k}$ が k に無関係な定数 -1 になることに気づきたい。

Ⅲは領域を図示する問題である。(1)で求めた x, y は(2)の領域の境界線の交点になっている。2次関数と三角関数があり複雑にみえてしまうが，x, y の範囲に注意して条件を考えると難しくはない。

　数学Ⅱ・Bを中心とした標準問題である。数列の積や，2次関数と三角関数を含む不等式など見慣れない形の出題があるが，普段からの学習量で差がつくような難易度になっている。図形と方程式や三角関数などの数学Ⅱ，数列，ベクトルなどの数学Bの分野がよく出題されているが，様々な分野から出題されるので，合格するには全分野を満遍なく学習しておく必要がある。

/////////////// · **memo** · ///////////////

//////////////// · **memo** · ////////////////

教学社 刊行一覧

2025年版　大学赤本シリーズ

国公立大学（都道府県順）

374大学556点　全都道府県を網羅

1 北海道大学（文系－前期日程）
2 北海道大学（理系－前期日程）医
3 北海道大学（後期日程）
4 旭川医科大学（医学部〈医学科〉）医
5 小樽商科大学
6 帯広畜産大学
7 北海道教育大学
8 室蘭工業大学／北見工業大学
9 釧路公立大学
10 公立千歳科学技術大学
11 公立はこだて未来大学 総推
12 札幌医科大学（医学部）医
13 弘前大学
14 岩手大学
15 岩手県立大学・盛岡短期大学部・宮古短期大学部
16 東北大学（文系－前期日程）
17 東北大学（理系－前期日程）医
18 東北大学（後期日程）
19 宮城教育大学
20 宮城大学
21 秋田大学 医
22 秋田県立大学
23 国際教養大学 総推
24 山形大学 医
25 福島大学
26 会津大学
27 福島県立医科大学（医・保健科学部）
28 茨城大学（文系）
29 茨城大学（理系）
30 筑波大学（推薦入試）医 総推
31 筑波大学（文系－前期日程）
32 筑波大学（理系－前期日程）医
33 筑波大学（後期日程）
34 宇都宮大学
35 群馬大学 医
36 群馬県立女子大学
37 高崎経済大学
38 前橋工科大学
39 埼玉大学（文系）
40 埼玉大学（理系）
41 千葉大学（文系－前期日程）
42 千葉大学（理系－前期日程）医
43 千葉大学（後期日程）医
44 東京大学（文科）DL
45 東京大学（理科）DL 医
46 お茶の水女子大学
47 電気通信大学
48 東京外国語大学 DL
49 東京海洋大学
50 東京科学大学（旧 東京工業大学）
51 東京科学大学（旧 東京医科歯科大学）医
52 東京学芸大学
53 東京藝術大学
54 東京農工大学
55 一橋大学（前期日程）
56 一橋大学（後期日程）
57 東京都立大学（文系）
58 東京都立大学（理系）
59 横浜国立大学（文系）
60 横浜国立大学（理系）
61 横浜市立大学（国際教養・国際商・理・データサイエンス・医〈看護〉学部）

62 横浜市立大学（医学部〈医学科〉）医
63 新潟大学（人文・教育〈文系〉・法・経済科・医〈看護〉・創生学部）
64 新潟大学（教育〈理系〉・理・医〈看護を除く〉・歯・工・農学部）医
65 新潟県立大学
66 富山大学（文系）
67 富山大学（理系）医
68 富山県立大学
69 金沢大学（文系）
70 金沢大学（理系）医
71 福井大学（教育・医〈看護〉・工・国際地域学部）
72 福井大学（医学部〈医学科〉）医
73 福井県立大学
74 山梨大学（教育・医〈看護〉・工・生命環境学部）
75 山梨大学（医学部〈医学科〉）医
76 都留文科大学
77 信州大学（文系－前期日程）
78 信州大学（理系－前期日程）医
79 信州大学（後期日程）
80 公立諏訪東京理科大学 総推
81 岐阜大学（前期日程）医
82 岐阜大学（後期日程）
83 岐阜薬科大学
84 静岡大学（前期日程）
85 静岡大学（後期日程）
86 浜松医科大学（医学部〈医学科〉）医
87 静岡県立大学
88 静岡文化芸術大学
89 名古屋大学（文系）
90 名古屋大学（理系）医
91 愛知教育大学
92 名古屋工業大学
93 愛知県立大学
94 名古屋市立大学（経済・人文社会・芸術工・看護・総合生命理・データサイエンス学部）
95 名古屋市立大学（医学部〈医学科〉）医
96 名古屋市立大学（薬学部）
97 三重大学（人文・教育・医〈看護〉学部）
98 三重大学（医〈医〉・工・生物資源学部）医
99 滋賀大学
100 滋賀医科大学（医学部〈医学科〉）医
101 滋賀県立大学
102 京都大学（文系）
103 京都大学（理系）医
104 京都教育大学
105 京都工芸繊維大学
106 京都府立大学
107 京都府立医科大学（医学部〈医学科〉）医
108 大阪大学（文系）DL
109 大阪大学（理系）医
110 大阪教育大学
111 大阪公立大学（現代システム科学域〈文系〉・文・法・経済・商・看護・生活科〈居住環境・人間福祉〉学部－前期日程）
112 大阪公立大学（現代システム科学域〈理系〉・理・工・農・獣医・医・生活科〈食栄養〉学部－前期日程）医
113 大阪公立大学（中期日程）
114 大阪公立大学（後期日程）
115 神戸大学（文系－前期日程）
116 神戸大学（理系－前期日程）医

117 神戸大学（後期日程）
118 神戸市外国語大学 DL
119 兵庫県立大学（国際経済・社会情報科・看護学部）
120 兵庫県立大学（工・理・環境人間学部）
121 奈良教育大学／奈良県立大学
122 奈良女子大学
123 奈良県立医科大学（医学部〈医学科〉）医
124 和歌山大学
125 和歌山県立医科大学（医・薬学部）医
126 鳥取大学 医
127 公立鳥取環境大学
128 島根大学 医
129 岡山大学（文系）
130 岡山大学（理系）医
131 岡山県立大学
132 広島大学（文系－前期日程）
133 広島大学（理系－前期日程）医
134 広島大学（後期日程）
135 尾道市立大学 総推
136 県立広島大学
137 広島市立大学
138 福山市立大学 総推
139 山口大学（人文・教育〈文系〉・経済・医〈看護〉・国際総合科学部）
140 山口大学（教育〈理系〉・理・医〈看護を除く〉・工・農・共同獣医学部）医
141 山陽小野田市立山口東京理科大学 総推
142 下関市立大学／山口県立大学
143 周南公立大学 新 総推
144 徳島大学 医
145 香川大学 医
146 愛媛大学 医
147 高知大学 医
148 高知工科大学
149 九州大学（文系－前期日程）
150 九州大学（理系－前期日程）医
151 九州大学（後期日程）
152 九州工業大学
153 福岡教育大学
154 北九州市立大学
155 九州歯科大学
156 福岡県立大学／福岡女子大学
157 佐賀大学 医
158 長崎大学（多文化社会・教育〈文系〉・経済・医〈保健〉・環境科〈文系〉学部）
159 長崎大学（教育〈理系〉・医〈医〉・歯・薬・情報データ科・工・環境科〈理系〉・水産学部）医
160 長崎県立大学 総推
161 熊本大学（文・教育・法・医〈看護〉学部・情報融合学環〈文系型〉）
162 熊本大学（理・医〈看護を除く〉・薬・工学部・情報融合学環〈理系型〉）医
163 熊本県立大学
164 大分大学（教育・経済・医〈看護〉・理工・福祉健康科学部）
165 大分大学（医学部〈医・先進医療科学科〉）医
166 宮崎大学（教育・医〈看護〉・工・農・地域資源創成学部）
167 宮崎大学（医学部〈医学科〉）医
168 鹿児島大学（文系）
169 鹿児島大学（理系）医
170 琉球大学 医

私立大学①

2025年版　大学赤本シリーズ

私立大学③

いつも受験生のそばに──赤本

入試対策も共通テスト対策も赤本で

赤本プラス

赤本プラスとは、**過去問演習の効果を最大にするためのシリーズ**です。「赤本」であぶり出された弱点を、赤本プラスで克服しましょう。

大学入試 すぐわかる英文法 🄳
大学入試 ひと目でわかる英文読解
大学入試 絶対できる英語リスニング 🄳
大学入試 すぐ書ける自由英作文
大学入試 ぐんぐん読める
　英語長文[BASIC] 🄳
大学入試 ぐんぐん読める
　英語長文[STANDARD] 🄳
大学入試 ぐんぐん読める
　英語長文[ADVANCED] 🄳
大学入試 正しく書ける英作文
大学入試 最短でマスターする
　数学Ⅰ・Ⅱ・Ⅲ・A・B・C
大学入試 突破力を鍛える最難関の数学
大学入試 知らなきゃ解けない
　古文常識・和歌
大学入試 ちゃんと身につく物理
大学入試 もっと身につく
　物理問題集(①力学・波動)
大学入試 もっと身につく
　物理問題集(②熱力学・電磁気・原子)

英検® 赤本シリーズ

英検®(実用英語技能検定)の対策書。
過去問集と参考書で万全の対策ができます。

▶過去問集(2024年度版)
英検®準1級過去問集 🄳
英検®2級過去問集 🄳
英検®準2級過去問集 🄳
英検®3級過去問集 🄳

▶参考書
竹岡の英検®準1級マスター 🄳
竹岡の英検®2級マスター 🄲🄳
竹岡の英検®準2級マスター 🄲🄳
竹岡の英検®3級マスター 🄲🄳

🄲 リスニングCDつき　🄳 音声無料配信
🆕 2024年新刊・改訂

赤本プレミアム

赤本の教学社だからこそ作れた、
過去問ベストセレクション

東大数学プレミアム
東大現代文プレミアム
京大数学プレミアム[改訂版]
京大古典プレミアム

赤本メディカル シリーズ
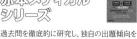

過去問を徹底的に研究し、独自の出題傾向をもつメディカル系の入試に役立つ内容を精選した実戦的なシリーズ。

[国公立大]医学部の英語[3訂版]
私立医大の英語(長文読解編)[3訂版]
私立医大の英語(文法・語法編)[改訂版]
医学部の実戦小論文[3訂版]
医歯薬系の英単語[4訂版]
医系小論文 最頻出論点20[4訂版]
医学部の面接[4訂版]

体系シリーズ

国公立大二次・難関私大突破へ、自学自習に適したハイレベル問題集。

体系英語長文　　体系世界史
体系英作文　　　体系物理[第7版]
体系現代文

単行本

▶英語
Q&A即決英語勉強法
TEAP攻略問題集 🄳
東大の英単語[新装版]
早慶上智の英単語[改訂版]

▶国語・小論文
著者に注目! 現代文問題集
ブレない小論文の書き方 樋口式ワークノート

▶レシピ集
奥薗壽子の赤本合格レシピ

赤本手帳

赤本手帳(2025年度受験用) プラムレッド
赤本手帳(2025年度受験用) インディゴブルー
赤本手帳(2025年度受験用) ナチュラルホワイト

風呂で覚える シリーズ

水をはじく特殊な紙を使用。いつでもどこでも読めるから、ちょっとした時間を有効に使える!

風呂で覚える英単語[4訂新装版]
風呂で覚える英熟語[改訂新装版]
風呂で覚える古文単語[改訂新装版]
風呂で覚える古文文法[改訂新装版]
風呂で覚える漢文[改訂新装版]
風呂で覚える日本史[年代][改訂新装版]
風呂で覚える世界史[年代][改訂新装版]
風呂で覚える倫理[改訂版]
風呂で覚える百人一首[改訂版]

満点のコツ シリーズ

共通テストで満点を狙うための実戦的参考書。重要度の増したリスニングは「カリスマ講師」竹岡広信が一回読みにも対応できるコツを伝授!

共通テスト英語[リスニング]
　満点のコツ[改訂版] 🆕🄳
共通テスト古文 満点のコツ[改訂版] 🆕
共通テスト漢文 満点のコツ[改訂版] 🆕

赤本ポケット シリーズ

▶共通テスト対策
共通テスト日本史[文化史]

▶系統別進路ガイド
デザイン系学科をめざすあなたへ

2025 年版　大学赤本シリーズ　No. 487

関西大学
（日本史・世界史・文系数学〈3日程 × 3 カ年〉）

2024 年 6 月 10 日　第 1 刷発行
ISBN978-4-325-26546-7
定価は裏表紙に表示しています

編　集　教学社編集部
発行者　上原　寿明
発行所　教学社
　　　　〒606-0031
　　　　京都市左京区岩倉南桑原町56
　　　　電話　075-721-6500
　　　　振替　01020-1-15695
　　　　印　刷　共同印刷工業